日本の総選挙
1946-2003

田中善一郎

東京大学出版会

General Elections in Japan 1946-2003
Zenichiro TANAKA
University of Tokyo Press, 2005
ISBN4-13-030136-5

目　次

図表一覧

はじめに …………………………………………………………………1

第1章　敗戦直後の総選挙 ……………………………………………7

第1節　政党の新生と選挙法の改正　7
第2節　1946年4月総選挙（第22回）――自由党が第1党へ　11
第3節　1947年4月総選挙（第23回）――社・自・民3党鼎立　17
第4節　1949年1月総選挙（第24回）――民自党が単独過半数を獲得　22
第5節　1952年10月総選挙（第25回）　26
　　　　――自由党の辛勝と左右社会党の躍進
第6節　1953年4月総選挙（第26回）――自由党の分裂と左社の躍進　31
第7節　1955年2月総選挙（第27回）――最後の保革各2党体制　34
第8節　ま と め　40

第2章　自民党優位期の総選挙 ………………………………………45

第1節　経済的社会的変動の時代　45
第2節　1958年5月総選挙（第28回）――自・社1と2分の1体制　49
第3節　1960年11月総選挙（第29回）――民社党の登場　57
第4節　1963年11月総選挙（第30回）――自・社の停滞　66
第5節　1967年1月総選挙（第31回）――公明党の進出　77
第6節　1969年12月総選挙（第32回）――社会党の敗北と野党の多党化　88
第7節　1960年代の総選挙　94

第3章　保革伯仲期の総選挙 ……………………………………………105
- 第1節　1972年12月総選挙（第33回）——共産党の躍進　105
- 第2節　1976年12月総選挙（第34回）——新自由クラブの躍進　109
- 第3節　1979年10月総選挙（第35回）　115
　　　　——保守復調と台風の中の総選挙

第4章　保守復調期の総選挙 ……………………………………………135
- 第1節　保守復調の解釈　135
- 第2節　1980年6月総選挙（第36回）　138
　　　　——第1回同日選挙と自民党の勝利
- 第3節　1983年12月総選挙（第37回）　145
　　　　——ロッキード選挙で自民党の敗北
- 第4節　1986年7月総選挙（第38回）　153
　　　　——2度目の衆参同日選挙で自民党圧勝
- 第5節　1990年2月総選挙（第39回）——社会党の躍進　165

第5章　政権交代の総選挙 ………………………………………………173
　　　　——1993年7月総選挙（第40回）——
- 第1節　はじめに　173
- 第2節　争点と有権者の意識　175
- 第3節　総選挙の結果　180
- 第4節　まとめ　192

第6章　連立政権期の総選挙 ……………………………………………197
- 第1節　1996年10月総選挙（第41回）——自民党対新進党　197
- 第2節　2000年6月総選挙（第42回）　212
　　　　——自民党の過半数獲得と民主党の進出
- 第3節　2003年11月総選挙（第43回）——民主党の躍進　226

第 7 章　中選挙区制下の総選挙 ……………………………249
　第 1 節　投票率の推移　249
　第 2 節　立候補状況と得票率の分布　251
　第 3 節　中選挙区制度と政党の選挙戦略　262
　第 4 節　当選者, 次点者, 落選者　270
　第 5 節　新人, 前議員, 元議員　279
　第 6 節　候補者と地盤　283
　第 7 節　定数不均衡と政党勢力　285

注 ………………………………………………………………293
参 考 文 献 ……………………………………………………315
あ と が き ……………………………………………………321

図 表 一 覧

図 0-1　戦後有効政党数の変化 …………………………………………………2
図 0-2　戦後政党の議席占有率の変化 …………………………………………2
表 0-1　戦後大政党の議席占有率の変化 ………………………………………4
表 1-2-1a　党派別立候補者数・当選者数（1946 年）………………………12
表 1-2-1b　党派別得票数・得票率（1946 年）………………………………13
表 1-2-2　党派別候補者の当確指数の分布（1946 年）……………………14
表 1-2-3　当選者の新旧別分類（1946 年）…………………………………15
表 1-2-4　1942 年総選挙当選者のその後……………………………………15
表 1-2-5　定数別当選者の最低得票率と平均得票率 ………………………16
表 1-3-1　党派別立候補者数・得票数・当選者数・召集日議員数（1947 年）……19
表 1-3-2　党派別候補者の当確指数の分布（1947 年）……………………20
表 1-3-3　候補者と当選者の新旧別分類（1947 年）………………………20
表 1-3-4　主要政党当選者の地盤 ……………………………………………21
表 1-4-1　党派別立候補者数・得票数・当選者数・召集日議員数（1949 年）……23
表 1-4-2　党派別候補者の当確指数の分布（1949 年）……………………24
表 1-4-3　党派別当選者の初出場総選挙の分布 ……………………………25
表 1-4-4　中央官僚（課長以上）経験衆議院議員の当選回数別分布（1947-58 年）…25
表 1-5-1　党派別立候補者数（1952 年）……………………………………28
表 1-5-2　党派別得票数・当選者数・召集日議員数（1952 年）……………29
表 1-5-3　党派別候補者の当確指数の分布（1952 年）……………………29
表 1-5-4　各回総選挙当選者の初当選総選挙（1947-55 年）………………30
表 1-6-1　党派別立候補者数・得票数・当選者数・召集日議員数（1953 年）……33
表 1-6-2　党派別候補者の当確指数の分布（1953 年）……………………33
表 1-7-1　党派別立候補者数・得票数・当選者数・召集日議員数（1955 年）……36
表 1-7-2　左派社会党候補者の初出場総選挙 ………………………………37
表 1-7-3　右派社会党候補者の初出場総選挙 ………………………………37
表 1-7-4　党派別候補者の当確指数の分布（1955 年）……………………38
表 1-7-5　都市度別各党議席数（1955 年）…………………………………39
表 1-8-1　総選挙における保守と革新の議席数の変化（1946-55 年）……40
表 1-8-2　各回総選挙における新顔の人数とその当選者数（1946-55 年）……41

表1-8-3	衆議院議員の初出場総選挙 (1942-67年)	42
表1-8-4	衆議院議員の当選回数別分布 (1942-58年)	43
表2-1-1	産業別就業人口の構成比の推移 (1955-70年)	45
表2-1-2	第1次産業人口比別選挙区数の推移 (1958-67年)	46
表2-2-1	党派別立候補者数・得票数・当選者数・召集日議員数 (1958年)	52
表2-2-2	自民党公認候補の定数別立候補状況	52
表2-2-3	党派別候補者の初出場総選挙	53
表2-2-4	党派別候補者の当確指数の分布 (1958年)	53
表2-2-5	自民党の定数別議席獲得状況	54
表2-2-6	自民党と社会党の定数別当選順位の分布	54
表2-2-7	都市度別の各党議席数 (1958年)	55
表2-2-8	第1次産業人口比別各党得票率 (1958年)	55
表2-2-9	政党支持率とデモグラフィックな要因	56
表2-3-1	党派別立候補者数・得票数・当選者数・召集日議員数 (1960年)	58
表2-3-2	新旧別の党派別立候補者数 (1960年)	59
表2-3-3	第1次産業人口比別各党得票率・議席率 (1960年)	62
表2-3-4	党派別候補者の当確指数の分布 (1960年)	63
表2-3-5	当選者の新旧別分類 (1960年)	63
表2-3-6	各党間の議席の移動 (1960年)	63
表2-3-7	社会党の分裂の効果	65
表2-4-1	党派別立候補者数・得票数・当選者数・召集日議員数 (1963年)	68
表2-4-2	第1次産業人口比別各党候補者の増減 (1960→63年)	68
表2-4-3	党派別候補者の当確指数の分布 (1963年)	71
表2-4-4	各党間の議席の移動 (1963年)	72
表2-4-5	自民党候補者数の増減と議席の変化 (1960→63年)	72
図2-4-1	候補者の増減の集票率に対する効果 (1960→63年)	73
図2-4-2	候補者数不変区における各党集票率の変化 (1960→63年)	75
表2-5-1	党派別立候補者数・得票数・当選者数・召集日議員数 (1967年)	79
表2-5-2	選挙区の定数と民社党・公明党の立候補状況	80
表2-5-3	党派別候補者の当確指数の分布 (1967年)	82
図2-5-1	候補者数不変区における各党集票率の変化 (1963→67年)	82
図2-5-2	公明党出場区における各党得票率の変化 (1963→67年)	84
図2-5-3	各党集票率変化の累積 (1960-67年)	85
表2-5-4	第1次産業人口比別各党得票率 (1967年)	85
表2-5-5	各党間の議席の移動 (1967年)	87
表2-5-6	分区・定数増があった選挙区における各党の議席の増減 (1963→67年)	87

表 2-6-1	党派別立候補者数・得票数・当選者数・召集日議員数 (1969 年)	88
表 2-6-2	党派別候補者の当確指数の分布 (1969 年)	89
表 2-6-3	第 1 次産業人口比別各党得票率 (1969 年)	90
表 2-6-4	第 1 次産業人口比別各党得票率の変化 (1967→69 年)	90
表 2-6-5	社会党候補者の当確指数の変化 (1967→69 年)	91
表 2-6-6	社会党候補者の順位の変化 (1967→69 年)	91
表 2-6-7	社会党候補者の順位の変化 (1967→69 年・定数別)	92
表 2-6-8	第 1 次産業人口比別の社会党議席の増減 (1967→69 年)	92
表 2-6-9	東京都の党派別得票数の変化 (1967→69 年)	93
表 2-6-10a	1967 年公明党初出場区での社会党候補者の集票率の変化	93
表 2-6-10b	1969 年公明党初出場区での社会党候補者の集票率の変化	93
表 2-7-1	当選者の新旧別構成 (1946-93 年)	95
図 2-7-1	党派別当選者構成が変わらない選挙区の割合 (1958-76 年)	97
表 2-7-2	有権者人口変動に基づく選挙区グループと各党得票率 (1958-67 年)	98
表 2-7-3	人口流入選挙区における各党議席数の推移 (1958-67 年)	99
表 2-7-4	人口流出選挙区における各党議席数の推移 (1958-67 年)	99
図 2-7-2a	自民党支持者の構成 (1958 年)	102
図 2-7-2b	自民党支持者の構成 (1969 年)	102
表 3-1-1	党派別立候補者数・得票数・当選者数・召集日議員数 (1972 年)	106
表 3-1-2	党派別候補者の当確指数の分布 (1972 年)	107
表 3-1-3a	第 1 次産業人口比別各党得票率 (1972 年)	107
表 3-1-3b	第 1 次産業人口比別各党得票率の変化 (1969→72 年)	107
表 3-1-4	定数別各党候補者の当選順位 (1972 年)	108
表 3-1-5	第 1 次産業人口比別各党議席数の増減 (1969→72 年)	108
表 3-2-1	党派別立候補者数・得票数・当選者数・召集日議員数 (1976 年)	111
表 3-2-2	都市度別各党得票率 (1976 年)	112
表 3-2-3	党派別候補者の当確指数の分布 (1976 年)	113
表 3-2-4	定数別各党候補者の当選順位 (1976 年)	113
表 3-2-5	都市度別の新自由クラブ候補者の成績	114
表 3-2-6	定数増加選挙区の党派別当選者数 (1976 年)	115
表 3-3-1	政党支持率の推移 (1971-85 年)	116
表 3-3-2	党派別立候補者数・得票数・当選者数・召集日議員数 (1979 年)	117
図 3-3-1	選挙区ごとの投票率の変化 (1976→79 年)	118
表 3-3-3	党派別候補者の当確指数の分布 (1979 年)	118
図 3-3-2	各選挙区の降雨量と投票率の変化率 (1976→79 年)	119
図 3-3-3	農村度別・雨量区別の投票率の変化率 (1976→79 年)	120

表 3-3-4	降雨量,候補者の増減,農村度による投票率の変化（差）の重回帰予測（1976→79年）	121
図 3-3-4	各党集票率の雨による変化（1976→79年）	123
図 3-3-5	都市度別の自民党の集票率の変化率（1976→79年）	124
図 3-3-6	都市度別の社会党の集票率の変化率（1976→79年）	125
図 3-3-7	三つの雨量区と各党得票率の変化（1976→79年）	127
図 3-3-8	都市型・農村型選挙区別の雨と各党得票率の増減の関係（1976→79年）	128
表 3-3-5	「有力」候補者と落選	129
表 3-3-6	世襲候補者の総数	130
表 3-3-7	党派別世襲議員の親族の公職	131
表 3-3-8	自民党議員の前歴（1958-79年）	132
表 3-3-9	社会党議員の支援労働組合（1967-79年）	132
表 4-1-1	自民党に対する有権者の支持強度の推移（1976-85年）	137
図 4-1-1	総選挙における各党の議席率の変化（1958-93年）	137
表 4-2-1	党派別立候補者数・得票数・当選者数・召集日議員数（1980年）	140
表 4-2-2	人口集中度別投票率の変化（1979→80年）	140
表 4-2-3	党派別候補者の当確指数の分布（1980年）	141
表 4-2-4	定数別各党候補者の当選順位（1980年）	141
図 4-2-1	投票率の変化と自民党集票率の変化（1979→80年）	142
表 4-2-5	人口集中度別の自民党得票数の変化（1979→80年）	143
表 4-2-6	人口集中度別の党派別当選者数（1980年・前回比）	143
表 4-3-1	党派別立候補者数・得票数・当選者数・召集日議員数（1983年）	146
図 4-3-1	選挙区ごとの投票率の変化（1980→83年）	147
表 4-3-2	人口集中度別投票率の変化（1980→83年）	147
表 4-3-3	党派別候補者の当確指数の分布（1983年）	147
表 4-3-4	新聞各紙の予想議席数	148
図 4-3-2	自民党候補者の集票率の変化（1980→83年）	149
図 4-3-3	投票率の変化と自民党集票率の変化（1980→83年）	149
表 4-3-5	人口集中度別の自民党得票数・集票率の変化（1980→83年）	150
表 4-3-6	人口集中度別の党派別当選者数（1983年・前回比）	150
図 4-3-4	公明党候補者の集票率の変化（1980→83年）	151
図 4-3-5	公明党候補者の当確指数の変化（1980→83年）	151
表 4-3-7	公明党候補者の人口集中度別集票率・当確指数の変化（1980→83年）	152
表 4-3-8	高集中地域の党派別得票数の変化（1980→83年）	152
表 4-3-9	定数別各党候補者の当選順位（1980→83年）	153
表 4-4-1	党派別立候補者数・得票数・当選者数・召集日議員数（1986年）	158
表 4-4-2	人口集中度別投票率の変化（1980→86年）	158

表 4-4-3	党派別候補者の当確指数の分布（1986年）·················	159
表 4-4-4	定数別各党候補者の当選順位（1986年）··················	159
表 4-4-5a	人口集中度別各党集票率（1980→83→86年）···············	161
表 4-4-5b	人口集中度別各党集票率の変化（1980-83年→83-86年）······	161
表 4-4-5c	人口集中度別各党候補者の当確指数（1980→83→86年）·······	161
表 4-4-5d	人口集中度別各党候補者の当確指数の変化（1980-83年→83-86年）···	161
表 4-4-6	人口集中度別の党派別議席数（1980→83→86年）·············	162
図 4-4-1	社会党候補者の集票率の変化（1983→86年）···············	163
図 4-4-2	社会党候補者の当確指数の変化（1983→86年）·············	163
表 4-4-7	社会党候補者の人口集中度別集票率と当確指数の変化（1983→86年）···	164
表 4-4-8	定数増加選挙区の各党議席数（1986年・前回比）·············	164
表 4-4-9	定数減少選挙区の各党議席数（1986年・前回比）·············	164
表 4-5-1	党派別立候補者数・得票数・当選者数・召集日議員数（1990年）···	168
表 4-5-2	人口集中度別投票率の変化（1986→90年）·················	168
表 4-5-3	党派別候補者の当確指数の分布（1990年）·················	170
表 4-5-4	定数別各党候補者の当選順位（1990年）··················	170
表 4-5-5	人口集中度別各党集票率の変化（1986→90年）·············	171
表 4-5-6	人口集中度別の党派別当選者数（1990年・前回比）···········	171
表 5-2-1	党派別立候補者数（1993年）··························	176
表 5-2-2	人口集中度別の党派別立候補状況·······················	176
表 5-2-3	有権者が重視する争点·······························	177
表 5-2-4	有権者が望む衆議院の政党状況························	178
表 5-2-5	有権者が望む次期政権の形態··························	178
表 5-2-6	政党支持率（1986-93年）·····························	179
表 5-3-1	人口集中度別投票率の変化（1990→93年）·················	181
表 5-3-2	党派別得票数と得票率の変化（1993年）···················	181
表 5-3-3	党派別当選者数・召集日議員数（1993年）·················	182
表 5-3-4	自民党候補者の当確指数の分布（1993年・前回比）···········	184
表 5-3-5	自民党と社会党の候補者の当確指数の変化（1990→93年）······	184
表 5-3-6	自民党と社会党の候補者の人口集中度別当確指数の変化（1990→93年）	185
表 5-3-7	社会党候補者の当確指数の分布（1993年・前回比）···········	186
表 5-3-8	公明党と民社党の候補者の当確指数の分布（1993年・前回比）···	187
表 5-3-9	共産党候補者の当確指数の分布（1993年・前回比）···········	188
表 5-3-10	新生党候補者の当確指数の分布（1993年・前回比）··········	189
表 5-3-11	新生党候補者の当確指数の変化（1990→93年）·············	189
表 5-3-12	日本新党候補者の当確指数の分布（1993年）···············	190

図表一覧

表5-3-13	東京都の各党の議席数の変化（1986→93年）	192
表6-1-1	衆議院比例代表区とその議員数	198
表6-1-2a	党派別立候補者数・得票数・当選者数（1996年比例代表）	202
表6-1-2b	党派別立候補者数・得票数・当選者数（1996年小選挙区）	203
表6-1-2c	党派別当選者数・召集日議員数（1996年）	203
表6-1-3	主要政党の比例代表選挙における得票率	205
表6-1-4	各党得票率とDID人口比率の相関（1996年比例代表）	206
表6-1-5	党派別候補者の当確指数の分布（1996年小選挙区）	208
表6-1-6	当選者の得票率分布（1996年小選挙区）	208
表6-1-7	DID人口比率と各党の集票率（1996年小選挙区）	209
表6-1-8	DID人口比率と各党の議席数（1996年小選挙区）	209
図6-1-1	有効候補者数（1996年小選挙区）	210
図6-1-2	1位と2位の候補者の得票率の差（1996年）	210
表6-1-9	DID人口比率と候補者数と投票率の相関（1996年小選挙区）	211
表6-1-10	主要政党の当選者の当選選挙の内訳	211
表6-2-1a	党派別立候補者数・得票数・当選者数（2000年比例代表）	214
表6-2-1b	党派別立候補者数・得票数・当選者数（2000年小選挙区）	214
表6-2-1c	党派別当選者数・召集日議員数（2000年）	215
表6-2-2	各党得票率とDID人口比率の相関（2000年比例代表）	217
表6-2-3	当選者の得票率分布（2000年小選挙区）	218
図6-2-1	1位と2位の候補者の得票率の差（2000年）	218
表6-2-4	党派別候補者の当確指数の分布（2000年小選挙区）	219
表6-2-5	小選挙区各党候補者の順位	219
表6-2-6	党派別同一候補者の得票率の変化（1996→2000年）	220
図6-2-2	自民党候補者の得票率の変化（1996→2000年）	221
図6-2-3	民主党候補者の得票率の変化（1996→2000年）	221
図6-2-4	有効候補者数（2000年小選挙区）	221
図6-2-5	有効候補者数の変化（1996→2000年小選挙区）	222
表6-2-7	DID人口比率と各党の集票率（2000年小選挙区）	222
表6-2-8	DID人口比率と各党の議席数（2000年小選挙区）	223
表6-2-9	1996年と2000年にともに小選挙区から立候補した候補者の成績	223
表6-2-10	1996年と2000年に当選した候補者の党派別分類	224
表6-2-11	「復活」当選組の小選挙区における成績	224
図6-2-6a	投票時間別の投票者の政党支持率	225
図6-2-6b	投票時間別の選挙区候補得票率	225
図6-2-6c	投票時間別の投票者の年代構成	225

表 6-2-12	投票者の投票時刻	225
表 6-3-1a	党派別立候補者数・得票数・当選者数（2003 年比例代表）	228
表 6-3-1b	党派別立候補者数・得票数・当選者数（2003 年小選挙区）	228
表 6-3-1c	党派別当選者数・召集日議員数（2003 年）	229
表 6-3-2	DID 人口比率と投票率（2003 年小選挙区・前回比）	229
表 6-3-3	岩手県の比例区の投票数の変化（2000→2003 年）	232
表 6-3-4	各党得票率と DID 人口比率の相関（2003 年比例代表）	233
表 6-3-5a	DID 人口比率と各党の集票率（2003 年比例代表）	233
表 6-3-5b	DID 人口比率と各党の得票率（2003 年比例代表）	233
表 6-3-6	各党の比例代表獲得議席数と復活当選者の数	234
表 6-3-7	各党の得票率の変化（2000→2003 年）	235
図 6-3-1	民主党と自由党の合併効果（小選挙区の集票率）	236
図 6-3-2	民主党と自由党の合併効果（小選挙区の得票率）	236
表 6-3-8	民主党と自由党の合併効果（小選挙区の順位）	237
表 6-3-9	党派別候補者の当確指数の分布（2003 年小選挙区）	237
表 6-3-10a	DID 人口比率と各党の集票率（2003 年小選挙区）	238
表 6-3-10b	DID 人口比率と各党の得票率（2003 年小選挙区）	238
表 6-3-10c	DID 人口比率と各党の議席数（2003 年小選挙区）	238
表 6-3-11	当選者の得票率分布（1996-2003 年）	239
図 6-3-3	当選者の得票率分布（区割り変更の有無別）	240
表 6-3-12	DID 人口比率と当選者の得票率	241
図 6-3-4	1 位と 2 位の候補者の得票率の差（2003 年）	241
図 6-3-5a	1 位と 2 位の得票率の差（農村型選挙区）	242
図 6-3-5b	1 位と 2 位の得票率の差（中間型選挙区）	242
図 6-3-5c	1 位と 2 位の得票率の差（都市型選挙区）	242
図 6-3-6a	自民党候補者が 1 位の選挙区の 2 位との得票率の差	243
図 6-3-6b	民主党候補者が 1 位の選挙区の 2 位との得票率の差	243
図 6-3-7a	1 位と 2 位の得票率の差（区割り変更がなかった選挙区）	244
図 6-3-7b	1 位と 2 位の得票率の差（区割り変更があった選挙区）	244
表 6-3-13	小選挙区の候補者数とその変化（1996-2003 年）	245
図 6-3-8	有効候補者数（2003 年小選挙区）	245
表 6-3-14	DID 人口比率と有効候補者数	246
表 6-3-15	2000 年と 2003 年にともに立候補した候補者の順位	246
表 6-3-16	実際の議席配分と 1 票の重みを平等にした場合の議席配分	247
表 7-1-1	当日有権者数・投票者数・無効投票数（1942-2003 年）	250
図 7-2-1a	順位別候補者の平均得票率（3 人区）	251

図 7-2-1b	順位別候補者の平均得票率（4人区）	252
図 7-2-1c	順位別候補者の平均得票率（5人区）	252
表 7-2-1	定数別の有力候補者の出場状況	253
表 7-2-2	定数別1位当選者の1位当選回数	253
図 7-2-2	定数別候補者の得票率の分布	254
図 7-2-3	候補者の当確指数の分布	255
図 7-2-4	定数別当選者の得票率の分布	256
図 7-2-5	当選者の当確指数の分布	256
図 7-2-6	最高・平均・最低当選者の当確指数の経年変化（1947-93年）	257
図 7-2-7	定数別次点票の最下位当選者票に対する割合の分布	258
図 7-2-8	死票率の経年変化（1946-93年）	258
表 7-2-3a	党派別当選順位（3人区）	260
表 7-2-3b	党派別当選順位（4人区）	260
表 7-2-3c	党派別当選順位（5人区）	260
表 7-2-4a	自民党候補者の順位（1958-67年）	261
表 7-2-4b	自民党候補者の順位（1969-79年）	261
表 7-2-4c	自民党候補者の順位（1980-90年）	261
表 7-3-1a	定数別自民党の立候補者数（1958-69年）	263
表 7-3-1b	定数別社会党の立候補者数（1958-69年）	263
図 7-3-1	自民党の議席占有率（実際・ドント式・純粋比例）	264
表 7-3-2	各党が犯す選挙戦上の失敗のタイプ	265
表 7-3-3	自民党の選挙戦略の結果	265
表 7-3-4	社会党の選挙戦略の結果	266
図 7-3-2	総選挙の党派別集票率の推移（1946-93年）	267
図 7-3-3	保守系候補者数と総保守の集票率の相関	269
図 7-3-4	当確指数別自民党候補者数の変化（1958-93年）	269
表 7-3-5	最下位当選者の平均当確指数の推移（1947-72年）	270
表 7-4-1	継続出場者の成績	271
図 7-4-1	当選者，次点者，落選者の再出場率	271
表 7-4-2	再出場候補者の成績	272
図 7-4-2	当選者の再出場の成績	272
表 7-4-3	自民党議員の当選回数別再出場の成績	273
図 7-4-3	次点者の再出場の成績	273
図 7-4-4	落選者の再出場の成績	274
表 7-4-4	衆議院議員の当選回数別構成	275
図 7-4-5	衆議院議員の当選回数別延べ人数（1958-93年）	276

図 7-4-6	自民党議員の当選回数別延べ人数（1958-93 年）	276
図 7-4-7	社会党議員の当選回数別延べ人数（1958-93 年）	277
図 7-4-8	衆議院議員の当選回数別当確指数	278
図 7-4-9	自民党と社会党の衆議院議員の当選回数別当確指数	278
表 7-5-1	新人・前議員・元議員別候補者数	279
表 7-5-2	候補者の前歴	280
表 7-5-3	元議員の再出場の成績	282
表 7-6-1	全候補者の RS 指数の推移（1958-93 年）	284
表 7-6-2	政党別 RS 指数の平均値の推移（1958-93 年）	285
表 7-7-1	議員 1 人当りの有権者数	286
表 7-7-2	定数不均衡と自民党	289
表 7-7-3	定数不均衡と社会党	290
表 7-7-4	定数不均衡と民社党	290
表 7-7-5	定数不均衡と公明党	291
表 7-7-6	定数不均衡と共産党	291

はじめに

　敗戦直後の1946年11月3日に公布された日本国憲法は，その前文で「日本国民は，正当に選挙された国会における代表者を通じて行動し」，「ここに主権が国民に存することを宣言し，この憲法を確定する」と謳っている．主権者である国民が選んだ国会を中心とした政治運営こそが，明治憲法体制から戦後体制をわかつもっとも重要な点である．

　実際，国会，特に第一院である衆議院で多数をとった勢力は，衆議院における総理大臣の指名によって内閣総理大臣を選ぶことができる．選出された総理大臣は国務大臣を任命することによって内閣を組織して，行政を担当する．そればかりではない，内閣は最高裁判所の長官を指名し，裁判官を任命するから，国会の第一院である衆議院を掌握した勢力は，単に立法だけでなく，行政，司法の三権をその手におさめることができるように憲法では規定されている．その意味で，国会，特に衆議院は「国権の最高機関」というにふさわしい地位を与えられているのである[1]．

　本書は，このようにわが国の政治権力の中心に位置する衆議院の議員を選出する総選挙を分析することによって，戦後のわが国の民意の変遷をかえりみ，戦後政治に登場した諸政党の興亡をたどることを目的としている．

　さて，国民が衆議院議員を選出する選挙制度は，敗戦直後から3回ほど改正されている．最初の改正は，45年12月の改正である[2]．この改正は，それまでのいわゆる中選挙区制度を大選挙区制限連記制度に改めたものである．一つの選挙区から議員を4名から14名選出し（大選挙区），有権者も候補者の中から1人から3人を選ぶことができた（制限連記）．この制度により46年4月の戦後初の総選挙が実施された．しかし，この新しい制度は47年3月に中選挙区制度に改められた．これによって，一つの選挙区から議員を3人から5人選出し，有権者は候補者の中から1人を選ぶこととなった．この中選挙区制度に

はじめに

図 0-1 戦後有効政党数の変化

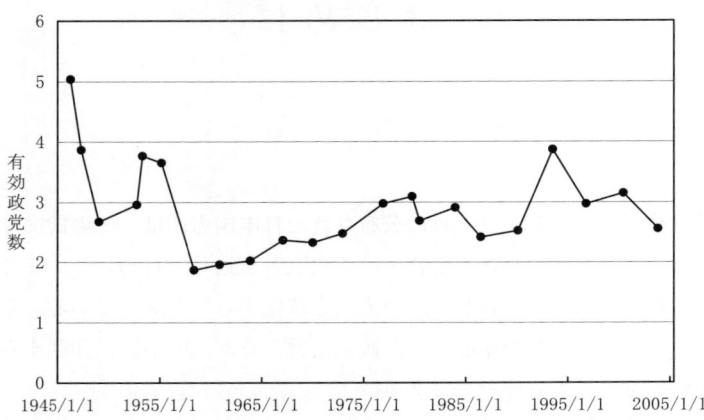

図 0-2 戦後政党の議席占有率の変化

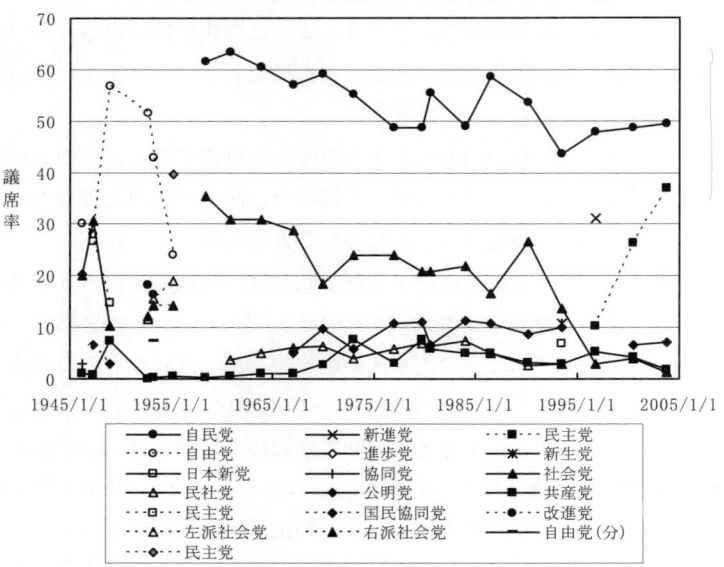

よって47年から93年までの間に18回の総選挙が行われた．そして最後に，94年3月には，小選挙区制度と比例代表制度を組み合わせた，いわゆる小選挙区比例代表並立制が採用されて，現在に至っている．この制度では議員は小選挙区からと比例代表選挙から選出される．前者では有権者は1名の候補者を選び，各選挙区から1人が当選する（小選挙）．後者では有権者は政党に投票をし，政党があらかじめ提出した名簿の順に当選者を決定する．

　三つの選挙制度を通じて，民意はどのような形で現れたのであろうか．ここでは敗戦直後から現在までの総選挙における政党の興亡をまず概観することにしよう．それを見るために有効政党数という概念を使いたい．有効政党数は選挙過程に登場した政党の数を単純に考えるのではなく，政党の力ないし大きさを考慮した形で政党の数を数えたものである[3]．図0-1は，戦後の衆議院選挙（総選挙）における有効政党数の変化を示している[4]．

　戦後の選挙で有効政党数がもっとも多かったのは46年4月総選挙である．これは大選挙区制限連記制度のせいというよりもむしろ，戦後多数の政党が乱立したという視点から見たほうがよいかもしれない．以後，93年までは中選挙区制度であるが，この間有効政党数は2弱から4弱の間を推移している．自社2党制ができあがった直後の58年総選挙が最も少なく，以後は増加する傾向が見られる．自民党が比較的成功した86年と90年には数が減少しているが，小選挙区と比例代表を組み合わせた制度の導入以後はむしろ多党化が進み，有効政党数は増加している．しかし，2003年の総選挙でかなり小さくなった．

　図0-2は具体的に，戦後の衆議院における各党の議席占有率の推移を示したものである[5]．1958年選挙まではいろいろな政党が勢力を伸ばしたり，減らしたりしている．58年以後は自民党と社会党の2大政党制が続くが，ともに議席占有率は減らしている．特に70年代の後半に自民党の議席率は50％を割る事態が出てくる．そして，80年代の後半になると自民党は勢力を盛り返すが，93年の分裂で自民党は過半数を割り，50％のあたりで現在に至っている．

　第1党の議席占有率，および，第1党と第2党の議席占有率の推移を見たものが表0-1である[6]．第1党と第2党の議席占有率は，58年に急に跳ね上がり，ほとんど100％となる．自社体制の成立である．しかし，その後は急速に低下して70年代の後半を迎える．80年代になると増加の傾向が見られるが，自民

表 0-1 戦後大政党の議席占有率の変化

選挙	第1党シェア（%）	第1+2党シェア（%）
1946	30	50
1947	31	59
1949	57	71
1952	52	70
1953	43	59
1955	40	64
1958	61	97
1960	63	94
1963	61	91
1967	57	86
1969	59	78
1972	55	79
1976	49	73
1979	49	69
1980	56	77
1983	49	71
1986	59	75
1990	54	80
1993	44	57
1996	48	79
2000	49	75
2003	49	86

党が政権を奪われた93年に57％に低下する．これ以後，第2党は社会党から新進党や民主党に変わる．2003年総選挙では，第1党は過半数をとれないが，第1党と第2党の合計は86％と，1967年総選挙並みに上がっている．二つの大きな政党が支配を始めたかに見える．

以上の分析から，戦後は大きく三つの時代に分けることが可能である．

第1期は46年の総選挙から55年総選挙までで，保守政党と革新政党それぞれで交代が激しい状況．この時期は，有効政党数が多く，また，第1党と第2党のシェアが小さい．保守陣営では自由党，改進党，民主党などが現れては消えていった．革新陣営では，社会党の分裂や共産党の盛衰などが見られた．

第2期は58年総選挙から90年総選挙の間で，自民党主導の議会が出来上がっている状況である．有効政党数は少なくなり，第1党と第2党のシェアが大きくなる時期である．サルトーリ的に言えば，自民党の1党優位政党制の時

代ということができよう[7]．もっとも，この時代を詳しく見ると，前期と中期と後期の三つに分けることが可能である．前期はおおよそ60年代に対応して，自民党が高い議席占有率を保持した時代である．中期はおおむね70年代に対応し，自民党の議席占有率が50％前後になった時代．そして，後期は80年代以後のいわゆる保守復調時代で，自民党の党勢が回復した時代である．

第3期は自民党が衆議院で過半数を割った93年総選挙以後である．この時代はまた社会党の凋落によっても特徴付けられる．いわば社会党に代わる自民党対抗政党の模索の時代ということができるだろう．この時代は，したがって政権は連立によって出来上がることとなるので，とりあえずは連立政権の時代と名づけることができるだろう[8]．

本書は，したがって，第1章では第1期の敗戦直後の選挙を扱う．第2期については，第2章で前期の自民党優位の選挙を，第3章で中期の保革伯仲期の選挙を，そして，第4章で，後期の保守復調期の選挙を扱う．そして，最後に，第3期を二つに分け，第5章では自民党が決定的に過半数を割った93年の政権交代の総選挙を，そして，第6章では新しい選挙制度で選挙が実施された最近の三つの選挙をとりあつかうことにする．それらについて特に前回との比較を中心に分析を行った．

そして，最後に，各回ごとの総選挙の分析ではなく戦後の総選挙の通時的な分析を行う．その際，特に47年から93年の間に行われた中選挙区制度による総選挙を対象に分析を行い，この選挙制度で行われた選挙の姿を描き出したいと考える．

第1章　敗戦直後の総選挙

第1節　政党の新生と選挙法の改正

　ポツダム宣言はそのなかで「日本国政府は日本国国民の間に於ける民主主義的傾向の復活強化に対する一切の障礙を除去すべし言論，宗教及思想の自由並に基本的人権の尊重は確立せらるべし」とうたっている．1945年8月，日本はこの宣言を受諾した．

　敗戦とともに多くの政党が生まれた．戦争協力体制の一翼を担った翼賛政治会の後身である大日本政治会は9月14日に解散し，11月16日に日本進歩党という装いで再登場した．その政綱には「国体を擁護し，民主主義に徹底し，議会中心の責任政治を確立す」と最初に掲げていた．所属代議士は274名だった．幹事長に鶴見祐輔が就任し，総裁には12月になり町田忠治が就任した．

　これに対して，戦時議会において冷遇されていた鳩山一郎を中心とする勢力は11月9日に日本自由党を結成した．所属代議士は43名だった．総裁には鳩山が就いた．その綱領には「国体を護持し，民主的責任政治体制を確立し，学問，芸術，教育，信教を自由にして，思想，言論，行動の暢達を期す」と二項目に謳っていた．

　ここで注目されるのは，鳩山は当初，無産政党を含めた「進歩的な政党」を作ることを意図したことである．8月末には保守の鳩山，安藤正純，植原悦二郎，大野伴睦と，旧無産政党の西尾末広，平野力三，水谷長三郎が新党問題で協議をおこなったが，西尾らが消極的で実現には至らなかった[1]．

　船田中や赤城宗徳ら産業組合運動関係者は，修正資本主義・協同組合主義をとなえて12月8日に日本協同党を結成した．彼らの多くは，大政翼賛会・大日本翼賛壮年団の積極分子で，一転して東条英機内閣打倒に関与した人たちであった．代議士数は26人で，政策大綱には「本党は憲法の民主主義的改正を

図り民意に基く議院政治の実現を期す」と書かれている[2].

これより先,非共産党系の無産政党を糾合して11月2日に日本社会党が結成された.代議士数は17名.委員長は空席で,書記長に片山哲が就任したが,社会党結成の中心人物は西尾と平野と水谷であった.綱領には「一,吾党は勤労階層の結合体として,国民の政治的自由を確保し以て民主主義体制の確立を期す.一,吾党は資本主義を排し,社会主義を断行し,以て国民生活の安定と向上を期す.一,吾党は一切の軍国主義的思想および行動に反対し,世界各国民の協力による恒久平和の実現を期す」と記されている.ちなみに天皇制に対しては,12月4日の常任中央執行委員会で「一 憲法学説においては,主権在国家説たる国家法人説をとり,天皇制を存置すること.一 天皇の大権は,民主主義の精神に基き縮小すること.一 民主化された天皇制の下に民主主義,社会主義の実現に進むこと」が決められた[3].

最後に共産党である.10月10日に徳田球一,志賀義雄らが東京府中刑務所から釈放された.12月1日から3日にかけて開催された第4回大会で,共産党は行動綱領を採択し,そのなかで「天皇制の打倒.人民共和政府の樹立」を主張した.

こうして物不足とインフレの中,45年末には戦後を形作ることになる諸政党がおおむね結成されたのである[4].共産党を除き,主要な政党は天皇制=「国体」護持を謳っている.戦争責任に関しては,11月26日に召集された第89回帝国議会において,自由党と社会党は「ひとり政界のみ,てんとして反省の実なきは,真に遺憾にたえず,……大東亜戦争開始以来,政府と表裏一体となりて戦時議会の指導に当れる者は,この際すみやかに,その責任を痛感して,自ら進退を決すべし」という「議員の戦争責任に関する決議案」を提出した.これに対して進歩党は「戦争責任に関する決議案」を提出して,「今次敗戦のよってきたるところを観ずるに,軍閥官僚の専恣に基づくこと,もとより論なしといえども,彼等に阿附策応し,ついに国家国民を戦争遂行に駆りたる政界,財界,思想界の一部人士の責任も,またまぬかるべからざるところなり.われら職に立法の府に連なる者も,また静かに過去の行動を反省し,深く自粛自戒し,新日本建設に邁進せざるべからず」と述べたのである[5].

ところで，45年8月に成立した東久邇宮稔彦内閣の山崎巌内務大臣はポツダム宣言の受諾による政治改革にはまず衆議院議員選挙法の改正が必須と考え，選挙法に詳しい愛知県知事古井喜美を内務次官に起用し，改正作業にあたらせた[6]．しかも，衆議院は46年4月29日に任期満了を迎えるため，早急に総選挙を実施する必要があったのである．

東久邇宮内閣から代わった幣原喜重郎内閣の堀切善次郎内相は10月11日の閣議で，①選挙権・被選挙権の年齢の引き下げ，②婦人への参政権の賦与，③大選挙区制の採用という3項目の改正方針を提案し，閣議の基本的な了解を得た．これに基づき法案が衆議院に提出されたのは11月27日だった．法案の審議において進歩党からの修正案が出され，それに基づいて法案の修正が行われ，12月11日に衆議院で，14日に貴族院で採択され，17日に公布された．その内容は以下の通りである[7]．

第一　議員定数および選挙の区域に関する事項
　一　議員定数を468人としたが，沖縄県（定数2）については行政権の行使が不可能のため，事実上466人となった．
　二　選挙区は，原則として都道府県を単位とする大選挙区制とし，議員定数15人以上の都道府県を2選挙区に分割した（2人区1［沖縄県］，4人区1，5人区6，6人区7，7人区6，8人区4，9人区8，10人区7，11人区4，12人区3，13人区4，14人区3，合計54区，定数468人）[8]．
　三と四　〈省略〉
第二　選挙権および被選挙権に関する事項
　一　女子にも男子と同一の条件をもって選挙権及び被選挙権を認めることにした．
　二　選挙権の年齢要件を25才から20才に，被選挙権の年齢要件を30才から25才にそれぞれ引き下げた．
　三　〈省略〉
第三　投票に関する事項
　一　〈省略〉
　二　制限連記投票制を採用し，投票用紙に記載する候補者の数は，左の区

分によることとした．
　　　イ）議員定数3人以下の選挙区にあっては，1人
　　　ロ）議員定数4人以上10人以下の選挙区にあっては，2人
　　　ハ）議員定数11人以上の選挙区にあっては，3人
　第四　開票に関する事項〈省略〉
　第五　当選人に関する事項〈省略〉
　第六　補欠選挙に関する事項〈省略〉
　第七　選挙運動に関する事項
　　一　選挙運動者の制限を廃止し，第三者の選挙運動を自由にした．
　　二　選挙運動のために使用する労務者の選任及び員数に関する制限を廃止した．
　　三　個々面接及び電話による選挙運動を自由にした．
　　四　演説会の出席者数に関する制限を廃止した．
　　五　地方長官による候補者の氏名等の新聞広告の制度を新設した．
　　六　氏名等の掲示の制度を新設した．
　第八　選挙運動の費用に関する事項
　　一　選挙事務長の制度を廃止し，支出責任者の制度を採用した．
　　二　法定選挙運動費用の超過支出に対する罰則の廃止に伴い警察官吏の帳簿等に対する検査規定を削除した．
　第九　罰則に関する事項
　　一　法定選挙運動費用の超過支出に対する罰則を廃止した．
　　二　〈省略〉
　第十　その他の事項〈省略〉

　衆議院議員選挙はそれまでの中選挙区制に代わり，大選挙区制度に変更された．堀切善次郎内相はその意図について「今度の選挙はどうしても代議士の地盤というものを根本から覆さなければ，何の改革の値打ちもない」と語っている．しかし，小選挙区制では，既存の政友会や民政党に有利になるので，大選挙区制が選択された．そうすれば，「従来の固着せる選挙の基盤」を破って新人の選出を促すということのほか，候補者選択の自由が広がること，戦災等で

人口の移動が大規模なので従来の中選挙区では不適当であるという二つの理由を挙げている．議会での審議では大選挙区制については反対論は少なかったが，大きい都道府県を2分することには反対論が多く出された[9]．

第2節　1946年4月総選挙（第22回）——自由党が第1党へ

　戦後初の総選挙は明治憲法下では最後の総選挙となった．連合国総司令部から45年12月20日に総選挙延期指令が出されたために，当初46年1月に予定されていた総選挙は延期されて，4月10日に実施された．この間，総司令部は46年1月に「望ましからぬ人物の公職の罷免排除に関する覚書」を発した．これによって，「軍国主義的国家主義ならびに侵略の積極的代表者」であった者，「極端な国家主義，テロあるひは愛国秘密団体乃至その代理機関関係団体などの有力メンバー」，「大政翼賛会，翼賛政治会，大日本政治会において有力なる活動を行ったもの」が公職から追放されることになった[10]．

　この結果，大日本政治会を衣替えした日本進歩党は274人の衆議院議員のうち247人が追放されるという壊滅的な影響を受けた．その中には町田忠治総裁，鶴見祐輔幹事長も含まれていた．また，日本自由党も50人中10人が，さらに，旧無産政党を糾合した日本社会党においても17人中10人が追放された[11]．公職追放は戦後政治の始めにおいて政治家の新旧交代に決定的なインパクトを与えたのである．

　この選挙における党派別の立候補者数は，表1-2-1aに示したとおりである[12]．自由党と進歩党と社会党が政権獲得に向けて議員定数の過半数の候補者を立てている．

　まず，立候補の状況を見ると，実に2,770人もの多数が立候補している点が大きな特徴である（倍率にして5.9倍）．なかでも，公職追放のために前回当選者で今回も立候補したのはわずかに46名にとどまったこと（内訳は自由党15，進歩党17，協同党2，社会党7，諸派1，無所属4），これと対照的に，今回初めて総選挙に立候補した「新顔」が2,355人もいることが注目されよう（表7-5-2参照）．戦後の新しい息吹を感じ取ることができる．これは，特に小政

表 1-2-1a 党派別立候補者数・当選者数

	立候補者数	当選者数	帝国議会会期終了日各会派所属議員数 (1946年10月11日)
自　由　党	485	140	148 (32%)
進　歩　党	376	94	110 (24%)
協　同　党	94	14	45 (10%)(協同民主党)
社　会　党	331	93	96 (21%)
共　産　党	142	5	6 (1%)
諸　　　派	570	38	33 (7%) ＝国民党
無　所　属	772	80	23＝無所属倶楽部；5＝無所属
合　　　計	2,770	464 (欠2＝自・社)	466(100%)

党（諸派）や無所属の数が著しい．候補者を立てている政党は267，「新人」立候補は2,624人と全立候補者の95%を占めていたことからも明らかである．ちなみに小政党のうち10名以上の候補者を立てたのは日本民党，新日本党，日本革新党，立憲養正会，独立社会党，北海道政治連盟の六つ，1人1党は184であった[13]．

これをさらに詳しく見ると，総選挙に初めて立候補した新顔候補者の数は，自由党371人（同党立候補者の76%），進歩党301人（80%），協同党83人（88%），社会党265人（80%），共産党136人（96%），諸派499人（88%），そして，無所属700人（91%）となっている．全立候補者に占める割合は，もっとも低い自由党ですら4人のうち3人が新顔で占められている．戦前では弾圧されていた共産党はほぼ全員が，その他でも8割から9割が新顔で占められているという「新規巻き直し」選挙であった．そして，今回の選挙で初めて被選挙権を認められた女性候補が79名も立候補しているのが注目される．

選挙は4月10日（水曜日）に実施された．当日は全国的に西日本では雨模様，東日本では曇であった[14]．投票率は72.08%であった．男性が78.52%であったが，初めて参政権が認められた女性は66.97%であった．その結果，投票率は前回よりも11.08%も低下した．

選挙の結果は，自由党が140議席を獲得して第1党となったが，議席占有率は，過半数におよばず，30%にとどまった．進歩党と社会党は比較的善戦したが，協同党の当選率は15%で，他の主要政党に比べて低い成績に終わった．

この選挙では社会党と共産党が，都市部を中心に，合計して21％の議席を確保し，戦後政治の大きな足がかりを築いた点も注目されよう．各党が得た得票数と得票率は表1-2-1bに挙げておいた．

表1-2-1b 党派別得票数・得票率

	得票数	得票率
自　由　党	13,505,924	24.4
進　歩　党	10,349,967	18.7
協　同　党	1,823,595	3.3
社　会　党	9,917,693	17.9
共　産　党	2,123,372	3.8
諸　　　派	6,478,480	11.7
無　所　属	11,254,199	20.3
合　　　計	55,453,230	100.0

ちなみに，総選挙直後に召集された第90回帝国議会召集日の各会派の所属議員数は以下のようになっている．日本自由党＝143人，日本進歩党＝97人，日本社会党＝95人，日本民主党準備会＝33人，協同民主倶楽部＝33人，無所属倶楽部＝29人，新光倶楽部＝28人，日本共産党＝5人，無所属＝1人，欠員＝2人，合計は466人となっている．

さて，今回の選挙で注目されるのは主要政党に属さない小政党（諸派）が多くの票を獲得した点である．各都道府県で5万票以上を獲得した諸派をあげると，北海道政治同盟（北海道），立憲養正会（北海道，広島県），宮城地方党（宮城県），教育民主党（秋田県），日本民党（茨城県，栃木県），埼玉県政振興会（埼玉県），新日本青年党（千葉県），農本党（富山県），日本平和党（長野県），日本興誠党（静岡県），新生公民党（愛知県），日本職域同志会（大阪府），日本党（大阪府），協同民主党（広島県），日向民主党（宮崎県），日本農本党（鹿児島県）となる[15]．そして，その中から38人，また，無所属から80人の当選者が出た点である．しかし，その後，小政党，無所属の議員は，表1-2-1aの最後の列が示すように，無所属倶楽部，無所属の合計28人を除き，国民党や協同党に流れたほか，進歩党，自由党，社会党にも入党するなど分解していった．大政党への求心作用が早速働いた結果である[16]．

ちなみに，国民党は46年9月に結成された．その綱領は「一，我党は暴力的独裁主義を排撃すると共に政党政治の弊風を打破し真に国民大衆の意欲と直結する理想的議会政治の確立を期する．一，我党は世界経済の民主的協同化の動向に則り日本経済を再編成すると共に社会主義と自由主義の統合の上に国民総体の最大福祉を目的とする搾取隷従なき新国民主義経済体制の確立を期する」と述べている．保守政党と社会主義政党の中間を目指した政党であった．

次に，各党候補者の当確指数の分布を見たものが表1-2-2である[17]．まず，今回は諸派（国会に議席を持たない党派）と無所属が非常に多数立候補したが，それらの大部分はわずかな当確指数しか得ていない．当確指数が0.1未満の候補者の数は，無所属で772人中の62%で477人，諸派で570人中66%の376人となっている．しかし，それ以上の当確指数の候補者を見ると，協同党や共産党よりも当確指数が高い候補者が多くなっている．今回，諸派や無所属から多数が当選した所以である．

次に，主要政党の候補者では，自由党と進歩党と社会党が比較的強い候補者を立てたことがわかる．戦後の新しい状況の中で，自由党と進歩党などの保守政党に対抗できる進歩派の政党としては社会党しかないことを示していると考えることもできるであろう．これに対して，共産党や協同党は当確指数が小さい候補者が圧倒的多数を占めている．これら二つの政党が伸び悩んだわけである．

さて，党派を超えてこの選挙では新人が多数を占めているのが特徴である．今回の当選者のうち，新人，前議員，元議員の数を党派別に示したのが表1-2-3である[18]．

表1-2-2　党派別候補者の当確指数の分布

	0.1未満	0.2未満	0.4未満	0.6未満	0.8未満	1.0未満	1.2未満	1.4未満	1.6未満	メディアン
自由党	103	110	179	68	18	5	2			0.2239
進歩党	69	89	151	53	10	2	1	1		0.2370
協同党	38	22	23	10	1					0.1377
社会党	66	87	105	48	15	4	4	2		0.2158
共産党	60	59	20	2	1					0.1106
諸派	376	98	73	19	2	2				0.0530
無所属	477	128	99	37	18	6	4	1	2	0.0602

表 1-2-3 当選者の新旧別分類

	当選者数	新 人 (%)	前議員 (%)	元議員 (%)
自 由 党	141	103 (73)	13 (9)	25 (18)
進 歩 党	93	71 (76)	14 (15)	8 (9)
協 同 党	14	12 (86)	1 (7)	1 (7)
社 会 党	92	72 (78)	6 (7)	14 (15)
共 産 党	5	5 (100)		
諸 会 派	39	38 (97)		1 (3)
無 所 属	80	74 (93)	4 (5)	2 (3)
合 計	464	375 (81)	38 (8)	51 (11)

(注) 表の当選者数は朝日新聞社のデータにもとづいているので，本書とは少し異なる．

　当選者に占める新人の割合は全体で81%である．すなわち，代議士5人のうち4人が新人という計算になる．なかでも，諸会派（諸派）や無所属はほとんどが新人，保守の自由党や進歩党でも4分の3は新人で占められている．ちなみに，この割合は次回47年の総選挙では50%を切り，53年総選挙（バカヤロー解散）まで減少を続けている．

　特に，今回初めて立候補して，しかも，当選した議員は303人にものぼっている．全議員の3分の2が純粋戦後派代議士から構成されていることになるが，また，この46年総選挙で初立候補した代議士が63年総選挙まで最多数派を占めていることは注目されてよい（表1-8-3）．また，女性も79人が立候補し，39人が当選した．こうした傾向は，基本的には，戦後という可能性に満ちた機会に際会し，政治においてなにかをやろうという人たちが多く当選したことを示しているといえるだろう．

　これとの関連で，戦中の42年総選挙で当選した議員のその後について示したのが表1-2-4である[19]．

表 1-2-4 1942 年総選挙当選者のその後

	数 (人)	率 (%)
敗戦直後（46年）も当選	38	8.2
占領下（47年，49年）に復活	3	0.6
追放解除（52年）で復活	64	13.7
53年以後に復活	27	5.8
合　　計	132 (9)	28.3 (2.0)

(注) 合計欄の括弧内は参院へ復活した人数．

42年に翼賛推薦を受けずに当選した者は85人いたが，そのうち38人が今回の総選挙で当選した．これは全当選者のうちのわずかに8%にしか過ぎない．非推薦議員のうち，今回には当選せずに，47年以後，占領期間中に復活したのは3人だけで，結局，非推薦議員であっても半数以上が戦後政界には登場しなかったことになる．

当選者を職業別に見ると，地方政治家や経営者が多数を占めているが，戦中との比較で言えば，①翼賛選挙では12人であった教員が45人に増加した，②官僚のうち高等文官試験に合格し，中央省庁で課長以上の役職に就いたことのあるものは翼賛選挙では31人，高級職業軍人出身の21人を加えると52人に上ったが，今回の選挙ではわずかに9人に減少した，③労働運動や農漁民運動経験者は翼賛選挙では7人だけであったが，それが31人にも増加した，という特徴が見られた[20]．

最後に，今回の選挙は大選挙区制限連記制という制度で行われた．それではこの選挙で当選した候補者はいったいどれくらいの得票率で当選しているのであろうか．それぞれの定数において最低で当選した人の得票率を示したのが，表1-2-5である．これによると，定数が増大するにつれて当選に必要な最低得票率も下がっていることが明らかで，12人区以上では最低の候補者は得票率が2%程度で当選しているのである．表の3列目にはそれぞれの定数区におけ

表 1-2-5　定数別当選者の最低得票率と平均得票率

定　　数	最低得票率	平均得票率	事　例　数
4	5.1	8.1	8
5	6.0	8.9	25
6	4.7	7.3	42
7	4.0	6.7	42
8	3.2	5.7	32
9	2.8	5.5	72
10	2.6	4.9	70
11	2.4	4.2	55
12	2.1	4.2	24
13	2.0	3.3	52
14	2.1	3.3	42

る当選者の平均得票率を掲げた．当確指数では，数が少ない4人区を除けば，0.47から0.55の間で収まっている．

第3節　1947年4月総選挙（第23回）——社・自・民3党鼎立

　46年4月に新しい方式で実施された総選挙に対してはいくつかの批判が提出された．その主なものは，制限連記制の結果，興味本位の新人や女性の進出が容易になった，連記された候補者には異なった政党候補者が書かれた（例えば自由党の鳩山一郎と共産党の野坂参三の連記），連記した順位には主観的には差異があるのに同等に計算するのは問題である，などである．
　このような批判を受けて，保守の自由党と進歩党の間では1選挙区から3人から5人を選出する戦前の中選挙区制に復帰することを志向する動きが強まり，47年3月に改正案の審議が行われた．社会党も中選挙区制には必ずしも反対ではなかったが，単記制度と定数を3から5人にする案には反対であった．他方，自由党や進歩党の中には旧制度に復帰することには反対する勢力もあったが，3月31日に法案は成立した．
　その内容は次の通りである．①議員定数は466人とする．②選挙区は，定数3ないし5人の中選挙区制を採用した．3人区40，4人区39，5人区38，合計117選挙区．③各選挙区の構成は，おおむね旧中選挙区制下の選挙区構成を目途とし，各選挙区配当定数は，46年4月の人口調査にもとづいて算出した[21]．
　改正の理由として，植原悦二郎内相は，連合国総司令部に次のように説明している．①小党の乱立を排除，政策中心の公正な選挙を実現するためには小選挙区制がよいこと，②それが行き過ぎなら中選挙区単記投票制の採用を認めてもらいたいこと，③大選挙区制限連記制は前回総選挙で共産党の進出を招いた，このままでは次回総選挙で共産党員が数十名当選するかもしれない，と[22]．

　さて，47年5月3日の日本国憲法の施行にともない，中央，地方で議員を選出することが課題となった．その結果，同年4月には5日に地方自治体首長選挙，20日には参議院議員選挙，25日に衆議院議員選挙，そして，30日に地方議会議員選挙が，たて続く形で実施された．

これらのうち，総選挙の5日前に実施された参議院議員選挙では無所属が111人（44%）を占めた．そして，この無所属で当選した文化人，旧貴族院議員，官僚出身議員などは緑風会を結成した．緑風会は参議院で最大の会派となった．政党では，社会党が47人，自由党が38人，民主党が28人，共産党が4人当選した．社会党が政党グループでは相対的に第1党となったことが注目される．

　前回の総選挙からわずか1年しか経過していなかったが，政党間の次のような再編成があった．47年3月31日，進歩党を中心として日本自由党，国民協同党，無所属の一部が参加して，民主党が結成された．総裁は芦田均で，衆議院議員は145人だった．綱領に「われらは総合的経済計画に基き産業を民主化してその急速な復興を図り，大衆生活の安定を期する」とある．修正資本主義の立場を標榜したのである．

　3月8日には，協同民主党と国民党と無所属倶楽部の有志が合同して国民協同党が結成された．書記長に三木武夫が就任した．結成時衆議院議席は78で，「我等は階級並に民族の至上主義を排撃して基本的人権を尊重する全国民の生活協同体制を確立し道義的世界平和推進に寄与せんとする」（立党声明）と主張した．ちなみに，協同民主党は46年5月に日本協同党を中心に，日向民主党，日本農本党，無所属議員を糾合した協同民主倶楽部を結成直後に改称した政党で，結成時には31議席だった．

　47年4月総選挙の立候補の状況を示したのが表1-3-1である．異例の高い数字を記録した前回に比べて人数は減ってはいるが，競争率はそれでもなお3.4倍という高い数字を示している．もっとも大きく減少したのは無所属で529人減，次が諸派で424人減であった．それでも，表7-5-2に示すように，今回初めて選挙に出た者が641人もいるし，前回当選できなかった候補者も581人も立候補していることは戦後の雰囲気が存在していることを示すものということができるであろう[23]．ちなみに新顔の構成は，自由党103（当該政党候補者に占める割合32%），民主党125（37%），国民協同党20（18%），社会党90（31%），共産党59（49%），諸派72（49%），無所属172（71%）となっている．主要政党では新顔の割合は前回に比べて大幅に低下している．国民協同党

第3節 1947年4月総選挙（第23回）

表 1-3-1 党派別立候補者数・得票数・当選者数・召集日議員数

	解散時議員数	立候補者数	得票数（得票率）	集票率	当選者数（％）	召集日議員数*
自　由　党	140	324	7,312,524（27）	18	131（28）	129
民　主　党	145	337	6,960,270（25）	17	124（27）	132
国民協同党	63	110	1,915,947（7）	5	31（7）	31
社　会　党	98	287	7,176,882（26）	18	143（31）	144
共　産　党	6	120	1,002,883（4）	2	4（1）	4
諸　　派	4（日本農民党）	146	1,389,417（5）	3	21（5）	7（日本農民党）
無　所　属	7（無所属倶楽部）+2	243	1,603,684（6）	4	12（3）	19（無所属倶楽部）
合　　計	466（欠員1）	1,567	27,361,607（100）	67	466（100）	466

＊総選挙直後に召集された特別国会の召集日の会派別議員数．

が少ないのは候補者難を示唆しているようである．

　注目されるのは女性候補者で，今回は，前回よりも多い85人が立候補している．この数は96年選挙まではもっとも高い数字であった．

　さて，選挙は4月25日（金曜日）に実施された．「各地とも大体天候に恵まれ」た[24]．投票率は68％であった．前回が72％，次回49年総選挙が74％である．前回に比べ低い投票率は，4月に選挙が続いたために有権者のうち棄権するものが増えたからと推測できる．ちなみに，男性の投票率は74.87％，女性のそれが61.60％であった．男女の差は13.27ポイントで，戦後の総選挙で男女の差がもっとも大きな選挙であった．前回に比べて女性の投票率の落ち込みがはげしい．

　選挙の結果は表1-3-1が示すように[25]，自由党と民主党が議席を少し減らし，反対に社会党が大幅に議席を増加させたために，自由党と民主党と社会党の3党がおおむね同じような得票率と議席を得る3党鼎立型となった．これに対して選挙で壊滅的な打撃を受けたのは国民協同党で，結成時が78議席だったものが，31議席へと激減したのである．解散時の63人と比較しても，ほぼ半減である．こうして，保守と革新の比率がおおむね2対1というわが国の戦後政治に見られることになるパターンがこの選挙から現れたのである．

　各党候補者の当確指数の分布を表1-3-2に示した．社会党候補者が他党に比して，比較的高い指数を得ていることがわかる．民主党や国民協同党は結構泡

表 1-3-2 党派別候補者の当確指数の分布

	0.2未満	0.4未満	0.6未満	0.8未満	1.0未満	1.2未満	1.4未満	1.6未満	1.6以上	メディアン
自 由 党	63	85	66	57	28	20	2	2	1	0.4405
民 主 党	94	80	70	49	28	11	3	1	1	0.3858
国 協 党	39	31	12	16	11		1			0.3033
社 会 党	43	64	63	60	34	16	6		1	0.5149
共 産 党	85	28	6	1						0.1418

沫的な候補者が多かったことがここからわかる．各党別にそれぞれの候補者の当確指数を大きさの順に並べてちょうど中央に来る候補者の当確指数，すなわち，メディアン（中央値）をとってみると，社会党が最も高く，以下，自由党，民主党，国民協同党と続き，最後が共産党となっている．

次に，候補者と当選者の新旧別分類を示したものが表1-3-3である．いずれの政党も似たような傾向を示している．これを主要3政党についてみると，まず，立候補者についていえば，前回当選者の占める割合が23％から29％と少ない．それに対して，初出場組と前回落選組が多くなっている．特に後者は全候補者の4割を占めている．戦後2回目の，しかも，新憲法下での実質的な初選挙であったことが，両者の割合の高さに反映していると考えるべきであろう．

次に当選者についてみると，大選挙区制度から中選挙区制度に制度が変更さ

表 1-3-3 候補者と当選者の新旧別分類

	候 補 者				当 選 者			
	初出場(%)	前回当選	前回落選	前回には不出場で以前出場	初出場(当選率)	前回当選	前回落選	前回には不出場で以前出場
自 由 党	103 (32)	89 (27)	125 (39)	7 (2)	25 (24)	68 (76)	37 (30)	1
民 主 党	125 (37)	77 (23)	127 (38)	8 (2)	23 (18)	58 (75)	41 (32)	2
社 会 党	90 (31)	84 (29)	109 (38)	4 (1)	23 (26)	69 (82)	48 (44)	3
国 協 党	20	40	50		1	23	7	
共 産 党	59	5	56			2	2	
諸 派	72	4	69	1	9	3	9	
無 所 属	172	4	60	7	5	4	3	
合 計	641 (41)	303 (19)	596 (38)	27 (2)	84 (13)	227 (75)	147 (25)	6 (22)

第3節 1947年4月総選挙(第23回)

表 1-3-4 主要政党当選者の地盤

	社会党当選者	民主党当選者	自由党当選者	全国議席比率
都 市 部	31%	19	17	20
農 村 部	69	81	83	80
合 計	100	100	100	100

れたにもかかわらず、前回当選者の75%から82%が今回も当選している。現職の強さを示すものである。他方、前回落選者が今回当選している割合が高くなっていることも注目される(図7-4-3と図7-4-4を参照)。これは、しかしながら、候補者の地盤がまだ固まっていないことを示している。

選挙区を都市度別に大きく二つに分けてそれぞれの選挙区タイプにおける社会党と民主党と自由党の当選者の比率を示したのが表1-3-4である[26]。社会党が、大都市や都市部において多数の当選者を出したことがこれから明らかとなる。これに対して、二つの保守政党はほぼ全国から一様に当選者を出している。

さて、前回と同様に今回も、諸派からも多数の当選者が出ている。日本民主党(4議席)、日本農民党(3議席)、秋田民主党(2議席)、農民党(2議席)のほか、1議席を獲得した政党には、福岡県農村青年連盟、立憲養正会、協同農民党、救国青年連盟、新日本建設同盟、鳥取県農民総同盟、農民連盟、農村連盟、日本農民組合、革新社会党、日本人民党、農漁民協同党、民権同志会、社会革新党があった[27]。

また、当選回数から見ると、当選者のうち、初当選は231人(50%)で、前回の数字375人には及ばないものの、議員のほぼ半数を占めている。これらのうち戦後初めて総選挙に出場した者の数は202人である。前回初めて立候補して当選した議員で今回も当選した議員の数は138人であった。したがって両者を合計した純粋の戦後派の代議士の総数は340人、全議員の73%も占めている。

新憲法の施行にふさわしく新しい人材が衆議院に供給されたということができるであろう。

第4節　1949年1月総選挙（第24回）——民自党が単独過半数を獲得

　47年総選挙の結果を受け，5月20日に自由党の吉田内閣は総辞職をした．そして，6月1日に第1党の社会党と民主党と国民協同党の3党連立による片山哲内閣が成立した．片山内閣は，その足元の社会党における左右対立の結果，1年ももたず，48年2月5日に総辞職し，かわって，片山内閣と同じく社会党と民主党と国民協同党の3党連立内閣である芦田均内閣が3月10日に成立した．しかし，その芦田内閣にも昭和電工事件が起こった．昭和電工社長の日野原節三らが昭和電工の工場拡充に復興金融金庫の融資を得ようとして多額の資金を政・官界に贈ったとされる事件である．この結果，日野原や栗栖赳夫経済安定本部長官をはじめ多数が逮捕され，政界では西尾末広が逮捕された．これを受けて芦田内閣は翌日の10月7日に総辞職をした（芦田も12月に逮捕された）．そして，19日に吉田茂を首班とする民主自由党単独内閣が成立したのである．

　第2次吉田内閣は少数内閣であったので，できるだけ早急に総選挙を実施することを目指したが，野党は総選挙の実施をできるだけ回避するよう行動した．その結果，連合国総司令部が中に入って，12月23日に衆議院は解散した．

　前回から今回までの政界再編は以下の通りである．47年11月28日，片山内閣が推進していた炭鉱国家管理案に反対する民主党の幣原喜重郎を中心とするグループが民主党を脱党し，一部の無所属議員を加えて衆院議員合計22人をもって同志クラブを結成した．翌48年3月12日，同志クラブは，さらに一部の無所属議員を加えて36人の民主クラブと名称変更をした．さらに15日には，日本自由党と民主クラブが合同し，民主自由党（民自党）が結成された．衆院議員数で152人の最大会派となった．

　他方，社会党ではすでに述べたように左右の対立が顕在化した．47年11月に平野力三農相が罷免，追放された．翌年1月平野らは社会党を脱党し，15人をもって全農派有志議員クラブを結成した．同クラブは2月に，無所属議員等も加わり，革新新党準備会と名前を変えた後，3月11日に社会革新党と改称された．議員数は20人であった[28]．さらに，芦田内閣が提出した48年度予算案に反対し，48年7月に社会党を除名された「純正左派」の黒田寿男らが

12月2日に労働者農民党（労農党）を結成し，社共統一戦線を提唱した．議員数12人であった．

表1-4-1に示したように，49年総選挙の立候補者総数は，1,364人で前回よりもさらに減少したが，それでもなお「浪人」が439人，「新顔」が432人を占めた．後者のうち数が多いのは，民自党118，無所属112，共産党55，民主党45であった．民自党が積極的に候補者を発掘した様子がうかがえるだろう．女性は44人と前回のほぼ半分となった．

主な政党の立候補状況を見ると，今回の候補者数は，片山・芦田政権の与党ですべて前回よりも減少しているのが注目される．民主党は127人減，国民協同党は47人減，社会党は100人減である．これに対して民自党が93人も候補者を増加している．これは選挙前の雰囲気を正直に伝えていると考えられる．

前回までは衆議院の過半数以上の候補者を立てていた政党が複数あったのだが（46年は自由党・進歩党・社会党，47年は自由党・民主党・社会党），今回

表1-4-1 党派別立候補者数・得票数・当選者数・召集日議員数

	解散時議員数	立候補者数	得票数（得票率）	集票率	当選者数（％）	新	前	元	召集日議員数（解散時との増減）
民　自　党	152	417	13,420,269（44）	31.9	264（57）	121	125	18	269（＋117）
民　主　党	90	210	4,798,354（16）	11.4	69（15）	23	39	6	70（－20）
国民協同党	29	63	1,041,879（3）	2.5	14（3）		14		14（－15）
社　会　党	111	187	4,129,794（13）	9.8	48（10）	6	40	3	48（－63）
社会革新党	20	29	387,214（1）	0.9	5（1）	1	4		5（－15）
労　農　党	12	45	606,840（2）	1.4	7（2）		7		7（－5）
共　産　党	4	115	2,984,780（10）	7.1	35（8）	28	4	3	35（＋31）
新自由党	11	12	187,232（1）	0.4	2（0）		2		
日本農民党	7	15	205,420（1）	0.5	1（0）		1	1	
諸　　派	8(第一議員倶楽部)	60	822,630（3）	2.0	9（2）	1	3		10＝農民新党
無　所　属	3	211	2,008,109（7）	4.8	12（3）	11	1		8
合　　計	466(欠員19)	1,364	30,592,521(100)	72.7	466(100)	192	243	31	466

（注）当選者の新旧別は『朝日新聞』1949年1月25日による（新＝新人，前＝前議員，元＝元議員）．ただし，『朝日新聞』は諸派の当選を4名として，残り5名は日本農民党の当選としている．なお，民主党と社会党の当選者は69と48となっているが，福岡1区での実際の得票では，田中松月（社会）が第4位に入ったものの失格となり，6位の中島茂喜（民主）が当選した．

は民自党だけが過半数以上の候補者を立てるにとどまった．すなわち，民自党以外の政党は政権をとる意欲が基本的になかったことを示しているといえよう．

1月23日（日曜日）に選挙は実施された．「日曜と晴天に恵まれた投票」だった[29]．投票率は 74.04% と戦後ではこれまでで最高を記録した．

投票結果は民自党の圧勝であった．民自党は 44% の得票率を獲得し，264 名の当選者を出した．議席率は 57% となり，ここに戦後初めて衆議院で過半数を占める政党が生まれたのである．これに対して，片山・芦田内閣の与党3党が受けた打撃は大きかった．社会党は前回とくらべて 95 議席減，民主党は 55 議席減，国民協同党は 17 議席減という痛手をおった．二つの中道内閣に対する国民の評価は非常に厳しいものがあったということができるであろう．そして，前回社会党に投ぜられた票の一部は今回は共産党に流れた．その結果，共産党は得票率で見ると前回の2.6倍となり，35議席を獲得し，48議席の社会党と肩を並べるまでになったのである．こうして，2月16日に第3次吉田内閣が成立した．

まず，主要政党の当確指数の分布を示したのが表 1-4-2 である．メディアンで見ると，民自党が前回比 +0.1682，民主党が +0.0596，共産党が +0.2990 となったのに対して，社会党が前回比 -0.1072，国民協同党が -0.0711 となった．民自党候補者が他党に比べても，また，前回に比べても，かなりの票を集めたことがわかる．また，前回に比べて共産党の伸びが著しい．ちなみに，各選挙区において1位で当選した候補者の政党別人数を見ると，民自党は 84 人（前回 23 人），民主党は 13 人（42 人），国民協同党は 2 人（9 人），社会党 1 人

表 1-4-2　党派別候補者の当確指数の分布

	0.2 未満	0.4 未満	0.6 未満	0.8 未満	1.0 未満	1.2 未満	1.4 未満	1.6 未満	メディアン
民 自 党	36	62	105	109	69	23	11	2	0.6087
民 主 党	42	51	71	30	12		4		0.4454
国 協 党	30	14	11	4	3		1		0.2322
社 会 党	24	64	72	26	1				0.4077
共 産 党	12	38	38	11	10	5	1		0.4408

表 1-4-3 党派別当選者の初出場総選挙の分布

	1912	15	17	20	24	28	30	32	36	37	42	46	47	49	計
民 自 党	1	1	3	5	5	5	4	1	9	6	17	95	46	66	264
民 主 党					1	1	1	2	3	1	5	30	9	15	68
国 協 党										1	1	11	1		14
社 会 党						2	3	1		6	2	27	7	1	49
共 産 党						3	1					16	6	9	35

(注) 福岡1区については田中松月（社会党）を当選者として計算している．

（35人），そして，共産党12人（0人）となっている．今回の選挙における各党の「勢い」をここに見ることができるであろう．

　総選挙ごとに総選挙で当選した候補者が初めて立候補した総選挙年を調べた表1-8-3をみると，戦後第1回目の総選挙（303名）と42年の翼賛選挙（172名）に続いて今回（99名）は，初出場の候補者が多数当選しているのがわかる．今回選出された議員のうち純粋戦後派，すなわち46年総選挙以後に初めて衆議院選挙に出馬した議員は369人で，これは全議員の79%にものぼる．参考までに主要政党の代議士の最初に選挙に出た選挙年別の分布を表1-4-3に示した．どの主要政党でも戦後派が絶対多数を占めている．

　最後に，今回の選挙において民自党から池田勇人（大蔵次官），佐藤栄作（運輸次官），岡崎勝男（外務次官），大橋武夫（建設院次長），吉武恵一（労働次官）ら高級官僚が多数政界に進出したことが特記される．これより前，48年7月に民自党は上記を含む25人の入党を告げているが，彼らが総選挙に立候補したからである．その結果，民自党では42人が官僚出身議員によって占められた[30]．表1-4-4は，「自民系」政党（保守政党）において占める中央官僚（課

表 1-4-4 中央官僚（課長以上）経験衆議院議員の当選回数別分布（1947-58年）

選挙	当選1回	当選2-3回	当選4-5回	当選6-7回	当選8-9回	当選10回以上
1947	14	1	1	1	1	
1949	23	13				
1952	21	25	1	2	3	
1953	4	36	6	2	2	
1955	11	22	21	1	1	2
1958	3	15	31	4	1	1

長以上）経験者の数を示したものである[31]．これからも49年総選挙において中央官庁出身高級官僚が多数進出していることが明瞭である．

第5節　1952年10月総選挙（第25回）
―――自由党の辛勝と左右社会党の躍進

　総選挙直後に成立した第3次吉田内閣のもとで，50年6月に北朝鮮軍が韓国に侵入して朝鮮戦争が始まった．これを期に日本では再軍備が開始され，また，アメリカを中心とした連合国との間で講和交渉が開始され，51年9月にサンフランシスコにおいて対日講和条約と日米安保条約が締結された．

　朝鮮戦争勃発の直前の50年6月，連合国総司令部は徳田球一書記長ら共産党中央委員24人の公職追放を指令し，『アカハタ』の発刊を停止するなどの措置をとった．この年の1月のコミンフォルムによる共産党批判を契機に，共産党では「所感派」と「国際派」との間で激しい対立が始まっていた直後の措置で，共産党にとっては大きな打撃となった．

　また，講和条約をめぐり社会党内部でも左右の対立が激化していた．それより以前，49年4月の党大会ではマルクス主義的な階級政党を目指すか，それとも，自由主義や民主主義を前提として社会改革を志向する社会民主主義政党を目指すべきかをめぐり大論争が繰り広げられた．講和条約締結にあたって社会党は中央執行委員会で全面講和・中立堅持・軍事基地提供反対の「平和3原則」をかかげて，吉田内閣の多数講和路線に反対した．しかし，条約の批准にあたっては，講和条約と日米安保条約の両者に反対する左派と，講和条約には賛成するが，日米安保条約には反対する右派とについに分裂した．51年10月のことで，右派社会党（浅沼稲次郎書記長ら衆院議員29人）と左派社会党（鈴木茂三郎委員長ら衆院議員16人）と呼ばれることとなる．

　他方，48年3月に社会党を脱党した佐竹晴記らの社会革新党は，51年2月に解党し，かわって社会民主党が結成された．社会民主党は，さらに，52年7月に解党し，農民協同党と合同して，あらたに協同党が結成された．ちなみに，農民協同党は，衆議院の会派としては，49年1月に諸派と無所属議員の合計9人により結成された農民新党に始まる．農民新党は同年5月，国民協同党や社

会革新党らと統一会派「新政治協議会」を結成したが，12月に農民協同党が結成されたのである．

　保守陣営でも再編の動きが見られた．49年3月8日，民主党は連立派（犬養健ら衆院議員ほか33人）と野党派（苫米地義三ら衆院議員37人）とにまっ二つに分裂した．そして，翌50年2月に民主党連立派は民主自由党と一体化し（衆院議員数287人＝議席占有率62%），3月に党名も自由党と改められた．

　他方，民主党野党派は，同年4月に国民協同党と新政治協議会の一部と合同して，新たに国民民主党を結成した（衆院議員数67人）．さらに，国民民主党は，52年2月に，農民協同党や，大麻唯男や松村謙三らの追放解除者からなる新政クラブと合同して改進党が結成された（衆院議員69人＝総定数の15%）．総裁は重光葵，幹事長は三木武夫が就任した．その綱領には「一，我党は協同主義の理念に基き，資本主義を是正し，国民大衆の福祉を増進する．（中略）一，我党は進歩的国民勢力の前衛として，責任政治を断行す」と謳ったが，その政策大綱では「民力に応ずる民主的自衛軍を創設して，速やかに安全保障条約を相互防衛条約に切り替え」，「占領下の諸法令（憲法を含む）諸制度の全面的再検討」，「樺太，千島，奄美大島，小笠原諸島」の早期返還も要求している[32]．

　さて，50年になると，戦争に関係したということで追放されていた人たちの追放が解除され始めた．まず50年10月には10,090人が解除された．その中には鳩山直系の大久保留次郎，安藤正純らが含まれていた．51年6月には2,958人が解除された．それには三木武吉や河野一郎が入っている．7月には66,425人が解除され，そして，8月には鳩山一郎ら13,904人が解除された．

　衆議院では絶対多数を擁していた自由党ではあったが，しかし，鳩山一郎らが追放解除となったことが契機で，鳩山と吉田との間できびしい主導権争いが繰り広げられた．その中で，52年8月28日，吉田は自由党内の反吉田派の動きに先手を打つ形で衆議院を抜き打ち的に解散した．自由党は分裂選挙に突入した．もっとも衆議院議員の任期は3年半を超えていたので，任期満了に近い解散であった[33]．

　そして，吉田内閣に対する国民の支持率は講和条約調印時には58%の最高を記録したが，52年9月には吉田内閣に「やらせたい」と答えたのは20%，「かわってほしい」と答えたのは38%となっていた[34]．

表 1-5-1　党派別立候補者数

	立候補者数	新人	前議員	元議員
自由党	475	115	256	104
改進党	209	62	62	85
協同党	28	16	3	9
右派社会党	109	38	31	40
左派社会党	96	58	19	19
労農党	11	6	4	1
共産党	107	84	19	4
諸派	41	24	4	13
無所属	166	136	2	28
合計	1,242	539	400	303

今回の選挙の党派別の立候補の状況を示したのが表 1-5-1 である．自由党が前回よりもさらに立候補者数を増やしているのに対して，その他の政党はほぼ前回並みの立候補者数である．そして，前回と同様，過半数を目指した政党は自由党だけであったことが注目されよう．

今回の総選挙の特徴は占領の終焉にともなう追放解除により多くの元議員が立候補した点である．前回立候補者のうち元議員はわずかに 75 人であったものが，今回は一挙に 303 人に増加していることはそれを示している．また，女性の立候補はさらに減少して，わずかに 24 人となった．

投票日は 10 月 1 日（水曜日）であった．「全国だいたい日和にめぐまれた」[35]．投票率は 76.43％で，前回よりもさらに高い数字となった．男性と女性の投票率の差は 7.70％となり，前回より大幅に縮小した．以後，両者の差は次第に縮まってゆくこととなる．

選挙の結果は表 1-5-2 に示した．党派別の当選者数を見ると，自由党が解散時の議席から 45 議席も減らしたことが注目される．しかし，それでもかろうじて過半数を維持することに成功した．これに対して議席を増やしたのは，改進党と左右の社会党であった．解散時に比べて，それぞれ 18，38，27 も増加させている．特に社会党，なかでも左派社会党の躍進が著しい．これは総評が左派社会党を支援したところが大きかった．実際，労組出身議員は左社が 16 人であるのに対して，右社は 8 人となっている．もっとも，それでも社会党全

第5節 1952年10月総選挙（第25回）

表 1-5-2 党派別得票数・当選者数・召集日議員数

	解散時議員数	得票数（得票率）	集票率	当選者数（％）	新	前	元	召集日議員数
自由党	285	16,938,221 (48)	36	240 (52)	52	132	56	242
改進党	67	6,429,450 (18)	14	85 (18)	10	37	38	89
協同党	5	390,015 (1)	1	2 (0)		1	1	
右派社会党	30	4,108,274 (12)	9	57 (12)	6	26	25	60
左派社会党	16	3,398,597 (10)	7	54 (12)	25	16	13	56
労農党	4	261,190 (1)	1	4 (1)		3	1	4
共産党	22	896,765 (3)	2					
諸派	6	559,021 (2)	1	5 (1)	2	1	2	12＝無所属倶楽部
無所属	2	2,355,172 (7)	5	19 (4)	14	1	4	3
合計	437（欠員29）	35,336,705 (100)	76	466 (100)	109	217	140	466

(注) 当選者の新旧別人数は『朝日新聞』1952年10月3日朝刊による．ただし，『朝日新聞』では諸派は4人が当選し，その他に再建を1名立てているが，表では諸派に統一した．

体の議席は47年総選挙には及んでいない（協同党の2名は特別国会召集時には右派社会党に合流している）．ちなみに，各選挙区における1位当選者の党派別分布を見ると，今回は自由69，改進21，右社14，左社8となっている．

各候補者の当確指数を各党別に見たものが表1-5-3である．メディアンは左派社会党がもっとも高く0.6219，あとは右派社会党0.5777，自由党0.5709，改進党0.5248となっており，ここでも社会党候補者の得票率が高かったことが明らかとなっている．これに対して共産党は0.1068と当確ラインにとても及ぶ状況ではなかった．共産党はこの選挙で，戦後の総選挙で初めて当選者ゼロとなった．これ以後，革新陣営においては社会党系が主導権を握る時代が到来したことになる．

さて，追放解除組の選挙はどうであったろうか．この選挙では追放解除者は

表 1-5-3 党派別候補者の当確指数の分布

	0.2未満	0.4未満	0.6未満	0.8未満	1.0未満	1.2未満	1.4未満	1.6未満	1.6以上	メディアン
自由党	28	81	143	134	57	22	7	2	1	0.5709
改進党	29	40	65	48	19	7	1			0.5248
右派社会党	7	22	28	26	18	7			1	0.5777
左派社会党	7	13	23	38	10	4	1			0.6219
共産党	87	17	3							0.1068

合計329人が立候補し,そのうち139人が当選した.当選率は42%で,全体の当選率38%よりは少しは高くなっている.これらの中には地方政治家や元官僚が含まれており,衆議院議員で復活したものは73人であった.内訳は,自由39人,改進23人,社会8人,その他3人である.このほか鳩山一郎のように,46年総選挙で当選したあと追放された代議士が22人いるから,追放解除で復活した代議士は95人となった[36).これは全体の20%で,大きいと見るか,小さいと見るかは判断が分かれるところだが,鳩山をはじめとして有力者が政治に復帰したことでその後の政局が大きく動いたことは事実である.

表1-5-4は47年総選挙から55年総選挙までの総選挙で当選した代議士が最初に当選した選挙を調べたものである.加齢作用と新陳代謝から当選回数の多い古い代議士は減少する傾向が予想されるが,49年総選挙から52年総選挙にかけては戦前に初当選した代議士が増えていることが一目瞭然である.

表1-5-4 各回総選挙当選者の初当選総選挙 (1947-55年)

初当選	選挙					前回との増減			
	1947年	1949年	1952年	1953年	1955年	47→49年	49→52年	52→53年	53→55年
1924年以前	15人	10	24	15	15	-5	+14	-9	0
1928年	5	4	14	14	8	-1	+10	0	-6
1930年	10	7	12	9	11	-3	+5	-3	+2
1932年	4	3	9	10	9	-1	+6	+1	-1
1936年	11	7	25	18	21	-4	+18	-7	+3
1937年	11	7	13	13	12	-4	+6	0	-1
1942年	5	6	24	20	25	+1	+18	-4	+5
1946年	174	121	94	93	86	-53	-27	-1	-7
1947年	231	104	75	76	62	-127	-29	+1	-14
1949年		197	64	78	54	+197	-133	+14	-24
1952年			112	73	75		+112	-39	+2
1953年				47	32			+47	-15
1955年					57				+57

第6節　1953年4月総選挙（第26回）——自由党の分裂と左社の躍進

　52年10月総選挙の結果，かろうじて絶対多数を獲得した自由党の第4次吉田内閣が成立した．与野党差がわずかに20程度のために，与党内部から野党と呼応して反乱が起こると野党の意見が通る状況であった．そのようななかで自由党鳩山グループは10月24日に「民主化同盟」という党中党を結成し，吉田倒閣運動を展開した．11月の池田勇人通産相の発言に対して不信任案が提出されたとき，民主化同盟の25人が本会議を欠席したために不信任案が可決され，池田はやむなく辞任をせざるを得なくなった．

　さらに，自由党内では広川弘禅が反吉田の姿勢をとり始めた．広川はもともとは吉田派であったが，第4次吉田内閣で追放解除された緒方竹虎が副総理兼官房長官に迎えられたことに反発していた．さらに，53年始め，念願であった幹事長ポストを佐藤栄作にとられて以来，急速に鳩山グループに接近した．

　自由党内が大きく揺れ動いていたさなかの53年2月28日，右派社会党の西村栄一が国際情勢について吉田の見解をただしたのに対して，吉田は自分の意見をなかなか述べない．それに業を煮やした西村「総理大臣は興奮しない方がよい．興奮する必要はないじゃないか」．吉田「無礼なことをいうな」．西村「何が無礼だ．答弁できないのか」．吉田「バカヤロー」．これをとらえて右派社会党は吉田首相の懲罰動議を提出したが，この動議に対して，自由党内の鳩山派の民主化同盟と広川派の大部分が本会議を欠席したために，動議が可決されてしまった．これに野党は勢いづいた．その結果，3月14日に右派社会党が内閣不信任案を提出した．

　内閣不信任案に対しては広川派は反対したが，同日，三木武吉や石橋湛山や河野一郎らの急進派22人が自由党を分党し，院内団体を結成したのち，不信任案に賛成票を投じた．その結果，吉田内閣不信任案は賛成229，反対217で可決された．それを受けて同日，吉田は衆議院を解散した．先の総選挙からわずか165日しか経過していない総選挙だった．16日，広川派の15人が自由党を出て，三木武吉らと合流した．こうしてできた政党は「分自党」あるいは「鳩自党」と呼ばれた．総裁には鳩山一郎が就任した．

　分自党の政策は改進党の政策にきわめて似通っていた[37]．政策には「憲法を

国情に適するように改正する」,「戦争発生防止のため自衛軍を組織し,治安の確保と国土の防衛に万全を期する」ことのほか,占領下の諸法制の再検討も要求している.

　今回は立候補者数も減少して,倍率も 2.2 倍となった.戦後最低の競争率である.これには戦後 5 回目の総選挙として落ち着いてきたことのほかに,今回の総選挙が前回からわずか半年後に実施されたことによるところが大きい.そのために新人が出にくい状況となったのである.今回初めて総選挙に出場した候補者はわずか 130 人にとどまっている(表 7-5-2 を参照).これに対して,前回の 52 年総選挙では 341 人も立候補している.ちなみに,総選挙に初めて立候補した候補者の数は,戦後第 1 回の 46 年総選挙が最高で 2,355 人であったが,それ以後 47 年総選挙が 641 人,49 年総選挙が 432 人と次第に減少してきている.総選挙が落ち着いてきたことの証左である.同様に,今回も女性の立候補はさらに減少して,わずかに 22 名にとどまった.

　以上のような一般的状況で,党派別の立候補の状況を示したのが表 1-6-1 である.前 2 回と同じく,今回も過半数をとる意欲を示した政党は自由党だけにとどまった.共産党は選挙戦の終盤で相当数の候補者を辞退させ,社会党候補など革新陣営候補者に票を分かとうとする動きを示した[38].

　53 年 4 月 19 日(日曜日)に総選挙は実施された.「この日は北海道や東北の一部などを除いて全国的に好天に恵まれ」た[39].投票率は 74.22％で前回よりも下がったが,前々回と同じ程度であった.

　各党の成績を見ると,自由党は 199 議席と過半数を大きく割った.解散時,自由党の議席は実質的には 207 議席まで減っており,特別国会召集時の 202 議席を考えるならば自由党の議席減は 5 議席と考えられる.微減というべきであろう.これに対して,分自党も 37 議席が 35 議席へとわずかに減った.広川弘禅は落選している.また,改進党が 88 議席から 77 に減ったのが目立つ[40].すなわち,保守政党は 3 党とも不振だったのである.

　これに対して革新陣営は好成績を収めた.特に左派社会党の躍進は著しい.前回の 56 から 72 へと 16 議席の増加だった.また,右派社会党も 60 から 66

第6節 1953年4月総選挙（第26回）

表 1-6-1 党派別立候補者数・得票数・当選者数・召集日議員数

	解散時議員数	立候補者数	得票数（得票率）	集票率	当選者数（%）	新	前	元	召集日議員数
自 由 党	222	316	13,476,428 (39)	29	199 (43)	12	139	48	202
分 自 党	22	102	3,054,688 (9)	6	35 (8)	1	27	7	35
改 進 党	88	169	6,186,232 (18)	13	76 (16)	6	52	18	77
右派社会党	60	117	4,677,833 (14)	10	66 (14)	9	49	8	66
左派社会党	56	108	4,516,715 (13)	10	72 (15)	14	53	5	72
労 農 党	4	12	358,773 (1)	1	5 (1)	1	3	1	
共 産 党		85	655,990 (2)	1	1 (0)			1	
諸 派	7	13	152,050 (0)	0	1 (0)	1		1	
無 所 属	7	105	1,523,736 (4)	3	11 (2)	4	5	2	14＝小会派クラブ
合 計	466	1,027	34,602,445 (100)	73	466 (100)	48	328	91	466

(注) 当選者の新旧別人数は『朝日新聞』1953年4月21日朝刊による．小会派クラブは，諸派の1名と無所属の7名が結成した無所属倶楽部と，労農党5名と，共産党1名からなる会派である．

へと6議席を増加させた．こうして，この選挙で左派社会党が右派社会党を抜いて，左派社会党が革新陣営において優位を確立したのである．

各選挙区における1位当選者の党派別分布を見ると，自由党は41（前回69），分自党9，改進党15（前回21），右派社会党24（前回14），左派社会党23（前回8）となっている[41]．自由，改進の不振，左右社会党の躍進をここからも知ることができる．

各党候補者の当確指数を見ると表1-6-2のような結果となった．上に述べたことを反映して，左派社会党候補者が比較的高い得票率を得ていることが一目瞭然である．メディアンをとってみると，分自党が 0.4977 と，共産党を除く他党と比べて低くなっている．分自党は新たに立てた候補者が力不足であった

表 1-6-2 党派別候補者の当確指数の分布

	0.2未満	0.4未満	0.6未満	0.8未満	1.0未満	1.2未満	1.4未満	1.6未満	1.6以上	メディアン
自 由 党	3	13	61	140	77	14	6	1	1	0.7302
分 自 党	20	22	19	25	11	4		1		0.4977
改 進 党	14	18	28	72	32	5				0.6737
右派社会党	12	17	13	38	23	9	3	2		0.6907
左派社会党	6	14	9	29	43	7				0.7806
共 産 党	71	11	2	1						0.0822

ことを数字は示している．ちなみに，今回の当選者の当確指数のメディアンは0.81（最低は0.46で，最高は1.61）であった．

選挙の結果を受けて，第16回特別国会は5月18日に召集された．過半数をとった政党がなかったために，内閣総理大臣の指名にあたって衆議院の第1回目の投票でも過半数をとった候補者はなく，自由党総裁の吉田茂と改進党総裁の重光葵の決選投票となった．左右社会党は決選投票では棄権を選んだ．その結果，吉田が204票，重光が116票となり，吉田が内閣総理大臣に指名された．そうして21日に第5次吉田内閣が成立した．自由党の少数与党政権であった．

第7節　1955年2月総選挙（第27回）——最後の保革各2党体制

第5次吉田内閣は少数与党内閣ではあったが，この頃には，自由，改進，分自の保守3党の間ではすでに「保守」としての共通の自覚がはっきり存在していた．その第1は占領下で実施された諸法令の再検討であった．また，憲法改正や再軍備についても保守3党の間で実質的な歩み寄りを見せ始めていた．こうして，第5次吉田内閣は少数政権ではあるものの，この政策上の保守連携に乗って安定を楽しむことができたのである[42]．

このような中で保守合同の動きが顕在化してくる．53年11月，自由党の説得を聞き入れ，鳩山ら分自党の衆院議員21人が自由党に復帰した．さらに12月にも5人の衆院議員が分自党から復帰している．最後に残った三木武吉や河野一郎ら8人は12月9日に日本自由党と改称している[43]．

54年1月には造船疑獄が浮上してきた．海運業界の再建のために計画造船に対する融資割り当てなどをめぐり，船主協会や造船工業会が政界に賄賂を贈った疑獄事件である．この疑獄事件で自由党から4人の国会議員が逮捕され，さらに，佐藤栄作自由党幹事長について，検察は国会に対して収賄容疑で逮捕請求を行うことを決めたが，犬養健法相は検事総長に対する法相の指揮権を発動して，佐藤逮捕を差し止めてしまった．犬養の処置は吉田首相の意向に沿ったものであった．指揮権発動で吉田内閣は危機を乗り越えるが，吉田に対する国民の支持は離れて行ったのである．

そうした中で，54年4月に副総理の緒方から「保守合同は爛頭の急務」と

いう発言がなされ，自由党，改進党，日本自由党の間で合同のための協議が開始されるが，政党間の指導権争いで協議は暗礁に乗り上げる．そして，11月24日には，衆議院では，改進党の大部分68人と日本自由党の8人，そして，自由党からは，鳩山直系，岸系（前田系）の37人，そして，無所属小会派から8人が，また，参議院では，改進党13人，自由党3人，無所属2人が集まって，日本民主党が結成された．衆議院で121人，参議院で18人となり，自由党につぐ第2党となった[44]．

日本民主党の綱領は「一，民主主義の下，身をもって政界を浄化し責任を明確にして議会政治の一新を期する．一，国民の自由なる意見により占領以来の諸制度を革正し，独立自衛の完成を期する．一，自主国民外交を展開して国際緊張を和らげ，アジアの復興と世界平和の実現を期する．一，総合計画による自立経済を確立して，社会正義に則り，民生を安定し，福祉国家の建設を期する．一，人類愛の理念に基き，階級闘争を排し，民族の団結を強化し道義の昂揚を期する」と述べている．この綱領の特徴は，①憲法の改正や自衛軍の創設などは，改進党や分自党が打ち出した民族主義路線が受け継がれていること，②協同民主党－国民協同党－国民民主党－改進党と引き継がれてきた協同主義の理念が完全に姿を消したことにある[45]．

12月6日，日本民主党と左右社会党は共同で内閣不信任案を提出した．3党の合計は253人で可決は必至であった．吉田はなおも衆議院の解散に打って出ようとしたが，最終的には緒方らの説得をいれて，総辞職をした．第1次内閣を含めれば7年2か月の長期政権であった．

そして，12月10日には鳩山政権が成立した．首班指名では左右社会党が鳩山に投票した．しかし，鳩山政権は，第2党の民主党120人による少数与党政権であった．鳩山首班指名にあたり，左右社会党は早期解散を条件につけたために，鳩山内閣はまた選挙管理内閣でもあった．かくて，翌55年1月24日，鳩山は衆議院を解散した．

なお，これより前，1953年に鹿児島県奄美群島が日本に復帰したことを受けて，奄美群島をもって定員1人の選挙区とする措置がとられた[46]．選挙区の定員を3から5人とする中選挙区制に対する最初の例外が設けられたことになる．

さて，選挙は2月1日に公示された．表1-7-1に示したように，今回の立候補者総数は1,017人（競争率は2.2倍）で，戦後最低である．候補者数はこのあとも減少し続ける．このうち女性候補者は23人で，前回より1人増えたが，少ないことにはかわりはない．新旧別では元議員の立候補が減少した．元議員の立候補は追放解除が実施された52年総選挙が最高で，以後は72年総選挙まで低下し続ける．これに対して，新人は28人ほど増加した．さらに詳しく見ると，初めて総選挙に立候補した候補者（新顔）は130人から188人へと，58人も増加している．内訳は，無所属が60（当該政党の立候補者に占める割合=47%），民主党が33（12%），右派社会党が29（24%），左派社会党が24（20%），自由党が15（6%），共産党が12（20%），労農党が4（25%），諸派が11（30%）となっている．新顔が無所属に多いことは当然として，候補者を増やした左右社会党に多いこと，また，民主党が積極的に新顔を発掘した様子がわかる．

今回の総選挙の特徴は自由党のほかに民主党が政権をとるために過半数以上の候補者を立てたことにある．総選挙で47年から8年ぶりに二つの保守党の間で政権争いが展開されたのである．これに対して，左右の社会党も党勢の拡大を予感して，上に述べたように，さらに多数の候補者をたてた．

表1-7-1 党派別立候補者数・得票数・当選者数・召集日議員数

	解散時議員数	立候補者数	得票数（得票率）	集票率	当選者数（%）	新	前	元	召集日議員数
自 由 党	180	248	9,849,458（27）	20	112（24）	6	81	25	114
民 主 党	124	286	13,536,044（37）	27	185（40）	22	101	62	185
右派社会党	61	122	5,129,594（14）	10	67（14）	8	50	9	67
左派社会党	74	121	5,683,312（15）	12	89（19）	17	68	4	89
労 農 党	5*	16	357,611（1）	1	4（1）		3	1	4**
共 産 党	1*	60	733,122（2）	1	2（0）		1	1	2**
諸 派	10*	37	496,614（1）	1	2（0）		2		1
無 所 属	1	127	1,229,082（3）	2	6（1）	2	2	2	5**
合 計	456（欠員11）	1,017	37,014,837（100）	75	467（100）	55	308	104	467

（注）当選者の新旧別人数は『朝日新聞』1955年3月1日朝刊による．＊労農党議員と共産党議員は「小会派クラブ」を結成していた．小会派クラブにはその他3名（有田八郎・平野力三・甲斐政治）が参加した．3名については諸派に入れた．＊＊労農党4名，共産党2名，無所属の5名で「小会派クラブ」を結成したが，それぞれのカテゴリーに配当した．

第7節 1955年2月総選挙(第27回)

表 1-7-2 左派社会党候補者の初出場総選挙

選挙	1928	30	37	42	46	47	49	52	53	55
1952	2	4	2	4	29	12	3	40		
1953	1	3	1	4	31	11	3	33	21	
1955	2	3	2	4	30	10	3	32	11	24

表 1-7-3 右派社会党候補者の初出場総選挙

選挙	1928	30	32	36	37	42	46	47	49	52	53	55
1952	10	10	1	4	7	10	32	11	4	20		
1953	10	10	1	4	7	9	30	9	5	14	18	
1955	11	8	1	3	8	5	26	10	5	11	5	29

　最後に，社会党の分裂選挙は今回が最後になるので，これまでの右派社会党と左派社会党の候補者の違いについて示しておきたい．表1-7-2と表1-7-3とを見れば，右派社会党には戦前から総選挙に立候補している候補者が多いことがわかる．52年42名，53年41名，55年36名である．これに対して左派社会党は戦前派は，52年12名，53年9名，55年11名でしかない．右社が戦前から活躍していた人物中心であったのに対して，左社が戦後派に比重を置いたものであったことがわかる．ちなみに，人数的には終戦直後の46年総選挙と，左右が分裂した52年総選挙に初出場組が多いことも明らかである．ともに新顔候補が求められたのである．

　さて，投票は2月27日（日曜日）に実施された．この日は「北海道や東北地方の一部が好天に恵まれた他は，全国的に曇りまたは雨模様で，特に西日本の一部では風雨注意報が出る程の悪天候」となった[47]．しかし，投票率は75.84%と高い数字を示した．
　選挙の結果は民主党が185議席を獲得して，第1党となった．解散時に比べて61議席も増加させたのである．朝日新聞社の1月の世論調査によると，鳩山内閣に対して「よかった」が40%，「よくなかった」が8%という数字が出ているように，世論は鳩山内閣に対して非常に好意的であった[48]．それは各選挙区で1位で当選した候補者の政党別分布を見るとよくわかる．民主党が70，左派社会党20，自由党が16，右派社会党10，労農党1，諸派1となっている．

鳩山ブームの結果，民主党がもっとも多くの選挙区で1位となったものと考えられる．ちなみに鳩山は東京1区で149,541票を獲得している．得票率は27%であった．民主党の議席増加には表1-7-1が示すように，元議員が大きく貢献していることがわかる．元議員は同党当選者の34%と非常に高い．民主党はまた，もっとも多くの新人を当選させている．しかし，民主党の議席は，ブームにもかかわらず，過半数には届かなかった．

これに対して自由党は振るわなかった．112議席と，解散時を68議席も下回るという惨めな成績に終わった．前議員が100人近く落選し，新人の議席がわずかに6に止まったということが自由党苦戦の状況を示している．ちなみに，前回自由党から立候補して今回は民主党から立候補した候補者39名の当確指数の前回比をとると1.188倍（メディアン）であるのに対して，前回も今回も自由党から立候補した候補者211名の当確指数の前回比は0.868倍（メディアン）であった．大きな差である．

革新陣営では，前回よりも左派社会党が17議席増，また，右派社会党が1議席増という結果となった．集票率にして，左派社会党が1.95%増，右派社会党が0.49%増加させた．社会党はもともとは右派が優位であったが，それが前回に逆転し，今回は左派優位がいっそう明確になった．

労農党は前回より1減で，党首の黒田寿男が落選した．共産党は前回よりも1議席増加させた．

さらに，この選挙で革新陣営の議員総数は衆議院議員総数の3分の1を超えた．左右の社会党を合計した156だけでも3分の1を超えている．これによって民主党が主張する憲法改正は不可能となったのである．これは戦後政治のその後の展開に大きな影響を与えた出来事であった．

表1-7-4　党派別候補者の当確指数の分布

	0.2 未満	0.4 未満	0.6 未満	0.8 未満	1.0 未満	1.2 未満	1.4 未満	1.6 未満	メディアン
自由党	7	20	69	104	38	9	1		0.6346
民主党	11	19	41	90	73	36	15	1	0.7680
右派社会党	10	15	17	42	30	8			0.7031
左派社会党	4	10	11	40	50	6			0.7781
共産党	40	15	4	1					0.1419

表 1-7-5 都市度別各党議席数

	大都市型選挙区(%)	中間型選挙区(%)	農村型選挙区(%)
自　由　党	6　(8)	20　(24)	87　(28)
民　主　党	27　(38)	29　(35)	128　(41)
右 派 社 会 党	18　(25)	13　(16)	35　(11)
左 派 社 会 党	18　(25)	17　(21)	54　(17)
労　農　党		2　(2)	2　(1)
共　産　党	2　(3)		
諸　派			2　(1)
無　所　属	1　(1)	1　(1)	4　(1)
合　　　計	72(100)	82(100)	312(100)

　表1-7-4 は各党候補者の当確指数の分布を示したものである．明らかに左派社会党が高い得票率を得ている様子がよくわかる．また，民主党と右派社会党は 0.8 未満のカテゴリーをモード（最頻値）に右側が多い形であるのに対して，自由党は左側が多い分布を示している．自由党が振るわなかったことを分布状況は示している．また，各党の当確指数のメディアンをとってみると，民主党は鳩山ブームを受けて，平均的に得票率を上昇させたのである．それに対して自由党は，民主党候補の 8 割程度しか票を取っていない．ちなみに当選者の当確指数のメディアンは 0.83 であった．最低は 0.48，最高は 1.42 であった．

　さて，選挙区の性格で政党支持と関係するもののうち重要な要素はその選挙区の都市度である．農村であるほど保守政党が優勢であることが，反対に，大都市ほど革新政党が優勢であることが予想される．それを調べた結果が表1-7-5 である[49]．これによると，自由党が典型的な農村型の政党であるのに対して，左右の社会党（特に右派社会党），そして，共産党はいずれも大都市型の政党であることが明らかである．興味深いのは民主党で，中間型選挙区を底にして，大都市型と農村型で高くなっている点である．民主党は基本的には自由党と同じく農村型ではあるが，鳩山ブームの結果，大都市でも今回は高い支持を得たものと考えられる．以上から，都市は革新，農村は保守というパターンがすでにこの段階で現れていることがわかるであろう．今後わが国で都市化が進めばやがては革新が票を伸ばすことが予想されたのである．

第8節 ま と め

本章では1945年から55年までの総選挙を通じて政党がどのような主張を掲げて,消長を繰り広げたのかについて検討してきた.ここでは10年間を振り返って総括を行いたい.

(1) 保革の勢力比

まず,保守と革新の勢力の興亡である.保守と革新の議席数の推移を示したものが表1-8-1である[50].表から,この10年間の総保守と社共等の革新との議席数の推移を見ると,社会党が政権についた47年総選挙で保守対革新は2対1であったが,49年総選挙では4対1と保守が圧倒的優位を占めた.しかし,その後は革新が徐々に伸び,55年総選挙では1.8対1の割合となった.このように終戦直後の政党制は総じて保守が圧倒的に優位な体制である.しかし,その差は次第に縮小する傾向が見られる.それは,総保守の議席率は49年総選挙の78%がピークで,以後は低下する傾向が見られるのに対して,革新勢力の力は49年総選挙(中道内閣に対する審判)が最低で,以後は増加しているからである.

表1-8-1 総選挙における保守と革新の議席数の変化(1946-55年)

	1946年	1947年	1949年	1952年	1953年	1955年
総 保 守	336(3.3)	300(2.0)	363(4.0)	331(2.8)	314(2.2)	299(1.8)
革 新	102	148	90	120	144	162
諸派・無所属	28	18	13	15	8	6

(注) 括弧内の数字は革新を1としたときの総保守の割合.

第1節で述べたように自由党が生まれる以前,鳩山は無産政党を含めた「進歩的な政党」を作ることを考えたこともあるし,また,保守党の中には協同主義や修正資本主義を唱える勢力も存在した.協同民主党はやがて国民協同党に流れてゆくが,そのうちの1名は日本農民党に参加している[51].日本農民党はやがて社会党に連なってゆく.保革をまたがるかすかな流れはあったが,再軍備と占領法制の再検討というテーマを保守陣営がかかげたことで,革新と保守は決定的に分かれることになる.そして,これらのテーマが登場する背景には

追放解除グループの政界復帰が作用している．戦後日本における「保守」と「革新」の結晶化はこうして占領解除とともに始まったのである．

(2) 戦後衆議院の新たな成立と制度化の進行

すでに述べたようにわが国の戦後政治は多数の政治家の追放から始まり，そして，新しい政治を求めて総選挙に初めて登場する人たちが急増した．それを示したのが表1-8-2である．表は衆議院選挙に初めて登場した人たち，すなわち，新顔の成績を示したものである．46年総選挙では立候補者の85％にあたる実に2,355人が初めて衆議院選挙に出場し，しかも303議席（65％）を獲得している．やがて，国会がおちついてゆくとともに，新顔の比重も次第に低下し，55年総選挙では候補者の18％まで落ちている．と同時に，当選も次第に難しくなっている状況が表からもわかるであろう．

表1-8-2　各回総選挙における新顔の人数とその当選者数（1946-55年）

	1946年	1947年	1949年	1952年	1953年	1955年
落　選	2,052	555	333	259	112	165
当　選	303	86	99	82	18	23
合　計	2,355 (85)	641 (41)	432 (32)	341 (27)	130 (13)	188 (18)

(注)　括弧内の数字は全立候補者に占める新顔の割合．

次に戦後衆議院議員に当選した人が初めて衆議院選挙に立候補したのはいつかを調べたものが表1-8-3である．上に記したように，戦後最初の選挙ですでに3分の2近くが戦後派で占められているが，以後戦後派は47年340人，49年369人，52年311人，53年324人，55年328人と，49年までは順調に戦後派が増加して，79％を占めるまでになった．しかし，追放解除の候補者が多く当選した52年総選挙以後，55年総選挙まで増加が停滞する．政界に与えた追放解除の影響というべきであろう．

表1-8-4は各回の当選者の当選回数別分布を調べたものである．46年の戦後第1回総選挙で初当選した候補者の数は372名（80％）であった．総選挙を重ねるうちに彼らを中心に当選回数が増加していくのがわかるであろう．当選者のメディアンをとってみると，47年と49年では2回，52年と53年では3

表 1-8-3 衆議院議員の初出場総選挙 (1942-67 年)

初出場選挙	選挙										
	1942	1946	1947	1949	1952	1953	1955	1958	1960	1963	1967
1890	1	1	1	1	1						
1902			1								
1908	2	1									
1912	10	1	1	1							
1915	7	4	2	1	3	3	2	1			
1917	11	4	3	3	6	2	3	1			
1920	29	7	5	5	9	7	8	4	4	3	2
1924	38	7	9	6	10	7	6	4	3	3	1
1928	56	20	17	13	28	28	22	20	14	8	8
1930	29	24	18	10	21	17	20	12	10	6	3
1932	31	9	6	4	10	10	10	7	6	5	4
1936	49	18	15	13	17	16	17	12	14	14	12
1937	31	23	18	14	14	19	15	13	16	13	10
1942	172	42	30	26	36	33	36	26	32	21	15
1946		303	254	192	132	137	115	111	93	93	72
1947			86	78	43	42	40	39	32	32	26
1949				99	54	56	43	46	41	40	33
1952					82	71	85	76	73	62	58
1953						18	22	16	15	16	12
1955							23	36	28	28	24
1958								43	39	41	38
1960									47	40	42
1963										42	42
1967											84

回，55 年総選挙では 4 回となっている．こうして新しい国会運営の伝統が蓄積されてゆくのである．

さて，最後に政党の役員のなかでも，政権をとってきた自由党の役員の当選回数を見ると，総裁の吉田茂は，衆議院議員としては，47 年総選挙に初出場，初当選した戦後派代議士である．その後任の緒方竹虎も 52 年総選挙に初出場，初当選している戦後派である．

これに対して総務会長は星島二郎，斎藤隆夫，益谷秀次，広川弘禅，三木武吉，大野伴睦が務めているが，全員が戦前に初当選をしている．しかし，幹事長には，河野一郎，大野，山崎猛，広川，佐藤栄作（鉄道官僚），増田甲子七

表 1-8-4　衆議院議員の当選回数別分布（1942-58 年）

当選回数	選挙							
	1942	1946	1947	1949	1952	1953	1955	1958
1	204	372	231	197	112	47	57	69
2	50	30	176	124	110	119	62	49
3	47	20	16	108	93	103	108	53
4	48	13	14	10	79	83	75	95
5	28	11	6	10	20	54	78	64
6	35	8	8	2	17	22	42	70
7	26	1	7	7	12	15	14	35
8	14	3	2	3	12	8	10	11
9	5	3	2		5	9	7	7
10	7		2	1	1	3	9	5
11		2		2	1		2	7
12	1		1		3	1		
13				1		2	1	
14							2	
15								2
21	1							
22		1						
23			1					
24				1				
25					1			

（内務官僚），林譲治，池田勇人（大蔵官僚），そして，石井光次郎（内務省→朝日新聞社）が就任している．このなかで河野と大野と山崎と林は戦前に当選しているが，50年4月に就任した佐藤，また，それ以後の幹事長である増田，池田，石井はいずれも戦後派の元官僚である．そして，政調会長には15回当選の木暮武太夫をのぞき，47年6月から大木清一（内務官僚），周東英雄（農林官僚），青木孝義，佐藤，吉武恵一（内務官僚），根本龍太郎，水田三喜男，池田は全員戦後派である．このように，与党である自由党では早くから戦後派の特に官僚出身代議士が党運営の中枢を占めていたということができるであろう．

　戦後派代議士が絶対多数をとるなかで，その戦後派に政治をゆだねようとする吉田の意向は「吉田学校」といわれる高級官僚出身議員の輩出を促し，終戦直後において戦前派の力の一掃に力があったことは間違いがない．

これに対して，保守合同の直前に結成されたもう一つの保守政党である日本民主党は，総裁は鳩山一郎，幹事長岸信介，総務会長三木武吉，政務調査会長松村謙三のいずれも戦前に初当選を果たした戦前派によって占められている[52]．
　そして，自由民主党はこの日本民主党と自由党が合同してできた政党である[53]．

第2章　自民党優位期の総選挙

第1節　経済的社会的変動の時代

　はじめに本章が対象とする1958年総選挙以降，69年総選挙までのわが国の社会的経済的状況について概観しておきたい．この時期を一口に特徴づけるならば，高度経済成長の時代と呼ぶことができるであろう．経済における急速な拡大は，わが国の社会構造における大きな変動をひき起こしつつ，この間に施行された5回の総選挙に対しても重大な影響を与えてきた．

　58年末，わが国の経済は「なべ底景気」といわれた不況から抜けだし，55-56年の「神武景気」をしのぐ好況期を迎えた．「岩戸景気」と呼ばれる．以後，わが国の経済は，62年に一時的な景気後退に見舞われることはあったが，急速な拡大に転じた．57年から69年までの12年間に，わが国の国民総生産と国民所得は，名目で5.5倍にも増大した[1]．このような経済の高度成長の原動力となったものは，初期の段階においては，重化学工業を中心とした民間設備投資であったが，後期には，それに代わって，個人消費と民間個人住宅建設等が成長の原動力として現れてくる．ここから，設備投資がやがて都市化をひき起こし，そこに集中した人口が新たに都市的な生活を営むに至る像が描ける．

　経済変動は，社会変動へと連動する．経済の高度成長の結果，わが国の産業構造は大きく変わった．表2-1-1は，国勢調査に基づいた産業別就業人口の変

表2-1-1　産業別就業人口の構成比の推移（1955-70年）

	第1次産業（%）	第2次産業（%）	第3次産業（%）
1955年度	37.1	24.8	38.1
1960年度	29.7	28.3	42.0
1965年度	23.1	32.1	44.8
1970年度	17.1	35.2	47.5

化を示すものである[2]．55年から70年のわずか15年間に，第1次産業就業者の割合は半分以下に減少し，それに代わって，第2次・第3次産業就業者が増加していることが，はっきり見てとれる．

さらに，この産業別就業者数の変化に伴い，職業別就業者数もまた，大きく変化した．すなわち，55年には就業者の40％を占めていた農林漁業従事者は，65年には4分の1弱となり，その比率も24％へと激減したのに対して，管理職，事務職（ホワイト・カラー）や鉱工業運輸通信サービス販売に従事する労働者の増加がとくに著しい[3]．

このようなわが国の経済構造および職業構造の巨大な変化は，まず，農村型選挙区の急激な減少として現れる．58年から67年までの4回の総選挙で，当該選挙区において第1次産業人口の比率が20％以下の選挙区をA，20％以上30％以下をB，30％以上40％以下をC，40％以上をDとして，各タイプの選挙区数を，総選挙毎に計算したものが表2-1-2である[4]．これを見れば，就業構造の変化が選挙区構成に影響していることがはっきり了解されるだろう．農村型のDタイプの選挙区は58年には60％近くだったものが，67年には20％弱へと激減し，それに対して，A，B，Cタイプの選挙区が激増しているのである．

ここでみたような産業別・職業別就業人口の急激な変化は，当然，それに対応する人口の移動によって保証されなければならない．しかも，この変化が産業化を軸としてもたらされただけに，人口移動は，主に農村から都市への一方向的流れを通じてなされた．58年から66年の9年間，都道府県別に転出入者数の変化をみると，この間，転入者数が転出者数を各年を通じて上回ったのは，埼玉，千葉，東京，神奈川，愛知，大阪，兵庫の1都1府5県であったのに対

表2-1-2 第1次産業人口比別選挙区数の推移（1958-67年）

	1958年	1960年	1963年	1967年
A（大都市）	20 (17.1)	22 (18.8)	26 (22.2)	37 (31.6)
B	10 (8.5)	12 (10.3)	17 (14.5)	24 (20.5)
C	19 (16.2)	24 (20.5)	27 (23.1)	34 (29.1)
D（農村）	68 (58.1)	59 (50.4)	47 (40.2)	22 (18.8)
合　計	117 (100)	117 (100)	117 (100)	117 (100)

（注）1967年総選挙で分区された選挙区は一つとして処理している．

し,その他は,北海道,静岡,京都,奈良,広島,福岡を除けば,各年を通じてすべて転出者数が転入者数を上回った[5]．その結果,東京,大阪,名古屋を中心とした3大都市圏に人口が集中し,過密化した都市は,スプロール現象のなかで郊外都市を圏内に包摂しつつ,ますます巨大化していく一方で,それ以外の農村型の地域では,若年労働力が義務教育を終えると進学や就職の機会を求めて大都市に流出していったために,労働力人口の老齢化現象が起こり,あるいは,大都市によりよい就業機会を求めて一家離村する事例を通じて過疎化現象が深刻な問題を生むという,アンバランスが発生した．

この人口の大移動とそれに伴う都市と農村との人口のアンバランスは,また,各選挙区における議員1人当りの有権者数のアンバランスとして現れる．実際,この間,過密地域選挙区の過小代表傾向と,過疎地域選挙区の過大代表傾向とが同時進行したために,63年総選挙における議員1人当りの有権者数は,もっとも過小代表の神奈川1区で268,319人,もっとも過大代表の兵庫5区で75,596人となり,その開きは実に3.5倍にものぼってしまった[6]．このような不均衡に対して,69年総選挙において,過小代表選挙区について若干の定員増がなされた．

しかしながら,この定員増によっても代表の不均衡はほとんど改まらず,最過小代表選挙区の東京7区と最過大代表選挙区の兵庫5区との不均衡は,定数改定以前とほぼ同じく3.5倍の開きがあったばかりか,過小代表選挙区上位10の中に定員増がなされた選挙区がなお半数を占めるという有様であった[7]．

ところで,経済成長の持続は社会的側面にとどまらず,国民の生活スタイルや意識にまでも大きな影響を与えた．1958年から66年の間,経済成長によって国民各世帯の所得水準は約2倍に上昇した．と同時に,この上昇過程の中で,都市と農村,大企業と中小企業,あるいは企業内部における年齢差等について従来みられた所得格差も縮少した．一口にいえば,この10年間に,国民における所得配分の上昇と平等化が同時に進行したのである[8]．国民の階層帰属意識をたずねる総理府による調査の結果によると[9],1958年から69年までの12年間に,「中の中」に属すると答えた人は37%から52%にまで増えている．

消費の側面においても,これに対応して,大量消費時代と謳われた時期が登場する．とくに電気器具を中心とした耐久消費財の普及がめざましい．それは,

耐久消費財が生活の豊かさを象徴するものとして機能したからである．国民は豊かさを買うことを競い，豊かさの普及はさらに上なる豊かさの購入への契機となった．しかも，ここに展開された消費・生活スタイルは中央（東京）に起こり，おりから急速に普及したテレビを通じて速やかに地方へ伝播していったのである[10]．

最後に，高度成長と並んで，あるいは，それと相伴って，この時期を規定したもう一つの要因を指摘しておきたい．すなわち，日本国憲法体制の定着である．

現行憲法の改正に関して，この間，国民の意見は分裂してはいるものの[11]，現行憲法が自分たちの生活に大きな影響があったと考えるものが50％にものぼっていることは憲法の内容がはっきりと国民の中に定着してきたことを推測させる[12]．このことは，その多くの局面について言うことができるが，例えば人権意識のたかまりにおいても，あるいは，憲法に示された新しい家族制度に対する国民の肯定的評価の増加に，それは端的に示されている[13]．実際，60年総選挙において戦後の教育しか知らない最初の世代が有権者として登場し，また，67年総選挙には，戦後生まれの世代が有権者の仲間入りをしたという出来事も，この時期を特徴づけるものということができるであろう．

58年の末，岸内閣による警職法改正案の国会上程に対して「デートもできない警職法」というスローガンが反対運動のなかで流布したのも，また60年，日米新安保条約をめぐって議会制民主主義擁護の運動が空前絶後の盛り上がりを見せたのも，ここに述べたように日本国憲法体制が国民に定着したことを示すものであると同時に，この事実を抜きにしては説明することができない．そしておそらく，この時期の最大規定因であるわが国経済のめざましい成長自体も，戦争放棄＝軍備不保持，労働運動の育成，財閥の解体，農地解放など，日本国憲法に象徴される戦後の民主化の成果のうえに立ってこそ可能であった，ということができるであろう．

ところで，ここに記してきたわが国の経済・社会における急激かつ巨大な変化を前にして，同時代人はそれをどのように政治に結びつけ，今後を予測していたのであろうか．その代表例として，当時話題になった石田博英の論文がある[14]．石田は，経済社会的変動のなかでもとくに，農業就業者数の減少，第2

次産業就業者数や労働組合員総数の増加に着目し，前者が描くカーブと自民党の得票率と，後者が描くカーブと社会党の得票率とが，それぞれ平行していることから，「昭和43［1968］年には自民党が46.6％，社会党が47％となり，社会党が勝利を博することとなるのだ」という予想を立てた．自民党が減少し社会党が増加するということは，当時，大方の予想するところであったが，自民党と社会党の逆転が，こんなにも早く訪れようとは想像しなかったので，石田論文は，当時一部の人びとにショックを与えた．

これに対して，現実はいかなる形で推移したのであろうか．それは以下の文章のなかでおのずから明らかにされるであろう．

第2節　1958年5月総選挙（第28回）——自・社1と2分の1体制

55年総選挙の結果を受けて衆議院第1党の民主党の鳩山を総裁とする第2次鳩山内閣が3月19日に成立した．少数与党内閣である．鳩山内閣は少数与党として困難な政局運営を強いられる中で，4月12日に三木武吉・民主党総務会長が政局安定のためには保守勢力の結集が絶対に必要で，そのためには鳩山内閣は総辞職してもよいとする，いわゆる三木談話を発表してから，保守合同の動きはおおきな弾みがついた．その結果，11月15日に民主党と自由党はいったん解党した上で，同日に両者の勢力が合同して自由民主党（自民党）が結成されたのである．所属衆議院議員は299人，参議院議員は118人で，衆議院の64％，参議院では48％を占める巨大保守政党が生まれることになったのである．以後，38年間，自民党は日本の国政を掌握し続けることとなった．

自由民主党は結党時に採択された「党の政綱」のなかで「独立体制の整備」という項目を掲げ，「平和主義，民主主義および基本的人権尊重の原則を堅持しつつ，現行憲法の自主的改正をはかり，また占領諸法制を再検討し，国情に即してこれが改廃を行う」と宣言した．また，外交政策に関しては「平和外交の積極的展開」という項目の下で，「外交の基調を自由民主主義諸国との協力連携に置いて，国際連合への加入を促進するとともに，未締約国との国交回復，特にアジア諸国との善隣友好と賠償問題の早期解決をはかる」と述べている．また，「綱領」において「わが党は，公共の福祉を規範とし，個人の創意と企

業の自由を基底とする経済の総合計画を策定し,民生の安定と福祉国家の完成を期する」と宣言している[15].

他方,社会党についてみると,すでに55年総選挙直前の1月の両派社会党臨時大会は,それぞれの統一促進委員会で前もって作成した文章が同一の「社会党統一実現に関する決議案」を採択していた.総選挙後,両者の話し合いが続き,10月にそれぞれが解党した後,14日に日本社会党が結成された.所属議員数は,衆議院が155人,参議院が69人であった.それぞれの院において占める割合は,33%,28%であった(労働者農民党全員4名も57年3月に社会党に加わった).

10月13日の統一大会で社会党は「政策大綱」を採択した.社会党の政策を五つに分けて説明している.第1は「独立と平和と安全保障」で,外交政策では,「a,日本を中心とする関係諸国なかんずく中ソとの間に,個別的不可侵の取極めに努めつつ日米中ソを主要参加国とする集団的不可侵及び安全保障条約を結ぶ.b,日米安全保障条約及び行政協定は,右の両陣営の加わった集団安全保障条約との見合いにおいて解消する.その際中ソ友好同盟条約も解消するものとする」,防衛政策では「現在の再軍備に反対する.当面自衛隊の拡大阻止と漸減をはかる」としている.第2は「民主主義の確立と国家体制の社会化」と題されている.そこでは「平和,民主憲法の擁護」や「反動諸法令を改廃し,基本的人権を確立する」,「国家の体制を福祉国家,文化国家の方向にきりかえる」ことが謳われている.第3は「経済の新建設」で,経済政策については,経済5か年計画とその後の10か年計画を立てる.後者の目標達成方法として,中枢金融機関と重要基幹産業の国有化を実現する.「これによって国家による資金の蓄積とその統合計画的運用が出来,それを通じて社会主義の建設が可能となる」と述べている.第4は「社会保障と住宅建設」で,「国家は社会保障の義務を負い,国民が健康にして不安のない生活を営める基礎条件をととのえる」と記され,最後の5「新社会文化の創造」がうたわれている[16].

こうして戦後政治において保守優位の「一ヶ二分ノ一大政党制」[17]が発足した.

さて,鳩山内閣は憲法の改正を一大目標と掲げていたが,55年2月総選挙の結果は衝撃的であった.憲法改正には国会議員の3分の2の賛成が必要とな

るが，55年総選挙の結果，革新陣営が3分の1の議席を占めたからである．さらに，56年7月実施予定の参議院選挙においても社会党を中心とした革新勢力が議席を伸ばすことが予想された（実際，この選挙で社会党が3分の1を超える議席を確保した）．

既に自民党は保守合同直後の55年12月27日に2大政党制確立を理由に選挙法の改正を行うことを決定した．太田正孝自治庁長官は，その意図を語って「われわれとしては小選挙区制の選挙なら社会党に勝つといううぬぼれをもっている」と述べている[18]．小選挙区制の具体案の検討は政府の選挙制度特別調査会で検討することになった．

調査会の答申を受けて，政府は56年3月に政府案を国会に提出した．政府案は調査会案とは異なり，調査会案全国495選挙区のうちそのまま認められたのは260選挙区に過ぎず，1選挙区1人という小選挙区の原則自体も破られ，20の2人区が生まれることとなった．現職議員，与党有利に導くための改変措置は，総理大臣の名前を冠して「ハトマンダー」と呼ばれた．アメリカで同様な区割りを考えたゲリーに由来する「ゲリマンダー」をもじったものであることは言うまでもない．

国会での審議は難渋した．社会党が強硬に反対したことはいうまでもない．「社会党は全体として損害を被る外，全県にわたって当選の機会をもちえない事態も予想せられるに至った」[19]．その中で，政府は，問題となった選挙区の区割り表を法案から切り離して衆議院を通過させたが，参議院では結局審議未了廃案となった．この事態について鳩山は「鳩山内閣最大の失敗」と述べている[20]．自民党の内部自体，公認制による党幹部の統制力強化に反対する吉田派や改進党の一部が法案に反対したことを指摘できる．小選挙区制法案はまことに党利党略の法案であった[21]．

鳩山内閣は日ソ国交回復をもって退陣し，56年12月に石橋湛山内閣ができるが，石橋はわずか2ヵ月で病気で退陣し，57年2月に岸信介内閣が成立した．そして，58年に入ると衆議院議員の任期もあと1年を切るようになり，岸と社会党委員長の鈴木茂三郎が会談して，4月25日に衆議院が解散された．「話し合い解散」と言われる．

58年5月1日に選挙は告示された．党派別立候補者数は表2-2-1に示した．

立候補者総数は951人で，立候補者の減少傾向が続いていることがわかる．競争率は2.04倍であった．女性立候補もさらに減少して，今回はわずかに19人となった．今回初めて総選挙に立候補した新顔は186人で，立候補者の20%であった．内訳は，自民党が43人，社会党が41，共産党40，諸派9，無所属が53となっている．それぞれの党の立候補者の10%，17%，35%，27%，37%である．

党派別立候補状況を見ると，総議席467のうち，自民党はその88%にあたる413人の候補者を立てたことが目を引く．自民党公認候補について選挙区における立候補の状況を調べた表2-2-2を見ていただきたい[22]．まず，定数を超える公認数が多数見られる．すなわち，3人区で4人の候補者を公認した例が8例，4人区で5人を公認した例が2例，そして，5人区では6人を公認した例が4例も存在している．そして，定数目いっぱい公認した例も，3人区で18，4人区で12，5人区で14もある．前回の民主党と自由党の候補者の合計は534であるから，自民党は確かにそれを絞り込んだとはいえ，それはまだ不十分だった様子が非常によくわかる．

表 2-2-1　党派別立候補者数・得票数・当選者数・召集日議員数

	立候補者数	得票数（得票率）	集票率	当選者数 (%)	召集日議員数 (%)
自 民 党	413	22,976,846 (58)	44	287 (61)	298 (64)
社 会 党	246	13,093,993 (33)	25	166 (36)	167 (36)
共 産 党	114	1,012,036 (3)	2	1 (0)	1*
諸　　派	33	287,991 (1)	1	1 (0)	
無 所 属	145	2,380,795 (6)	5	12 (3)	1*
合　　計	951	39,751,661 (100)	76	467 (100)	467 (100)

＊共産党の志賀義雄と無所属の小沢貞孝は小会派クラブを結成した．ちなみに，小沢は60年総選挙以降は民社党公認で出場している．

表 2-2-2　自民党公認候補の定数別立候補状況

	立候補者数				
	2人	3人	4人	5人	6人
3 人 区	14区	18	8		
4 人 区	3	22	12	2	
5 人 区	1	4	15	14	4

（注）ほかに奄美群島区（定数1）に1名が立候補している．

第2節 1958年5月総選挙（第28回）

表 2-2-3　党派別候補者の初出場総選挙

	1924以前	1928-42	1946	1947	1949	1952	1953	1955	1958	合計
自民党	16	101	95	33	46	51	11	17	43	413
社会党		41	53	15	8	42	14	32	41	246
共産党			27	16	15	10	3	3	40	114

自民党と社会党と共産党の候補について，初出場の選挙を調べたものが表2-2-3である．自民党は普通選挙以前に立候補した候補者16人を含めて，戦前の選挙が初出場である候補者が117人（28%）もいる．社会党は戦前派は41人（17%）とかなり少ない．共産党は当然ではあるが，全員が戦後派である．戦後派では3党ともに，戦後初の46年総選挙に最初に立候補した候補者が多いことが目立つ．これもまた3党で共通して53年総選挙組が少ないのは，この時は「バカヤロー解散」で前回選挙から半年でまた総選挙になったために新顔候補が出にくかったためである．

5月22日（木曜日）に投票が行われた．当日の天気は，北日本ではよく晴れ，関東や中部地方では薄曇，近畿から西では小雨模様であった[23]．投票率は76.99%であった．これは戦後の総選挙で最も高い．

総選挙の結果は表2-2-1に示した．自民党は287だが，保守系無所属候補が選挙後に入党したので298で，総議席数のほぼ3分の2を占めた．前回の民主党と自由党の合計獲得議席数は299であるから，保守としてはわずかに1議席の減少に止まった．社会党は，選挙後の入党を含めて167議席で，前回の左社，右社，労農の合計議席数160を7議席上回った．得票率では自民党は前回に比べて63.4%から59.1%と4.3%減ったのに対して，社会党は，反対に，30.2%から33.1%と，2.9%増加させた．

表 2-2-4　党派別候補者の当確指数の分布

	0.2未満	0.4未満	0.6未満	0.8未満	1.0未満	1.2未満	1.4未満	1.6未満	1.6以上	メディアン
自民党	1	9	55	123	144	57	19	4	1	0.8260
社会党	2	12	33	81	92	24		2		0.7787
共産党	98	10	4	2						0.0782

党派別に候補者の当確指数の分布を見たものが表2-2-4である．自民党と社会党の候補の分布を見ると，やや自民党候補が高めの得票率を得ていることがわかる．ちなみに，メディアンをとると，自民党が0.8260で，社会党が0.7787であった．

さて，自民党はこの選挙で全議席の3分の2近くを得たが，その様子をもう少し詳しく見たのが，表2-2-5である．3人区では3議席を独占した選挙区が，石川2区，愛媛2区と3区，そして，鹿児島3区と，合計4選挙区もあった．おおむね，3人区では2議席，4人区では2から3議席，5人区では3議席前後を取っている．

それでは自民党と社会党は各選挙区でどのような成績で当選しているのであろうか．これを見たものが表2-2-6である．表は全選挙区を3人区（40区），4人区（39区），5人区（38区）に分け，それぞれの選挙区でトップ当選から最下位当選までの政党別人数を調べたものである．これを見ると，自民党がどの人区でも上位当選者が多いのに対して，社会党は下位当選者が多いことがわか

表2-2-5 自民党の定数別議席獲得状況

	3人区	4人区	5人区
1議席	9	2	
2議席	27	17	8
3議席	4	20	20
4議席	-		10
5議席	-	-	
合計	75議席（63%）	96議席（62%）	116議席（61%）

表2-2-6 自民党と社会党の定数別当選順位の分布

	3人区		4人区		5人区	
	自民党	社会党	自民党	社会党	自民党	社会党
1位	30	11	32	5	29	9
2位	26	14	23	16	24	14
3位	20	16	24*	15	20	17
4位	-	-	20**	17	20	18
5位	-	-	-	-	24***	14

（注）4人区の4位当選者には共産党と諸派が各1人あり．＊保守系無所属2を含む．＊＊保守系無所属1を含む．＊＊＊保守系無所属1を含む．

るであろう．社会党は当選者数が少ないのみならず，それら当選者は比較的に下位で当選しているものが多かったのである．有力候補に関しては自民党候補のほうが得票力がまさっていたと結論づけることができるであろう．

　自民党と社会党が初めて対決した今回の総選挙である．そこで，二つの政党の支持基盤を都市と農村について調べてみよう．表2-2-7が示すとおり[24]，結果は予想通り，自民党は農村部に強く，都市部に弱いことがわかる．反対に，社会党は農村部では弱く，都市部では強くなっている．しかし，ここで注意しなければならないのは，大都市型の選挙区で自民党は確かに弱いが，社会党と互角に勝負をしている点である．つまり，自民党は農村部と比べれば，大都市では弱いが，その大都市でも社会党と同じ議席を獲得しているのである．「1と2分の1政党制」においていかに自民党が強いかを示す数字である．

　これを選挙区の政党得票率で見たものが，表2-2-8である[25]．議席数と同じく，農村に行くほど，自民党の得票率は高くなっており，反対に，社会党は農村に行くほど得票率は低下している．しかし，A（大都市型選挙区）を見ると，上に指摘したように，自民党の得票率は48％であり，それに対して社会党は42％に過ぎない．すなわち，自民党はどのカテゴリーにおいても社会党を凌駕しているのである．

　これとの関連で自民党と社会党の支持層の違いについて，世論調査データによって明らかにしておこう．表2-2-9は，57年に3回行われた朝日新聞社の

表2-2-7　都市度別の各党議席数

	大都市型選挙区（％）	中間型選挙区（％）	農村型選挙区（％）
自　民　党	40　（49）	79*　（69）	177**　（66）
社　会　党	40　（49）	36　（31）	92***（34）
共　産　党	1　（1）		
合　　　計	81　(100)	115　(100)	269　(100)

*保守系無所属5を含む．**保守系無所属4を含む．***革新系無所属2を含む．

表2-2-8　第1次産業人口比別各党得票率

	A（大都市）	B	C	D（農村）
自　民　党	48％	57	59	62
社　会　党	42	35	31	29
共　産　党	6	2	2	2

表 2-2-9 政党支持率とデモグラフィックな要因

			自民党	社会党	共産党	どれにもしない	答えない
全 体			46%	33	1	5	15
性 別		男	51	36	1	5	6
		女	28	9	1	7	56
年齢別		20 代	40	46	1	4	9
		30 代	44	39	1	6	10
		40 代	51	31	0	5	13
		50 代	55	22	0	5	17
		60 歳以上	45	10	0	7	38
職業別		給料生活者	41	48	1	4	7
		産業労働者	33	47	1	6	14
		商工業者	59	22	1	5	13
		農林漁業者	50	22	1	6	21
		その他	38	23	1	9	30
教育年数別		0 ～ 6 年	38	20	1	8	33
		7 ～ 9 年	50	35	1	5	10
		10 ～ 12 年	49	41	1	4	5
		13 年以上	45	47	1	3	3

世論調査の平均値にみるデモグラフィックな要因と政党支持率の違いを記したものである[26]．全体で自民党支持者が46％，社会党支持者が33％である．社会党と比べて自民党支持が多いカテゴリーをあげると，男女別では男，女，年齢では30代から60歳以上，職業別では商工業者，農林漁業者，その他，教育年数が12年以下．逆に，社会党のほうが支持率が高いカテゴリーは，年齢別では20代，職業別では給料生活者，産業労働者，教育年数13年以上となっている．社会党支持が多いカテゴリーは今後増加が予想されるカテゴリーであるから，社会党はしばらくは伸びるであろうと多くの人は考えたのである．

最後に，政治家の個人後援会についてである．戦後になり既存の名望家秩序という集票組織が機能しなくなった時に，政治家個人の集票組織として登場してきたのは，政治家の個人後援会である．後援会は戦後の産物である．升味準之輔は，後援会が世間の注目をあびるようになったのは，1958年総選挙のころからで，はじめは自民党候補者の後援会であったが，1960年総選挙の時には社会党候補者の後援会も話題になったと記している[27]．これに対して，ナサ

ニエル・セイヤーは,「1952 年までには大抵の国会議員は自分たちのために後援会を作り上げた」という自民党事務職員の言葉を引用している[28]. これが信用できるならば, 後援会は 50 年代半ば頃にはできあがったということができるであろう. 60 年代の日本政治はこうしてできあがった後援会システムを利用して中央の資源を地方にもたらす利益政治の段階に入るのである.

第 3 節　1960 年 11 月総選挙（第 29 回）——民社党の登場

　60 年総選挙は 60 年の 11 月 20 日に執行された. 58 年総選挙からわずか 2 年半しか経過していないが, この間は, 戦後保守勢力と戦後革新勢力とが総力を結集して激しくぶつかりあった激動の時期であった. しかもその中から, 西尾末広らが社会党から離党し, 新たに民主社会党（民社党）を結成するという事件も起こった（1960 年 1 月）. これによって, 1955 年に成立したばかりの自民党優位の 2 大政党制はわずか 4 年余にして崩壊し, それに代わって, 劣位野党における分立現象が始まった.

　58 年の総選挙後, 保革両勢力の最初の対決争点となったのは, 警察官職務執行法（警職法）改正案であった. 1958 年末に第 2 次岸内閣によって国会に上程された警職法改正案は, 警察官にその職務執行にあたって, より大きな権限を与えることを内容とするものであった. 革新勢力は, これを戦前的警察への復帰を意図するものと受けとめ, 強力な反対運動を組んだ. その結果, 岸内閣は, 同法案の国会成立を断念するに至ったのである.

　しかし警職法問題は, 来たるべき保革勢力の一大対決の前哨戦ともなった. 1959 年から 60 年にかけて問題になった, 日米新安保条約をめぐる保革の激突がそれである. 変化した国力にふさわしい日米体制の構築を念願して, 新安保条約の締結と国会承認を目指した岸内閣に対して, 革新勢力は安保改定阻止国民会議を中心として結集し, 広範な反対運動を組織して立ち向かった. 運動は空前の盛り上がりを見せたが, 60 年 6 月, 新安保条約は国会で自然承認された. 岸内閣はそれに伴い総辞職した.

　1960 年 7 月, 岸内閣に代わって池田勇人内閣が成立した. 池田は, 安保騒動とそれにつづく時期の政治的動揺を,「寛容と忍耐」をスローガンに政治的

「低姿勢」をとることによって沈静させるとともに，積極的に「国民所得倍増計画」を打ち出すことによって（60年9月），争点を安保問題から経済問題に転換させる形で，総選挙に臨んだ．

これに対して，かねてから左右両派の対立がつづいていた社会党では，安保反対闘争の進め方をめぐる党内抗争から，遂に西尾末弘らが脱党するという試練に見舞われたばかりか，安保闘争の最中には河上丈太郎顧問が，また，総選挙告示の直前には浅沼稲次郎委員長が，右翼暴漢に襲われたり刺殺されたりするという不幸が重なった．しかし社会党は，安保闘争の盛り上がりを成果に，非武装中立の外交路線を押し出しつつ，総選挙直前の臨時党大会においては，右翼テロに抗議して，かつてない団結を見せるに至った．とくに，この党大会では，路線論争において後に社会党を大きく揺さぶることになった，構造改革路線の影響が濃い選挙綱領が採択されたことが注目される．

もう一つ今回の総選挙で注目されたのは，社会党候補者が，選挙運動にあたって後援会組織を利用しはじめた点である[29]．自民党では，既にかなり以前から候補者によって組織されていたが，それにならう形で，社会党においても個人後援会が組織されるようになったのは，さきにふれた社会的経済的変革の中で，従来からの集票ルートではとらえきれない有権者が登場してきたことを示すものである．

今回の候補者総数は940人で（表2-3-1），倍率は2.01倍となり，前回に比べ，総数・倍率のいずれもわずかながら減少した．立候補者を党派別にみると，自民党は前回に比べて候補者を絞ったが，しかし，それでも，議員定数を上回

表2-3-1 党派別立候補者数・得票数・当選者数・召集日議員数

	立候補者数 （前回比）	得票数（得票率）	集票率	当選者数	召集日議員数 （％）
自　民　党	399（-14）	22,740,272（58）	42	296	300（64）
民　社　党	105	3,464,148（9）	6	17	17（4）
社　会　党	186（-60）	10,887,134（28）	20	145	145（31）
共　産　党	118（+4）	1,156,723（3）	2	3	3（1）
諸　　　派	34（+1）	141,941（0）	0	1	
無　所　属	98（-47）	1,118,905（3）	2	5	2*（0）
合　　　計	940（-11）	39,509,123（100）	73	467	467（100）

＊無所属は清瀬一郎（元自民）と古賀了（諸派）である．

表 2-3-2 新旧別の党派別立候補者数

	立候補者数	前議員	元議員	新人（うち新顔）
自 民 党	399	278	63	58（43）
民 社 党	105	40	10	55（44）
社 会 党	186	119	16	49（31）
共 産 党	118	1	15	102（23）
諸　　派	34	0	3	31（20）
無 所 属	92	1	16	81（43）
合　　計	940	439	125	376（204）

る候補者を立てた選挙区が七つある．定数と同数の候補者を立てたところも48に上っている．社会党からの立候補者数がかなり減っているのは，もちろん，民社党の独立の結果によるところが大きい．これに対して民社党は，解散時40議席であったにもかかわらず，全国118選挙区のうち103選挙区に，合計105人を立てて選挙戦に臨んだ．

各党候補者の新旧別の内訳をみると（表2-3-2），民社党では新人候補が50%近くいることは，したがって当然のことであるし，また，当選可能性を考えず全選挙区に候補者1人を立てる方針の共産党に新人候補者が多いこともうなずける．ところで，新人とはそれまで1度も当選したことがない候補者を指しているのであるから，新人が必ずしも初めて選挙に立候補した者を意味するとは限らない．そこで初めて選挙に出場した候補者を新顔と呼ぶことにする．そうすると，102人の共産党の新人のうち新顔はわずか23人（23%）しかおらず，残りの79人は浪人（＝新人－新顔）である．つまり，万年落選候補者が大部分であった．候補者に占める新顔の割合は，自民党が11%，社会党が17%であるのに対して，民社党は，立候補105人のうち42%の44人が新顔で占められていることがわかる．民社党がかなり無理をして候補者をそろえたことがうかがえる．

最後に，これらの候補者が選挙区別にどのように分布しているかを調べると（奄美特別区を除く），3人区では6人立候補型が18選挙区，5人区では9人立候補型が14選挙区と，もっとも多く（全体はそれぞれ40，38選挙区），28回と変わっていない．これに対して4人区では，7人立候補型が39選挙区のうち16選挙区を占めた．前回は8人立候補型がもっとも多かったから，モード

が1人減ったことになる．

　投票日の11月20日（日曜日）は，北海道や九州が曇天であったことを除けば全国的に晴れ，気温も平年を上回る暖かい1日で，「まず絶好の投票びより」といわれた[30]．しかし，投票率は前回より3.48％ほど下がり，73.51％であった．
　県別の投票率をみると，高い方では島根県（86.52％），山梨県（84.62％），福島県（84.03％），山形県（83.81％），長野県（83.48％）の順であり，低い方では大阪府（62.96％），東京都（63.42％），神奈川県（64.05％），京都府（64.22％），和歌山県（68.74％）の順になっている．
　これからも推測されるように，一般に投票率の大きさは，選挙区の社会的構成によって決まる．前節でも試みたように（表2-2-8），当該選挙区の第1次産業就業者の比率によって選挙区をAからDの四つのタイプに分けて，それぞれについて今回選挙における投票率の平均を計算してみると，Aタイプ（大都市）では63.34％，Bタイプでは73.26％，Cタイプでは77.95％，Dタイプ（農村）では79.10％というように，第1次産業就業者比率が高まると，簡単にいえば，選挙区が農村的になるにつれて投票率が高くなっていることがはっきりわかる．これは，都市に比べて農村の方が，有権者を投票所に結びつけるさまざまなルートが存在しているからであると考えられる．

　各党が獲得した得票率を58年総選挙と比較してみると（表2-2-1と表2-3-1），自民党は0.2％，社会党は5.3％減少した．社会党の減少は，民社党の独立のため候補者数が減ったことによるところが大きいだろう．社会党と民社党の得票率を合計すれば36.33％となり，前回よりも3.4％増ということになる．これに対して，自民党はほとんど変わらない．といっても，無所属と分類される候補者が獲得した票の大部分は自民党系の票とみることができるから，両者を合計すれば60.39％となり，前回に比べて3.4％減ということになる．したがって，今回は，得票率に関しては少なくとも，自民党系の減少，社会党系の増加という結果となった．ただ，得票率は，候補者数が増えれば増加するのが普通である．社会党系の候補者をみると前回よりも45人増えているし，自民党系では減っていると推測されるから，実質的には，自民党系も社会党系も，

その得票能力は前回とほとんど変わらなかったと結論して大きく誤ることはないだろう.

次に，各党が獲得した議席数（当選者数）と議席占有率を見ることにしよう（表 2-3-1）．自民党は前回に比べて 9 議席増，社会党は 21 議席減となった．社会党の議席数に民社党のそれを加えても前回より 4 議席足りない．しかし，後に自民党に入党した人たちや自民党系無所属を自民党に加えて保守系と呼び，一方，社会党・民社党・共産党およびこれらの政党系の無所属を合計したものを革新系と呼べば，保守系は 298→301 と 3 議席の増加，革新系は 169→165 と 4 議席の減少となる．したがって，両者の議席数と議席占有率にはほとんど変化がなかった．つまり，得票率に対応して議席数も前回とほとんど変わらなかったということができる.

それでは，今回分離後初めて選挙に臨んだ民社党と社会党の選挙結果はどうなったであろうか．民社党については後に改めて検討するが，ここでは議席数に限って見ることにする．両党の結果をみるためには，前回の結果と比較することはできないので，解散時の議席数と比較する必要がある．その数字は表にはあげなかったが，社会党は 122→145 で 23 議席増，逆に民社党は 40→17 で 23 議席の減となっている．民社党の惨敗である．そうして，社会・民社両党が革新の票を分けて争ったために，自民党が漁夫の利を占めて 9 議席増やした勘定になるだろう.

以上の結果を産業就業人口比によって分類した選挙グループについて見たのが表 2-3-3 である[31]．自民党系の得票率は，全国レベルにおける得票率の減少に対応して各グループで低下しているけれども，特に A タイプの，つまり，大都市型の選挙区グループの落ち込みが著しいことが注目される.

もっとも，得票率の取扱いには注意を要する．一般に候補者を増やせば得票率が上がるものだが，候補者数を増やすことは逆に，共食い共倒れの危険を高めるのだから，得票率の増加が必ずしも議席数の増加を意味するものではない．むしろ，かえって議席数減の可能性もあるといわねばならない．中選挙区制という選挙制度において，政党が目指すのは，まず議席数・議席率の増加であるということを考慮に入れれば，各党の力を見るには，得票率を使うより候補者 1 人当りの平均得票数を使うのが妥当と思われる．これを各党について見ると，

表 2-3-3　第１次産業人口比別各党得票率・議席率

		得票率（％）		議席率（％）	
		1958 年	1960 年	1958 年	1960 年
A（大都市）	自民党	48 (52)	46 (45)	49	48
	社会党	42	34	49	39
	民社党	−	13	−	10
	共産党	6	8	1	3
B	自民党	57 (63)	57 (61)	66	65
	社会党	35	25	34	33
	民社党	−	11	−	2
	共産党	2	3		
C	自民党	59 (67)	61 (64)	70	68
	社会党	31	25	30	29
	民社党	−	9	−	3
	共産党	2	2		
D（農村）	自民党	62 (69)	62 (66)	66	69
	社会党	29	26	33	29
	民社党	−	6	−	2
	共産党	2	2		

（注）括弧内の数字は，その他の票が自民系無所属候補に投ぜられたものとして筆者が計算したもの．
議席率の計算には，選挙後各入党者も含まれている．

自民党は 5.6 万票→5.7 万票，社会党は 5.3 万票→5.9 万票へと増えている．ところが，社会党の場合は比較できないが，自民党は得票率を前回より下げているのである．自民党の議席増加には候補者を絞った効果が出たということができるだろう．これに対して民社党は，自民，社会両党に比べて 5 割強の 3.3 万票しか獲得していない．共産党は 0.89 万票→0.98 万票と増えている．共産党候補者は大部分が当選圏からほど遠いところにいるが，総得票数においては，前回に比べて 14％も増加しているのが注目される．

　個々の選挙区レベルにまで下がった各党候補の当確指数を見ると表 2-3-4 の通りとなっている．メディアンで見ると，自民党候補と社会党候補はともに前回よりも増え，しかも，両者はほぼ同じ当確指数となっている．社会党候補が活躍した様子がうかがえる．と同時に，民社党候補のメディアンは社会党候補の 5 割程度で，非力さはぬぐい得ないところであった．

　最後に，今回の当選者を新旧別・党派別に分類した結果を見れば表 2-3-5 のようになる．前議員の再選率が他のカテゴリーに比して圧倒的に高くなってい

第3節 1960年11月総選挙(第29回)

表 2-3-4 党派別候補者の当確指数の分布

	0.2未満	0.4未満	0.6未満	0.8未満	1.0未満	1.2未満	1.4未満	1.6未満	1.6以上	メディアン
自民党	1	10	25	118	158	63	17	6	1	0.8501
民社党	21	25	21	27	10	1				0.4755
社会党	1	8	8	55	75	29	8	2		0.8509
共産党	101	11	3	1	2					0.0878

表 2-3-5 当選者の新旧別分類

	前(当選率)	元(当選率)	新(当選率)	計(当選率)
自民党	226 (81.3%)	41 (65.1)	29 (50.0)	296 (74.2)
民社党	13 (32.5)	3 (3.0)	1 (1.8)	17 (16.2)
社会党	103 (86.6)	16 (100)	26 (53.1)	145 (78.0)
共産党	1 (100)	2 (13.3)		3 (2.5)
諸 派			1 (3.2)	1 (2.9)
無所属	1 (100)	1 (6.3)	3 (3.7)	5 (5.1)
合 計	344 (78.4)	63 (50.4)	60 (16.0)	467 (49.7)

る.ただし,民社党のそれは32.5%であって,自民党や社会党の新人の当選率よりも低い.新人ばかりか現職もふるわなかったことを,この数字は教えてくれる.

以上,おおよそ全国レベルで議論してきたが,ここで眼を個々の選挙区に向けて,今回の選挙で各党間で議席がどのように動いたのかみてみよう.表2-3-6にそれを示した.この表はリーグ戦の勝取表のようになっている.例えば2行目の社会党の13という数字は,社会党が自民党の13議席を食った,逆にいえば自民党は社会党に13議席奪われたことを意味している.もう一つ注意しなければならないのは,議席移動の基準を何にとるかという点である.この

表 2-3-6 各党間の議席の移動

	自民党	社会党	民社党	共産党	その他	合 計
自民党	×	7	9		1	+17
社会党	13	×	15			+28
民社党	3	1	×			+4
共産党	2			×		+2
その他		2	3		×	+5
合 計	-18	-10	-27	0	-1	56

表では,解散時に死亡者によって欠員となっている議席は,その死亡者が所属する党のものとして計算してある.

さて,前回と比較して今回で議席の移動があったのは,56選挙区56議席であった.これは,選挙区についてみれば全選挙区数のうち,47.5%,議席数からみれば全議席数のうちの12.0%にあたる.移動があった選挙区は半数にものぼるが,議席移動は少ないということができるであろうか.

まず今回の選挙で惨めな敗北を喫した民社党からみると,民社党は社会党に15議席,自民党に9議席(その他を含めれば12議席),合計27議席奪われている.これに対して民社党が社会党と自民党から奪った議席は,それぞれ1議席と3議席にしかすぎない.したがって,民社党は差し引き,社会党に14議席,自民党に9議席,合計23議席食われたことになる.民社党がもっとも痛手を被った相手がかつての同胞である社会党であったということは興味深いが,民社党候補はもともとは社会党候補であったことを考えれば,うなずけるところである.

その社会党についてみると,社会党は自民党から13議席,民社党から15議席,合計28議席を奪い,逆に,両党からそれぞれ9議席(その他を含む),1議席,合計して10議席を奪われている.したがって差し引けば,社会党は自民党から4議席を食い,民社党からは14議席食ったことになる.つまり,社会党の(解散時に比べての)議席増は,その4分の3近くをかつての仲間に負うているということになる.

これに対して自民党は,その他も含めれば差し引き3議席増となり,解散時の議席とほとんど変わらない結果となった.

以上からも明らかなように,60年総選挙におけるもっとも大きな特徴といえば,それは民社党の登場とその大敗北である.民社党の敗北については,これまでの説明で折りにふれて指摘してきたが,ここでは西平重喜の分析をとりあげて,民社党の敗北を「再確認」してみたい[32].西平は,58年総選挙では社会党から立候補したが60年は民社党から立候補したものと,58年と60年にいずれも社会党から立候補したものとについて,それぞれ58年と60年の得票数を計算した.結果は表2-3-7に示した[33].それによると,58年に社会党から

立候補した候補者のうち，60年も社会党から立候補した人の58年の平均得票数は5.6万票，60年は民社党から出馬した候補者の58年の平均得票数5.7万票と，わずかながら後者の方が得票数が多かったのに対し，60年総選挙では社会党残留組の平均得票数は6.1万，民社党から出た者のそれは4.7万と逆転してしまったことがわかる．また「新顔」同士の比較では，社会党4.9万票に対して民社党1.9万と，格段の開きが出ていることもこの表は示している．

表2-3-7 社会党の分裂の効果

前回（58年）総選挙		社会党		立候補しない*	
今回（60年）総選挙		民社党	社会党	民社党	社会党
候補者数		51人	151人	54人	35人
総得票数	前回	291万	844万	−	−
	今回	237万	919万	109万	170万
平均得票	前回	5.7万	5.6万	−	−
	今回	4.7万	6.1万	1.9万	4.9万

*2-3人の無所属からの立候補を含む．

　ところで今回，民社党は全国118選挙区のうち，ほぼまんべんなく103選挙区に105人を立てているから，どこから当選者がでているかをみれば，負けたにしても民社党が強い選挙区がわかるだろう．再び表2-3-3を見ていただきたい．これによると民社党は，大都市型の選挙区になるほど得票率が高くなっているし，議席率からみても全国平均で3.7%のところ，Aタイプの選挙区では，ともかく10%の議席を獲得している．

　これは要するに，民社党が大都市向きの政党であるということを示している．元来，合同以前の社会党をみると，左派社会党が「全国にかなり均等に基盤を置いた政党」であったのに対し，右派社会党は「大都市的ないし都市的選挙区に，ヨリ強い基盤をおいた政党」であったことが，「選挙戦の資料」からいわれていた[34]．安保闘争のとき，社会党から分離して民社党を創立したのは，西尾末弘の派閥，つまり合同以前には右派社会党に属していた人たちを中核としている．今回の総選挙における民社党の，とくに農村部での敗北と都市における残存は，民社党がひいている右派社会党の体質がより明確に顕在化したものということができるであろう．

第4節　1963年11月総選挙（第30回）——自・社の停滞

　60年総選挙から63年総選挙まで，62年を除けば，日本経済は好況期にあたり，池田内閣による所得倍増計画は，その中で国民に夢を与えた．都市の所得上昇は，「農業従事者が所得を増大して他産業従事者と均衡する生活を営むことを期することができることを目途」として立法化された農業基本法（61年6月）と，生産者米価（政府買取価格）を都市労働者の賃金にスライドさせる生産者所得補償方式の採用（61年）等によって，農村にも波及するよう制度化された．

　こうしたなかで，日本経済は激しい国際化の波に，じわじわとさらされるようになる．既に1960年，岸内閣によって貿易為替自由化計画が発表されていたが，それがこの間に実行に移され，63年8月には，80％の計画値を上回る92％の自由化率をわが国は達成した．

　「経済のことは私におまかせください」と豪語した池田は，しかし，その政治的低姿勢に対しては，党内右派からの攻撃にたえず悩まねばならなかった．そしてその中で，ずるずると宥和的にふるまうようになる．61年5月，「左右の暴力」を取り締まるための政治的暴力行為防止法（政暴法）案の国会提出[35]，61年10月，アメリカの要求を背景にした第6次日韓会談の再開，あるいは63年には，生存者叙勲復活の決定，政府主催第1回戦没者追悼式の開催等，年表を開いてみれば，以上のことが了解されるだろう．

　しかしながら，こうした日本の経済社会の新局面への移行に対して，革新陣営の対応は鈍かった．というのは，この間は，まさに革新陣営のそれぞれにおいて，そして，それに連動した相互関係において，路線対立が顕在化した時期にあたるからである．

　まず，それを社会党から見ることにしよう．ここで社会党を襲ったのは構造改革論争であった．論争の初期の段階では，構造改革派が若干優位に立っていた．61年3月の第20回社会党大会は，今後1年の実践をみて是非を確かめるという条件のもとで，構造改革論によった運動方針を採択した．同年9月の日本炭鉱労働組合（炭労）による「政策転換闘争」はその具体化といわれたが，その失敗は，とくに現場活動家の反構革論を強めることになった．62年春の

21回大会でも，書記長人事をめぐり，江田三郎を推す江田，河上，和田の「構革三派」が，佐々木更三を推した鈴木－佐々木派・平和同志会を破った．そして62年7月の参議院選挙において，「アメリカの平均した生活水準の高さ，ソ連の徹底した社会保障，イギリスの議会制民主主義，日本の平和憲法」を「総合調整」して「人類の可能性を最大限に花開かせる」ものとしての社会主義像が江田書記長によって提出された．これが「江田ビジョン」である．しかし社会党の構革論争はなお結着せず，同年秋の22回大会では「江田ビジョン」に対する非難動議が可決され，江田が書記長を辞任する事態を経て，やがて左派が党内ヘゲモニーを握る道を社会党は進んでいくこととなる．

　路線対立は共産党をも襲った．共産党では対米関係における日本の位置づけをめぐり「自立・従属」論争が激しく闘わされ，従属派による党章（綱領）を58年の第7回大会で採択することができないという事態が起こったが，第8回大会（61年7月）では従属派が大会を掌握するに至り，反対派を除名することで論争に結着をつけたのもつかの間，折から，くすぶりつづけていた中ソ対立が63年の6月に公然化するに至り，新たに中国派（主流派）とソ連派（反主流派）の抗争に，共産党は直面することとなった．

　このように，この時期は革新陣営は分裂の傾向を強め，対立の度を高めていったのであるが，そうした革新にとって一つの光明となったのは，63年総選挙に先立ち4月に行われた統一地方選挙で，横浜，京都，大阪，北九州などの大都市で革新市長が誕生したことであった．そうして，この革新自治体の成立は，統治経験のない革新陣営に一つの実験の場を与えることになった．

　各党の内向きの対立・内紛の中で，今回の総選挙はとりたてて争点らしきものはあらわれなかった．このため，この選挙は「争点なき選挙」ともいわれた．そのなかで新たに争点の仲間入りをしたのが物価問題である．1950年代の後半には微上昇に推移した消費者物価指数は，高度成長の開始と同時に，60年代にはいり騰勢に転じ，上昇は年とともに加速する傾向が見られることから，物価問題は政府の高度経済成長政策と明らかな関連が認められたからである．

　今回の立候補者数は，前回を下回って23人減の917人となった．これを党派別に見ると表2-4-1のようになる．自・社・民・共4党だけをとれば候補者

減はさらに著しく，74人，減少率にして9.5％にものぼった．

ここで各党の候補者の増減の仕方を，産業就業人口比率によって分けた選挙区タイプについて見たものが，表2-4-2である．これを各党別に見ると，63年総選挙で，各党がどのタイプの選挙区に対して積極的だったか，あるいは消極的であったかがよくわかる．自民党は，奄美群島区を入れると，44選挙区で49人を減らし，9選挙区で9人増やしているから，合計して40名減ということになる．前回に比べて10％減と大きいが，その内訳をみると，大都市型の選挙区での候補者減らしが他の選挙区よりも顕著である．つまり自民党は，前回は定員いっぱい，あるいはそれを超える候補者を立てていたということからわかるように候補者がだぶつき気味であったので，63年総選挙はそれを切ったが，大都市部の選挙区ではそれ以上に候補者を減らすという，受身の形で選挙戦に臨んだ．

ちょうどこれと対照的な対応をしたのは民社党である．民社党も自民党と同

表2-4-1 党派別立候補者数・得票数・当選者数・召集日議員数

	立候補者数（前回比）	得票数（得票率）	集票率	当選者数	召集日議員数（％）
自民党	359 (－40)	22,423,915 (55)	38	283	294 (63)
民社党	59 (－46)	3,023,302 (7)	5	23	23 (5)
社会党	198 (＋12)	11,906,766 (29)	20	144	144 (31)
共産党	118 (0)	1,646,477 (4)	3	5	5 (1)
諸派	64 (＋30)	59,766 (0)	0	0	
無所属	119 (＋21)	1,956,313 (5)	3	12	1* (0)
合計	917 (－23)	41,016,540 (100)	70	467	467 (100)

＊無所属は清瀬一郎（元自民）である．

表2-4-2 第1次産業人口比別各党候補者の増減

	自民党		社会党		民社党			期待値
	増区	減区	増区	減区	増区	不変区	減区	
A（大都市）	1 (11)	11 (26)	5 (28)			22 (39)	4 (9)	22
B	3 (33)	5 (12)	2 (11)			11 (20)	5 (11)	15
C	2 (22)	10 (23)	6 (33)	2 (33)		12 (21)	11 (23)	23
D（農村）	3 (33)	17 (40)	5 (28)	4 (66)	1 (100)	11 (20)	27 (57)	40
合計	9 (100)	43 (100)	18 (100)	6 (100)	1 (100)	56 (100)	47 (100)	100

（注）奄美群島区を除く．期待値は各タイプの選挙区数の割合を示す．

様，47選挙区で47人減，1選挙区で1人増，合計46人もの候補者を減らしたが，それはとくに純農村型の選挙区で顕著に行われた．したがって，民社党候補者は都市型選挙区に偏るという結果になった．60年総選挙の説明の最後に述べたことを民社党が学習したことを，これは示しているということができるだろう．

自民，民社両党が大幅な候補者減らしという形をとる消極姿勢に対して，63年総選挙に積極的姿勢で臨んだのは社会党であった．この社会党が，どこに力をいれたかといえば，それは大都市部であり，純農村部についてはむしろ弱気であったことが，この表からわかるだろう．

さて，自民，民社両党が候補者を大きく絞ったために，選挙区においては「少数精鋭」の争いとなった．3人区ではモードは5人対決型で14選挙区，5人区では8人対決型で10選挙区と，それぞれ60年総選挙に比べて1人減り，全体でも8人立候補型選挙区（28選挙区）から7人立候補型選挙区（28選挙区）へと分布の山が移動したことに，それはよくあらわれている．

党派別に新旧候補者の構成を見ると，63年総選挙の全候補者のうちで「新顔」が占める割合は27%であった．60年は25%だった．自民党と民社党において「新顔」が減ったにもかかわらず新顔率が増えたのは，無所属と諸派とで新顔が増えたからである．理由として第1に，自民党が公認を大幅に絞ったため，公認もれとなった人たちが無所属でかなり立候補したことと，第2に，いわゆる泡沫候補が今回急増したことが考えられる．

投票日は11月21日（木曜日）であった．平日選挙のため投票時間が2時間延長された．「全国的におおむね天候に恵まれたため，まずまずの投票びより」であったという[36]．けれども，投票率は，60年よりもさらに下回って，2.37%減の71.14%となった．前回選挙が日曜日であったのに対して，今回が平日であったことも投票率の低下に影響していると思われる[37]．

今回の総選挙において，各党が獲得した議席数・議席占有率，および得票数・得票率は表2-4-1に掲げたとおりである．これらについて，各党別に少しく説明を加えることにしよう．

自民党は，候補者を40人も絞ったこともあって候補者の当確指数は上昇し

(表2-4-3),得票数・得票率のいずれも減少した.しかも,議席数・議席率もいずれも減少していることからも,候補者を絞っても,その効果以上に自民党の党勢が弱まったことが推測される.また,保守系の当選者をとっても301→295と,議席を減らす結果となった.実際に,自民党および保守系の衆議院における議席占有率は,60年をピークにして,以後,下降する傾向が出てきた.

今回の選挙戦に臨んだ政党のうちで,少なくとも候補者数に関して積極的姿勢をとった唯一の政党である社会党は,実際,候補者数の増加もあって,得票数も得票率も増加した.しかしそれが議席増加にはつながらず,かえって,1議席ながら議席が減少するという結果に終わった.社会党のこのような結果は,今回総選挙における同党の伸び悩みを表現しているかのようである.伸び悩みとは,党勢は拡大しているが,それが現実の議席増加にはつながらないという意味にとっておこう.

そこで,選挙区ごとに最下位で当選したものと次点者との得票率の差を調べてみると,たしかに,社会党候補者が自党の候補を追い上げているケースは,前回4選挙区であったのが14選挙区に増加していることがわかる.しかし,「いままでの選挙の結果をみると,同じ人でも得票率が3％ぐらい変動することは珍しくない」という西平に従って,最下位当選者と次点者との得票率の差が3％未満の場合を考えてみると,他党派との関係で,社会党が追い上げているケースは16選挙区であり,逆に,迫られているケースは23選挙区もあることがわかる.したがって,もしここで最下位当選者と次点者の立場が逆転したとすれば,社会党はさらに七つの議席を失うことになっただろう[38].こう見てくると,社会党の1議席減という結果は,単なる伸び悩み以上のものを象徴しているように思われてくる.これについては,後で説明する.

民社党は,60年に比べて46人も候補者を絞ったために,当然,得票数と得票率は下がった.けれども,60年も候補者を立てた選挙区をとりだして候補者1人当りの得票数を見ると,60年は4.5万票と自社候補者のそれと約1.3万票も開いていたのに,63年は5.5万票と増えて,自社候補との差も約0.6万票へと縮まった[39].候補者の当確指数のメディアンを見ても前回よりはかなり上昇している(表2-4-3).民社党の議席数が増えたのは当然である.また,前議員の再選率も63年は79％となり,自民党(83％)や社会党(81％)のそ

れにだいぶ近づいた．民社党は，今回の総選挙で小さいながらも政党としては安定したとみてよいだろう．63年総選挙は，したがって，民社党にとって勝利ということができるだろうが，しかし，最盛時の40議席からはまだ遠い，といわなければならない．

表 2-4-3　党派別候補者の当確指数の分布

	0.2 未満	0.4 未満	0.6 未満	0.8 未満	1.0 未満	1.2 未満	1.4 未満	1.6 未満	1.6 以上	メディアン
自民党		5	16	92	135	77	21	9	4	0.8982
民社党	2	11	13	13	14	5	1			0.6497
社会党	1	3	11	60	88	32	3			0.8408
共産党	94	11	6	4	2	1				0.1130

　共産党は，平均すれば，当選圏からはなおほど遠いとはいうものの，60年に引きつづいて得票数を伸ばした．それも増加率は60年の14.3%をはるかに上回る42.3%にも上ったことが注目される．しかも票の伸びは，後述するように大都市型の選挙区において著しいことが特に目につく．

　以上が今回の選挙における得票数と議席数にあらわれた各党の選挙結果の概要である．一口にいえば自民党は低落，社会党は伸び悩みまたは停滞，民社党は一応の勝利，共産党は議席なき躍進と特徴づけることができるだろう．

　ところで，以上のような各党の勢力消長の中で，各選挙区で議席はどのように移動したのであろうか．今回，議席が移動したのは51選挙区53議席であった．移動率は前回より少しばかり下がっている．表2-4-4は，それを示したものである[40]．ただし，選挙後に自民党に入党した者や自民党系無所属の議席は自民党の議席として計算してある．こうした方が，実質的な議席移動がわかるからである．特色として気づかれるものの一つは，60年における議席移動のハイライトが，自社両党による民社党議席の食いあいにあったが，63年は，むしろ自社両党の議席の奪いあいにそれが移ったことである．ちなみに，民社党についてみると，前回奪われた議席を差し引きして，自民党と社会党から，それぞれ3議席を奪還している．

　さて，今回の選挙の特色として，各党ともに候補者数の増減がかなりあった

表 2-4-4　各党間の議席の移動

	自民党	社会党	民社党	共産党	無所属	合　計
自 民 党	×	12	4			+16
社 会 党	14	×	1		1	+16
民 社 党	7	4	×			+11
共 産 党	1	1		×		+2
無 所 属					×	0
合　　計	−22	−17	−5	0	−1	45

表 2-4-5　自民党候補者数の増減と議席の変化

		候補者の増減			合　計
		増　加	不　変	減　少	
A（大都市）	議席増加選挙区数		1	3	4
	不変選挙区数		10	5	15
	議席減少選挙区数	1	3	3	7
B	議席増加選挙区数				
	不変選挙区数	3	7	4	14
	議席減少選挙区数		2	1	3
C	議席増加選挙区数	1	4		5
	不変選挙区数	1	9	6	16
	議席減少選挙区数		2	4	6
D（農村）	議席増加選挙区数	2	1	3	6
	不変選挙区数	1	22	10	33
	議席減少選挙区数		4	4	8
合　　計	議席増加選挙区数	3	6	6	15
	不変選挙区数	5	48	25	78
	議席減少選挙区数	1	11	12	24

ことをあげることができる．自民党の場合，前回までは，定数以上の候補者を公認していたが，今回の選挙ではようやく定数をこえる公認はなくなった（表7-3-1a参照）．自民党は今回全体的には公認候補を減らしたが，増やした選挙区もある．そこで，自民党の公認候補者の増減が議席の増減にどのように結びついているかを示したものが，表2-4-5である．

　全体的に見ると，候補者を増やした選挙区では3選挙区で議席が増加し，1選挙区で減少しているので，自民党の候補者増加戦略は成功したということができる．議席増加につながった選挙区は農村型選挙区であった．反対に，候補

者を減らした選挙区では,議席増加があったのは6区,減少があったのは12区となっており,全体して議席は減少している.このタイプの選挙区では自民党の党勢は衰えつつあったというべきかもしれない.ただし,大都市型のAでは,議席の増加があったのは3区,減少があったのは3区と,同数になっている.その他のタイプの選挙区では差し引きで議席減となっているから,今回,自民党の大都市での候補者減は,相対的に成功したということができるかもしれない.

ところで,各党の得票数とは,それぞれの政党の公認候補者が集めた票の合計である.したがって,候補者の増減が各党の得票数に作用することは容易に想像される.ただ,選挙区によって有権者の数はちがうから,比較のためには,各党の得票数を当日有権者数で除した集票率(絶対得票率)を使うのが便利である.

そこで自民,社会の2党それぞれについて,候補者数を増やした選挙区,減

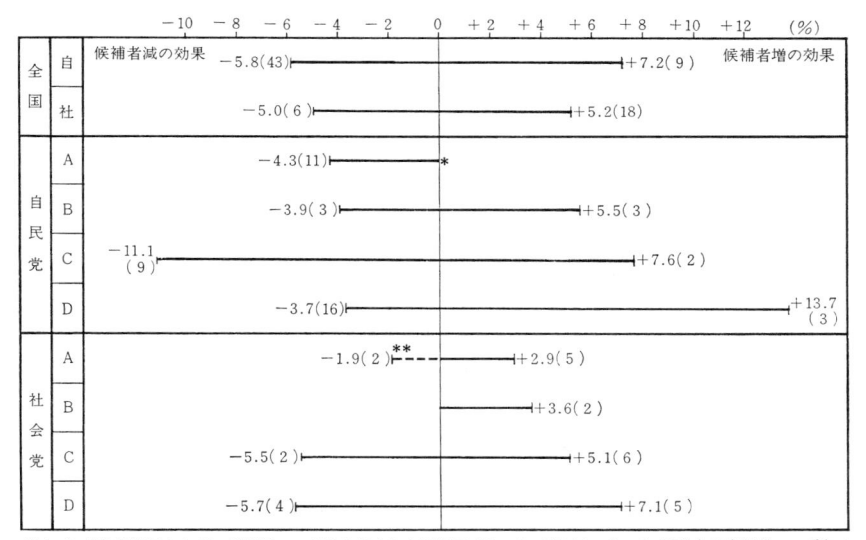

図 2-4-1 候補者の増減の集票率に対する効果

		候補者減の効果	候補者増の効果
全国	自	−5.8(43)	+7.2(9)
	社	−5.0(6)	+5.2(18)
自民党	A	−4.3(11)	*
	B	−3.9(3)	+5.5(3)
	C	−11.1(9)	+7.6(2)
	D	−3.7(16)	+13.7(3)
社会党	A	−1.9(2)**	+2.9(5)
	B		+3.6(2)
	C	−5.5(2)	+5.1(6)
	D	−5.7(4)	+7.1(5)

(注) 1) 奄美特別区および1選挙区で2人以上減少した選挙区は除いた(増はない).2) 括弧内は事例数.＊愛知1区のみで,しかも7.05％減少したので図にはのせていない.＊＊破線で示したものは民社党の結果.社会党はA,B型いずれも候補者減のケースはない.

らした選挙区，および増減なしの不変選挙区をとり出し，それぞれについて，集票率の増減の平均を計算した上で，候補者に増減のあった選挙区の平均値と不変区の平均値との差の絶対値，つまり，距離を計算したものが，図2-4-1の上の部分である．これによると，集票率は，候補者の増減によって自民党では6.5ポイント，社会党では5.1ポイント増減することがわかる．

図の下の部分は，選挙区をその第1次産業人口比によって，A（大都市）からD（農村）に分けて，そこで候補者の増減が集票力に及ぼす影響をみたものである．サンプルが少ないので確定的にいうことはできないが，このグラフから，候補者1人当りの増減が集票率に及ぼす影響は，①自民党の場合の方が社会党よりも大きく，また②大都市から純農村部に移るにつれて次第に大きくなる，と結論することができる．これは，投票に際して政党本位か，候補者本位かをたずねる世論調査の結果と非常にうまく一致している[41]．

このように，集票率は候補者の増減によってかなり大きく変化する．その理由は，投票がたぶんに政党本位ではなくて人物本位になされているからである．少なくとも自社両党の支持者については，以上のように言うことができる．ここから，党公認の候補者個人に投ぜられた票をまとめて当該政党の得票率をだして，それを党勢のメルクマルとして扱うことには注意が必要であると結論できよう．

以上のように各党の得票率というものが問題であるならば，せめて候補者の増減の影響を排除した上で各党の集票率や得票率を比較することが必要となる．ちなみに図2-4-2の左側は，先ほどの方法で計算した候補者数不変区における各党の平均集票率の変化と，全国でみた集票率の変化をとり，前者から後者に矢印を引いたものである[42]．これは，全国で集計した集票率（ひいては得票率）の見かけの変化の大きさを示している．やはり，候補者を大幅に減らした自民党と民社党とにおいて見かけの変化が大きく出ている．

そこで，この候補者数の増減に伴う見かけの変化をとり除いて，各党の集票率の変化を見てみると，民社党と共産党が0.6ポイントと，だいたい同じくらい集票率を上げているのに対して，自民党は見かけほどではないにしても，0.9ポイントばかり下がっていることがわかる．社会党は集票率に関して，ほとんど変化がなかった．これが今回の選挙における各党の消長を示すものと考えて

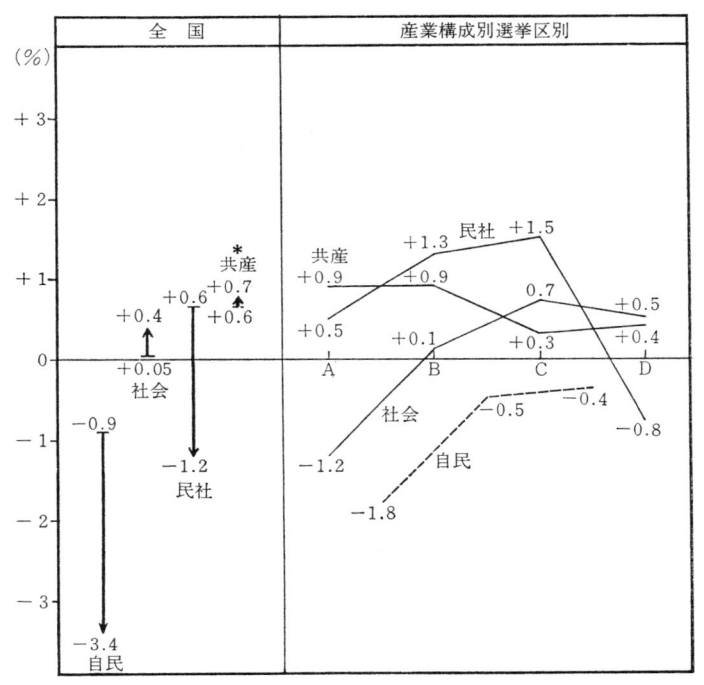

第4節 1963年11月総選挙（第30回）

図 2-4-2 候補者数不変区における各党集票率の変化

よいであろう．

図 2-4-2 の右の部分は，これを第1次産業人口の構成比に基づいて選挙区を4グループに分け，それぞれについて各党の集票率の変化をみたものである[43]．集計にあたっては，自民党の分は，隣り合うグループの平均値を示した．自民党についてだけこのように処理したのは，自民党の場合，たとえ公認候補者数が同じであったとしても，自民党系の無所属候補が，同じ選挙区で出場したり退場したりすることで，同党の集票率は大きく変化することが普通であり，また，そのようなケースがかなりあるからである．極端な場合をあげれば，滋賀全県区では，60年は自民党公認候補のほかに有力な無所属候補がいたが，63年はそのような候補はいなかったために，集票率は11.92ポイントもはね上がることになった．したがって，このようなケースが平均値に影響しないようサ

ンプル数は多ければ多いほどよいということになる．自民党についてだけ，上のように処理することにしたのは，このような理由によるものである．

さて前置きが長くなったが，ここでもっとも注目されるのは社会党の集票率変化の動向である．候補者の説明のところでも述べたように，63年総選挙にあたって，社会党は，相対的に大都市部を中心にして強気であって，純農村部に対してはどちらかといえば弱気であった．ところが図からもわかるように，結果は，社会党のこの思惑とは正反対となった．つまり，社会党の集票率は60年と比べて大都市部でもっとも下がり，純農村部にゆくにしたがって上がるという傾向が，ここにはっきりと出てきているのである．言いかえれば，集票率ではなお社会党は大都市型選挙区でもっとも高く，農村型選挙区にゆくにつれて低くなっているものの，集票率の変化では，これとまさに正反対の傾向が今回みられるのである．もしこの傾向が今後もつづけば，社会党の集票率は，やがて全国的に平準化することになるであろう．

社会党以外の政党についてみると，自民党と民社党の線が，Dにおける民社党を除けば，社会党の線を下と上からはさむような形で，ほぼ並行していることが注目される．このことは，63年総選挙において民社党が，D地区を除けば，ほぼ全国一様に票を伸ばしたことを意味すると同時に，自民党が全国一様に振るわなかったことを示唆する．けれどもよくみると，自民党と民社党の開きは都市部にゆくにつれて大きくなっていることがわかる．つまり民社党は，ほぼ全国的に良い成績をおさめたが，とくに都市部にそれが顕著であったことが推測される．候補者を都市部に絞った思惑とも一致しよう．これに対して自民党は，ほぼ全国的に低落したものの，それはとくに都市部で著しかったということができるであろう．自民党のこのような傾向は，前回より以前に始まったものであることは恐らく間違いないであろう．とするならば，先ほど述べた今回の社会党に現れた傾向は，同党が集票率に関する限り，自民党的になったことを意味することになるだろう．

自民党，社会党，民社党がほぼ並行した成績をおさめたのに対して，共産党は，これとちょうど対照的な動きを示していることが注目される．つまり共産党は，すべての地区で集票率を上げているが，都市部にゆくにつれて躍進の度合いが大きくなっている．ところで，共産党が60年に獲得した集票率も，だ

いたい農村部から都市部にゆくにつれて高くなっているから，今回の共産党の集票率の増加率が，おおよそどのタイプの選挙区でも同じであるという，大変面白い結論を出すことができるであろう．

第5節　1967年1月総選挙（第31回）——公明党の進出

　64年7月に公職選挙法が改正された．高度経済成長による大規模な人口移動に伴い定数が大幅に不均衡になっていたために，それを改める措置であった．「当分の間，総定数を19人増員することにし，このうち，6人区以上となる6選挙区については分割することにした．この結果，議員定数は，485人（改正前466人）とされ，選挙区数は，122区（改正前116区）となった」[44]．

　定数が増加した選挙区は，東京2区（5人），同3区（4人），4区（5人），神奈川1区（5人），大阪2区（5人），同5区（4人），兵庫1区（4人）の7選挙区だった．また，分区された選挙区については，東京1区が1区（3人）と8区（3人）に，同5区が5区（3人）と9区（3人）に，同6区が6区（4人）と10区（4人）に，愛知1区が1区（3人）と6区（3人）に，そして，大阪1区が1区（3人）と6区（3人）に，分割された．

　さて，この年の秋，10月10日から24日まで東京では第18回オリンピック大会が開かれた．オリンピックが終了した翌25日，かねてから癌のため入院中であった池田勇人首相は辞意を表明し，そして11月9日，佐藤栄作内閣が発足した．

　ヴェトナムで戦禍が拡大する中で，佐藤内閣は自民党右派の期待を担い，池田内閣がし残してきた懸案の一挙的な「解決」に突き進んだ．65年，ILO 87号条約承認に伴う関係国内法の改正，農地報償法案を強行採決し，つづいて同年秋には，日韓基本条約および4協定を，これまた強行採決によって成立させた．さらに66年の国会には，建国記念の日制定に関する祝日法改正案を提出し，成立後設置された建国記念審議会の答申を待って，2月11日を建国記念の日と定める政令を12月に公布した．こうして，佐藤政権は長期政権に向かって出発したのである．

これに対して社会党では，前期にひきつづき構造改革論をめぐって派閥争いが激しく展開され，その中で構革派は，党内のヘゲモニーを失っていった．65年5月の大会では，辞意を表明していた河上丈太郎に代わって佐々木更三が委員長に，書記長には成田知巳が選ばれ，佐々木－成田体制が成立した．66年の2回の大会では，委員長のポストをめぐって佐々木と江田三郎とが争ったが，いずれも佐々木の勝利に終わったことは，構革派＝右派の地盤沈下を示すものである．こうした党内闘争の中で，64年12月の党大会では「日本における社会主義への道」が政策委員会で討議され，66年1月の党大会で最終的に決定された[45]．左派主導の平和革命路線である．
　共産党では，この間，宮本顕治体制の確立期であった．まず，中国寄りの宮本体制は，ソ連の肝入りで締結された部分的核停条約に対して国会で賛成票を投じたソ連派の志賀義男と鈴木市蔵両名を除名し，さらに除名に反対した神山茂夫と中野重治も除名処分にした．64年11月の第9回大会で宮本体制が確立した．ところが66年になると中国と宮本主流派との対立が，はっきりあらわれてくる．共産党では中国派の除名が行われ，同時に「自主独立」路線が強調されるようになった．折から中国では，文化大革命が進行中であった．
　こうした既成政党の動きとは別に，64年11月に「王仏冥合，仏法民主主義を基本理念として」公明党が結成された．これは，公明政治連盟（公政連）を衆議院に進出させるという，同年5月の創価学会総会の決議を実行に移すための布石であった．こうして，55年の統一地方選挙，56年の参議院選挙と，着々と政界への進出をすすめつつあった創価学会が衆議院に進出するための準備が完了した．結成大会の席上，衆議院議員候補32人の名前が発表された．
　ところで，前回の総選挙から今回の総選挙に至るまでの間，わが国はIMF8条国に移行し，またOECDに加盟し，西側先進国グループの一翼を担うことになった．わが国の経済は65年に不況に見舞われたが，65年以後の「いざなぎ景気」の中で，景気循環において国際収支が果たした拘束がとりのけられるに至る．わが国は，ようやく経済大国の道を歩みはじめたのであった．
　しかしこれとは裏腹に，わが国は「公害」という怪物に悩まされはじめた．もちろん，公害という言葉が流行語となったのは63年頃であり，公害の象徴となった水俣病がクローズ・アップされたのは，さらにさかのぼって50年代

末のことである．しかし，それが時代のメルクマルとなったのは，この間とそれにつづく時期である．65年，遅ればせながら政府も公害審議会と公害防止事業団を発足させ，66年10月の公害審議会の答申に基づいて公害対策基本法案を翌年の国会に提出することとなる．

さらに，66年の夏以来，わが国の政界を襲ったのは「黒い霧」問題であった．8月以来，国会議員の地位を利用して詐欺・恐喝を行っていた疑いで自民党の田中彰治代議士が逮捕されたり，共和製糖に対する農林中金の不正融資をめぐる政治献金に自民党の重政誠之がからんでいたばかりか，社会党や民社党の議員も共和製糖グループから献金を受けていたことなどが明るみに出されたり，あるいは荒船清十郎運輸相が地元の駅に急行を停車するようにさせた問題，上林山栄吉防衛庁長官のお国入り問題など，閣僚の不祥事件が引きつづいて起こった．67年総選挙が「黒い霧選挙」といわれたのは，このような政界の「黒い霧」が立ちこめる中で衆議院が解散されたからである．他にこれという争点もない中で，選挙期間中の各党の争点は政界粛正問題に絞られた感があった．

各党の立候補状況は表2-5-1に示した．党派別立候補者数をみて気づくことは，政党候補者数が，公明党の候補者分だけ増えたのにもかかわらず，総数が60年と変わらなかった点である．これは，いわゆる泡沫候補が今回かなり減ったことによると思われる[46]．

ところで，今回初めて衆議院選挙に出場した公明党は，どこに自分のホー

表2-5-1 党派別立候補者数・得票数・当選者数・召集日議員数

	立候補者数 （前回比）	得票数（得票率）	集票率	当選者数	召集日議員数 （％）
自 民 党	342 (−17)	22,447,838 (49)	36	277	280 (58)
民 社 党	60 (＋1)	3,404,464 (7)	5	30	30 (6)
公 明 党	32 (＋32)	2,472,371 (5)	4	25	25 (5)
社 会 党	209 (＋11)	12,826,104 (28)	20	140	141 (29)
共 産 党	123 (＋5)	2,190,564 (5)	3	5	5 (1)
諸 派	16 (−48)	101,244			
無 所 属	135 (＋16)	2,553,989 (6)	4	9	5 (1)*
合 計	917 (0)	45,996,574 (100)	73	486	486 (100)

＊無所属は古内広雄（68年自民入り），中尾栄一（67年自民入り），松野幸泰（69年自民入り），斎藤寿夫（69年自民入り），阿部喜元（67年自民入り）である[47]．

ム・グラウンドを置こうとしたのであろうか．第1次産業人口比率による選挙区グループに分けてみると，公明党からの候補者32名中，実に90％近い28人が大都市型（A）の選挙区から出ていることがわかる．今回この型の選挙区は全選挙区の3分の1を構成しているから，公明党がもっぱら，大都市に自己の基礎を置こうとしていることが明らかとなる．

また，63年総選挙では候補者の増減が裏目に出た社会党は，分区や定員増のあった選挙区（これらは皆Aタイプに属する）を除いて15選挙区で候補者を増やし，7選挙区で減らした．これをグループに分けて差し引くと，Aタイプで3人，Cタイプで2人，Dタイプで4人，それぞれ増えており，Dタイプの比重が大きくなっているのが注目される．社会党は前回の教訓を学んだのかも知れない．

各党が候補者を立てるについては，そこにさまざまな要因が働いている．都市型選挙区に力点を置くか，それとも農村型の選挙区に力を注ぐかという点もそれであるが，選挙区の議員定数が一様でないわが国の中選挙区制においては，何人区に候補者を立てるべきかが選挙戦術において考慮にいれるべきファクターとなっていた．というのは，定員が大きくなれば，それだけ当選に必要な得票率は小さくなってゆくからである．理論的にいって，これより大きな得票率をとれば絶対当選する得票率は，3人区では25％（4分の1），4人区では20％（5分の1），5人区では16.7％（7分の1）と，次第に下がる．ということは，もしある候補者が18％の得票率を得たとした場合，彼は5人区では絶対確実に当選できるが，3人区では当選はかなり難しい，ということになる．このことはとくに，全選挙区にわたって候補者を立てない（立てられない）政党からの立候補に重要な働きをする．

表 2-5-2 選挙区の定数と民社党・公明党の立候補状況

	民社党			公明党	選挙区数*	
	60年	63年	67年	67年	60, 63年	67年
3 人 区	33	12	17	5	40	43
4 人 区	34	22	20	10	39	39
5 人 区	36	25	23	17	38	40
合　　計	103	59	60	32	117	122

＊奄美群島区を除く．

第5節　1967年1月総選挙（第31回）

　表2-5-2は，60年総選挙から67年総選挙までの民社党と67年総選挙の公明党について，候補者が何人区から出ているかを示したものである．

　まず民社党は，60年にはほぼ全選挙区に候補者を立てたのだから，定員には無関係に立候補しているわけだが，63年総選挙になると候補者を大幅に絞ると同時に，明らかに3人区への立候補を減らし，5人区での立候補の割合を増やしていることがわかるだろう．このような民社党の戦術は67年も同様にとられている．ただ，3人区の割合が増えているのは，今回，議員定数の増大に伴い，都市型選挙区が分割されて3人区になったものが多いからであろう．これに対して，今回初出場の公明党の立候補状況は，実にセオリーどおりとなっている．公明党の候補者32名中3人区からでた者はわずか5名，反対に半数以上の17名は5人区からでているのである．公明党の選挙戦術のうまさを示すよい例である．

　今回の選挙は67年1月29日（日曜日）に執行された．北海道，東北，北陸地方では豪雪が襲い，その他の地方でも雨が降ったり，どんより曇った暗い1日だった[48]．全国的な悪天候に見舞われたものの，投票日が日曜になったこともあって，投票率は73.99％と，前回を2.85％上回った．

　投票率の動きで今回注目されるのは，都市部で投票率がかなり上がったことである．ちなみに都道府県別の投票率が高い方の3県と低い方の3都府県をとり出してそれぞれ平均を出し，高い方と低い方との差を計算してみると，このところその差は大きくなる傾向にあったが[49]，それが67年はかなり縮小した（20.9％）．それは低い方の投票率が上がったからである．大都市部におけるこの投票率の上昇は，公明党の大都市への立候補によって，そこでの倍率が高まったことによるところが大きい．実際，公明党が候補者を立てた選挙区では，投票率はすべて63年を上回ったばかりか，増加は平均して6.74パーセント・ポイントにも上った[50]．全国平均での上昇幅を，これは大幅に上回っている．これは，公明党が，大部市部で埋もれていた票を今回かなり掘り起こしたことを意味する．

　今回の総選挙において各党が獲得した得票数・議席数は，表2-5-1に示した．自民党と社会党の低落傾向が，67年総選挙の結果ではっきりとしてきた．保

表 2-5-3 党派別候補者の当確指数の分布

	0.2未満	0.4未満	0.6未満	0.8未満	1.0未満	1.2未満	1.4未満	1.6未満	1.6以上	メディアン
自民党		6	18	84	126	75	24	7	2	0.9034
民社党	1	10	10	17	18	3	1			0.7187
公明党			1	16	14	1				0.7792
社会党	1	4	16	82	81	21	3	1		0.8022
共産党	79	28	9	5	2					0.1396

守系の議席数をみても,295→285 へと 10 議席を減らした.議席率も 63.2%→58.6%と,6割を割るに至った.社会党も候補者を増やした割には票が伸びず[51],得票率は低下した.議席数・議席率も 63 年を下回る結果となった.

これに対して民社党は,候補者を 1 人増やしたが,63 年に比べて 12.7%も票を伸ばし,議席増にそれを結びつけた.共産党は議席はあい変わらず増えてはいないが,33.6%も票を伸ばしたことが注目される.

そして,今回初出場の公明党は 25 議席を獲得し,共産党をとび越えて野党第 3 党に進出した.表 2-5-3 を見ると,公明党候補者の当確指数のメディアンは,民社党候補者を超え,ほとんど社会党候補者と同じとなっている.しかも,

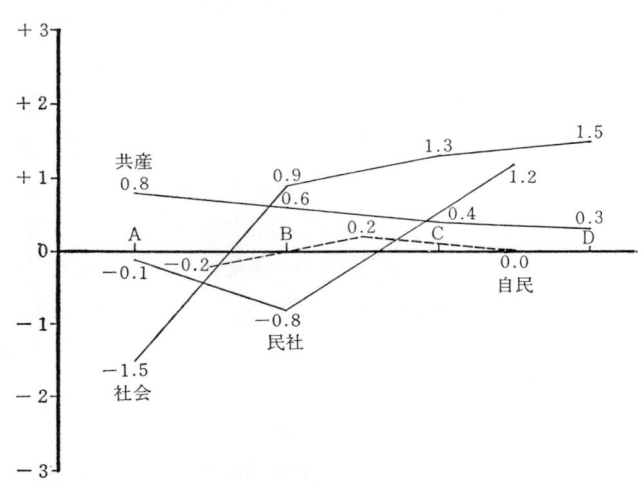

図 2-5-1 候補者数不変区における各党集票率の変化

公明党の特色は当確指数が最低の候補者ですら 0.5204 となっており，勝てそうもない選挙区には候補者を立てないという戦略が透けて見える．いずれにしても公明党は，まず，緒戦を飾ったということができるであろう．

図 2-5-1 は，63 年と同様に，各政党について 63 年と 67 年とで候補者数に増減がなかった選挙区（自民 75, 社会 90, 民社 43, 共産 112）について，63 年と 67 年との集票率の変化を見たものである[52]．

この図を見てまず気づくのは，大都市型の A タイプの選挙区で，共産党を除いてすべての政党が集票率を落としている点である．このタイプの選挙区では，今回投票率がかなり上がったのにこのような結果となったのは，公明党の進出によることはいうまでもない．図を見た限りでは，とくに，社会党と自民党がその影響をいちばん被ったようで，共産党は「自主独立」路線そのままに，前回に引きつづき，この地区でもっとも集票率をあげている．公明党の進出に，共産党はほとんど影響を受けなかったということができるであろう．

そこで，公明党がこの地区で他の政党にどの程度影響を及ぼしたか詳しくみることにしよう．候補者の増減の効果を排除するために，公明党が候補者を立てた選挙区の中で，他のすべての政党がまったく前回と同じ数の候補者を立てた選挙区をとり出してみると[53]，埼玉 1 区など 11 選挙区がこれに該当する．そこで，それらの選挙区について，各党ごとに，まず集票率の変化を調べてみた．保守系では，神奈川 1 区と大阪 4 区を除いて九つの選挙区で集票率が下がっており，それは全選挙区を平均すると 2.0% ほどになる．社会党の場合，保守系よりも落ち込み方は激しく，11 の選挙区すべてで集票率が下がり，平均すると 2.7% の低下となる．これと対照的な変化を示したのは共産党であり，大阪 4 区と静岡 2 区で集票率を落としたものの，他の選挙区では上がり，平均 1.0% の上昇となった．民社党は 4 選挙区で集票率が上がり，7 選挙区で逆に下がり，平均は 0.3% マイナスとなった．

したがって以上の結果から，公明党は自民党と社会党とから，だいたい同じだけ票を食ったということができるだろう[54]．ちなみに，ここで取り出した 11 選挙区で，各党の平均得票率を計算して 63 年と 67 年とを比較した，図 2-5-2 を見ていただきたい．得票率でみると，67 年総選挙で自社両党は合計 15.0% 減っているが，それがほぼ，公明党が得た得票率に等しくなっていることが面

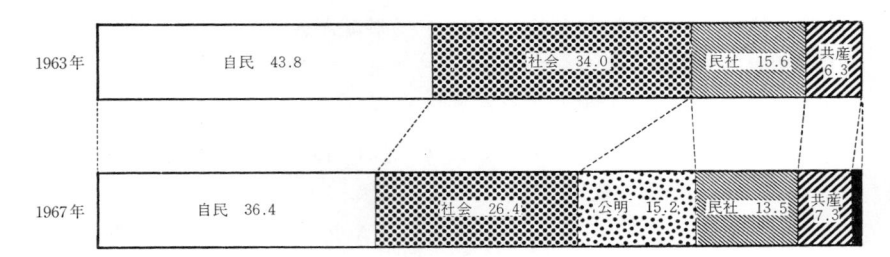

図 2-5-2 公明党出場区における各党得票率の変化

| 1963年 | 自民 43.8 | 社会 34.0 | 民社 15.6 | 共産 6.3 |
| 1967年 | 自民 36.4 | 社会 26.4 | 公明 15.2 | 民社 13.5 | 共産 7.3 |

(注) 該当選挙区は埼玉 1, 東京 2～3, 神奈川 1, 静岡 2, 京都 1, 大阪 3～5, 兵庫 1～2 の合計 11 選挙区である.

白い.

もっとも,食った,食われた,といってもそれは多分に比喩的なものであり,67 年に公明党が獲得した票がすべて元自民と元社会の票からなっているわけではないだろう.実際に集票率についてみると,公明党はこの 11 の選挙区で平均 10.3%の集票率を得ている.そこでもし,自民党と社会党と民社党の減少分はすべて公明党が獲得し,共産党の増加分は共産党が独自に開拓した票だと仮定してみても,なお 5.3%分が残る.つまり,これが,公明党が新たに掘り起こした票という計算になる.したがって以上の仮定が大きく誤っていないとすれば,公明党は,獲得した票のうちほぼ半分を社会党や自民党などから食って,残りの半分は自前で調達したと見ることができるだろう.

ところで,63 年総選挙の説明の部分で,社会党の大都市部における低落現象と自民党の都市部での顕著な低落傾向について記したが,大都市部における公明党の自・社票の奪取という前述したことは,結局,自民党と社会党が持つこの傾向を一層速やかに推し進める役割を果たしたと解することができよう.そして,それは,民社党のほぼ現状維持,共産党の進出と相まって,大都市型の選挙区における多党化への一大契機となったといわねばならない.

さて,67 年総選挙の結果を選挙区の第 1 次産業構成比別に見た場合,もう一つ注目すべき点は,社会党の集票率の変化である.前節で社会党の都市での低落,農村での上昇について述べたが,この傾向は,大都市部における公明党の進出のためもあって,一層顕著にあらわれてきた.図 2-5-3 は,60 年総選挙から 67 年総選挙までにみられた集票率の変化を,各地域ごとに累積したも

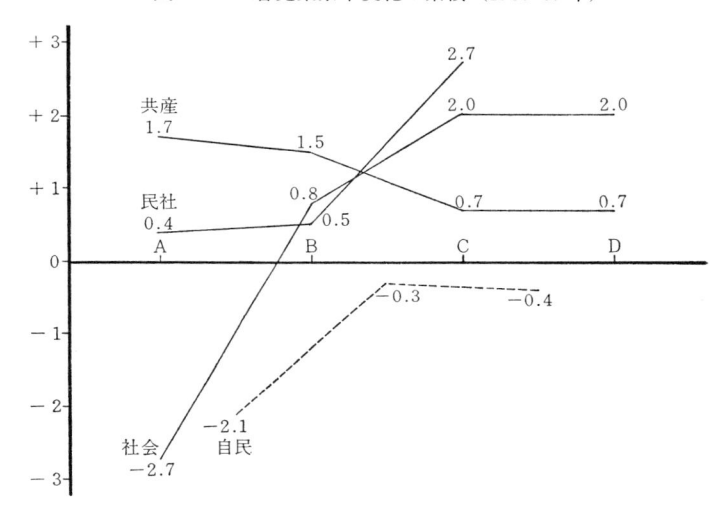

第5節 1967年1月総選挙（第31回）

図 2-5-3 各党集票率変化の累積（1960-67年）

表 2-5-4 第1次産業人口比別各党得票率

	A	B	C	D
自 民 党	37	57	56	59
社 会 党	27	27	31	33
民 社 党	12	7	4	2
共 産 党	7	4	3	2
公 明 党	11	1	1	
合　　計	100	100	100	100

のである．もっともこの間に各カテゴリーに属する選挙区には異動があるので断定的なことを言うことはできないが，これによると，社会党はA地区で2.7ポイント下げ，逆にC，D両地区で2.0ポイント上げていることがわかる．言いかえれば，この6年間に社会党は都市部で票をますます失い，農村部で逆に票を獲得するという集票パターンを見せたのである．そして，表2-5-4に明らかなように[55]，社会党の地域別得票率自体についても，今回，都市で高く農村で低いという従来の得票率配置が崩れ，代わって，都市で低く農村で高いという逆転現象が現れたのである．社会党は，都市型の政党から農村型の政党に変わったということができるだろう．

それでは，この3回の選挙を通じてみられる社会党の以上に述べた傾向の原因は何であろうか．理由はいろいろ考えられるが，図2-4-2，2-5-2，2-5-3から推測されることは，その主動因は，自民党の全般的低落にあるのではないか，という点である．これを図式的にいえば，この間，自民党にとって不利な原因が作用して，まず，自民党が都市に始まり全般的に低落する．当然そこから票がはき出されてくるが，その票をめぐって他の政党が競い合う．農村部では民社党と公明党が候補者を立てないし，また，反共意識が強いから，自民党の票は社会党に流れることになる．こうして社会党の農村部における集票率と得票率が上がる．これに対して都市部では，もともと都市に強い共産党や，都市に強くかつ候補者もそこに集中させている民社党と公明党がいて，社会党はこれと競り合わねばならない．ところが，その社会党は，民社党の独立によって，なお右派系派閥が存在するものの，体質はかつての左派社会党的になっている．左派社会党は右派社会党とちがって，都市的というよりは「全国にかなり均等に基盤をおいた政党」であった[56]．都市に特に強かったわけではない．このような社会党が，もともと都市的な，あるいは都市に力を集中する他の3党との競り合いのなかで敗れてゆくと同時に，自分の票までも奪われてゆく．こうして，社会党の都市部における得票率が下がり，集票率も落ちてゆく．社会党の農村党化のメカニズムは，大筋としてはこのようなものとなるだろう．そして，農村における上昇と都市における低落とのバランスがとれず，その過程で議席を少しずつ失ってゆく結果が，前回の1議席減となり，今回の3議席減となったと解釈することができるだろう．

　以上が，67年総選挙における各党別にみた得票数と議席数についての概略であるが，次に，この選挙の結果，議席が各党間でどのように移動したかみてみたい．ただし67年総選挙は，有権者の増加に伴って神奈川1区，大阪1区など大都市地域を中心とした12選挙区で，定員の増加や，それに伴う選挙区の分割がなされた結果，合計19議席の増加がはかられた．この議席増をどのように処理するか厄介な問題が出てくるので，全選挙区を定員増があった選挙区と，なかった選挙区に分けて話をすすめていきたい．

　表2-5-5は，定員に増加がなかった選挙区における議席の移動を表したものである．初進出の公明党についてだけコメントを加えると，この選挙区で公明

表 2-5-5 各党間の議席の移動

	自民党	社会党	民社党	共産党	公明党	合 計
自 民 党	×	10	2			+12
社 会 党	16	×	1			+17
民 社 党	2.5	5.5	×			+8
共 産 党	0.5		0.5	×		+1
公 明 党	8	3.5	1.5		×	+13
合 計	-27	-19	-5	0	0	51

(注) 1) 分区・定員増がなかった選挙区について計算. 2) 無所属議員の議席はその議員が属する系統の政党に含めて計算した. 3) たとえば, A, B両党がそれぞれ1議席を失って, C, D両党がそれぞれ1議席増えた場合は, A, Bからそれぞれ0.5議席ずつC, Dそれぞれに議席が移動したものとして計算した. 4) 比較の基準は63年総選挙で各党 (系) が獲得した議席にした.

党は合計13の議席を獲得しているが,その内訳をみると,8議席を自民党から,3.5議席を社会党から,自社両党から合計11.5議席も奪っている.この事実は先ほど述べた得票率と集票率の結果とうまく対応しているということができるだろう.

それでは定員の増加があった選挙区における議席の移動はどうなったであろうか.先ほども記したように,この場合,増加議席数をどのように取り扱うかが問題となるが,わかりやすい取扱い方は,まだ議席数増加がなかった63年総選挙で,そのとき当選した候補者のほかに,今回の議席増分だけの議席をもった人からなる政党を考えて,67年総選挙で,この政党の議席がどこへ移ったかを計算する方法である[57].けれども,ここでは少し見方を変えて,どの政党が議席の増加で利益を得たかについて計算してみた.結果は表2-5-6として掲げた[58].

これによると,議席数が増加した選挙区でも,公明党は自民党と社会党から

表 2-5-6 分区・定数増があった選挙区における各党の議席の増減

	自民党	社会党	民社党	共産党	公明党	計	増減計	定数増の利益	議席増減
自 民 党	×	1				+1	-3	8	+5
社 会 党		×	1			+1	-5	4	-1
民 社 党	0.5	1	×	0.5		+2	+1	3	+4
共 産 党				×		0	-2	1	-1
公 明 党	3.5	4		1.5	×	+9	+9	3	+12
合 計	-4	-6	-1	-2	0	13	0	19	19

議席を奪っている．また，議席数の増加があった選挙区は人口急増の大都市選挙区であるが，ここでは，自社両党の間で議席のやりとりがほとんどないことが面白い．

次に，今度の議席増でいちばん利益を得たのが自民党であって8議席，公明党が利益を得たと考えられるものがわずか3議席であったということも注目される．これらの選挙区で公明党は，全部で12議席獲得しているが，そのうち4分の3は自力で他党を食って得たものという計算になる[59]．

第6節 1969年12月総選挙（第32回）——社会党の敗北と野党の多党化

佐藤内閣の時代は高度成長の時代でもあった．1968年には日本の国民総所得は西ドイツを抜いて，アメリカに次ぐ第2位となった．しかし，その反面，物価高，公害問題の頻発なども起こった．68年には全国の大学で全共闘による大学紛争が蔓延した．外交では，64年から始まったヴェトナム戦争が泥沼の様相を呈し始めた．佐藤政府はヴェトナム戦争を支持し続けたが，反対運動も盛り上がり，68年に原子力空母エンタープライズ佐世保入港に反対する反日共系全学連の学生たちが警官隊と衝突するなどの事件が起きた．そのなかで，佐藤首相はアメリカとの間で沖縄返還交渉を進め，69年11月に訪米して，ニクソン大統領との間で，72年に核抜き本土並みで沖縄が返還される旨の共同声明が発せられた．帰国した佐藤首相は，その成果を背景に12月2日に衆議

表 2-6-1 党派別立候補者数・得票数・当選者数・召集日議員数

	立候補者数（前回比）	得票数（得票率）	集票率	当選者数	召集日議員数（前回比）
自民党	328 （-14）	22,381,570 （48）	32	288 （59）	300 （+20）
民社党	68 （+8）	3,636,591 （8）	5	31 （6）	32 （+2）
公明党	76 （+44）	5,124,666 （11）	7	47 （10）	47 （+22）
社会党	183 （-26）	10,074,101 （21）	15	90 （19）	90 （-51）
共産党	123 （0）	3,199,032 （7）	5	14 （3）	14 （+9）
諸派	37 （+21）	81,373 （0）	0		
無所属	130 （-5）	2,492,560 （5）	4	16 （3）	3 （-2）*
合計	945 （+28）	46,989,893（100）	68	486（100）	486 （0）

＊無所属は，中村拓道，池田正之輔，関谷勝利の3名で，いずれも71年6月までに自民党に入党した．

第6節　1969年12月総選挙（第32回）

院を解散した．

　党派別の立候補状況は表2-6-1に示した．立候補者総数は戦後一貫して減少していたが，今回は初めて増加した．これは前回から衆議院選挙に参加した公明党が本格的に候補者を立てたことによる．しかし，自民党も社会党も候補者をしぼって選挙に臨んだ．

　投票は暮れの12月27日（土曜日）に実施された．投票率は68.51%で，前回よりも5.48%も低かった．この数字は，新憲法体制以降のために選挙が集中した47年4月総選挙につぐ成績だった．この日は，暮れも押し詰まった土曜日であり，また，天気も全国的に厳しい寒気に見舞われ，日本海側は東北地方から北海道まで吹雪が荒れたところもあった．また，九州では雪まじりの雨が降った[60]．こうしたことが投票率の低下に寄与しているものと推察される．これを選挙区の都市化別に見ると，大都市型では前回の66.19%から今回の57.95%へ，都市型では75.32%から71.45%へ，準農村型では79.26%から75.09%へ，最後に，農村型では77.67%から75.25%へと変化している．低下幅は，順番に，8.24，3.87，4.17，2.42%となっており，投票率の低下は大都市で大きく，農村では小さかった[61]．

　最後に，この選挙における男性の投票率は67.85%，女性のそれは69.12%であり，この回以後，総選挙では女性の投票率が男性のそれを抜くようになる．

　各党の得票数を見ると，前回と比べて，自民党は7万[62]，社会党は275万票の減で，それに対して，民社党は23万，公明党は265万，共産党は101万票の増となった．

表2-6-2　党派別候補者の当確指数の分布

	0.2未満	0.4未満	0.6未満	0.8未満	1.0未満	1.2未満	1.4未満	1.6未満	1.6以上	メディアン
自民党	1	3	16	69	145	60	23	7	4	0.9091
民社党	7	11	10	18	16	6				0.6670
公明党		1	12	32	20	10	1			0.7744
社会党		4	38	88	47	6				0.7136
共産党	65	23	15	12	3	4	1			0.1817

まず自民党であるが，自民党は候補者を絞った結果，表2-6-2で示すように，候補者の当確指数のメディアンは出場政党の中でもっとも高い数字を示しているほか，当選率も88％と非常に高くなっている．当選者数は288と前回を上回り，総選挙直後の特別国会での議員数で比較すれば，280から300議席へと20議席も増加させた．

社会党は，大幅な得票数の減少に対応して，前回と比べて51議席（召集日議員数）も失ってしまったが，これについての検討は，あとまわしにする．前回32人を立候補させた公明党が今回はその倍以上の76人を立候補させ，47人が当選した．当選率は62％で自民党についで高く，また，当確指数を見ても同様な傾向が見出される．自民党と比べて候補者の当確指数の散らばりが少ないのが特徴である．民社党は候補者を増やしたことが票の増加となっているが，比較的弱い候補者が多く，議席は2議席の増加に止まった．これに対して，共産党は得票数を前回に比べて46％も増加させたことが注目される．その結果，共産党は14議席と，前回の5議席をおよそ3倍増させた．社会党議席の大幅な減少，そして，公明党，共産党の躍進，民社党の議席増によって今回の選挙においては野党の多党化傾向が明らかとなったのである．

次に，都市度別に各党の得票率を見たものが表2-6-3である．民社党と公明党はすべての選挙区に候補者を立てていないので明確にはいえないが，共産党と同じく都市型の分布を見せている．社会党はもともとは都市型の政党であっ

表 2-6-3 第 1 次産業人口比別各党得票率

	大都市	都　市	準農村	農　村
自 民 党	32.5	49.5	53.8	62.4
社 会 党	19.6	19.6	23.6	20.4
民 社 党	13.2	7.5	5.6	1.5
公 明 党	18.1	12.6	7.1	3.7
共 産 党	12.8	6.5	3.7	3.3

表 2-6-4 第 1 次産業人口比別各党得票率の変化

	大都市	都　市	準農村	農　村
自 民 党	-0.6	+0.8	-2.9	-0.9
社 会 党	-7.3	-6.1	-6.4	-4.7
共 産 党	+4.6	+1.5	+0.8	+1.5

たが，四つの地域でほぼ同じ程度の得票を獲得している「全国政党」の型を示している．67年総選挙と今回とを比較したものが表2-6-4である．自民党は準農村地域でやや得票率を減らしているが，その他はあまり変わらない．共産党は大都市地域を中心にして得票率をあげている．そして，社会党はどの地域でも得票率を大きく低下させているが，その程度は大都市地域に近づくにつれて大きくなっている[63]．

さて，今回の総選挙でもっとも大きな衝撃は社会党の敗北である．社会党は前回141議席を獲得していたが（召集日計算），今回はわずかに90議席しか獲得できなかった．51議席減，率にして36%も減少した．社会党候補者の当選率は49%で，2人に1人が落選した計算となる．

社会党は今回，前回に比べて，275万票を減らしている．表2-6-2に示したように，その結果，前回に比べて，候補者の当確指数の分布も左にシフトして，メディアンも0.8022から0.7136へと減少している．

この様子をより正確に見るために，前回と今回ともに出場した社会党候補者153人について，前回と今回の比較をしてみる．まず，当確指数の変化を見ると（表2-6-5），-0.2~-0.1のカテゴリーがもっとも多く，メディアンをとると，-0.1191となる．その結果，選挙区における社会党候補者の順位が低下する．それを示したものが表2-6-6である．メディアンは1ランクの低下であるが，ランクが低下した候補者は97人に上っている．その結果，選挙区の定数別に選挙区での順位がどのように変化したかを見たものが，表2-6-7である．まず，前回，社会党当選者は比較的下位で当選しているものが多かったが，

表2-6-5 社会党候補者の当確指数の変化

$-0.6\sim$ -0.5	$-0.5\sim$ -0.4	$-0.4\sim$ -0.3	$-0.3\sim$ -0.2	$-0.2\sim$ -0.1	$-0.1\sim$ 0	$0\sim$ $+0.1$	$+0.1\sim$ $+0.2$	$+0.2\sim$ $+0.3$	$+0.3\sim$ $+0.4$	$+0.4\sim$ $+0.5$
1	10	8	24	43	33	19	11	2		2

(注) 上の欄のx~yはx以上y未満を表している．

表2-6-6 社会党候補者の順位の変化

4上昇	3上昇	2上昇	1上昇	変化なし	1低下	2低下	3低下	4低下	5低下	6低下
1	3	5	10	37	36	26	24	6	3	2

表 2-6-7 社会党候補者の順位の変化（定数別）

a　3人区

	1位	2位	3位	4位	5位以下
1967年	7	6	12	8	2
1969年	4	5	9	14	3

b　4人区

	1位	2位	3位	4位	5位	6位以下
1967年	8	6	12	16	10	1
1969年		3	8	19	16	7

c　5人区

	1位	2位	3位	4位	5位	6位	7位以下
1967年	5	8	15	12	14	10	1
1969年			4	10	18	17	16

表 2-6-8 第1次産業人口比別の社会党議席の増減

	大都市	都市	準農村	農村	合計
1967年	32	19	73	16	140
1969年	17	11	51	11	90
増減（率）	－15（－47％）	－8（－42％）	－22（－30％）	－5（－31％）	－50（－36％）

　それが，今回の得票の低下の結果，ランクが下がり，次点，ないし落選となった様子がよくわかる．

　ちなみに，接戦の選挙区をみると，今回，有権者数の1％未満で当落がきまった55選挙区のうち26区の次点が社会党の候補者であった．しかし，そのうち7人は最下位当選者は社会党候補であり，逆に，社会党当選者のうち15人は他の党の候補者に追い上げられていたから，かりに，最下位当選者と次点とが逆転したとしても，社会党の議席増は4議席にしかならない[64]．

　それでは，社会党はどこで票を失っているのであろうか．それについては，既に記したように，集票率から見ても，さらに，得票率から見ても，大都市になるほど下落が激しかった[65]．そして，実際の議席数の増減を選挙区の都市度別にみてみたものが，表2-6-8である．社会党の議席はどのカテゴリーでも大きく減少しているが，その程度は大都市型に近づくほど高くなっている．

　そこで，大都市型選挙区の典型である東京都について前回との比較を示すこ

第6節 1969年12月総選挙（第32回）

表 2-6-9 東京都の党派別得票数の変化

	1967年	1969年	増減
当日有権者数	6,451,530	6,936,720	+485,190
自民党	1,298,241	1,308,893	+10,652
社会党	1,142,173	660,755	-481,418
公明党	618,864	709,764	+90,900
民社党	472,156	403,130	-69,026
共産党	410,379	627,557	+217,178
その他	232,256	166,138	-66,118
棄権・無効	2,277,461	3,060,483	+783,022

（注）ただし，公明党が立候補しなかった1区と8区を除く．

表 2-6-10a　1967年公明党初出場区での社会党候補者の集票率の変化

（パーセント・ポイント）

-12〜-9	-9〜-6	-6〜-3	-3〜0	メディアン
1	4	8	7	-4.03

（注）社会党公認候補者の変化がなかった選挙区．

表 2-6-10b　1969年公明党初出場区での社会党候補者の集票率の変化

（パーセント・ポイント）

-12未満	-12〜-9	-9〜-6	-6〜-3	-3〜0	0〜+3	+3〜+6	メディアン
2	2	8	16	2	1	1	-4.98

（注）社会党公認候補者の変化がなかった選挙区．

とにしたい（表2-6-9）．比較のために公明党候補が今回出馬しなかった1区と8区を除いた東京都において，社会党は前回得票数の4割以上の約48万票を失っている．これに対して増加が目立つのは棄権・無効と共産党と公明党で，それぞれ78万，22万，9万票となっている．これを考慮すると，前回の社会党票は，相当の部分は棄権にまわり，さらに，かなりの部分が共産党に，一部が公明党にもまわったと考えるのが常識的ではないかと考える．

最後に，公明党の進出が社会党の集票率の減少に与えた影響を示したのが表2-6-10である．aは67年総選挙に公明党が出場した選挙区について，bは69年総選挙で公明党が初めて出場した選挙区について，集票率を前回と今回について比較したものである．ここから分かることは，社会党の集票率の集票率は公明党候補の有無にかかわらず，今回は低下していた．さらに，公明党候補が

出たところではそれがさらに低下している傾向が見られるということができるであろう．

　それでは，今回の社会党の低落の原因はどこに求められるのであろうか．社会党の大幅な得票数の減少について，石川真澄は，「各党の得票率の変化を調べ，政党支持の一般的傾向などを総合して考えると，投票率の減少，つまり，棄権の増大の影響をもっとも強くこうむったのが社会党であったことが明らかであった」と述べている[66]．そして，今回の総選挙で社会党離れが起きた原因を社会構造や経済事情に求めることはできないとし，政治的な理由として，中国の文化大革命，反日共系学生反乱，ソ連のチェコスロヴァキア侵入など「社会主義」に対して人々に幻滅を与える事柄が，この選挙の前年から打ち続いたことを指摘している[67]．年末の忙しい時期の総選挙であったために大都市を中心とした浮動的な革新票＝社会党票が棄権に回ったほか，石川が指摘したようなことがあったのかもしれない[68]．

第7節　1960年代の総選挙

　これまで，58年から69年までの5回の総選挙について，それぞれ前回の総選挙と比較しながら分析してきたが，ここでは最後に，これら5回の総選挙全体を概観して，そこにみられる傾向をいくつか取り出してみたい．

　まず，これら5回の総選挙を全国レベルでみると，これに先行する時期と後からつづく時期とに比して，この時期が非常に安定した時期であったということがわかる．

　第1に，この時期は，戦後の総選挙の中でも保守系と革新系との力関係にほとんど変化が見られない安定した時期であった．49年総選挙において社会党が大敗北を喫したために，衆議院における議席占有率が19.3％にも落ちた革新政党（社会党，共産党，労農党）は，その後の総選挙において25，29，18％と着実に議席を増加させてきたが，58年総選挙以後，革新政党の議席の伸びは止まり，保守と革新の勢力関係は，60年から69年までの総選挙を通じて，保守2：革新1の割合で両者が対決する体制がつづいた．言いかえれば，この時期は，保革1と2分の1体制の安定期であった．

表 2-7-1 当選者の新旧別構成（1946-93 年）

選挙	新人	前議員	元議員	合計
1946	81.3	8.4	10.3	100
1947	47.6	50.9	1.5	100
1949	41.2	51.5	7.3	100
1952	24.9	45.5	29.6	100
1953	10.1	70.6	19.3	100
1955	11.8	66.2	22.0	100
1958	14.1	72.2	13.7	100
1960	12.8	73.7	13.5	100
1963	14.6	74.7	10.7	100
1967	21.0	71.0	8.0	100
1969	19.3	74.5	6.2	100
1972	18.9	73.7	7.4	100
1976	24.3	66.5	9.2	100
1979	14.5	75.7	9.8	100
1980	6.8	84.2	9.0	100
1983	16.4	74.6	9.0	100
1986	12.7	78.9	8.4	100
1990	26.0	68.9	5.1	100
1993	26.2	67.1	6.7	100

　このことは，この保革1と2分の1体制の当時における担い手である自民党と社会党による支配体制，つまり，自社体制が安定的であったことにつながってゆく．これが，マクロにおける安定の第2点である．たしかに，民社党の社会党からの独立や公明党の登場という出来事があったけれども，それでもなお，自社両党は，衆議院において合わせて，58年には100％，60年には95％，63年には94％，67年には87％，そして，社会党が大敗北を喫した69年でも80％という議席占有率を占めた[69]．つまり，衆議院の議席が自社両党によってほぼ独占された時期として，この時期は特徴づけられよう．

　第3に，この時期は，前議員による議席占有率が，もっとも高い時期に対応している．表2-7-1は，戦後実施された総選挙における当選者の新旧別の構成の変化を示したものである[70]．これによると，58年総選挙以後，前議員の構成比が70％を超えるようになったことがわかる[71]．と同時に，前議員が，総選挙において再選される割合がもっとも高い時期とも，この期間は対応している（図7-4-2を参照）．前議員の当選率は，追放解除の後に政界入りした人たちが多

く出た52年総選挙において5割台に落ち込んでから、以来、回復しつづけ、63年総選挙から69年総選挙までは80％を超えるピークを形成している[72]。

以上をまとめれば次のように言うことができるであろう。すなわち、58年総選挙から69年総選挙に至る時期はマクロにみれば、安定した地位にある職業政治家が衆議院の議席の大部分を占め、彼らは自社体制という安定した政党政治の枠組のなかで、前から引き継いだ保革対決を不均衡ながらも安定的に継続させたところに特色があった[73]。

さて、さきにとりあげた前議員の地位の安定性は、選挙区における地盤の固定化によって説明できるであろうが、上り坂の革新諸政党の衆議院における議席占有率が、この時期に横這いに転じ、逆にいえば、下り坂の保守諸政党の議席占有率が横這いに転じ、保革1と2分の1体制がこの時期に安定的に推移した理由は何であろうか[74]。

これに対して考えられるいくつかの説明のうち、ここで二つだけあげれば、第1は、この間、革新政党の議席占有率が上昇から横這いへと転じたことに着目して、特に占領解除後にあからさまになった、歴代の保守党政府による復古的「逆コース」的な政策が60年代にはいって後景に退いたために、国民はもはや、革新政党をこれ以上に強くは支援する必要がなくなったことが考えられる。「平和と民主主義」の擁護が「戦後革新勢力」[75]の存在理由であったからである。第2は、世論調査において60年代半ばまで自民党に対する支持率が上昇した点などに着目して、58年から開始されたわが国の経済成長によってもたらされつつあった豊かさを国民が享受しはじめ、その担い手である自民党に対して支持する人たちが増えたということが考えられるだろう。

しかしながら、この時期にみられたマクロの安定は、決して、ミクロの安定を意味するものではない。眼を選挙区のレベルにまで下げると、そこに現れるのは、決して大きなものではないが、着実に進行する変化であり、その累積はやがて、マクロの水準における変化をもたらす力を持つであろうことが容易に想像されるのである。

まず、図2-7-1を見ていただきたい。これは、58年総選挙の結果を基準にして、当選者の政党別構成が等しい選挙区の数を数えて、全選挙区に対する割合を計算したものである[76]。これによると、当選者の政党別構成が58年総選

第7節 1960年代の総選挙

図 2-7-1 党派別当選者構成が変わらない選挙区の割合
(1958-76年)

1958年=100

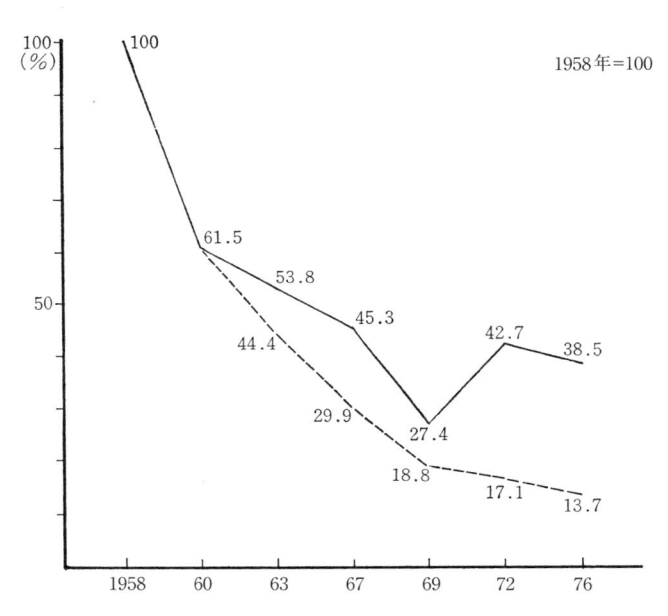

データ点（実線）: 1958: 100, 60: 61.5, 63: 53.8, 67: 45.3, 69: 27.4, 72: 42.7, 76: 38.5
データ点（破線）: 60: 44.4, 63: 29.9, 67: 18.8, 69: —, 72: 17.1, 76: 13.7

挙と等しい選挙区の割合は69年総選挙まで，61.5%，53.8%，45.3%，27.4%と急激に減少していることがわかる．これを逆にいえば，58年の総選挙と69年の総選挙とを比較すると，ほぼ4分の3の選挙区において当選者の政党別構成が変わってしまったということになる．このことは，これまで述べてきたマクロのレベルにおける安定性とはまったく対照的に，ミクロのレベルにおいては，流動化が支配的であったことを暗示している．

この流動化が著しいのは，高度経済成長による産業構造の変化に伴い，大量の人口が流入した都市型選挙区であったことは，今さらいうまでもあるまい．表2-7-2は，58年総選挙時の有権者数を100としたとき，67年総選挙時の有権者数が125以上の選挙区をaグループとし，それ以下の選挙区を，b，cに2分し，cグループのうち有権者数が減少している選挙区をとりだしてdグループとして，各グループ別に，58年総選挙から67年総選挙までの各党の得票率の推移を示したものである[77]．これによると自民党系の得票率（と考えら

表 2-7-2　有権者人口変動に基づく選挙区グループと各党得票率
（1958-67 年）

		1958 年	1960 年	1963 年	1967 年
a	自民党	51.38 (57)	50.26 (52)	44.86 (50)	34.96 (46)
	社会党	38.51	30.91	31.02	27.19
	民社党		12.00	11.79	6.19
	共産党	4.41	4.86	6.37	7.44
	公明党				12.30
b	自民党	58.01 (66)	58.65 (62)	56.18 (64)	48.52 (54)
	社会党	32.01	27.36	28.03	28.51
	民社党		7.67	6.04	13.00
	共産党	1.90	2.08	1.82	2.67
	公明党				0.96
c	自民党	63.48 (69)	62.74 (66)	62.29 (67)	59.50 (65)
	社会党	28.88	24.52	26.12	27.76
	民社党		7.02	3.62	2.16
	共産党	1.39	1.86	2.39	2.74
	公明党				1.77
d	自民党	65.39 (75)	66.25 (73)	62.59 (72)	66.75 (71)
	社会党	23.22	19.47	23.08	25.17
	民社党		5.61	2.87	1.44
	共産党	1.33	1.33	1.47	1.78
	公明党				

(注) 括弧内の数字は，残りの票がすべて保守系候補に投ぜられたとしたときの自民党系の得票率を示している．

れるもの）は，どのグループにおいても選挙のたびに下がっているが，減少の大きさは，人口流入が激しいグループでとくに大きくなっている点が注目される．これに対して社会党は，逆に，b，c，d の選挙区で（60 年総選挙を基準にして）着実に得票率を上げてきており，しかも，その上げ幅は，b から c，c から d に行くに従って大きくなっていることが注目される．この傾向は，a 地区での社会党の低落傾向にそのままつながっていると見てよい．そして，この事実については既に記したところである．

次に，各党別の議席数の推移をみてみよう．表 2-7-3 は，60 年総選挙時における有権者数を 100 としたとき，67 年総選挙時における有権者数が 120 以上となった 28 選挙区における，また表 2-7-4 は，有権者数がこの間に減少した 17 選挙区（奄美群島特別区は除く）における各党の議席数と議席率の変化

表 2-7-3　人口流入選挙区における各党議席数の推移
(1958-67 年)

	1958 年	1960 年	1963 年	1967 年
自 民 党*	63 (56)	62 (55)	58 (52)	56 (43)
社 会 党	48 (43)	39 (35)	41 (37)	39 (30)
民 社 党	－	9 (8)	10 (9)	14 (11)
共 産 党	1 (1)	2 (2)	3 (3)	2 (2)
公 明 党	－	－	－	19 (15)
計	112(100)	112(100)	112(100)	130(100)

＊自民系無所属を含む．

表 2-7-4　人口流出選挙区における各党議席数の推移
(1958-67 年)

	1958 年	1960 年	1963 年	1967 年
自 民 党*	49 (75)	48 (74)	48 (74)	44 (68)
社 会 党	16 (25)	14 (22)	15 (23)	18 (28)
民 社 党	－	2 (3)	2 (3)	2 (3)
共 産 党				
公 明 党	－	－	－	1 (2)
諸 派		1 (2)		1 (2)
計	65(100)	65(100)	65(100)	65(100)

＊自民系無所属を含む．

をそれぞれ示したものである．結果は得票率の推移とほぼ並行した現象となってあらわれている．すなわち，人口流入の激しい選挙区にあっては，既に保革1と2分の1体制は崩壊してはいたものの，60年総選挙においてはなお自社両党が議席の90％以上を占めていた．だが，選挙のたびに自社両党の議席占有率は下降しつづけ，67年総選挙では，その割合は73％にまで落ちてしまった．しかも自民党系は，この選挙において，とうとうこのグループで議席の過半数を割る事態を招いた．これは，このグループにおける社会党の議席率の減少と相まって，単に野党の多党化ばかりでなく，来たるべき全般的多党化現象を暗示しているといえよう．これに対して，人口流出選挙区では，58年総選挙においては自民党系と社会党とで議席を独占しているものの，その割合からいえば，保革1と3分の1体制の段階にある．そして，60年総選挙における民社党の独立によって，社会党のシェアは落ちたが，その後は選挙のたびに社会党が増加して，67年総選挙において，ようやく1と2分の1体制が確立したこ

とになる．しかも，この地区で自社両党は，依然全議席の95％を独占しているのである．

　以上，人口流入の点から選挙区を分け，そこに見出される各党の得票率と議席率の消長をみてきたが，これに，われわれが各回総選挙の分析においてみた，第1次産業就業人口の比率によって選挙区を四つに分け，それぞれにおける各党の集票率の推移をみてきた結果を重ね合わせると，58年以来持続しつづけるわが国経済の高度成長と，それによってもたらされた産業構造の変化や人口流動が，何らかの形で自民党に不利に働くよう作用したことが推論できよう．とくに，これらの変化の集約点である都市部における自民党の退潮は，はっきりこれを示すものといえるだろう．しかし，60年代の後期は，自民党における不利が社会党における有利とならなかったことも，以上述べてきた資料は明らかにしている．それについては，既に説明したのでここでは繰り返さないが，農村部における1と2分の1政党制の確立，大都市部における多党化，そして全国的には，前者から後者への移行という過程が，58年総選挙から69年総選挙に至る選挙にみられる大きな流れであったと，これを要約することができるであろう．

　最後に，それでは，高度経済成長がもたらした大きな社会的変動は，どのような形を通じて自民党にとって不利に作用したのであろうか．ここで興味深いことは，総選挙において自民党の集票率や得票率が低下したのとは対照的に，先に記したように，この間，世論調査にみられた国民の自民党に対する支持率は64年あたりまで上昇し，以後横這い傾向を示しているという点である．おそらくこのギャップを説明することが，この問題を解く糸口となるであろう．

　ところで，政党支持率と集票率や得票率とを関連させることには大きな困難がある．有権者が支持政党の候補者に投票しないケースが存在することがあるからである．とりわけ最近の選挙では，この傾向が顕著にあらわれているようである．こう考えてくると，政党支持を集票率や得票率につなげる道はまったく閉ざされてしまうかに見える．しかし，各党の得票率と支持率とを一緒に書いてみると，そこに無視しえない並行関係が見られることも争えない事実である[78]．また，支持政党と投票政党の乖離も，この時期では現在ほどではなかったと推測したうえで，上に掲げた問題に対する一つの答案を出してみたい．

さて,以上のような条件をつけたところで,ここに朝日新聞社の世論調査をとりあげて問題を考えてみたい[79].この朝日新聞社の調査によると,58年の総選挙後4か月たった58年9月の調査における自民党に対する支持率は45%となっており,69年総選挙前の69年5月の調査では,支持率は46%となっている.自民党の支持率は,この間だいたい,これらの数値より大きめに推移している.したがって世論調査にみる限り,自民党に対する国民の支持率は変わっていないか,むしろ上昇したとみることができるであろう.

ところが,支持率は変わっていないが,その内容は変わっているのである.58年の45%と,69年の46%の中身を構成しているものの比率が変化しているデモグラフィックな要因をさがしてみると,年齢については変化はないが[80],職業別と教育年数別について,はっきりした変化が見られる.

図2-7-2は,自民党支持者のうちで各職業従事者の構成比率がどう変わったかを示したものである.これを見ると,自民党支持者全体のなかで農林漁業者の占める割合が大幅に減少しており,反対に,給料生活者(=事務職・管理職)が大きく,また,産業労働者(=労働者(商店員など)・労働者(産業))も少し,上昇していることが分かる.

この間,経済の高度成長の結果として,まず,この章の冒頭でふれたように,農林漁業従事者の人口が激減した.もっとも,これらの階層の自民党に対する支持率は,これに先行する時期に比べてむしろ高くなったが,人口の減少速度を相殺するには至らず,これらの階層に属する自民党支持者の絶対数は,大幅に減少することとなった[81].したがって,もしこのままで推移すれば,有権者の自民党に対する支持率は下降の一途をたどったであろう.

しかし,この傾向を食い止めたのも経済の高度成長であった.というのは,高度経済成長は,第1節に記したように,大都市を,またサラリーマン階層を中心にして,現状享受的な中流意識階層をも育てたからである.これら高度経済成長の恩恵をこうむった人たちが自民党を支持するようになったのは自然であろう.これらの階層の参入により,下り坂の自民党に対する支持率が横這いに,時には微増に転じることになった.教育年数別にみた自民党の支持者の内容変化もこれに対応するものといえるだろう.58年から69年の間に,自民党支持者のうちで教育年数が10年以上の者が占める比率は,31%から44%へと

図 2-7-2a　自民党支持者の構成（1958 年）

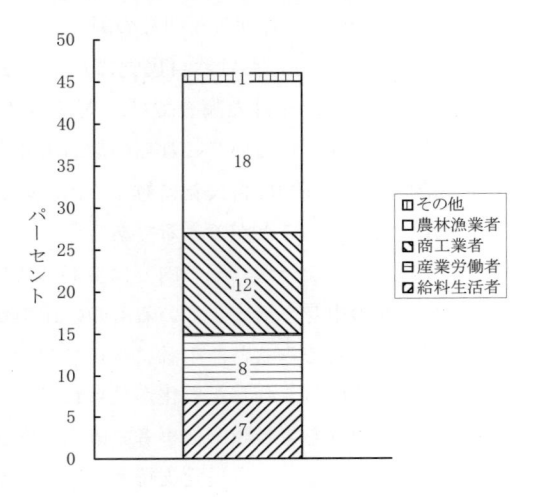

凡例：
- その他
- 農林漁業者
- 商工業者
- 産業労働者
- 給料生活者

図 2-7-2b　自民党支持者の構成（1969 年）

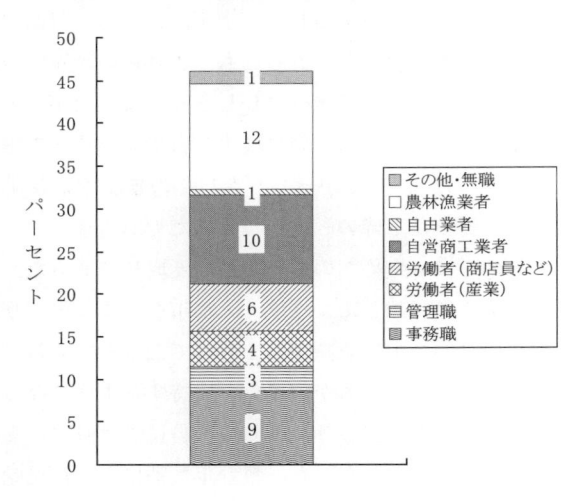

凡例：
- その他・無職
- 農林漁業者
- 自由業者
- 自営商工業者
- 労働者（商店員など）
- 労働者（産業）
- 管理職
- 事務職

大幅に増大しているが，それは，一般的な高学歴化のほかに，中流意識階層の自民党支持者への参入によって説明できると思われる．

　ところが，支持率は変わらないものの，自民党支持者の構成の変化は，おそらく支持者の投票行動に変化を与えたと思われる．第1に，ここに新しく自民党支持者に仲間入りした階層は，自民党支持者のうちでもマージナルな層に属している．直接的な証拠は持ち合わせてはいないが，間接的な証拠を一つだけあげると，一般に，政党支持の大きさは安定していて，それほど大きく変わらないが，自民党内閣に対する支持率は時間の経過によって非常に大きく変わる．しかも自民党内閣支持率は，自民党支持者を中心としてふくらんだり縮んだりしていることがわかる[82]．したがって，最初に内閣支持率を減らす階層は，マージナルな自民党支持階層と考えられるし，最後まで固い支持を与える階層は，自民党のコアを形成する階層と考えられる．そうしてみると，職業別では商工業者や農林漁業者が，教育年数別では，それが少ない者ほど，固い自民党の支持者であることがわかる．逆に，事務職や産業労働者，教育年数が多い者ほど，マージナリティは高まるといえる．つまり，60年代の前半になって自民党支持者となった階層は，いずれも，マージナリティが高い．したがって選挙においても，自民党以外の政党に投票する確率がこれらの階層は高いと推測される．

　しかも，これらの階層の投票率は，コアを形成する階層の投票率より低い．既に記したように，都市部では農村部に比べて投票率が相当低いという事実は，ここでの推測を間接的ながら裏づけてくれる．

　世論調査に見る自民党に対する政党支持率が60年代の前半において変わらないにもかかわらず，総選挙における自民党の，とくに都市を中心とした全般的な集票率の，したがって得票率の低下は，自民党支持者の内容が変わったこと，そして，新たに支持者となった階層はマージナルなものであり，選挙の時にはその投票率は低い，すなわち，棄権率が高いと考えられるばかりか，たとえ投票をしても，自民党以外の政党候補者に投票する確率が高いことから説明できるように思われる[83]．

　さて，70年代に入ると，世論調査で支持政党を持たない国民が急増する．それと並行して自民党の支持率も低下し始める．社会党の支持率は60年代の中ごろを頂点として低落の一途をたどるようになる[84]．自社1と2分の1体制

が崩壊し始め，その隙間を埋めるように，特に大都市では共産党や新しい政党が躍進を見せる．70年代の選挙政治については次章で詳しく見ることにしよう．

第3章　保革伯仲期の総選挙

第1節　1972年12月総選挙（第33回）——共産党の躍進

　既に記したように，1969年11月の佐藤・ニクソン会談で，72年に沖縄の施政権が返還されることがきまった．それを受ける形で，70年5月に沖縄住民の国政参加特別措置法が公布され，その結果，沖縄県からは，衆議院議員については全県1区で定数5人，参議院議員は2人を選出することが決められた．それに伴い，11月15日には沖縄で戦後初の国政参加選挙が実施された．結果は自民党から2人，人民党，社会党，社会大衆党からそれぞれ1人が選ばれた．この定数が正式に公職選挙法の別紙に書き込まれたのは71年12月であった．その結果，衆議院の定数は5名増えて，491人となった．

　沖縄の返還を受け，佐藤長期政権は終わり，72年7月に田中角栄が首相に就任した．田中は，当初は「コンピュータ付ブルドーザ」あるいは「今太閤」といわれ，国民の間で圧倒的な人気を得たが，「日本列島改造」を掲げ，72年9月に日中国交回復をなしとげた．それをうけて，72年11月13日に衆議院を解散した．

　今回の総選挙の党派別の立候補者数は表3-1-1に示した．自民党はこれまで候補者を選挙のたびに絞り続けてきたが，田中首相の積極策から今回初めて11人ほど増やした．これに対して，社会党と公明党は候補者をかなりの程度絞って選挙戦に臨んだ．

　社会党は前回の意想外の敗北から候補者を22人も絞った．すなわち，2人候補者を出していたところを1人に絞った選挙区が23，3人出していたのを2人にした選挙区が三つで，その結果，社会党は候補者が1人の選挙区が88（二つは新規），2人の選挙区が35，そして，3人の選挙区が1となった．公明党

表 3-1-1 党派別立候補者数・得票数・当選者数・召集日議員数

	立候補者数 (前回比)	得票数 (得票率)	集票率	当選者数 (%)	召集日議員数 (前回比)
自民党	339（+11）	24,563,199（47）	33	271（55）	284（−16）
民社党	65（−3）	3,660,953（7）	5	19（4）	20（−12）
公明党	59（−17）	4,436,755（8）	6	29（6）	29（−18）
社会党	161（−22）	11,478,742（22）	16	118（24）	118（+28）
共産党	122（−1）	5,496,827（10）	7	38（8）	39（+25）
諸派	15（−22）	143,019（0）	0	2（0）	
無所属	134（+4）	2,645,582（5）	4	14（3）	1（−2）
合計	895（−50）	52,425,079（100）	71	491（100）	491（+5）

の場合は，69年に公明党が，藤原弘達が執筆した『創価学会を斬る』の出版を自民党の田中角栄幹事長（当時）を使って止めさせようとしたことが明るみにでた．それを期に，公明党は70年にその母体である創価学会と「政教分離」することを決定した．今回はその直後の総選挙で，公明党としては守りの選挙であった．

投票日は12月10日（日曜日）であった．これ以後の総選挙では日曜日の投票日が定着する．当日の天気は，北日本で一部しぐれたほか，天気はよい方であった[1]．投票率は71.76%であった．前回よりは高かったが，前々回には届かなかった．

結果は，社会党が28議席，共産党が25議席の増加で，反対に，公明党が18，自民党が16，そして，民社党が12議席の減少となった．今回の党派別の議席数の結果は，前回増えた政党は減り，減った政党は増えている．67年総選挙と比べて差し引きすれば，自民党は+4，社会党は−23，公明党は+4，民社党は−10，共産党は+34となった．結局，政党間で大きな議席の出入りは社会党と共産党に限られており，社会党が低落して，共産党が大きく伸びた結果となった．すなわち，今回の総選挙で社会党はもっとも議席数を伸ばしたが，それでも前回失った議席数の半分程度にとどまり，その代わり，共産党が今回躍進したのである[2]．

確かに自民党の16議席減は田中首相の高い人気のなかでの議席減で，自民

表 3-1-2 党派別候補者の当確指数の分布

	0.2未満	0.4未満	0.6未満	0.8未満	1.0未満	1.2未満	1.4未満	1.6未満	1.6以上	メディアン
自民党			2	23	72	165	54	15	3	5	0.8846
社会党			4	10	44	80	20	3			0.8412
公明党				8	27	22	1	1			0.7780
共産党	29	38	12	14	21	6	3			0.3395
民社党	5	10	14	25	9	2	1			0.6684

表 3-1-3a 第1次産業人口比別各党得票率

	大都市	都市	準農村	農村
自民党	30.7	48.6	54.8	60.5
社会党	21.4	19.8	23.6	20.1
民社党	10.1	8.4	5.4	2.2
公明党	15.6	8.6	4.3	3.8
共産党	18.2	10.2	6.7	4.1

表 3-1-3b 第1次産業人口比別各党得票率の変化

	大都市	都市	準農村	農村
自民党	-1.8	-0.8	+1.0	-2.0
社会党	+1.8	+0.3	0.0	-0.2
民社党	-3.1	+1.0	-0.2	+0.8
公明党	-2.5	-4.0	-2.8	+0.1
共産党	+5.4	+3.7	+3.0	+0.7

党は敗北したかのように受け止められたが，前回は社会党の低落の漁夫の利を得たケースが多く，前々回と比較すれば，プラスとなっており，ほどほどの結果ということができるであろう．また，当確指数の分布で当選確実である1以上の自民党候補者の割合は，前回は全候補者の29%の94人であったのに対して，今回は23%の77人に止まっており，田中首相の人気が候補者の得票率の上昇をもたらしたとはいえない．メディアンは前回とほぼ同じだが，前回に比べやや下がっている（表 3-1-2）．

以上の結果を都市度別に選挙区を分けて各党の得票率を見たものが表 3-1-3である[3]．自民党は今回，準農村部を除いて，得票率は下がった．前回大幅に得票率が下がった社会党であるが，大都市を中心として少し回復した．反対に，

民社党は大都市での得票率の低下が目立ち，公明党は農村部を除けば，おおむね全国的に得票率を減らしている．共産党は前回と同様に，大都市を中心として得票率を増加させた．その結果，得票が軒並みに当選ラインを超えることとなったのである．

今回の選挙のもっとも大きな特徴は共産党の躍進である．共産党は63年と67年の総選挙では5議席どまりだったが，69年総選挙で3倍増の14議席を獲得し，今回はさらに3倍弱の39議席を獲得した．共産党の今回の獲得議席は，次々回79年選挙に次ぐ史上2番目の成績となった．当選者の定数別当選順位を見ると（表3-1-4），3人区から5人区まで共産党は1位で当選している候補者が多いことから，共産党ブームがこの選挙で起きたことは明らかである．表3-1-2に示した当確指数の分布を前回（表2-6-2）と比較してみても，山が右に動いていることがわかるであろう．そこで，共産党の当選者がどこから生ま

表 3-1-4　定数別各党候補者の当選順位

	3人区			4人区				5人区				
	1位	2位	3位	1位	2位	3位	4位	1位	2位	3位	4位	5位
自民党	26	29	17	27	21	21	22	23	20	25	17	23
社会党	8	7	18	4	13	12	9	10	13	7	11	6
公明党	1	2	2	1	2	2	3		4	4	4	4
民社党	3		2		1	1	1	1	1		4	6
共産党	3	3	2	6	2	2	3	6	3	4	3	2

表 3-1-5　第1次産業人口比別各党議席数の増減

	大都市		都市		準農村		農村	
	1969年	1972年	1969年	1972年	1969年	1972年	1969年	1972年
自民党	45*	38*	47*	40*	161*	153*	50*	51*
民社党	16	6	5	4	10***	8	1	1
公明党	25	18	7	5	13	6	2	0
社会党	17	24	11	16	51	65	11	12
共産党	10	27**	1	6	5	5	1	1
計	113	113	71	71	237	237	65	65

＊保守系無所属を含む．＊＊共産党系無所属を含む．＊＊＊民社党系無所属を含む．72年から総選挙に参加した沖縄県については前回との比較ができないので省略した．

れているかを見ると（表3-1-5），大都市タイプの選挙区で27人も当選させている．これは大都市の当選者総数の24%，ほぼ4分の1に当たる．すなわち，共産党は大都市では野党第1党に躍進したのである．

共産党の躍進は，「ソフト」な路線をとる共産党のやり方が大都市の革新系の票を引き寄せた結果であり，それは反面では，大都市部での社会党の後退の裏返しであるということができよう．この時期の共産党の「ソフト」路線の端的な事例は，71年6月に公表された宮本顕治委員長談話で，科学的社会主義（マルクス主義）のなかで「プロレタリアの独裁」と訳されていた訳語を「プロレタリアの執権」または「執政」と変更することにした点である．変更の理由は，原語である「ディクタツーラ」は「一つの階級あるいは複数の階級・階層の政治支配，あるいは国家権力を示すものであった，けっして特定の個人や組織への権力の集中を意味するものではない」というものであった[4]．

第2節　1976年12月総選挙（第34回）——新自由クラブの躍進

前回の総選挙で第2次田中角栄内閣が成立した．田中は自民党の意外な敗北をみて，翌73年，衆議院に小選挙区制を導入することを試みたが，野党はもちろん，与党内部からの反対によって断念せざるを得なかった．また，この年の10月には第1次石油危機が勃発して日本はスタグフレーションに見舞われることになる．こうして長い間続いたわが国の高度経済成長は終焉した．不景気と物価高の中で，74年の夏に行われた参議院選挙でも与野党の議席数がさらに接近することになる．こうした中で田中の「金脈と人脈」に対する疑惑が起こり，同年11月に田中は首相を辞任することとなった．

田中の後継者に選出された三木武夫首相のもとで，75年7月に公職選挙法の改正が図られた．その結果，都市と農村の間の定数不均衡がやや解消された．具体的には，衆議院の定数を20人増加させる．その結果，定数が6人以上となる選挙区は分区する．こうして全国で130選挙区から合計511名が選出されることとなった．

この改正で分区されたり，増員された選挙区と定数は以下の通りである．

埼玉1区定数4→1区3+5区3
千葉1区定数4→1区4+4区3
東京7区定数5→7区4+11区4
東京10区定数4→定数5
神奈川1区定数5→1区4+4区4
神奈川2区定数4→定数5
神奈川3区定数5→3区3+5区3
愛知1区定数3→定数4
愛知6区定数3→定数4
大阪3区定数4→3区4+7区3
兵庫1区定数4→定数5

　さて，三木内閣の76年春にロッキード事件が発覚した．三木は事件の徹底解明を目指したが，自民党の椎名悦三郎副総裁らは三木のそうした態度に反発し，三木下ろしが始まる．

　6月，衆議院から河野洋平（当選3回），田川誠一（5回），西岡武夫（4回），山口敏夫（3回），小林正巳（1回），そして参議院から有田一寿（1回）という6人の若い国会議員が自民党を離党して，新自由クラブを結成した．代表には河野が就任した．自民党の内部抗争に飽き足らず，政治の刷新をめざした新自由クラブはその綱領の中で，「一，われわれは，自由で多様な個人の自立と連帯に基づく，公正で活力ある自由社会の創造と，より秩序ある自由経済体制の発展を図り，簡素で効率のよい政府の実現をめざす．（中略）一，われわれは，日本文化の優れた伝統と，近代化の諸成果とを融合する真の保守主義に基づき，漸進的改革を通じて日本社会の未来への新しい展望を切り拓くことをめざす」と述べている．従来の保守政党である自民党が農村中心であるのに対して，新自由クラブは都市における保守を志向した政党であった．

　8月にはロッキード社から賄賂を受け取ったとして田中角栄が逮捕された．これを契機にして自民党では三木退陣を強く要求する田中派，福田派，大平派などと三木を支持するグループとの間で激しい権力闘争が繰り広げられることとなる．その結果，三木首相は解散権を行使することができずに，11月12日

に新憲法の下で初めて衆議院議員は任期満了となった．それにともない，総選挙が行われることとなった．自民党は福田赳夫を次期総裁にしようとするグループと，三木を推すグループとに分裂した形で選挙戦を戦ったのである．

今回の総選挙の党派別立候補状況は表3-2-1の通りである．立候補者数は全体で899人で，ほぼ前回並みである．しかし，自民党は，前回は候補者数を積極的に増やしたが，今回は新自由クラブが出たこともあり，人数を絞り，69年総選挙よりも減らした．社会党は前回並みで，公明党は出版妨害事件の余波も凪いだとして，かなり候補者を増やしている．

今回の特徴は，新たに新自由クラブが25名を立候補させたところにある．すでに挙げた現職議員5名のほか，14名が初出場であった．そのほかに，既出場組がいて，合計6名と4分の1を占めている．内訳は今回が5回目出場が1名，4回目出場が1名，3回目出場が1名，2回目出場が3名となっている．かれらは保守系無所属として出場していたが，落選中のものであった．年齢は，30歳台が7人，40歳台が10人，50歳台が6人，60歳台が2人で，メディアンは46歳と，非常に若いのが特徴である．ちなみに，今回の候補者の平均年齢は53歳であった．

投票日は12月5日（日曜日）だった．全般に好天（本州日本海側はしぐれ）で「投票日和」だった[5]．投票率は73.45％で，比較的高かった．

表 3-2-1 党派別立候補者数・得票数・当選者数・召集日議員数

	立候補者数 （前回比）	得票数（得票率）	集票率	当選者数 （％）	召集日議員数 （前回比）
自 民 党	320（-19）	23,653,626（42）	30	249（49）	260（-24）
新 自 ク	25	2,363,985（4）	3	17（3）	18
民 社 党	51（-14）	3,554,076（6）	5	29（6）	29（+9）
公 明 党	84（+25）	6,177,300（11）	8	55（11）	56（+27）
社 会 党	162（+1）	11,713,009（21）	15	123（24）	123（+5）
共 産 党	128（+6）	5,878,192（10）	8	17（3）	19（-20）
諸 派	17（+2）	45,114（0）	0		
無 所 属	112（-22）	3,227,463（6）	4	21（4）	5（+4）
合 計	899（+4）	56,612,765（100）	73	511（100）	510*（+19）

＊欠員1＝自民・水田三喜男が召集日前に死去．

結果は，自民党が249議席で，公認候補では過半数を割った．自民党結党以来の出来事であった．もっとも総選挙後の特別国会召集日での自民党の議席は260議席となり，過半数を超えたが，それでも前回よりも24議席も減った．とはいえ自民党から分党した新自由クラブや保守系無所属議員をも含めた保守陣営全体では282議席となり[6]，前回からの減少は2議席となるから，保守としての長期低落傾向は一応歯止めがかかった感じである．

野党に関しては72年総選挙とは反対の傾向が現れた．すなわち，前回大幅に議席を増やした共産党が20議席も減らしたのに対して，前回は大幅に議席を減らした公明党が27議席，民社党が9議席増加させた．大局的には左右分極化から中道化の結果となった．そのなかで，社会党は5議席を増やした．

各党の都市度別の成績を示したものが表3-2-2である（新自由クラブと民社党は候補者の数が少ないので，参考までに掲げてある）[7]．自民党と社会党が大都市から農村部に行くにつれて得票率を上げているのに対して，共産党と公明党がそれとは逆の動きを示している．ともあれ自民党は，公認候補で過半数を割ったとはいえ，なお大都市でも最高の得票率を上げている政党であることには変わりはない．

候補者の党派別当確指数の分布を示した表3-2-3を見てみよう．新自由クラブが飛びぬけて高い当確指数を得ている．もっとも，分布には，1.0から1.2あたりと，0.4から0.6あたりと，二つ山があるようで，上のほうの山からはブームの様子が，下のほうの山では苦戦している様子がわかる．あとは自民党，社会党，公明党とおおむね力が接近しており，厳しい選挙戦であったことが想像される．

表3-2-4は党派別当選者の当選順位を定数別に調べたものである．新自由ク

表3-2-2 都市度別各党得票率

	大都市	都市	準都市	非都市
自 民 党	25.7	40.0	48.7	55.7
新 自 ク	7.0	5.2	2.3	1.8
社 会 党	17.8	19.9	22.5	22.7
民 社 党	8.9	7.8	5.2	0.7
公 明 党	18.4	12.3	7.7	3.2
共 産 党	15.7	11.1	8.1	5.4

第2節 1976年12月総選挙（第34回）

表 3-2-3 党派別候補者の当確指数の分布

	0.2 未満	0.4 未満	0.6 未満	0.8 未満	1.0 未満	1.2 未満	1.4 未満	1.6 未満	1.6 以上	メディアン
自 民 党		2	20	101	115	56	17	6	3	0.8567
新 自 ク		3	4	1	3	10	2	2		1.0171
民 社 党	1	7	9	9	16	8	1			0.7580
公 明 党	1	13	10	14	36	8	2			0.8241
社 会 党		3	15	50	74	17	2	1		0.8301
共 産 党	21	34	26	31	13	3				0.4623

表 3-2-4 定数別各党候補者の当選順位

	3人区			4人区				5人区				
	1位	2位	3位	1位	2位	3位	4位	1位	2位	3位	4位	5位
自民党	29(+3)	24(-5)	25(+8)	22(-5)	18(-3)	19(-2)	17(-5)	19(-4)	18(-2)	19(-6)	17 (0)	21(-2)
新自ク	7			4	1			3	2			
民社党	2	2		2	4		2	3	3	4	3	4
公明党	1 (0)	5(+3)	4(+2)	4(+3)	2 (0)	5(+3)	3 (0)	7(+7)	9(+5)	7 (0)	3(-1)	5(+1)
社会党	5(-3)	14(+7)	16(-2)	6(+2)	12(-1)	13(+1)	13(+4)	4(-6)	8(-5)	10(+3)	12(+1)	10(+4)
共産党	0(-3)	0(-3)	2 (0)	0(-6)	1(-1)	2 (0)	3 (0)	2(-4)	1(-2)	1(-3)	4(+1)	1(-1)

(注) 括弧内の数字は前回比である．

ラブが3人区で7人がすべて1位で，また，4人区や5人区でも上位で当選していることがわかる．これに対して共産党は1位当選は5人区のわずか2人だけとなってしまった．

自民党と共産党が議席を減らし，その他の野党が議席を増やした今回の選挙であったが，今回の選挙のもう一つの特徴は，社会党がもはや都市型の政党ではなくなり，むしろ，農村部ほど集票率が高まる傾向がこの選挙から明確に現れてきた点である．社会党の集票率は，72年総選挙では，大都市型，都市型，準都市型，非都市型の順に，19.4％，22.2％，22.8％，22.6％であったものが，76年総選挙では，17.8％，19.9％，22.5％，22.7％と，今回初めて農村型に移行するにつれて得票率が上がっている[8]．これは，農村では，自民党に対抗するに有効な野党は社会党しかないために反自民の票を社会党が独占できるのに対して，大都市では70年代に入り，新自由クラブや共産党や公明党や民社党が有効な政党として存在するために，社会党の影が薄くなっていることによるところが大きい．

以上からも明らかなように，今回の選挙でもっとも華々しい活躍を見せたのは自民党から分党した若い議員が作った新自由クラブである．既に述べたように，新自由クラブはどの選挙区でも上位当選を果たしている．前回と今回とともに立候補した新自由クラブの候補者は10人いるが，今回は前回と比べて，最高で5.2倍，最低でも1.1倍の票を得ている．そして，メディアンをとると1.8倍，すなわち，前回に比べてほぼ2倍近くの票を獲得しているのである．文字通りブームが起こったということができる．

　それではブームが起こった場所はどこかというと，それは都市部であった．それを示したのが表3-2-5である．新自由クラブの候補者は大都市や都市部でほとんどが1位で当選している．これまで都市といえば共産党や公明党が強かったが，76年総選挙ではそれに加えて，新たに保守系の新自由クラブが進出したことが今回の選挙のもっとも大きな意義であったということができよう．

表3-2-5　都市度別の新自由クラブ候補者の成績

	候補者数	当選数	備考	当確指数の平均
大　都　市	7	7	5人が1位，2人が2位	1.13
都　　　市	8	7	7人が1位，1人が7位で落選	0.98
準　都　市	7	2	2人が1位，4人が7位，1人が8位	0.68
非　都　市	3	1	2位，7位，9位	0.63

　さて，今回の選挙から議員定数が20人増加した．そこで，この定数増加によって今回どの政党が利を得たかをみてみよう．定数増加区についてはこの節の最初にあげてあるが，これらの区の定数が45から65へと増加している．表3-2-6はこれらの区の前回と今回の党派別当選者数を調べたものである．これによると，少なくとも今回の選挙では，新自由クラブが11%と，もっとも議席シェアを増加させた．それに次ぐのは社会党で5%の増加，逆に減ったのは共産党で11%減，そして，自民党の7%減である．自民党は予想通り，議席シェアを減少させたが，新自由クラブをいれた総保守ではシェアは37%となり，前回よりも増加させている．都市部での保守票の掘り起こしに新自由クラブは大きく貢献したといえるだろう．

表 3-2-6 定数増加選挙区の党派別当選者数

	自民党	新自ク	民社党	公明党	社会党	共産党	計
1976 年	17 (26)	7 (11)	6 (9)	12 (18)	16 (25)	7* (11)	65 (100%)
1972 年	15 (33)		3 (7)	8 (18)	9 (20)	10* (22)	45 (100%)

＊共産党系無所属1人を含む.

第3節 1979年10月総選挙（第35回）——保守復調と台風の中の総選挙

　前回の総選挙の直後，三木首相は自民党敗北の責任をとって辞任をした．1976年12月に福田赳夫が首相に就任した．福田は，石油危機によりもたらされた狂乱物価の鎮静に努めるとともに，対外的には日中平和友好条約を結んだ．また，自民党総裁選挙の改革も行い，はじめて党員による予備選挙を導入した．しかし，78年11月に実施された自民党総裁選挙予備選挙では福田優勢の予想を覆して大平正芳が圧勝した．大平勝利の裏には田中派の支援があった．予備選挙の結果を受けて，福田は総理・総裁を辞任し，大平にバトンを譲った．

　さて，大平内閣のころになると，世論調査では自民党の復調が明確に現れるようになった．表3-3-1は時事通信社が行っている毎月の政党支持調査について1年ごとの平均をとったものである[9]．国民の自民党に対する支持は60年代を通じておおむね低下傾向にあったが，1974年に24.7%をつけてからは反転する．76年にいったん下がるが，これはロッキード事件の余波であろう．大平内閣ができた78年には29.2%と，最低の年よりも約5パーセント・ポイントも上昇している．

　これに対して，社会党の場合は文字通り長期低下傾向を続けており，70年代の末には71年の6割まで落ち込んでいる．そうした中で，社会党では右派の江田三郎副委員長が公明党と民社党の書記長と「新しい日本を作る会」を作った．この会は将来的には3党が連合することを念頭においたものであったが，これに対して左派が反対したために，77年2月の党大会で江田は副委員長を解任された．これを受けて，江田は3月に離党し，「社会市民連合」を作った．しかし，その直後，江田は死亡する．さらに，その年の参議院選挙後の9月に開催された党大会でも左右両派が対立し，「新しい流れの会」のメンバーであ

表 3-3-1　政党支持率の推移（1971-85 年）

	自民党	社会党	公明党	民社党	共産党	新自ク	支持なし
1971	28.6	14.7	3.7	2.6	1.7		21.5
1972	29.6	14.8	3.7	2.4	1.8		22.9
1973	26.7	14.6	3.9	1.8	3.6		22.8
1974	24.7	13.2	4.1	1.8	2.8		26.0
1975	26.8	11.4	3.9	1.9	2.3		27.5
1976	25.1	11.1	3.7	1.7	2.3	1.1	31.3
1977	28.2	10.5	3.8	2.5	2.0	1.9	29.5
1978	29.2	9.7	3.8	2.3	1.7	1.1	30.9
1979	29.6	9.1	3.5	2.5	2.0	0.6	32.2
1980	32.7	9.5	4.0	2.7	2.0	0.4	30.3
1981	30.8	8.7	3.5	2.7	1.8	0.5	32.5
1982	30.7	8.8	3.6	2.5	1.7	0.6	32.6
1983	30.5	9.3	4.4	3.2	2.3	0.6	32.4
1984	33.3	9.6	4.5	3.2	1.7	0.5	30.4
1985	34.4	8.0	4.1	2.7	1.6	0.4	32.6

る楢崎弥之助，田英夫，秦豊の3人が離党した．3人は「社会クラブ」をつくった．78年1月に，3人は，大柴滋夫と阿部昭吾を加えて衆議院と参議院に会派「社会民主連合」を結成した．そして，3月にこのグループが社会市民連合と一緒になり，新たに社会民主連合が結成された．代表には田英夫が就任した．

『朝日新聞』は社会民主連合について「市民参加掲げる」「中道より左強調」と見出しに記している．結成大会で採択された基本政策のうち，「日米安保条約は，日米の友好にとっても，またバランスの激変を避けるためにも性急に廃棄すべきではない．が，これは軍事同盟であり，非同盟中立の原則に照らし将来は解消，廃棄すべきものだ」とした．また，自衛隊についても「改組，縮小は，自衛隊内部の民主化の進行度，革新勢力の政権掌握度，世論，北東アジアの外交的安全保障体制の推移を見て，漸進的，段階的に進める」としている[10]．

大平は，自民党の復調傾向をにらみながら，前回総選挙の与野党伯仲状況を脱するために，79年9月7日に衆議院を解散した．

今回の党派別立候補者数は表3-3-2に示した．総数は891で，72年，76年の選挙とほとんど変わらない．党派別では公明党が20名も候補者を絞ったのが目立つ程度である．

第3節 1979年10月総選挙（第35回）

表 3-3-2 党派別立候補者数・得票数・当選者数・召集日議員数

	立候補者数 （前回比）	得票数（得票率）	集票率	当選者数	召集日議員数 （前回比）
自 民 党	322（＋2）	24,084,131（45）	30	248	258（－2）
新 自 ク	31（＋6）	1,631,812（3）	2	4	4（－14）
民 社 党	53（＋2）	3,663,692（7）	5	35	36（＋7）
公 明 党	64（－20）	5,282,683（10）	7	57	58（＋2）
社 民 連	7（＋7）	368,660（1）	0	2	2（＋2）
社 会 党	157（－5）	10,643,450（20）	13	107	107（－16）
労 働 党	25	57,893（0）	0		
共 産 党	128（0）	5,625,528（10）	7	39	41（＋22）
諸 派	8（－9）	11,208（0）	0		
無 所 属	96（－16）	2,641,064（5）	3	19	5（0）＊
合 計	891（－8）	54,010,121（100）	67	511	511（＋1）

＊無所属のうち3名は元自民党，1名は80年5月に自民党に参加，1名は元新自ク．

　選挙は10月7日（日曜日）に実施された．当日は台風18号が北上して，東海地方や関東地方に暴風雨警報が出された．特に関東地方を中心に本州は大雨が降るという最悪の空模様となった[11]．その結果，投票率は暴風雨となった関東地方を中心に大幅に下がり，最終的には68.01％となった．この数字は戦後の数字としては47年総選挙につぐ低い投票率である．

　図3-3-1は選挙区ごとに投票率の前回との比較を示したものである．モードは4から2パーセント・ポイントの減少であるが，ほとんどの選挙区で投票率が低下しており，もっとも大きい選挙区では18.89パーセント・ポイント減となった[12]．

　選挙の結果，自民党は当選者数で過半数を割った．召集日議員数では前回と比べてわずかに2議席減少という成績であったが，新聞各社による選挙の事前予測では自民党の大勝が予測されていたので，自民党の敗北として受け止められた．前回と比べて大幅に議席を増やしたのは共産党で，22議席増の41となり，74年総選挙の数を超えた．これに対して不調だったのは，新自由クラブと社会党で，それぞれ14議席，16議席を失った．

　各党候補者の当確指数を見ると（表3-3-3），新自由クラブの落ち込みが著しい．メディアンで見ると，前回は1.0171と絶対当選ラインであったのが，

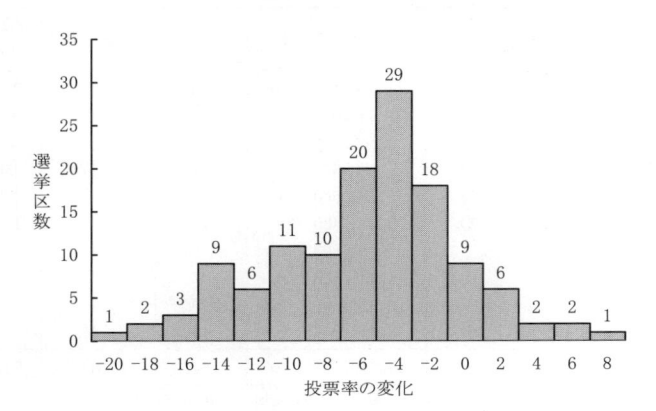

図 3-3-1　選挙区ごとの投票率の変化

表 3-3-3　党派別候補者の当確指数の分布

	0.2 未満	0.4 未満	0.6 未満	0.8 未満	1.0 未満	1.2 未満	1.4 未満	1.6 未満	1.6 以上	メディアン
自民党	1	1	13	86	119	70	21	6	5	0.8997
新自ク	5	5	7	8	3	2	1			0.5438
民社党		4	7	16	17	7	2			0.7936
公明党		1	2	17	31	11	1	1		0.8990
社会党	2	5	9	53	86	18				0.8355
共産党	33	35	9	20	18	13	1			0.3524

今回は 0.5438 と，ほぼ半減してしまった．ブームが去ったことを示しているかのようである．共産党が少しばかり指数を下げているが，その他の政党はおおむね前回をわずかに超える程度の成績だった．

さて，今回の選挙の特徴は，すでに記したように当日に関東地方を中心に日本列島を台風が襲ったことである．そのため投票率が大幅に低下したことはすでに記したが，それは当然，各党の集票率や得票率，そして，選挙予測に対しても大きな影響を及ぼした[13]．

まず，投票率である．奄美群島区を除いた全国の選挙区について，選挙当日に降った雨の量とその選挙区における前回の投票率に対する今回の投票率の割合（投票率の変化率）との関係を見たものが，図 3-3-2 である[14]．図上の点は

第3節　1979年10月総選挙（第35回）

図 3-3-2　各選挙区の降雨量と投票率の変化率

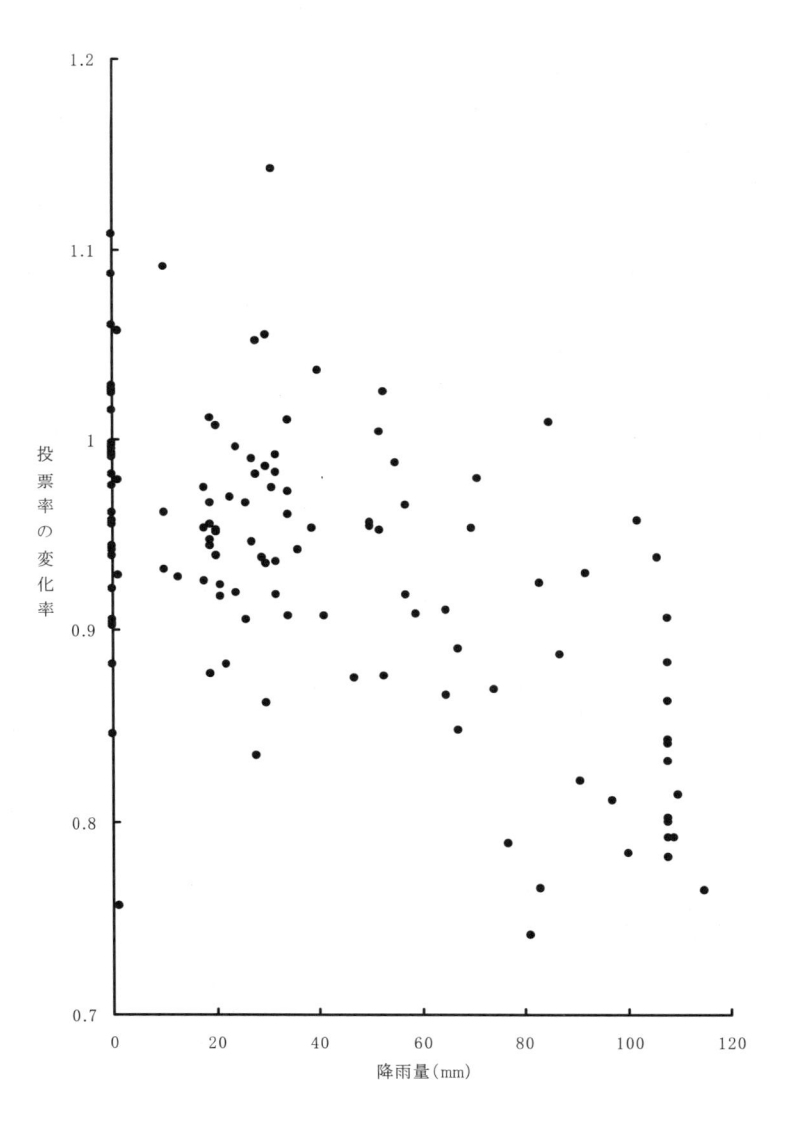

きれいな右下がりの平行四辺形を描いている．各選挙区の投票率は，雨量が増加するに従って，ほぼ一様のばらつきを維持しながら，直線的に低下している．両者の相関係数は 0.610 であり，回帰直線をとると，100 ミリの雨が降った選挙区ではだいたい 13% ほど投票率が下がった計算になる．この雨量はほぼ東京地方に降った雨量にあたる．雨は明らかに投票率を低下させている．

しかし，降雨の影響はその選挙区が都市的であるか，農村的であるかによって大きな違いを見せている．実際，選挙区を都市型と農村型に分け，それぞれについて降雨量と投票率の低下の相関係数を計算してみると[15]，都市型では 0.731 と非常に高くなっているのに対して，農村型では 0.371 となっている．全選挙区を，雨が降らなかった地域Ⅰ（北海道，山陽，四国の大部分，九州・沖縄地方）と，大雨が降った地域Ⅲ（関東地方の大部分と山梨県と静岡県）と，その中間の地域Ⅱ（その他）に分け，選挙区の都市度別の違いを見たのが図 3-3-3 である．

どのタイプの選挙区でも雨が多く降った地域ほど投票率が低下しているが，分散地域（農村型）から高集中地域（大都市型）に移るに従って，雨によって投票率が下がる度合いが高まっている．大都市は雨に弱く，農村は雨に抵抗力があるということができるであろう．

ところで図のうち，雨が降らなかった地域の投票率の変化を見て欲しい．すると，この地域の投票率は分散地域では前回と比べて投票率は変わらなかった

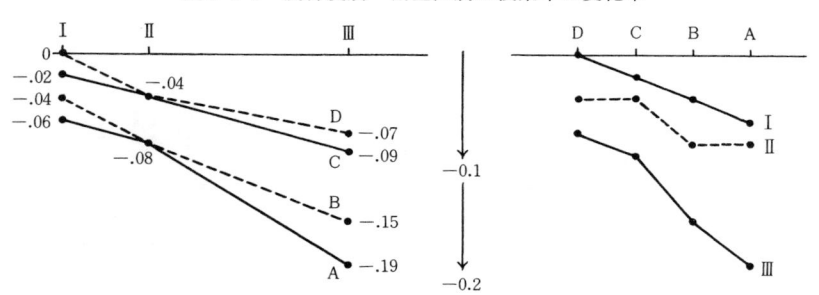

図 3-3-3　農村度別・雨量区別の投票率の変化率

(注) Ⅰは，投票当日雨量 0〜1 mm，Ⅱは，9〜60 mm，Ⅲは，60 mm 以上の地域．A, B, C, D は，それぞれ『朝日新聞』の高集中地域，集中地域，平準地域，分散地域をさす．

が，都市化が進むにつれて投票率が低下し，その割合も増加していることが分かる．すなわち，今回は，たとえ台風によって雨が降らなくても，大都市を中心に投票率が前回よりも低下したであろうことがここから推測されるのである．

さて，降雨のほかにも投票率に変化を与える要因はいくつか存在する．一般的に言って，選挙に対する有権者の関心の高さなどのほか，都市か農村かの違い，あるいは，投票日の季節，曜日（日曜か平日か）などの歳時的な要因によっても投票率が上下することが確かめられている[16]．また，たとえば67年総選挙の公明党のように，有力な候補者が出場すれば票の掘り起こしによって投票率が上昇することも考えられる．

これらの要因の中から，降雨量，立候補者の増減，そして，都市・農村の別という三つの変数をとりあげ[17]，そこから重相関法を用いて投票率の変化を予測してみた．その結果を示したのが表3-3-4である．

予測変数として三つの変数しか使っていないが，重相関係数の高さから見て，この三者で投票率の変化をかなりよく説明していると見てよい．次に，三つの予測変数のベータ・ウェイトを見ると，3者ともに投票率の変化にかなり働い

表3-3-4 降雨量，候補者の増減，農村度による投票率の変化（差）の重回帰予測

a 全国（129選挙区）

	単純相関係数	Beta	偏回帰係数
降 雨 量	−0.576	−0.552	−0.079
候補者の増減	0.261	0.389	1.761
農 村 度	0.436	0.301	1.488
重相関係数 R	0.742	定数	−5.270

b 都市（54選挙区）

	単純相関係数	Beta	偏回帰係数
降 雨 量	−0.687	−0.767	−0.093
候補者の増減	0.008	0.252	1.317
重相関係数 R	0.727	定数	−2.799

c 農村（75選挙区）

	単純相関係数	Beta	偏回帰係数
降 雨 量	−0.366	−0.398	−0.061
候補者の増減	0.543	0.565	1.966
重相関係数 R	0.673	定数	−0.632

ていることが分かるが，全選挙区についてみた場合（表3-3-4aを参照），降雨量が最も大きく効いていることが分かる．

次に，これを都市型の選挙区と農村型の選挙区に分け，それぞれについて，今度は降雨量と候補者の増減を予測変数にとって，投票率の増減を重相関法で予測してみると，都市型と農村型で異なったパターンが現れてくる（表3-3-4b，cを参照）．

すなわち，二つのタイプの選挙区とも，2変数で相当程度投票率の上下を予測できるが，降雨量と候補者の増減の関係は，都市型と農村型とでは正反対になってしまう．言い換えれば，都市ではその選挙区に降った雨が圧倒的に投票率を下げる方向に働いたのに対して，農村では，雨も相当程度に働いたことは確かであるが，それ以上に，候補者の増減が投票率の増減に関わっていることが分かる．農村部では都市部に比べ，個人選挙の色彩が強いといわれる所以である．

次に，各党の集票率の増減と降雨量の関係を見ることにしたい．ここで得票率ではなく，集票率を見るのは，たとえばある政党がある選挙区で，前回と同じ票を獲得したとしてみよう．もしその選挙区の有権者数が変わらなかったとすれば，この政党は前回と同じ集票能力があったということができる．しかし，ここでもしその他の政党が得票数を伸ばしたとするならば，当該政党の得票率は下がることとなろう．降雨量の直接的な影響を見るために政党の集票能力を示す集票率を取り上げる所以である．

まず始めに，候補者の出退場の影響を取り除くために，奄美群島特別区を除く選挙区のうち，出退場が多く見られた公明党と民社党の候補者の出入りがなかった選挙区を，雨が降らなかった選挙区Ⅰ（無雨地域），大雨が降った地域Ⅲ（大雨地域），その他の地域Ⅱ（小中雨地域）の三つの大きな地域に分類して，それぞれの地域における各党の集票率の伸び縮みを見た．それが図3-3-4である．

前回雨が降らなかった地域の各党の集票率の伸び縮みを見ると，自民党だけが集票率を上げている．これに対して，野党は，図には掲げなかった新自由クラブを含めて，いずれも軒並みに集票率を下げていることが注目される．この地域では，今回総選挙前に新聞社が予測した自民党の復調が明らかに起こった

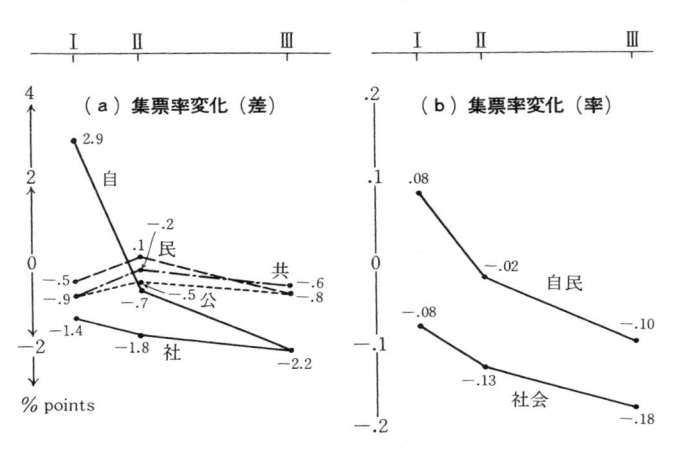

第3節　1979年10月総選挙（第35回）

図 3-3-4　各党集票率の雨による変化

(注) 公明党と民社党の候補者のいずれかに出退場があった選挙区を除いた.

のである．この傾向は特に無雨地域だけの現象と考えることはできないから，雨が降らなかったなら，自民党の集票率は，事前の予測どおり全国的に増加していたと考えられる．

ところが，雨が降った地域に目を移すと，雨が降らなかった地域で見られた自民党復調の構図はガラッと様変わりしてしまう．自民党の集票率は，小中雨地域，大雨地域へ行くに従って，急激に下がり，民・共・公3党の低下よりも下がり，遂には社会党とともに集票率を最も下げたグループを形成するまでに落ち込んでしまう．76年総選挙と79年総選挙において，同じ数で，かつ，同一の自民党候補者が立った64選挙区について，自民党の集票率の変化と降雨量の相関係数を計算すると0.549と高い[18]．ここから，自民党がここに挙げた5党のうちで雨による「被害」が最も大きかったと結論できる．

次にこの64選挙区を都市型と農村型に分けて，降雨量と集票率の変化の相関をとってみたところ，都市型選挙区では，相関係数が0.602であったのに対して[19]，農村型選挙区では0.341と，かなり相関が弱くなってしまう．雨による自民党の集票率の低下は大都市ほど明確であったということができよう．

投票率の分析と同様に，全選挙区を雨量によって三つの地域に分け，それと都市・農村の区別を掛け合わせて，自民党の集票率の変化率を見たのが図3-

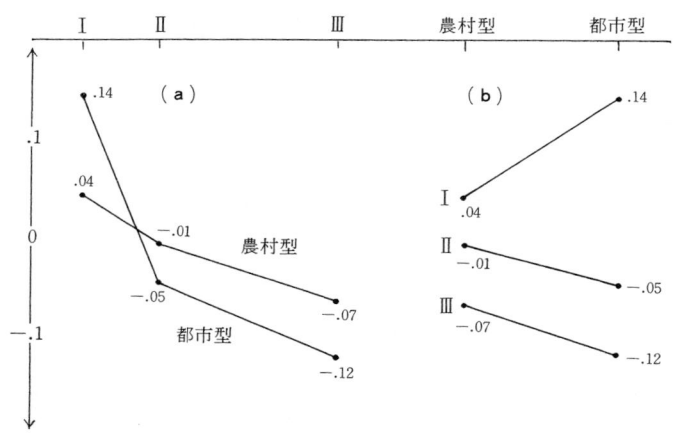

図 3-3-5　都市度別の自民党の集票率の変化率

（注）公明／民社いずれかの候補者の出入りがあった選挙区を除く．

3-5である．この図から，自民党の集票率が，農村型の選挙区より都市型の選挙区において，雨の影響を格段に受けやすく，また，下降する度合いが大きいことが明らかとなる．しかし，ここで自民党票に保守系無所属票を加えて計算してみると，自民党系の農村型の集票率は，雨によってまったくと言ってよいほど影響されないことがわかる．農村部における自民党系の票は非常に固いといわなければならない．

次に社会党について再び図3-3-4を見ると，社会党は自民党ほど急激ではないが，大雨が降った地域に移行するにつれ，集票率を落としていく傾向がみられる．集票率の変化率を示した図3-3-4bを見れば，変化率に関する限り，社会党の落ち込みも相当なものであったことが分かる．実際，社会党から前回と同じ数でかつ同一の候補者が出た96の選挙区について降雨量と集票率の変化の相関係数をとってみると0.466となった．社会党も自民党ほどではないが，雨による影響を受けたと見られる．この96選挙区を都市型と農村型に分けて相関係数を計算すると，都市型では0.634であるのに対して，農村では0.354と，ここでも自民党と似たような傾向が見られる．

社会党の集票率の変化はここまでは自民党とおおむね同じであるが，降雨量

図 3-3-6 都市度別の社会党の集票率の変化率

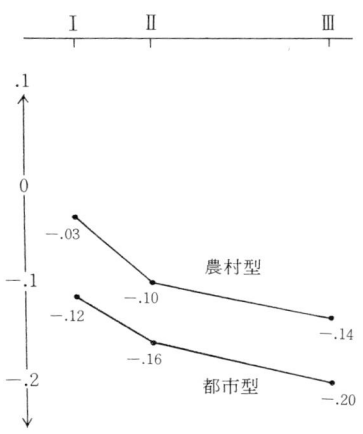

(注) 公明／民社いずれかの候補者の出入りがあった選挙区を除く．

に応じて全国の選挙区を三つの地域に分けて，都市と農村との別を掛け合わせた図 3-3-6 を見ると，様子はかなり異なってくる．自民党の場合，農村型選挙区よりも都市型選挙区のほうが，雨による集票率の低下がはるかに大きかったのに対して，社会党の場合には，都市と農村での集票率の低下を示す線はきれいに並行関係を維持しつつ低下している．すなわち，都市と農村において雨による集票率の低下には差がない．その理由は，おそらく社会党の支持者はそのかなりの部分が自民党に対する批判票から構成されていることを示唆しているようである．

民社党は，図 3-3-4 を見ると，公明党と共産党のパターンに大変よく似ている．しかし，前回と今回とで同一人物の民社党候補者が立候補した選挙区についてみると，孤立した選挙区を除くと，大部分の選挙区では，ばらつきはあるにしても，降雨量が増えるに従って集票率が下がる傾向が見られる．自民党と社会党と同じようなパターンを示している．

これに対して共産党と公明党の集票率は，雨の多少にもかかわらず，おおむね変化がなく，ほぼ横一線に並んでいる（図 3-3-4）．共産党と公明党の票は，雨に対して抵抗力が非常に強いという通念が立証された形である．別の言い方

をすれば,両政党には前回には浮動票がほとんどなかったことをこの図は示しているといえるだろう.

最後に新自由クラブの集票率である.前回の総選挙で同党の公認または推薦を受けた候補者のうち今回にも立候補した26人について集票率の変化と降雨量との相関係数を取ると0.296で,あまり相関は高くない.ただ,都市型の選挙区から出た候補者の集票率の動きを見ると,雨が降らなかった地域と小雨が降った地域では大体20-30%の減少が見られ,大雨のところでは大体50%の低下あたりに点が固まっているから,少なくとも都市型の選挙区では雨の影響がかなりあったと結論付けることができよう[20].

以上各党の集票率の変化は記してきた.そこで,その結果として各党が得た得票率の増減と降雨量の関係を示したものが図3-3-7である.

ここに現れているパターンは基本的には集票率の変化のパターンに類似している.それぞれの地域についてみると,無雨地域では,1伸4縮の構図から自民党が得票率を大幅に上げ,野党は得票率を下げている.小中雨地域では,社会党が最も大きく集票率を下げたので,その他の政党は,おおむね集票率を下げたものの,得票率を上げている.最後に,大雨地域では,社会党のほかに自民党が相対的により大きく集票率を下げたので,他党の得票率が,小中雨地域よりも大きな幅で上昇している.ただ,この地域では新自由クラブが自社両党よりもさらに下げたので,自民党の得票率はかえって上昇し,社会党の下げ幅も少なめに済んだと見られる.

この図を都市型と農村型の選挙区にブレークダウンしたものが図3-3-8である.

図を見ると,都市型と農村型とでは各党の得票率の変化パターンがかなり異なっている.まず,農村型選挙区の様子をみると,ここでは自民党支持者が雨に対して比較的抵抗力があったために,雨が降った地域と降らなかった地域とで,自民党の得票率の幅には大きな差が見られない.また,無雨地域から大雨地域に移る各党の折れ線が,無雨地域から大雨地域にゆくにつれ得票率が上昇する公明党と共産党と,屈曲をみせる自民党と社会党の二つに分けられる.特に,この地域の得票をほぼ独占している自民党と社会党の得票率の変化パターンがきれいに並行していることが注目される.

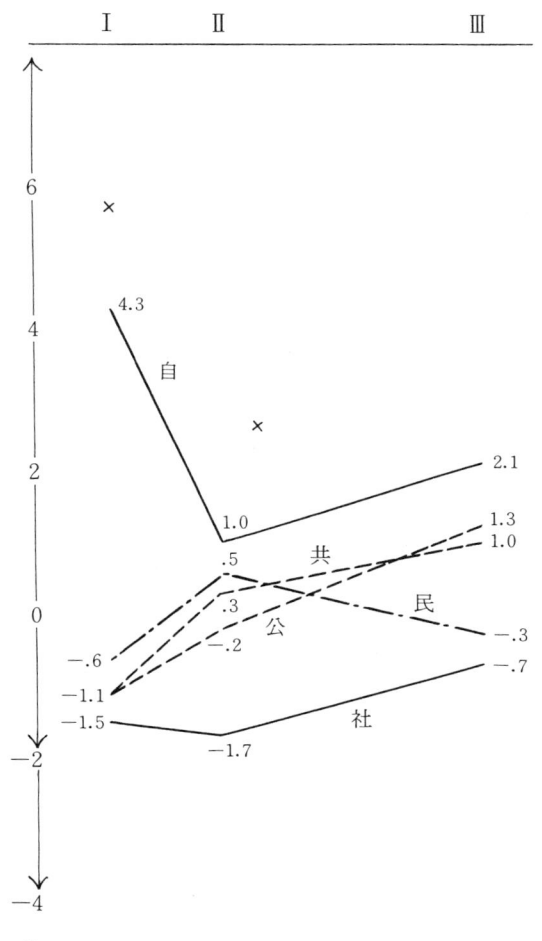

第3節 1979年10月総選挙（第35回）

図 3-3-7　三つの雨量区と各党得票率の変化

(注) 公明／民社の出退場があった選挙区を除く．

図 3-3-8 都市型・農村型選挙区別の雨と各党得票率の増減の関係

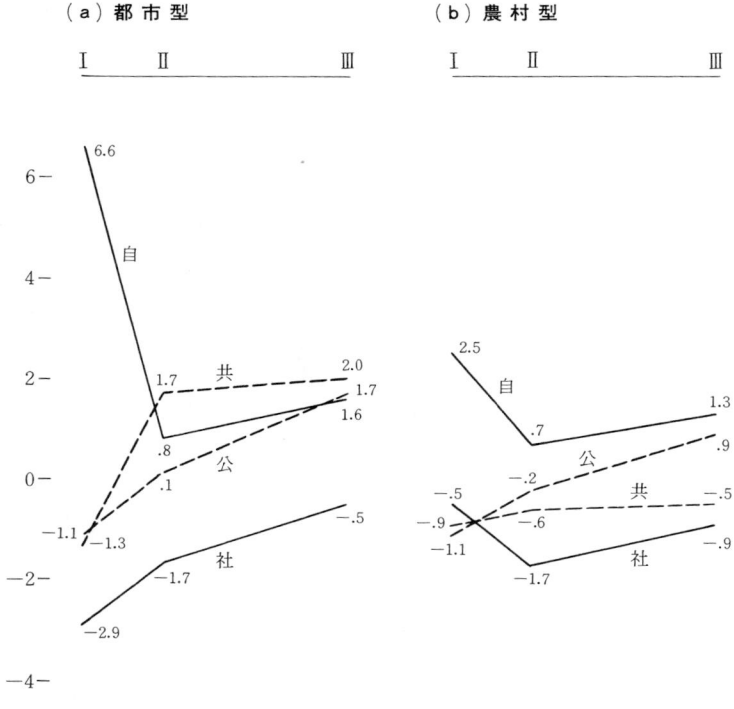

(a) 都市型　　　　　　　(b) 農村型

（注）公明／民社の出退場があった選挙区を除く．

　これに対して，都市型選挙区では，上に記した二つの点で農村型とは明らかに異なった様相を示している．まず，自民党は，大都市を中心とする復調の反映で，雨が降らなかった選挙区においては，単独で大きく得票率を上げているものの，雨が降った地域においては，自民党の得票率の上昇は小幅にとどまった．言い換えれば，雨が降った地域と降らなかった地域との間で，自民党の得票率の上昇幅に大きな落差が生じたのである．さらに，無雨地域から大雨地域へと至る各党の得票率の変化パターンを見ると，自民党と他党とが正反対の動きをしていることが注目される．すなわち，この過程で大きく得票率の上昇分を下げたのは自民党だけであり，他党はすべて得票率を大きく上げているのである．その結果，自民党の得票率の上昇は共産党に抜かれ，公明党と同じくら

いの規模となったのである．

　最後に，台風18号の雨が事前の選挙予測に与えた影響について記すことにしたい．今回の新聞各紙が出した各党の議席予想は大きく狂った．たとえば，『朝日新聞』は，自民党＝270，社会党＝102，公明党＝46，民社党＝31，共産党＝29，新自由クラブ＝11と予想していた[21]．実際の結果と比べて，予測が高かった政党は自民党と新自由クラブで，反対に低かったのは社会党，公明党，共産党，民社党であった．特に，自民党獲得議席数の予想外れは大きく，22議席も多めに予想していた[22]．

　そこで，この予測はずれと台風の雨との関係を調べたものが表3-3-5である．表は，全選挙区を都市型と農村型に分け，それをさらに三つの雨量区に分けて，それぞれにおいて「有力」とされた候補者の数と，そのうちで落選した候補者の数を計算したものである[23]．

表3-3-5　「有力」候補者と落選

		I 無雨		II 小中雨		III 大雨		II＋III		
		「有力」数	「有力」落選	「有力」数	「有力」落選	「有力」数	「有力」落選	「有力」数	「有力」落選	落選率
都市型	自民党	32	4	26	6	29	6	55	12	22%
	その他	27	1	37	3	40	3	77	6	8
農村型	自民党	46	5	99	6	22	1	121	7	6
	その他	24	2	51	4	14	1	65	5	8

(注)　ただし，ある選挙区で「有力」候補者が落選しても，同じ政党のその他の候補者が当選した場合は除いた．

　自民党は，全国的に見た場合，雨が降った地域で予想外の伸び悩みを経験したが，都市部と農村部とでは際立った対照を示している．すなわち，農村部では，雨のための伸び悩みがあったものの，それは軽度のものであり，しかも，特にこの地域で自民党の主要な対手である社会党も自民党と似たような動きを見せた．ここから，他党との相対関係において，雨は自民党に対して特に不利に働かなかったと推測される．自民党の「有力」候補者全体の予想落選率は8%程度であるが[24]，雨が降った地域全体の落選率が6%と，予想から大きくかけ離れていないことはこれを証明するものである．

　次に都市型選挙区に目を移すと，ここでの自民党の得票率の伸び悩みは顕著

であるばかりでなく，他党の得票率の予想以上の上昇が目に付く．従って，都市型選挙区では，雨は自民党にとって決定的に不利に働いたと考えられる．実際，雨が降った都市型地域における自民党の「有力」候補者の落選率は22%にも跳ね上がった．これは自民党全体の「有力」候補者の落選率からみても相当の高さである．そして，これが自民党に対する予測を大きく狂わせたのである．

これに対して公明党と共産党は，図3-3-7で示したように，大雨地域に行くほど得票率を予想されたよりも上げている．その結果が，両党候補者の予想より高い当選率になっていると思われる．実際，両党の候補者の予想当選率は87%程度であったが，結果は98%となった[25]．「有力」候補について言うと，公明党は41人中40人が，共産党は20人全員が当選している．雨の結果として，予想以上の得票率の上昇が両党の「有力」候補者の当選のチャンスを高めたとみてよいであろう．

以上，今回の総選挙の特徴である台風18号の影響について記してきた．自民党は，世論調査では復調しており，選挙の事前予測でも議席の大きな増加が予想されたのであるが，台風の結果，今回，それが議席の形を取るには至らなかった．

さて，今回の選挙は55年体制ができてからほぼ四半世紀が経過している．そこで，衆議院議員の属性について簡単にまとめておきたい．

今回の候補者のうち世襲候補の数をみたものが表3-3-6である[26]．わが国においては共産党や公明党など一部の政党を除いて，選挙は基本的には，政党ではなく，候補者によって戦われる．選挙に必要なものとしては「地盤，看板，

表3-3-6 世襲候補者の総数

	立候補者数	世襲候補者数		世襲候補の総数と割合
		①	②	
1976年総選挙	899	109 (24)	155	264 (29%)
1979年総選挙	891	145 (39)	175	320 (36%)

(注) ①の括弧内は新人の数．また，①は近い血縁者（父，養父，義父，祖父など）が衆議院議員もしくは参議院議員（貴族院議員）であった場合，②は血縁関係に地方政治家（都道府県議，知事など）が存在する場合をいう．

表 3-3-7 党派別世襲議員の親族の公職

	衆院議員	参院議員	知事・市長	都道府県議	市町村議	当選議員数
自 民 党	88-88	11-7	1-6	19-11	21-22	271-253
社 会 党	11-13	2-1	2-1	5-0	7-15	118-107
民 社 党	0-7			0-5	5-3	19-35
公 明 党	2-2	4-5		0-1	3-2	29-58
共 産 党	2-0	2-1		1-0	3-1	38-41
諸派・無所属	1-3	0-2			4-2	16-17
合　　　計	104-113	19-16	3-7	25-17	43-47	491-511

(注)　各カテゴリーの左は72年総選挙，右は79年総選挙の数字である．

カバン」が挙げられる．このうち「看板」とは政党の公認であり，「カバン」とは選挙資金を指している．候補者は「看板」を獲得しても，「地盤」と「カバン」を自分で作らなければならない．従って，候補者の代替わりにおいては地盤とカバンをもっとも継承しやすい世襲候補の増大傾向が認められる．実際，79年総選挙では立候補者の3分の1以上が何らかの意味で世襲候補者であった．なかでも，自民党の場合，44人の新人のうち，ほぼ半数の23人が二世ないし三世の世襲候補となっている[27]．

さらに，72年総選挙と今回の79年総選挙の結果選出された議員の世襲の様子を党派別にブレークダウンしたものが表3-3-7である[28]．自民党の場合，衆議院議員の半数がなんらかの公職就任者を身内に持っている．特に79年の場合では35％が同じ衆議院議員である．

保革55年体制ができあがってからの自民党議員の前歴を示したものが表3-3-8である[29]．これを見ると，自民党議員の前歴の最大カテゴリーは官僚であった．最近2回の第5期の選挙で3割を占めている．次に多いのは大企業経営者と中小企業経営者である．そして，70年代後半から，増加が著しいのは議員秘書出身の議員で，第3期ではわずかに6％しか占めていなかったのが，70年代後半では14％を占めるに至っている．選挙が候補者個人経営であればそのノウハウを取得するにもっとも適した地位は議員秘書であり，かれらが候補者の後継者として，あるいは，候補者とは別の選挙区から当選するケースが増えているのである．

これに対して，既に記したように社会党では労働組合出身者が候補者の過半

表 3-3-8 自民党議員の前歴 (1958-79 年)

	第3期 (58, 60, 63年総選挙)		第4期 (67, 69, 72年総選挙)		第5期 (76, 79年総選挙)	
初等・中等教員	11	(1)	12	(1)	5	(1)
医　　　　　師	12	(1)	14	(2)	8	(2)
芸術家・芸能人					2	(0)
記者・著述業	79	(9)	68	(8)	29	(6)
弁護士・裁判官・検事	65	(8)	39	(5)	15	(3)
その他の専門職	23	(3)	19	(2)	11	(2)
議　員　秘　書	49	(6)	85	(10)	72	(14)
官　公　務　員	262	(30)	240	(29)	147	(29)
大企業経営者	148	(17)	152	(18)	96	(19)
中小企業経営者	142	(16)	119	(14)	65	(13)
事務・販売労働者	3	(0)	3	(0)	14	(3)
農　林　漁　業	50	(6)	43	(5)	23	(5)
政治家・政党役員	10	(1)	20	(2)	18	(4)
団　体　役　員	3	(0)	7	(1)	2	(0)
その他・不明・無職	4	(0)	5	(1)	3	(1)
合　　　　　計	861	(100%)	826	(100%)	510	(100%)

表 3-3-9 社会党議員の支援労働組合 (1967-79 年)

	67年	69年	72年	76年	79年	累積
自　　治　　労	9	6	10	8	5	38
日　　教　　組	8	6	7	6	7	34
国　　　　　労	6	3	4	5	8	26
全　　　　　逓	2	2	2	3	5	14
全　　電　　通		1	3	3	4	11
化　学　同　盟	3	2	3	2	1	11
炭　　　　　労	1	1	2	3	3	10
全　　　　　鉱	2	2	2	2	1	9
私　鉄　総　連	2		2	2	1	7
全　　専　　売	1	1	1	1		4
都　　市　　交	1	1	1			3
全　　単　　労		1	1		1	3
鉄　鋼　労　連	1	1				2
電　　　　　産			1	1		2
地評・総評	29	15	23	21	4	92
電　機　労　連	1	1				2
合　　　　　計	66	43	62	57	40	268

数を占めている．したがって，当選者も多数が労働組合出身者から占められるであろうことが予想される．それを示したのが表3-3-9である[30]．自治労は自治体労働者の，日教組は教員の，国労は国鉄の，全逓は郵便職員の，全電通は電信電話公社の職員の組合である．官公労組合が多数の議員を送り出している様子が一目瞭然である．このころになると，労働組合の出世階梯に引退役員の次の職場として国会議員が位置づけられるようになったのである．こうして，社会党は労組政党の色彩を強めていった．

第4章　保守復調期の総選挙

第1節　保守復調の解釈

　既に記したように1970年代の後半から国民の自民党に対する支持率が反転して，上昇に転じる．いわゆる保守復調が現れるのである．この時点における自民党の復調に関して，村上泰亮は84年1月に公刊された『新中間大衆の時代』で以下のような三つの仮説を挙げ，その妥当性について検討している[1]．

　村上は，まず，「1970年代前半の危機的条件，すなわち石油危機，貿易摩擦の激化，西太平洋におけるソ連軍事力の増強などによってたかまった不安は，物質的繁栄に安住していた日本人に衝撃を与えてナショナリズムを呼び起こし，戦後進歩派によって久しく否認されてきた伝統的遺産の再確認に走らせた．戦後初めて日本人が『国民』となったのである．このような選挙民の心理の変化は，『伝統指向型包括政党』としての自民党に対する支持を拡大させた」という「ナショナリズム復活仮説」を取り上げ，それが成り立たないことを述べた後に，「1970年代に入って，自民党は政策の対象を都市消費者にもおくようになり，そのことによって本格的な利益指向型包括政党となった．たとえば，70年代前半の社会保障制度拡充によって福祉水準を他の先進国なみに引き上げた．同じ時期に採用された環境保護政策は先進社会の中でもっとも厳しいものであった．さらに，公共投資が都市の住環境整備に向けられるようになった．これらの政策の結果として，70年代後半になって，本格的に豊かな生活水準を享受しうるようになった日本の都市生活者は，自民党への支持を強めた」という「利益指向仮説」が妥当するとした．それと同時に，石油危機に対する日本政府の対応について「経済成果比較仮説」を立て，「石油危機以降の世界経済の混乱，それに基づく『成長の限界』の悲観主義，とくに日本経済の『ひよわさ』についての認識は，経済状況のあるべき姿についての日本人の期待水準を

大きく引下げた．このような悲観的期待に比較し，そしてさらに他国経済の石油危機の経済的成果に比較するとき，自民党政府の経済運営は，危機を良くしのいだものとして一般から高く評価された」とした．このように二重の意味でこの時期に自民党に対する支持が上昇に転じたとするものである．

　他国経済との比較の結果自民党支持率が上昇したと考えるためには証拠が必要だが，特に第2次石油危機に対する政府の適切な対応の結果，混乱が最小限に抑えられたことは事実である．猪口孝は「石油不況からようやく立ち直り，1960年代とくらべるとだいぶ低いとはいえ，安定した成長率を回復し，しかも石油危機後の悪性インフレーションが収まったことは国民に安堵の気持ちをいだかせるものであった」こと，この「経済的要因に関連して，長期の安定成長の後に，ある程度富裕になった社会層がかなり大量に生まれ，しかも所得格差は狭まったために，そして，台風のような石油危機が去った後の経済成長が以前より低いままでしばらく続くことがわかるにつれ，自らが現在持っているものを大事にしようという気持ちが次第に強くなったのである．このような現状肯定的傾向は当然に自民党によって掘り起こされていく」と述べている[2]．

　このような状況で自民党の復調につながったもうひとつの重要な点は，与野党の勢力が接近するにつれて，野党の連合政権論で安保条約などについて自民党寄りの政策が掲げられたことである．それはかえって与党を利するように働いた．というのは，政策が与野党で接近してくれば，安定性や信頼性や実行力などの政党の行動力に関する有権者の判断が政党支持について大きく作用してくるからである．そして，まさにこれらの点において自民党のイメージは野党に対して優位にあったのである[3]．

　こうして，70年代の後半から自民党復調傾向が世論調査に現れ始めるが，しかし，実際の総選挙でそれが確認されるためには1980年同日選挙を待たねばならなかった．79年の総選挙も，自民党の復調は明らかであったが，復調が著しい関東大都市圏を台風が襲ったために現実のものとはならなかった．さらに，ここで述べるように，83年総選挙では自民党は再び苦杯を喫しているという具合に，世論調査の傾向が総選挙にそのまま反映しない状況が続く．

　70年代末から80年代の総選挙はその意味で投票のボラティリティ（気まぐ

第1節　保守復調の解釈

れ性）が非常に高くなっているが，その大きな理由は，自民党の支持率は上昇したものの，基本的にはその上昇分は弱い自民党支持者によっていたということに尽きる．それを示したのが表4-1-1である[4]．80年前後は自民党を「一応支持する」層が多く，84年以後あたりから「強く支持する」層が増え始めている．それでも「一応支持する」層が多数派である．かれらは，自民党に不利な出来事が起きると，選挙では投票せずに，多くは棄権するという行動をとる．79年の場合，それは台風であり，消費税導入問題であったし，83年は，田中角栄に対する東京地裁の有罪判決であったし，これは衆議院選挙では顕著ではなかったが，89年7月参議院選挙における社会党の勝利を導いたリクルート事件などであった．

表4-1-1 自民党に対する有権者の支持強度の推移（1976-85年）

	76年	78年	79年	80年	81年	82年	83年	84年	85年
強く支持する	10%	12	13	11	11	11	12	18	17
一応支持する	30	42	41	39	43	43	43	40	43
あまり支持しない	21	17	15	18	17	17	17	15	15
絶対に支持しない	9	5	4	6	4	5	7	5	4

図4-1-1 総選挙における各党の議席率の変化（1958-93年）

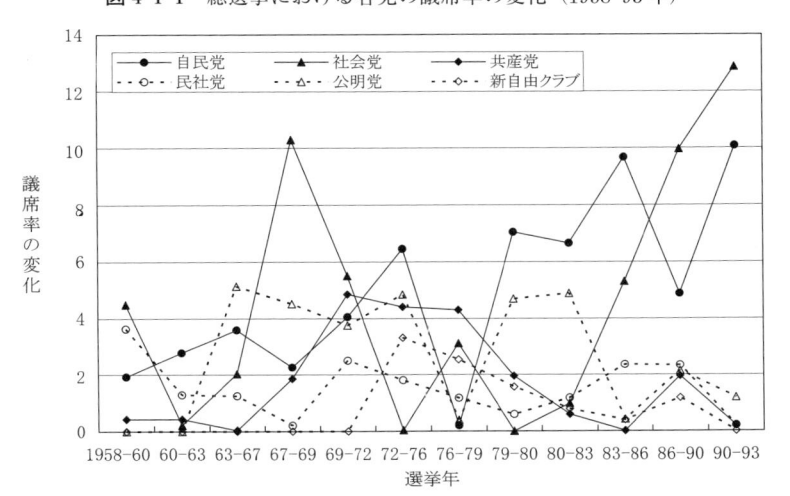

すなわち，この時期の政党勢力の増減の中心となったのは自民党であった．これを示したのが図4-1-1である．この図は政党ごとに各回の議席率の変化を示したものである．図を見ると，80年以後，選挙のたびごとの自民党の議席率の変化が大きくなっているのが一目瞭然である．

　これと関連して，支持政党なし層と自民党支持の関係をみなければならない．この時期は支持政党なしと答える人々が有権者の大体30％前後の大きな部分を占めている[5]．これについて猪口は「自民党支持に回帰した社会層の多くは，おそらく以前は『支持政党なし』層であったのであろう．実際，『支持政党なし』率と自民党支持率は逆相関−0.78で，まったく逆の運動を示している．1970年代中葉からの両者の動きは，とりわけ，はさみのようなきれいな動きを見せている」と述べている[6]．実際，NHK世論調査部が5年ごとに行っている世論調査では，「支持する政党なし」と答えた人に対して「しいていえば」どの政党を支持するかを重ねて尋ねているが，その結果，自民党と答えた人は，73年，78年，83年で，7.2％＜9.1％＜9.4％と増大しているのに対して，社会党と答えた人は，6.0％＞5.0％＞3.7％とほぼ半減しているのである[7]．これらの事実からも，いわゆる浮動票は保守的な部分が大きいことが明らかであろう．

第2節　1980年6月総選挙（第36回）
――第1回同日選挙と自民党の勝利

　79年10月の総選挙の結果は自民党にとりショックだった．大平首相は自民党が勝利することに自信を持っていたが，結果は党公認当選者数からいえば，前回76年の結果249議席よりも1議席少ない248に終わった．前回の首相であった三木武夫をはじめ，福田赳夫らも大平首相の退陣を要求した．そのため自民党は次期総裁を決定できず，特別国会に自民党から大平と福田の2人の総理候補が出る前代未聞の事態となった．決選投票で野党が棄権したために，結局は大平が首相に再び指名されたが，その後も自民党は党三役人事でも紛糾した．いわゆる四十日抗争である．

　76年と79年の2回の総選挙で自民党が公認候補で過半数を割ったことは野

第 2 節　1980 年 6 月総選挙（第 36 回）

党の中に政権交代の時期が到来しつつあるという意識を生じさせた．その中で，79 年 12 月には民社党と公明党は中道政権構想について合意した．さらに，公明党と社会党の間では政権協議委員会が発足し，80 年 1 月には連合政権構想について両党で合意を見た．その中で両党は「現状においては，共産党は，この政権協議の対象としないことで合意した」．そして，日米安保体制については，その「解消をめざし，当面それを可能とする国際環境づくりに努力する」とされたほか，原子力発電所問題についても，社会党側が，原発の新増設については当面凍結し，安全性の確認を行ったうえで可否を決め，両党で協議するとの見解を示し，公明党側もこれを確認したとされた[8]．

　80 年の 5 月 16 日，社会党は，6 月に予定されている参議院通常選挙対策もあり，大平内閣不信任案を上程した．ところが，これが自民党内の内紛を激化させることになった．反主流派のうち中曽根派を除く福田派，三木派が不信任案採決の本会議に欠席したために，内閣不信任案は 243 対 187 で可決されてしまったのである．大平はこれを受けて，5 月 19 日に衆議院を解散した．選挙日は 6 月の参議院選挙と同じ 6 月 22 日とされた．史上初の衆参同日選挙である．しかも，意外なことが続く．大平首相が参議院選挙公示の初日の 5 月 30 日夜に心筋梗塞で倒れ，衆議院選挙公示後の，6 月 12 日に死亡したのである．伊東正義官房長官が首相臨時代理に就任した．

　79 年の選挙からわずか 8 か月あまりしか経過していなかったために各党の立候補状況は前回とほとんど変わっていない（表 4-2-1）．無所属候補が 35 人減というのは前回との間隔がほとんどなかったことの反映である．今回の総選挙に初めて立候補した「新顔」の数を調べてみると，前回は 211 人もいたのに対して，今回はわずかに 80 人へと大幅に減少していることがわかる．ちなみに，次回 83 年の新顔の数は 223 名と前回並みに復帰している．1953 年総選挙と類似した現象である．

　投票は 6 月 22 日（日曜日）に実施された．天気は梅雨時で，梅雨前線が本州の南に停滞し，「九州の西に小さな波動があって動かず．九州［は］雨から曇，東日本［は］小移動高気圧で午後には晴，北陸〜北日本は晴〜曇．沖縄

表 4-2-1 党派別立候補者数・得票数・当選者数・召集日議員数

	立候補者数 (前回比)	得票数（得票率）	集票率	当選者数	召集日議員数 (前回比)
自 民 党	310 (−12)	28,262,442 (48)	35	284	287 (+29)
新 自 ク	25 (−6)	1,766,396 (3)	2	12	12 (+8)
民 社 党	50 (−3)	3,896,728 (7)	5	32	33 (−3)
公 明 党	64 (0)	5,329,942 (9)	7	33	34 (−24)
社 民 連	5 (−2)	402,832 (1)	0	3	3 (+1)
社 会 党	149 (−8)	11,400,748 (19)	14	107	107 (0)
労 働 党	30 (+5)	83,445 (0)	0		
共 産 党	129 (+1)	5,803,613 (10)	7	29	29 (−12)
諸 派	12 (+4)	25,723 (0)	0		
無 所 属	61 (−35)	2,056,967 (3)	3	11	6* (+1)
合 計	835 (−56)	59,028,837 (100)	73	511	511 (100)

＊無所属のうち4人は元自民党，2人は元新自由クラブである．

表 4-2-2 人口集中度別投票率の変化

	高集中地域	集中地域	平準地域	分散地域
1980年	68.79%	74.06	78.71	79.35
1979年	57.72	68.79	74.40	76.78
増　減	+11.07	+5.27	+4.32	+2.57

　[は]晴．気温2度Cの幅でほぼ平年並み」だった[9]．投票率は74.57%で，前回とくらべて6.56%も上昇した．この数字は，前々回の76年総選挙の73.45%よりも約1%増の数字であり，ここから前々回並みの投票率ということができるであろう．今回初めて実施された衆参同日選挙の結果，候補者の運動が強化されたために投票率が上がったことも予想されるだろう．

　それでは，今回の総選挙で投票率が上昇したところはどこか．それを見たものが表4-2-2である[10]．表は選挙区を都市別に分類し，前回と今回と，それぞれの投票率の変化を調べたものである．これを見れば，投票率は大都市になればなるほど急上昇していることが明らかである．特に「高集中地域」では実に11パーセント・ポイントも上昇している．

　さて，選挙の結果は前回と同じく衝撃的なものであった．前回と比べて，自民党が29議席の増加，新自由クラブが8議席の増加となった．これに対して

表 4-2-3　党派別候補者の当確指数の分布

	0.2未満	0.4未満	0.6未満	0.8未満	1.0未満	1.2未満	1.4未満	1.6未満	1.6以上	メディアン
自民党		1	3	26	125	94	38	13	10	1.0017
新自ク	5	3	4	1	9	2	1			0.6831
民社党		2	9	9	25	4	1			0.8318
公明党			2	35	23	3	1			0.7896
社会党	1	3	7	40	74	23	1			0.8441
共産党	34	36	12	23	22	2				0.3594

表 4-2-4　定数別各党候補者の当選順位

定数	順位	自民党	新自ク	民社党	公明党	社民連	社会党	共産党	諸派	無所属
1	1	1								
	次							1		
3	1	43	1	1			2			
	2	27	2	4	1		9	4		
	3	15	3	1*	4		21	2		1
	次	8	1	5	9		8	15		1
4	1	32		3		1	3			2
	2	28	3	2	1		7			
	3	18	1	3	4	1	11	2		1
	4	12		3	6*		14	6		
	次	9		3	5		11	8*		5
5	1	36					3			1
	2	29			3	1	5	1		2
	3	20		5			13	2		
	4	17		3	7		9	5		
	5	6	1	8	8		10	7		1
	次	5	2	3	13		9	7	1	1

(注) 次は次点を示す．＊無所属候補も含めてある．

公明党が24議席，そして，共産党が12議席の減少となった．社会党は前回と同じく107議席という成績だった．

党派別の候補者の当確指数の分布を見ると（表4-2-3），自民党のメディアンは1.0017と当選絶対確実のところにあるばかりか，当選絶対確実のカテゴリー，すなわち，当確指数1以上が候補者の半数の155人にのぼっている．今回の選挙で自民党が圧勝したことを示す一つの証拠である．また，公明党のメディアンがやや下がっていることが目に付く．

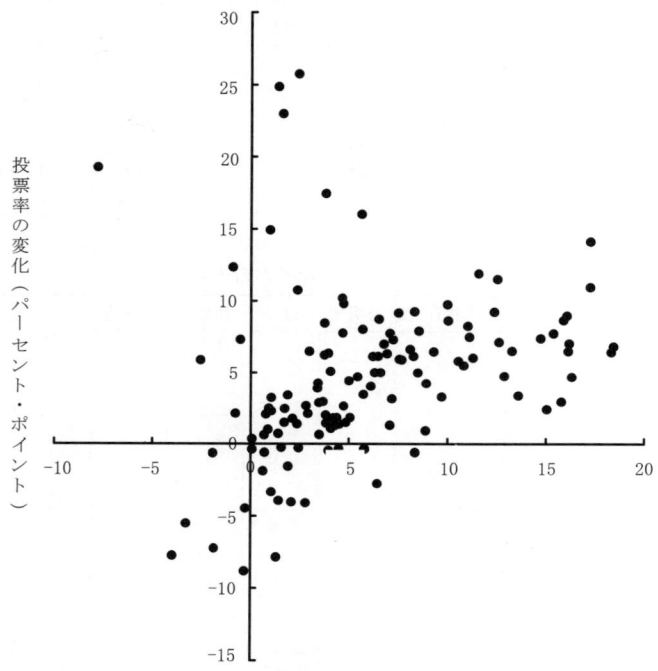

図 4-2-1 投票率の変化と自民党集票率の変化

投票率の変化(パーセント・ポイント)

自民党集票率の変化(パーセント・ポイント)

　さらに，3人区から5人区までの定数別の当選状況を見たものが表4-2-4である．これを見ると，自民党は3人区でも，4人区でも，5人区でも，いずれの選挙区タイプでも上位ほど当選者が多くなるというパターンを示している．ちなみに，トップ当選を果たした候補者の数を見れば，3人区で47人中43人，4人区で41人中32人，5人区でも41人中36人と，自民党は1位当選者を独占している．これに対して，公明党は1位当選者を出した選挙区がゼロのほか，次点を多く出しているのが目に付く．すなわち，3人区で9人，4人区で5人，そして，5人区で13人となっている．当選者の増減から推測できるように，公明党の力は今回全般的に低下した結果，次点が多くなったと考えられる．共産党も，公明党と似たような状況であり，次点者が，3人区15，4人

区8,5人区7となっている.最後に社会党であるが,社会党は低位になるほど当選者数が増える傾向がはっきり見える.そのせいで次点もけっこう多くなっている.社会党の低落傾向をここに見出すことができると思われる.

以上から,今回の総選挙では明らかに自民党がブームになったと言える.それでは自民党のブームはどこから生じているのであろうか.まず,それを投票率との関係から見たものが図4-2-1である.図は選挙区ごとに前回からの投票率の変化と自民党の集票率の変化を見たものである[11].これを見ると,一部の例外を除き,79年総選挙にくらべて投票率が上昇したところほど自民党の集票率も上がっている.あるいは,逆に,自民党の集票率が上がっているところほど,それに応じて投票率も上がっていることが明白である.このことは,今回新たに投票した人の多くは自民党に投票したことを示している.

表4-2-5 人口集中度別の自民党得票数の変化

	高集中地域	集中地域	平準地域	分散地域
	自民党票/有権者数 集票率	自民党票/有権者数 集票率	自民党票/有権者数 集票率	自民党票/有権者数 集票率
1980年	6,290,462/27,378,860 23.0%	5,037,116/15,065,879 33.4%	11,959,836/28,474,967 42.0%	4,975,024/10,005,328 49.7%
1979年	4,489,756/27,126,082 16.6%	4,403,146/14,908,574 29.5%	10,567,138/28,206,192 37.5%	4,632,281/9,929,076 46.7%
増減	+6.4%	+3.9%	+4.5%	+3.0%

表4-2-6 人口集中度別の党派別当選者数

	高集中地域		集中地域		平準地域		分散地域	
	1979年	1980年	1979年	1980年	1979年	1980年	1979年	1980年
自民党	39	49	39	42	113	131	57	62
新自ク	2	8	1	1	1	2		1
民社党	12	10	6	5	14	15*	3	3
公明党	30	21	11*	9*	15	2	2	2
社民連		1	1	1	1	1		
社会党	27	25	17	17	43	45	20	20
共産党	23*	17	7	6	8*	5	3	1
無所属		2	2	3	10	4	4	
合計	133	133	84	84	205	205	89	89

*政党系の無所属を含めた数字である.

そこで，選挙区を都市化の度合いに応じて分類して，自民党の得票数を調べてみたものが表4-2-5である．今回，自民党はいずれの地域でも得票数，集票率を増加させているが，おおむね分散地域から高集中地域に行くにつれてその程度が大きくなっている．高集中地域では自民党の得票数は前回の実に1.40倍にも上っている．また，そこでは自民党の集票率は前回と比べて6.4パーセント・ポイントも上昇している．ここから，今回の自民党ブームの震源地は大都市にあったと断言できよう．ちなみに，高集中地域は前回に比べて投票総数が318万票増加したが，自民党は得票を180万票も増加させている．集中地域ではそれが90万票と63万票であり，平準地域では142万票と139万票，最後に，分散地域では投票総数が32万票増え，自民党は34万票増加している．

　各党の議席数の増減を選挙区の都市化の程度に応じて分類して示したのが，表4-2-6である．共産党はどの地域でもまんべんなく議席を減らし，公明党は高集中地域と平準地域で議席を特に減らしている．これに対して新自由クラブは高集中地域で議席を4倍増させている．自民党は特に高集中地域と平準地域で議席を増加させているのが目立つ．

　選挙後の分析の中で『朝日新聞』は述べて，「『大都市』といえば『浮動票』．『浮動票』というと『反自民』あるいは『革新』というイメージがつきまとうのが常識だった．だが，今度のダブル選挙で掘り起こされたのは『常識』とは逆の大量の『保守的浮動票』だった」と記している[12]．しかし，既に記したように，70年代後半以降，それまでの「常識」はもはや通用しなくなっていたのである．「浮動票」は保守的な色彩が強くなっているのである．

　本来ならば自民党にいくはずであった票は79年の総選挙では多くは棄権という形をとった．今回は，その棄権票が選挙過程に登場したことによって，投票率が上がったところほど，また，大都会ほど，自民党の票が増加したのである．

第3節 1983年12月総選挙（第37回）
―― ロッキード選挙で自民党の敗北

　1980年の総選挙後の7月17日，旧大平派の鈴木善幸が推されて首相に就任した．鈴木はそれまでの党内闘争に対して「和の政治」を掲げた．大平内閣のころに激しかった自民党の党内闘争は鈴木内閣では沈静化した．その中で，鈴木は81年3月に臨時行政調査会（第2臨調）を立ち上げ，行財政改革に着手した．会長には土光敏夫経団連名誉会長を迎えた．土光は政府に対して，「小さな政府」を目指し，増税なき財政再建を図ることを実行するように迫った．実際，赤字国債が総額で百兆円を越す状況で，財政赤字の解消は緊急の課題となっていたのである．

　82年8月には，参議院の選挙制度改革が実現した．参議院の全国区は金がかかる，タレントが当選しやすいなどの批判を受けていたが，それに代わって，政党が提出する名簿順に当選者を決定する拘束名簿式の比例代表制が採用された．

　これよりも前，81年6月に，自民党の総裁選挙規定が改められ，総裁候補決定選挙（予備選挙）は候補者が4人以上の場合に実施するように改められた．予備選挙の事実上の凍結と当時は言われた．しかし，82年の自民党総裁選挙では候補者がそろって，総裁選挙が実施される状況となった．鈴木は，それを見て，党内の融和を重視する観点から再選出馬を断念する．

　82年11月に中曽根康弘が新しい首相に就任した．中曽根が自民党総裁に選出されるに当たっては田中派の強力な支援があった．中曽根は，83年1月に訪米し，レーガン大統領と「揺るぎなき日米同盟関係」を再確認した．この時に中曽根は，日米関係は「運命共同体」，日本列島の「不沈空母化」を宣言した．行財政改革に目を転じると，臨時行政調査会は81年7月に財政支出の削減と行政合理化をうたった第1次答申，82年2月に許認可等の整理合理化に関する第2次答申，7月基本答申である第3次答申を出した．中曽根内閣の83年2月に行政改革推進体制を書いた第4次答申，そして，3月に最終答申である第5次答申を提出して解散した．それを受けて，6月には国鉄の分割民営化を検討する国鉄再建監理委員会が，7月には，ポスト臨調として，行財政改革

の進み具合を監視する臨時行政改革推進審議会(行革審)が発足した.

83年10月12日,東京地方裁判所がロッキード事件丸紅ルートについて判決を下した.判決は,田中角栄元首相の受託収賄罪を認め,懲役4年,追徴金5億円の実刑を言い渡した.国会は田中元首相の議員辞職勧告をめぐり,空転する.その中で,11月28日に衆議院が解散されることとなった.

党派別の立候補者数は表4-3-1に示した.自民党は80年総選挙の成績がよかったために公認候補を増加させている.野党は,民社党と共産党をのぞき,候補者を減らしている.無所属は,前回から3年半も経過していることもあり,再び増えている.ちなみに,今回初めて選挙に出馬した新顔は223名で,前回と比べて大幅に増加している.

表4-3-1 党派別立候補者数・得票数・当選者数・召集日議員数

	立候補者数(前回比)	得票数(得票率)	集票率	当選者数	召集日議員数
自 民 党	339 (+29)	25,982,785 (46)	31	250	259 (−28)*
新 自 ク	17 (−5)	1,341,584 (2)	2	8	8 (−4)*
民 社 党	54 (+4)	4,129,908 (7)	5	38	39 (+6)
公 明 党	59 (−5)	5,745,751 (10)	7	58	59 (+25)
社 民 連	4 (−4)	381,045 (1)	0	3	3 (0)
社 会 党	144 (−5)	11,065,083 (19)	13	112	113 (+6)
共 産 党	129 (0)	5,302,485 (9)	6	26	27 (−2)
諸 派	18 (+6)	62,324 (0)	0		
無 所 属	84 (+23)	2,768,736 (5)	3	16	3 (−3)**
合 計	848 (+13)	56,779,701 (100)	67	511	511

*自民党と新自由クラブと無所属9名は12月26日に「自由民主・新自由国民連合」という会派を届けたが,ここでは自民党+無所属分と新自由クラブ分とを分けて掲載してある.**無所属のうち2名は元自民党,1名は85年1月に「日本社会党・護憲共同」に入会している[13].

投票日は12月18日(日曜日)であった.天気は全国的に晴天であった.しかし,投票率は,67.94%だった.この数字は,台風のために投票率が大幅に低下した79年総選挙の時の68.01%よりも,さらに低い.選挙が続いた47年総選挙の67.95%に次ぐ,戦後下から第2位の成績だった.これを選挙区単位に前回との投票率の比較を図示したものが図4-3-1である.−8から−6パー

第 3 節　1983 年 12 月総選挙（第 37 回）

図 4-3-1　選挙区ごとの投票率の変化

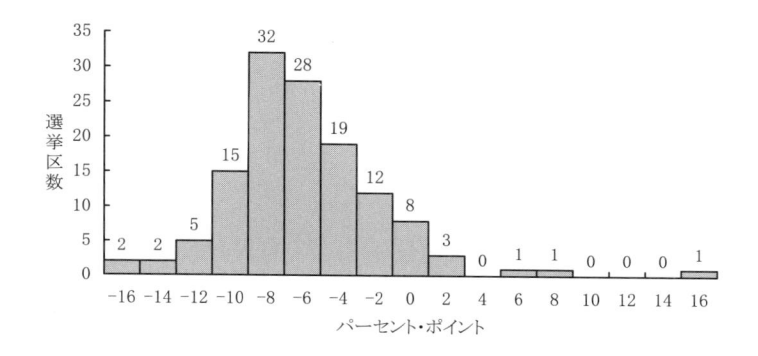

（選挙区数）
-16: 2, -14: 2, -12: 5, -10: 15, -8: 32, -6: 28, -4: 19, -2: 12, 0: 8, 2: 3, 4: 0, 6: 1, 8: 1, 10: 0, 12: 0, 14: 0, 16: 1
パーセント・ポイント

表 4-3-2　人口集中度別投票率の変化

	高集中地域	集中地域	平準地域	低集中地域
1983 年	59.94%	69.89%	72.71%	75.43%
1980 年	68.03	75.76	78.90	80.10
増　減	-8.09	-5.87	-6.19	-4.67

セント・ポイントがモードとなっており，大部分の選挙区で大きく低下しているのが，よくわかる[14]．そこで，都市度別に選挙区を分け，投票率の低下状況を調べたものが，表 4-3-2 である[15]．どのタイプの選挙区でも投票率は低下しているが，大都市（高集中地域）での低下が著しい[16]．これは後述するように，田中有罪判決に嫌気して，自民党の弱い支持者を中心として棄権が増大したことによると思われる．

表 4-3-3　党派別候補者の当確指数の分布

	0.2 未満	0.4 未満	0.6 未満	0.8 未満	1.0 未満	1.2 未満	1.4 未満	1.6 未満	1.6 以上	メディアン
自 民 党		14	33	47	143	72	18	9	3	0.8967
新 自 ク	3	1	1	5	3	3	1			0.7128
民 社 党	2	2	2	3	16	21	8	2		0.8297
公 明 党					4	37	15	3		0.9410
社 会 党	1	2	8		25	78	22	8		0.8917
共 産 党	43	28	14	19	22	2	1			0.2579

表 4-3-4 新聞各紙の予想議席数

	当選数	毎日	読売	朝日
自民党	250	260	274	278
社会党	112	111	108	97
公明党	58	53	57	49
民社党	38	32	32	30
共産党	26	32	19	28
新自ク	8	6	7	8
社民連	3	4	4	4
無所属	16	13	10	17

　投票の結果も表4-3-1に示してある．公明党が25議席増で，結党以来最高の議席を獲得した．民社党と社会党が少し議席を増やした．これに対して，自民党は28議席も減らした．続いて，新自由クラブが4議席減，共産党が2議席減という結果だった．両党ともに漸減傾向を示している．各党の当確指数の分布は（表4-3-3），メディアンで見ると，今回初めて公明党が自民党を抜いた．しかも，公明党候補は全員当確指数が0.6以上と高くなっている．公明党が勝てそうな選挙区に候補者を絞り，しかも，そのなかで高い支持を得たことを数字は語っている．自民党は前回は半数が絶対当選確実の域にいたのが，今回は30％にまで減少した．

　新聞各紙は表4-3-4のような党派別獲得議席の予想をしたが[17]，自民党の結果は予測からよくて10議席（『毎日新聞』），悪くて28議席（『朝日新聞』）も足りなかった．各紙の予測が外れた原因の一つは，既に述べたように今回の投票率の異常な減少である．投票率が下がると自民党の議席が減少する傾向が76年，79年，83年と見られるようになってきた．これは，70年代の後半から弱い自民党支持者や自民党色の支持なし層が増大していることを示している．

　今回の自民党の集票率を前回と比較したものが，図4-3-2である[18]．集票率は8割の選挙区で減少している．その量は3から6パーセント・ポイント減少のあたりがもっとも多くなっている．こうした自民党の集票率の変化と投票率の変化の相関を見たのが図4-3-3である．かなり点が散らばってはいるが，投票率が減少したところでは自民党の集票率も減少している．相関係数は0.254で，弱い相関がある．前回は自民党に投票した有権者が今回は棄権したのである．

第 3 節　1983 年 12 月総選挙（第 37 回）

図 4-3-2　自民党候補者の集票率の変化

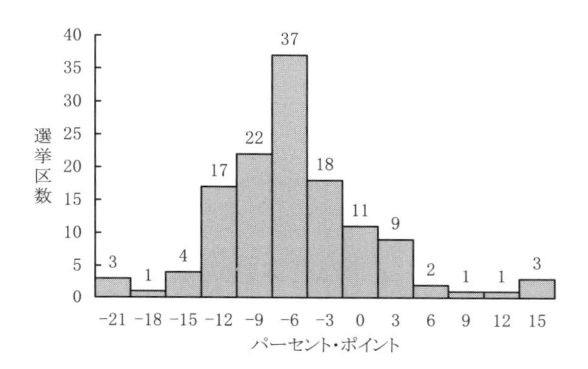

図 4-3-3　投票率の変化と自民党集票率の変化

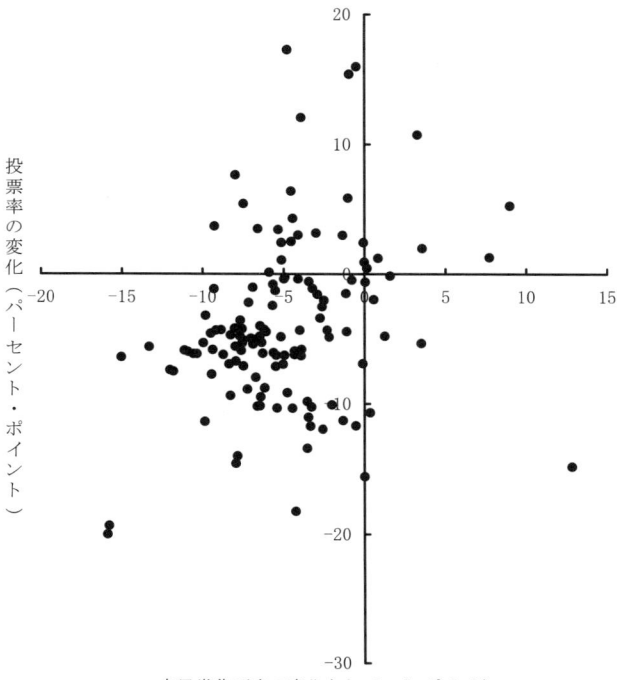

表 4-3-5 人口集中度別の自民党得票数・集票率の変化

	1980 年		1983 年		増減
	自民党票	当日有権者数	自民党票	当日有権者数	
高集中地域	6,055,768(21.97)	27,562,538	5,175,809(17.96)	28,820,111	-4.01
集 中 地 域	6,887,841(34.99)	19,682,474	6,493,583(31.48)	20,629,566	-3.51
平 準 地 域	10,906,507(43.69)	24,961,670	10,118,902(39.15)	25,845,245	-4.54
低集中地域	4,412,322(50.61)	8,718,352	4,194,487(46.83)	8,957,686	-3.78

(注) 括弧内は集票率. 増減は集票率の増減を示す.

表 4-3-6 人口集中度別の党派別当選者数

	高集中地域		集 中 地 域		平 準 地 域		低集中地域	
	1980年	1983年	1980年	1983年	1980年	1983年	1980年	1983年
自 民 党	46*	37	66*	57*	124*	111*	57	56
新 自 ク	8	5	2	2	1	1	1	
民 社 党	10	13	8*	10*	13	12	2	4
公 明 党	23	32	8*	14	2	11	1	2
社 民 連	2	1			1		1	1
社 会 党	21	25*	25	28	43	45*	18	16
共 産 党	18	15*	7	5	3	5	1	2
合 計	128	128	116	116	186	186	81	81

*政党系の無所属を含む.

　自民党の集票率の減少はどこで起こったかを見たものが，表 4-3-5 である．表は選挙区を都市度別に四つに分類して，それぞれについて自民党の得票および集票率の増減を見たものである．それによると，いずれのタイプの選挙区においても自民党はほぼ一様に集票率を減少させていることがわかる．大都市（高集中地域）と農村（低集中地域）との関係で言えば，大都市を中心に田中角栄批判につながる自民党批判のために集票が減少したのに対して，それ以外のタイプの地域を中心として，石川真澄が言うように，統一地方選挙直後で選挙運動の手足となる地方政治家が働かなかったために自民党への投票の動員が少なくなったためではないだろうか[19]．

　自民党を含め，選挙区の都市度別に党派別の議席数の前回比を示したのが表 4-3-6 である．自民党は，集票率の一様の低下を反映して，高集中地域から平準地域にかけておおむね一様に議席を減らしている．新自由クラブは大都市で 3 議席減である．共産党も大都市を中心として議席が減っているが，平準地域

第3節 1983年12月総選挙（第37回）

図 4-3-4 公明党候補者の集票率の変化

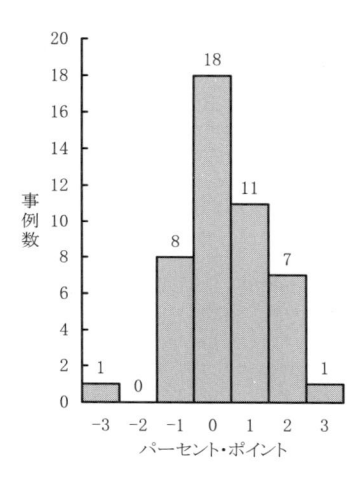

図 4-3-5 公明党候補者の当確指数の変化

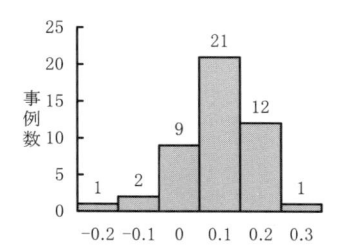

や低集中地域では議席が増えている．

共産党とは反対に，大都市を中心に議席を伸ばしたのが社会党である．そして，今回最も議席を伸ばした公明党は，どのタイプの選挙区でも議席を伸ばしていることがわかる．

そこで公明党について，その実際の力の増減を見るために，前回と今回とともに出場した46名の候補者について集票率と当確指数の変化を見たものが，

表 4-3-7 公明党候補者の人口集中度別集票率・当確指数の変化

	集票率の変化	当確指数の変化
高集中地域（26区）	+0.61	+0.1533
その他の地域（20区）	+1.34	+0.1297

表 4-3-8 高集中地域の党派別得票数の変化

	1983年	1980年	増減	1983/1980
自 民 党	5,471,589	6,383,191	−911,602	0.86
新 自 ク	915,502	1,104,503	−189,001	0.83
民 社 党	1,516,352	1,477,862	+38,490	1.03
公 明 党	3,345,970	3,045,181	+300,789	1.10
社 民 連	242,202	319,194	−76,992	0.76
社 会 党	3,010,364	3,167,191	−156,827	0.95
共 産 党	2,582,051	2,855,164	−273,113	0.90
諸 派	52,147	60,991	−8,844	0.85
棄権・無効	11,683,934	9,149,261	+2,534,673	1.28
当日有権者	28,820,111	27,562,538	+1,257,573	1.05

(注) 各政党系無所属はそれぞれの党に入れた.

図4-3-4と図4-3-5である．集票率に関しては，前回に比べて下がっている候補者もいるが，80％の候補者は前回に比べて増加している（平均は0.92ポイント，標準偏差は1.14）．その結果，93％の候補者の当確指数が前回よりも増加し，0.1から0.2あたりがピークを形成している（平均0.14，標準偏差は0.09）．これを選挙区のタイプ別に見たものが表4-3-7である．数が少ないので，高集中地域以外はまとめて示してある．高集中地域とその他を比べると，集票率の増加は前者のほうが少ないにもかかわらず，当確指数は前者のほうが高くなっていることがわかる．前者では投票率が大幅に下がったからである．

高集中地域に関して，もう少し具体的に各党の得票数を調べたものが表4-3-8である．前回に比べて得票数が増えたのは公明党と民社党だけである．なかでも公明党の増加が目立つ．前回に比べて10％ほど得票を増やしている．票を減らしたその他の政党では，社民連が24％，新自由クラブが17％，自民党が14％，共産党が10％，社会党が5％，それぞれ減少となっている．

そして，最後に棄権・無効が28％も増加している．以上から，単に保守系の票だけでなく，革新の票も棄権に回ったことが推測される．大都市では，中道勢力を除いて，保守，革新両勢力とも前回ほど票を集めることができなかっ

表 4-3-9 定数別各党候補者の当選順位 (1980→83年)

定数	順位	自民党	新自ク	民社党	公明党	社民連	社会党	共産党
3	1	43→30*	1→1	1→2	0→7		2→7	
	2	27→24	2→2	4→1	1→4		9→13	4→3
	3	16→26*	3→1	1→4*	4→4		21→11	2→1
	次	9→24*	1→1	5→4	9→0		8→7	15→11
4	1	34→26*	0→1	3→4	0→4	1→1	3→5	
	2	28→21	3→1	2→1	1→5*		7→12	0→1
	3	19→14	1→0	3→4	4→3	1→0	11→14*	2→6*
	4	12→22*	0→1	3→5	6→2	0→1	14→8	6→2
	次	14→19*	0→2	3→5	5→1		11→8	8→6
5	1	37→19*	1→1	0→1	0→8	0→1	3→10*	0→1
	2	31→20*		0→2	3→11	1→0	5→6	1→2
	3	21→19		5→6	0→5		13→9	2→2
	4	17→20*		3→4	7→4		9→11	5→2
	5	7→19	1→0	8→5	8→2		10→8	7→7
	次	6→25	2→1	3→2	13→0	0→1	9→4	7→7

(注) 奄美群島区は割愛した．無所属はそれぞれの政党系にいれた．なお，ほかに 80 年 5 人区次点に諸派 1 名あり．
＊は政党系の無所属を含めた数字．

たのである．

　最後に，今回の選挙結果を定数別に順位づけで眺めた表が表 4-3-9 である．自民党はどの定数区でも下位当選者が増え，それに対応して次点も増加している．公明党は，逆に上位当選者が増え，次点はわずかに 1 人だけであった．

第 4 節　1986 年 7 月総選挙（第 38 回）
―― 2 度目の衆参同日選挙で自民党圧勝

　1983 年の総選挙で自民党は 3 度目の過半数割れとなった．自民党は 9 人の保守系無所属候補を入党させることで辛うじて過半数を確保した．中曽根首相は，自民党敗北の原因の一つとなった田中角栄被告については「いわゆる田中氏の政治的影響力を一切排除する」とした総裁声明を出すことで党内からの批判をしのいだ．さらに，新自由クラブとの間に，政治倫理の確立，教育改革，行政改革，および，平和外交の推進の 4 項目の政策協定を結び，12 月 26 日には統一院内会派「自民党・新自由国民連合」を結成した．こうして再び内閣総

理大臣に指名された中曽根は，翌 27 日に第 2 次内閣を発足させた．新自由クラブから代表の田川誠一が自治大臣・国家公安委員長に就任した．48 年の芦田内閣以来の 35 年ぶりの連立内閣である．

　第 2 次中曽根内閣では行財政改革が引き続き推し進められた．中曽根の路線は，英米でサッチャーやレーガンによって採用された「小さな政府」の考え方で，民間の活力を最大限に引き出すためには政府はできるだけ規制緩和をし，国営企業の民営化を図るべきであるというものであった．それに従い，84 年 8 月には専売公社を，同年 12 月には電電公社を，それぞれ民営化する法案が成立した（85 年 4 月に NTT と日本たばこ産業が発足）．85 年 7 月には，国鉄再建監理委員会が，国鉄を 6 分割し，民営化することをうたった最終答申を行った．同じ 7 月には行革審が，民間活力を引き出すために 254 項目にわたる政府の許認可などの規制緩和などを答申している．

　中曽根首相のこうした改革の姿勢が評価され，国民の内閣支持率は非常に高い状態が続いた[20]．さらに中曽根首相に幸運だったことは，自民党最大派閥の事実上のリーダーであった田中角栄が 85 年 2 月に脳梗塞で倒れ，その政治生命が事実上絶たれたことである．これにより，中曽根首相は比較的に自由に政局運営を行うことが可能となったのである．

　これに対して社会党では「ニュー社会党」への脱皮の動きが顕在化していた．前回の総選挙の直前に委員長となった石橋政嗣は，自衛隊について「違憲・合法論」を提起した．これまで単に違憲として突き放していた自衛隊に対して，「違憲の自衛隊が"合法的"に存在している」という形で，それを事実上認めることを意図したものであったが，84 年 2 月の党大会で，自衛隊が「法的に存在している」と修正されて，運動方針に盛り込まれた[21]．

　さらに，結党 40 周年を機に党の基本方針の見直しをすることが決まり，それに基づいて 86 年 1 月の党大会で満場一致で「新宣言」が採択された．

　これよりも前，85 年 6 月に新宣言の草案は綱領等基本問題検討委員会の作業小委員会により作成された．それによると，①社会主義は，「人間解放をめざして一歩，一歩前進する」ことであり，「ある理念が実現された"川の向こう側の世界"ではな」く，「現実を出発点とする改革」の過程である，②社会党の理念は，「平和と共存，人権と博愛，個性と連帯に裏付けられた自由，民

主と自治，公正と平等，質の高い人間生活，自然と人間との共存」で，「日本国憲法は，まさにこの理念を具現化したものである」，③改革の過程は「参加と介入，政権と人々の自治」によって進展していく，④ソ連・東欧などの「共産主義」は「社会党のめざす社会主義とは異質でその方向はとらない」，⑤「市場経済の有効性」を生かしつつ，資源の乱用，公害，失業などをもたらさないよう「規制を加え」，経済が国民生活に適切に貢献するよう「誘導的な経済政策を展開する」，⑥生協やボランティアなどの連帯的な活動を重視し，社会諸分野で自治的な機関を発展させる，⑦連合政権はいまは「ふつうのこと」であり，憲法の完全実施と改革の進展とを条件に「どの党との政権関係にも積極的に対応する」，⑧社会党は「国民政党としてさまざまな階層に属し，多様な価値観をもつ国民多数に支持を求め，自民党にとってかわり政権を担当する」ことなどが提案されていた．

　9月の中央執行委員会ではこれに以下のような修正が施された．①副題を「愛と知と力のパフォーマンス」から「愛と知と力による創造」と変える，②社会主義についての規定の「人間解放」について「搾取，差別，疎外，環境破壊，抑圧，侵略，戦争など」の除去として具体化したうえ，改革の過程に加えて「社会の質的変革」を加える，③ソ連など「共産主義」を規定した部分を「いわゆる既存の社会主義」と改め，その欠陥を「中央集権計画経済，党と国家の一体化」など問題点を具体的に示す，④「参加と介入」に加え，「異議申し立てと抵抗」の意義も強調する，⑤連合政権のなかで社会党の「主体性と主導性を発揮」することを強調する，⑥「国民政党」の用語を「勤労国民すべてを代表し，あらゆる人々に開かれた国民の党」に変更する．そして，この案が党大会で採択されたのである[22]．

　新宣言は，これまでのマルクス・レーニン主義にもとづいて書かれた綱領的文書「日本における社会主義への道」を「歴史的文書」として，これにかわるものとして位置づけられたのである．

　社会党が「ニュー社会党」に脱皮しつつあるころ，総選挙の時期が近づきつつあった．しかし，その前には定数是正問題が浮上してきていた．1985年7月17日に最高裁大法廷は，83年総選挙における定数配分について，議員1人当りの有権者人口が最高で4.40倍の開きがあり，憲法が保障する選挙権の平

等に照らして，「全体として違憲」であるとする判決を下した．もっとも最高裁は83年の選挙自体に関しては「事情判決」の法理から有効という判断を下したが，5人の裁判官は補足意見の中で，「是正しないまま次の総選挙が行われた場合，選挙無効とすることもありうる」という意見を述べていた．定数是正が次回の総選挙の前提という考えが一般的となったのである．

しかし，衆議院議員定数是正問題は以後複雑な展開を見せた．中曽根首相が次回の衆議院選挙を86年の参議院選挙と同じ日に実施し，前回失った議席を回復することを念願したからである．野党は，定数の是正はやらざるを得ないものの，衆参同日選挙は回避しようとした．与野党の折衝の中で，5月8日に坂田道太衆議院議長によって提示された，議員を「8増7減」する調停案を与野党が受け入れた．これに基づき，5月23日に改正公職選挙法が公布された．改正の内容は以下の通りである[23]．

① 当分の間，衆議院議員の定数を512人とする（現行は511人）
② 当分の間，以下のように選挙区の定数を変更する．
北海道1区＝6人（現行，5人），秋田2＝3人（4人），山形2＝3人（4人），埼玉2＝4人（3人），同4＝4人（3人），千葉1＝5人（4人），同4＝4人（3人），東京11＝5人（4人），神奈川3＝4人（3人），新潟2＝3人（4人），同4＝2人（3人），石川2＝2人（3人），大阪3＝5人（4人），兵庫5＝2人（3人），鹿児島3＝2人（3人）．
③ 当分の間，選挙区の区割りを変更する．
あ）和歌山県海草郡の区域（現行，和歌山1区）は和歌山2区に移す．
い）愛媛県伊予市および伊予郡の区域（現行，愛媛1区）は愛媛3区に移す．
う）大分県大分郡狭間町の区域（現行，大分1区）は大分2区に移す．
④ 周知期間．「この法律は，公布の日から起算して三十日に当たる日以後初めて公示される総選挙から施行するものとすることとした」．

今回の定数是正は15選挙区の定数の増減と，三つの選挙区の区割りの変更によって，最高裁が合憲の範囲としている1票の格差を3倍以内におさめるも

第4節 1986年7月総選挙（第38回）

のであった．しかし，そのために，選挙区の議員定数がそれまで3人から5人であったものが（ただし，奄美群島区は1人），2人区が四つ，6人区が一つできることとなった．これによっていわゆる中選挙区制の概念が曖昧とならざるを得なくなった．

公選法が改正されても，中曽根首相は衆参同日選挙の実施に執念を抱いていた．坂田調停案が出された時に，30日間の周知期間を設定したために，6月下旬投票の総選挙の可能性は消え，7月以降に衆参同日選挙を行うためには，通常国会の会期延長か，臨時国会召集をしなければならないが，中曽根首相はそこまではやらないだろうという見方が多かった．しかし，中曽根首相は6月2日に臨時国会を召集し，同日，衆議院を解散した．投票日は参議院通常選挙と同じく7月6日と決められた[24]．

党派別立候補者数は表4-4-1に示した．前回，大きく議席を減らした自民党と新自由クラブは，それぞれ17人と5人ほど候補者を減らしている．その他の政党については，社会党が少し減らしたほかは，大きな変化は見られない．その結果，候補者総数は80年総選挙に次ぐ，戦後最低から2番目を記録した．

7月6日（日曜日）の投票日の天気は，梅雨前線が日本列島の南岸沿いにべったりとはりつき，北海道を除いてほぼ全国的に曇や雨だった．特に九州では強い雨も降った[25]．ということもあり，80年と同じく衆参同日選挙ではあったが，投票率は80年の74.57％には及ばず，71.40％と中位の投票率に終わった．

表4-4-2は選挙区の都市度別に見た場合の80年，83年，そして，今回の投票率の変化を見たものである[26]．それによると，今回投票率が上がったのは，農村的な平準地域，低集中地域で，都市的な地域では上昇は限定的なものであったことがわかる．その結果，農村的な地域では投票率は80年同日選挙と同じくらいであったが，都市的な選挙区では80年選挙よりはかなり低い水準に終わった．

選挙の結果は表4-4-1に示したとおりである．各党の集票率を見ると，自民党の3.7パーセント・ポイントの増加，社会党の1.1ポイント，続いて，民社

表 4-4-1　党派別立候補者数・得票数・当選者数・召集日議員数

	立候補者数(前回比)	得票数 (得票率)	集票率	当選者数	召集日議員数(前回比)
自民党	322　(−17)	29,875,501 (49)	35	300	304*　(+45)
新自ク	12　(−5)	1,114,800　(2)	1	6	6*　(−2)
民社党	56　(+2)	3,895,859　(6)	5	26	26**(−13)
公明党	61　(+2)	5,701,278　(9)	7	56	57　(−2)
社民連	5　(+1)	499,671　(1)	1	4	4**　(+1)
社会党	138　(−6)	10,412,585 (17)	12	85	86**(−27)
共産党	129　(0)	5,313,246　(9)	6	26	27　(0)
諸派	15　(−3)	120,627　(0)	0		
無所属	100　(+16)	3,515,043　(6)	4	9	2***(−1)
計	838　(−10)	60,448,610(100)	70	512	512　(+1)

＊自民党300名と新自由クラブ6名と無所属4名は会派「自由民主党・新自由連合」を届け出たが，自民党と無所属を自民党に，新自由クラブ分は新自由クラブに掲載した．＊＊社会民主連合は2名が民社党と組み，「民社党・民主連合」を，2名が社会党と組み，「日本社会党・護憲共同」という会派を届け出たが，4名はそのまま社民連というカテゴリーに入れた．＊＊＊無所属2名は元自民党である．

表 4-4-2　人口集中度別投票率の変化

	高集中地域	集中地域	平準地域	低集中地域	全国
1986年	63.02%	72.53	77.12	79.73	71.40
1983年	59.94	69.89	72.71	75.43	67.94
1980年	68.03	75.76	78.90	80.10	74.57
増減(83/80→86/83)	−8.09→3.08	−5.87→2.64	−6.19→4.41	−4.67→4.30	−6.63→3.46

党の0.4ポイントの減少が目立った．その結果，今回の総選挙で議席を伸ばしたのは自民党だけで，自民党は304議席を獲得し，前回を45議席も上回った[27]．自民党の完勝である．これに対して，野党は小政党である社民連を除き，すべて議席を減らした．中でも，社会党は前回より27議席も減らして，86議席となった．これはこれまでの最低であった69年の90議席よりもさらに少ない．社会党は「ニュー社会党」を掲げ，新宣言を採択して選挙に臨んだが，惨敗に終わった．また，民社党も前回から13議席減の26議席となった．公明党と共産党は，同日選挙であっても，特に都市的な地域で80年ほどには投票率が上がらなかったことも作用して，ほぼ前回並みの議席を確保することに成功した．

候補者の当確指数の分布を見ても（表4-4-3），自民党候補者のメディアンは0.9940となっており，非常に高く，全候補者の49%が絶対当選確実の域に

第4節 1986年7月総選挙（第38回）

表 4-4-3 党派別候補者の当確指数の分布

	0.2未満	0.4未満	0.6未満	0.8未満	1.0未満	1.2未満	1.4未満	1.6未満	1.6以上	メディアン
自民党		2	3	34	126	104	31	16	6	0.9940
新自ク			3	2	6		1			0.8218
民社党	1	10	4	24	15	1	1			0.7642
公明党				10	41	8	2			0.8687
社会党		3	11	59	51	11	3			0.7937
共産党	47	31	9	20	20	1	1			0.2477

表 4-4-4 定数別各党候補者の当選順位

定数	順位	自民党	新自ク	民社党	公明党	社民連	社会党	共産党	無所属
1	1	1							
	次								1
2	1	4							
	2	3		1					
	次	1					2	1	
3	1	38			1		2	1	
	2	27	1	1	4		7	1	1
	3	17		3	4	1	14	3	
	次	6	2	4	3		11	8	8
4	1	33	1	2	1		2		
	2	27	1		5	1	5*		
	3	16	1	3	7		10	2	
	4	19	1	4	3*		7	5*	
	次	4		6	1		17	8*	3
5	1	37			1	1		1	3
	2	32			5	1	4		1
	3	20	1	2	7		8	4	1
	4	12		2	12		14	3	
	5	11		8	6		12	6	
	次	6	2	9	1		11	9	5
6	1	1							
	2						1		
	3	1							
	4				1				
	5	1							
	6							1	
	次				1*				

*各政党系の無所属を含んだ数字.

達していた．社会党は，これに対して，全候補者の当確指数のメディアンを前回と比べてほぼ0.1ほど下げている．公明党や民社党も同様に前回よりも当確指数を下げている．

さらに，選挙区で第1位で当選した候補者の数を見ても（表4-4-4），自民党は1人区で1人，2人区で4人，3人区で38人，4人区で33人，5人区で37人，そして，6人区で1人と，全選挙区130のうち，114選挙区（88％）で1位を占めたのである．しかも，上位当選者の方が数が多いということは，80年同日選挙と同様に，今回も自民党に対するブームが起こったことを示している．これに対して，社会党の場合には，下位になるほど当選者が増えるという状況で，しかも，今回次点が，2人区で2人，3人区で11人，4人区で17人，5人区で11人，そして，6人区で1人と非常に多いのが目立つ．社会党が振るわなかった所以である．また，次点が多かった点では民社党も同じで，それぞれ，3人区4人，4人区6人，5人区9人となっている．民社党の当選者は最下位当選が多いのも今回の特徴であり，社会党と並び，民社党が全般的に振るわなかったことを示している．

そこで，各党の得票の状況を都市度別に選挙区を分けてみたのが表4-4-5である．この表は，それぞれの地域に10人以上の公認候補者がいる政党について，その候補者の集票率，当確指数を80年，83年，そして，86年について計算したものである．

まず，各党の集票率の変化を見ることにしよう（表4-4-5a, b）．自民党はいうまでもなく大都市から農村に行くにつれて集票率が上がっているが，83年は高集中地域を中心に集票率が下がっているのに対して，86年は，おおむねどのタイプの選挙区でも集票率は上昇している．その結果，86年の集票率は，大都市部では80年に及ばないものの，農村部では80年を超える状態となっている．保守復調が全国的に見られたことを示しているといえるだろう．

野党の集票率の状態はどうであろうか．野党は，今回は，高集中地域の共産党を除いて，すべて集票率を減少させている．民社党は83年には全体的に低下傾向を示したが，86年はそれがさらに顕著になったということができるであろう．公明党は，83年は農村部に行くにつれて集票率がより多く上昇しているが，今回は反対に農村部に行くにつれて下降率も上昇した．しかし，下降

表 4-4-5a 人口集中度別各党集票率（1980→83→86 年）

	高集中地域（%）	集中地域（%）	平準地域（%）	低集中地域（%）
自民党	14.41→ 9.42→12.18	15.81→13.07→14.49	15.96→13.43→15.71	17.69→16.02→18.76
新自ク	9.28→10.04→ -			
民社党	9.56→ 8.68→ 7.24	11.85→11.49→ 9.93	12.31→11.80→10.65	
公明党	11.22→11.87→11.46	10.80→12.45→11.64	9.71→12.02→11.05	
社会党	10.15→ 9.76→ 9.55	12.87→11.94→11.38	13.84→13.49→12.89	13.98→14.55→12.74
共産党	10.35→ 9.15→ 9.50	6.76→ 5.97→ 5.81	5.08→ 4.33→ 3.87	4.42→ 3.76→ 3.20

(注) それぞれのタイプの地域に10人以上の候補者を立てた政党について集計.

表 4-4-5b 人口集中度別各党集票率の変化（1980-83 年→83-86 年）

	高集中地域	集中地域	平準地域	低集中地域
自民党	-4.99→ +2.76	-2.74→ +1.42	-2.53→ +2.28	-1.67→ +2.74
新自ク	+0.76→ -			
民社党	-0.88→ -1.44	-0.36→ -1.56	-0.51→ -1.15	
公明党	+0.65→ -0.41	+1.65→ -0.81	+2.31→ -0.97	
社会党	-0.39→ -0.21	-0.93→ -0.56	-0.35→ -0.60	+0.57→ -1.81
共産党	-1.20→ +0.35	-0.79→ -0.16	-0.75→ -0.46	-0.66→ -0.56

表 4-4-5c 人口集中度別各党候補者の当確指数（1980→83→86 年）

	高集中地域	集中地域	平準地域	低集中地域
自民党	1.0712→0.7955→1.0237	1.0559→0.9279→1.0142	1.0159→0.9150→1.0131	1.0527→0.9915→1.0521
新自ク	0.6688→0.8272→ -			
民社党	0.7722→0.7883→0.6427	0.8171→0.8631→0.7231	0.7959→0.8185→0.7095	
公明党	0.8303→0.9868→0.9470	0.7729→0.9216→0.8702	0.7287→0.9576→0.8379	
社会党	0.7693→0.8303→0.8259	0.8646→0.8574→0.8019	0.8714→0.9106→0.8230	0.8390→0.9163→0.7254
共産党	0.7730→0.7656→0.7847	0.4646→0.4389→0.4245	0.3255→0.2954→0.2557	0.2549→0.2481→0.1863

表 4-4-5d 人口集中度別各党候補者の当確指数の変化（1980-83 年→83-86 年）

	高集中地域	集中地域	平準地域	低集中地域
自民党	-0.2757→ +0.2282	-0.1280→ +0.0863	-0.1009→ +0.0981	-0.0612→ +0.0606
新自ク	+0.1584→ -			
民社党	+0.0161→ -0.1456	+0.0460→ -0.1400	+0.0226→ -0.1090	
公明党	+0.1565→ -0.0398	+0.1487→ -0.0514	+0.2289→ -0.1197	
社会党	+0.0610→ -0.0044	-0.0072→ -0.0555	+0.0392→ -0.0876	+0.0773→ -0.1909
共産党	-0.0074→ +0.0191	-0.0257→ -0.0144	-0.0301→ -0.0397	-0.0068→ -0.0618

表 4-4-6　人口集中度別の党派別議席数（1980→83→86 年）

	高集中地域	集中地域	平準地域	低集中地域
自民党	46*→37 →50	66*→57*→70*	124*→111*→128*	57→56→58*
新自ク	8 → 5 → 4	2 → 2 → 2	1 → 1 → 0	1→ 0→ 0
民社党	10 →13 → 7	8*→10*→ 7	13 → 12 → 9	2→ 4→ 3
公明党	23 →32 →31	8*→14 →13*	2 → 11 → 11	1→ 2→ 2
社民連	2 → 1 → 2		0 → 1 → 1	1→ 1→ 1
社会党	21 →25*→19	25 →28 →21	43 → 45*→ 35*	18→16→11
共産党	18 →15*→21*	7 → 5 → 5	3 → 5 → 1	1→ 2→ 0
合計	128→128→134	116→116→118	186 →186 →185	81→81→75

*それぞれの政党系の無所属を含む．

分は前回の上昇分よりも少ないので，86年の公明党の集票率は80年よりも上昇している．共産党は，83年も農村部を中心に集票率が低下しているが，86年は前回ほどではないにしても，同じ傾向が続いていて，集票率は全般に低下している．しかし，大都市（高集中地域）では集票率が今回は上昇していることが注目される．

最後に，今回最も議席を減らした社会党であるが，社会党は76年総選挙のころから，大都市から農村に行くに従って集票率が上昇するパターンとなっている．社会党の集票率は，83年も下降傾向にあったが，86年には農村に行くほどに下降の程度が大きくなっている．

その結果の当確指数の変化を示したのが表 4-4-5c, d である．自民党の得票率は高集中地域で特に上がっている．この地域では共産党が得票率を上げているのが注目される．民社党は高集中地域と集中地域でもっとも落ち込んでいるし，また，平準地域でも相当得票率が落ちている．これが民社党の議席の減少に関係していると思われる．

最後に，都市度別に各党の獲得議席を示したのが，表 4-4-6 である．自民党は，もともと多数の当選者を出している低集中地域を除いた三つの地域で2桁の増加である．民社党の議席減少は特に高集中地域に顕著に見られる．公明党はわずかに議席を減らしたに過ぎない．これに対して，社会党はどのカテゴリーでも大きく議席を失っている．表 4-4-5d によると，社会党の当確指数の減少は公明党に比べておおむね少なめに出ているにもかかわらず，社会党の議席が大幅に減った理由としては，83年の公明党と社会党の当選者の平均当選

第4節　1986年7月総選挙（第38回）

図 4-4-1　社会党候補者の集票率の変化

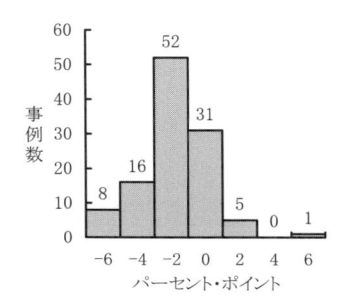

（ヒストグラム：横軸 パーセント・ポイント、縦軸 事例数）
-6: 8, -4: 16, -2: 52, 0: 31, 2: 5, 4: 0, 6: 1

図 4-4-2　社会党候補者の当確指数の変化

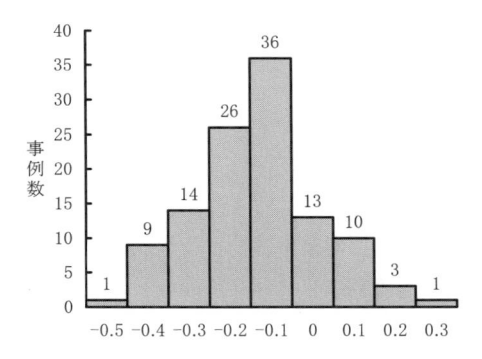

（ヒストグラム：縦軸 事例数）
-0.5: 1, -0.4: 9, -0.3: 14, -0.2: 26, -0.1: 36, 0: 13, 0.1: 10, 0.2: 3, 0.3: 1

順位を比べると，公明党は3人区＝1.8位，4人区＝2.2位，5人区＝2.4位であり，前回示したように比較的に上位当選が多かったのに対して，社会党は3人区＝2.1位，4人区＝2.6位，5人区＝3.0位となっており，得票率の減少が落選者を多く出したことにつながったと考えられる．そして，共産党は大都市部で議席を増やしているのが注目される．

そこで，今回の選挙でもっとも議席を減らした社会党についてさらに詳しく見てみることにしよう．83年と86年を比較するに当たり，二つの選挙にともに出場した113人の候補について，改めて集票率と当確指数の分布を見たものが図4-4-1と図4-4-2である．

表 4-4-7 社会党候補者の人口集中度別集票率と当確指数の変化

	集票率	当確指数
高集中地域（26区）	−0.22	−0.0080
集中地域（29区）	−0.64	−0.0593
平準地域（40区）	−0.75	−0.0935
低集中地域（18区）	−1.43	−0.1825

表 4-4-8 定数増加選挙区の各党議席数

	自民党	新自ク	民社党	公明党	社会党	共産党	合計
1986年	16	2	1	8	5	5	37
1983年	9	3	1	8	7	1	29
増減	+7	−1	0	0	−2	+4	+8

表 4-4-9 定数減少選挙区の各党議席数

	自民党	民社党	社民連	社会党	合計
1986年	14	1	1	1	17
1983年	16	1	1	6	24
増減	−2	0	0	−5	−7

(注) その他の政党は議席なし．

　今回，社会党は総じて集票率を下げているが，集票率を上げた候補者も3分の1もいるし，また，当確指数を上げた候補も4分の1ほどいることがわかる．しかし，113名の平均をとると，集票率で0.71ポイント減（標準偏差1.91），当確指数で0.08減（標準偏差0.15）となる．これを都市度別に分けてみたものが表4-4-7で，既に上で見た傾向が明確に出ていて，大都市から農村部に行くほど，集票率も当確指数も落ちていることが明白である．

　最後に定数是正の効果について検討してみたい．今回，定数が増加した8選挙区について前回と今回の議席数を比較したものが表4-4-8である．大都市の投票傾向を反映して，自民党が最も大きく，続いて共産党が大きく議席を増加させている．その他は，社会党と新自由クラブが議席を減らし，公明党と民社党は増減なしだった．

　反対に，定数が減少した7選挙区の様子を見たものが表4-4-9である．社会党が5議席を減らし，わずかに1人となった．自民党は2人減少したが，割合

からすれば，83年の67%から82%へと上昇した．

　今回の選挙に限れば，自民党は定数減少区の被害を最小限に食い止める一方で，定数増加の選挙区で議席数を大幅に増加した．差し引き+5の成績となった．社会党はこれとは対照的に-7議席であった．両党の明暗を分ける定数是正であった．

第5節　1990年2月総選挙（第39回）——社会党の躍進

　1986年総選挙の結果は社会党と新自由クラブにインパクトを及ぼした．結党以来の最低の議席となった社会党では石橋委員長がその責任をとり辞職，9月8日に土井たか子が中央執行委員長に選出された．主要政党で初の女性党首である．また，新自由クラブは，自民党が304議席をとったことを受けて，8月15日解党した．河野代表ら5人は自民党に復帰した．田川誠一だけが残り，進歩党を結成した．

　さて，304議席を獲得した中曽根首相は7月22日に第3次内閣を組織した．自民党の勝利について中曽根は「304議席以降は55年体制に代わる86年体制のスタートである」として，「だから新しい方向に進んで，そういう方向への新しい体制を作ろうではないか．今までのお客さんは大事にして，さらに左にウィングを伸ばして，いわゆる中道右派あるいは中央・中道のセンターラインまで手を伸ばして」と，今後の自民党が進むべき道を示したのである[28]．

　自民党は中曽根によってもたらされた大勝に対して，総裁の任期を1年延長することで感謝の意を表した．自民党の総裁は2期4年が限度であったからである．86年11月には行財政改革のひとつの目玉であった国鉄の分割・民営化法案が成立した．中曽根は，任期の最後は，マル優の廃止と，売上税という消費税の導入を目論んだが，強い反対に遭遇して，その目論見は頓挫することになる．国民の内閣支持率も87年に入り，支持しないとするものが支持するものを上回った[29]．

　87年10月，竹下登が中曽根により自民党総裁に指名され，11月6日に竹下内閣が成立した．88年12月に，竹下は周到な準備で，前政権の課題であった3%の消費税導入を含む税制改革関連法案を成立させた．

しかし，これよりも前に88年6月以降，リクルートが，政界，官界，財界，マスコミ，そして，学界にリクルート・コスモス社の未公開株を譲渡して，2年後の公開時に値上がり益を享受させたことが明るみに出た．株の譲渡を受けた政界の要人には自民党の中曽根，宮沢喜一，安倍晋太郎らのほか，塚本三郎民社党委員長らもはいっていた．この件で，中曽根内閣の官房長官であった藤波孝生が受託収賄罪で逮捕された．そして，89年3月から4月にかけて，竹下首相自身もリクルートから献金やパーティ券の購入などの名目で多額の金額を受け取っていたことがわかり，竹下は4月25日に首相退陣を表明せざるをえなくなった．

　自民党における竹下の後継者探しは，自民党の有力者がほとんど全員リクルート・コスモス株を受け取っていたために難航したが，結局，安倍派の宇野宗佑が6月3日に首相に就任した．派閥のリーダーでない首相が出たのは自民党結成以来初めてのことで，政界の混乱を表現している．しかし，内閣成立の直後，宇野首相に対しては，40歳の元芸者が月30万円で囲われていたと週刊誌に告白する記事が掲載され，政権イメージに大きなダメージを与えた．内閣支持率も，支持が23％であったのに対して，不支持は57％だった[30]．

　このように自民党にとり非常に不利な，逆に，野党には攻めやすい状況で，7月23日に参議院選挙が行われた．参議院選挙では，リクルート問題，消費税の導入問題，そして，88年6月に政府がアメリカ政府と合意した牛肉とオレンジの自由化をめぐる農業の保護問題のいわゆる3点セットが争点となった．首相の女性問題も取り上げられたことはいうまでもない．

　参議院選挙の比例代表区では，主要な政党は前々回に比べてすべて票を減らした．その中で，社会党だけが得票を増加させ，前々回に比べて1210万票も増やした．その結果，前々回の2.6倍の1969万票を獲得し，ついに自民党を抜いて比例区で第1党となった．また，選挙区選挙でも同じ傾向が現れた．それを端的に示すのは，従来は自民党が多数を占めていた1人区の成績である．この参議院選挙で1人区で自民党が当選したのはわずかに3県（選挙区）に過ぎず，それにかわり，労働組合の連合がたてた候補が10人，社会党公認候補が9人，社会党が推薦した諸派・無所属候補が4人当選した．かくして社会党は選挙区選挙でも26人の当選者を出し，比例区と合わせて合計して46人が当

第5節 1990年2月総選挙（第39回）

選した（前々回22議席）．これに対して自民党は36議席にとどまった（前々回＝68議席＋自ク連2議席）．

これによって自民党は参議院で過半数を大きく割り込み，与野党の議席が逆転することとなった[31]．参議院が第2院であるということも手伝って，特に参議院の比例区の投票行動に端的に現れているように，有権者の投票行動が非常にヴォラタイルになっていることを示している．60年代の末から支持政党なし層が増加し始め，70年代の後半以後，支持政党なし層は弱い形で保守的な傾向を示していたが，リクルート疑惑や首相のスキャンダル，消費税の導入，そして，農産物の自由化など，自民党に不利な争点が顕在化すると，票は，単に棄権にとどまらず，野党側に大きく動くことを参議院選挙は明らかにしたのである．

さて，参議院選挙の惨敗の責任をとり，宇野首相は辞意を表明した．かわって，海部俊樹が8月9日に首相に就任した．海部は河本派に属しており，宇野と同じく派閥のリーダーではなかった．けれども，海部は初の昭和生まれの首相で，年齢も59歳と若かった．水玉模様のネクタイも話題となり，比較的高い支持率を得た．こうして，海部は自民党に対する「逆風」の程度をみはかりながら，90年1月24日に衆議院を解散した．前回総選挙から3年6か月が経過していた．

今回の選挙の党派別立候補者数は表4-5-1に示した．自民党と社会党がかなり立候補者を増やしている．社会党は，参議院選挙での風を受けるための措置であり，自民党の場合は，前回の勝利と新自由クラブが復党したことが候補者増加につながったと思われる．

各紙の事前予測は，社会党が復調し，自民党が前回並みには届かないものの，安定多数の271議席には届きそうであるとしていた．ちなみに『朝日新聞』は，①自民党は，公認候補だけで安定多数の271議席に迫る勢いにある，②社会党は120議席前後まで回復する，③公明党は解散時の54議席をかなり下回る，④共産党，民社党は現状維持が微妙，という予測を出している[32]．

投票日の2月18日（日曜日）の天気は，移動性高気圧に北から覆われてい

表 4-5-1 党派別立候補者数・得票数・当選者数・召集日議員数

	立候補者数（前回比）	得票数（得票率）	集票率	当選者数	召集日議員数（前回比）
自 民 党	338（+16）	30,315,417（46）	34	275	286（-18）
進 歩 党	7	281,793（0）	0	1	1*
民 社 党	44（-12）	3,178,949（5）	4	14	14（-12）
公 明 党	58（-3）	5,242,675（8）	6	45	46（-11）
社 民 連	6（+1）	566,957（1）	1	4	4*（0）
社 会 党	149（+11）	16,025,472（24）	18	136	140（+54）
共 産 党	131（+2）	5,226,987（8）	6	16	16（-11）
諸　　派	64（+49）	58,536（0）	0		
無 所 属	156（+56）	4,807,524（7）	5	21	5（+3）**
合　　計	953（+115）	65,704,311（100）	73	512	512（0）

*進歩党と社民連は衆議院で「進歩民主連合」を届け出ているが，ここでは分けて掲載してある．**無所属には保守系が中曽根康弘，藤波孝生，亀井久興の3人，革新系が岡崎宏美と吉岡賢治の2人．

表 4-5-2 人口集中度別投票率の変化

	大都市型	都市型	地方都市型	非都市型
1990年	66.61%	75.43	78.42	82.37
1986年	63.42	74.04	77.27	81.12
増　減	+3.19	+1.39	+1.15	+1.25

て，ほぼ全国的に晴れて暖かくなった．しかし，この晴天も長続きせず，西から気圧の谷が近づき，九州は午後には下り坂で，夜は全域で雨が降った[33]．投票率は73.31%であった．最近では高めの投票率であった．都市と農村部にわけて，投票率を前回と比較したものが表4-5-2である[34]．これを見れば，今回は大都市を中心に投票率が上がったことがわかる．80年総選挙ほどドラスティックではないが，それと類似した傾向である．大都市のいわば浮動層が新たに投票所に足を運んだのである．

選挙の結果は表4-5-1に示したようになった．まず集票率を見ると，社民連を除き，集票率が上昇した政党は社会党だけで，しかも社会党は5.69パーセント・ポイントも上昇している．集票率の伸びは実に47%にも上っている．これに対して，その他の政党はすべて集票率が下がっている．この状況が獲得議席に反映しているわけで，議席数を見ると，議席を伸ばしたのは社会党だけであり，しかも，その増加数は54議席にものぼった．140議席は社会党に

第5節 1990年2月総選挙（第39回）

とって67年総選挙に並ぶ成績であった．得票数から見ても，社会党は前回に比べて，実に54％も増加している．これは参議院選挙比例代表区の増加，2.6倍には及ばないものの，社会党を盛り上げる巨大なうねりであり，参議院選挙のときの余波がまだ残っていることを示すものであった．

その他の野党はすべて議席数を減らしている．割合からもっとも議席を減らしたのは民社党と共産党で，議席数はほぼ半減した．公明党も11議席ほど減少している．

これに対して，与党の自民党は18議席の減少である．自民党の場合は新自由クラブの大部分が前回以後合流しているから，その5議席を入れれば，23議席の減少となろう．しかし，それでも，自民党は衆議院で委員会の委員長を出しても過半数を維持することができる安定多数（271議席）を確保することができた．この選挙は自民党にとっても，満足できる選挙であったということができるであろう．

社会党が突出した選挙であったことは，党派別の候補者の当確指数の分布を見ても明らかである（表4-5-3）．0.4未満の候補者が0であった選挙は社会党にとり初めてのことであり，これは社会党候補者全体が相対的に高い得票率を得たことを示す数字である．実際，社会党候補149人の当確指数のメディアンは当選確実である1を超えて，1.0455である．また，1を超えている候補者は全体の6割である．自民党の最高値は80年同日選挙で，それでも5割であることを考えれば，今回の選挙は社会党の大勝利であった．

さらに，選挙区での当選順位を見ても（表4-5-4），社会党は1位当選者が圧倒的に多くなっている．3人区で22人（全体42選挙区），4人区で24人（39選挙区），5人区で26人（43選挙区）が第1位で当選しており，それぞれ1位当選者がもっとも多くなっている．これに対して，民社党や公明党や共産党は下位当選者が多くなっている．自民党は両者の中間という感じである．ちなみに各党の平均当選順位をとってみると，3人区で社会党が1.5位，自民党が2.1位，公明党が2.3位，民社党が3位となっている．4人区では，社会党が1.8位，自民党が2.6位，共産党が3.2位，民社党が3.3位，公明党が3.6位である．最後に，5人区では，社会党が2.1位，自民党が3.0位，民社党が3.8位，共産党が4.0位，公明党が4.2位となっている．

表 4-5-3 党派別候補者の当確指数の分布

	0.2未満	0.4未満	0.6未満	0.8未満	1.0未満	1.2未満	1.4未満	1.6未満	1.6以上	メディアン
自民党			2	10	65	178	61	19	1	2	0.8922
民社党		5	12	14	12	1				0.6609
公明党				38	18	2				0.7741
社会党				3	18	41	58	20	8	1	1.0455
共産党	52	29	16	23	9	1	1			0.2425

(注) 社民連や進歩党は数が少ないので省略した。

表 4-5-4 定数別各党候補者の当選順位

定数	順位	自民党	民社党	公明党	社民連	社会党	共産党	進歩党	革新系無所属
1	1	1*							
	次	1							
2	1	2				1			1
	2	3				1			
	次	4*							
3	1	19		1		22			
	2	30*		2		10			
	3	29*	2	3	1	5*	2		
	次	21*	5	5		3	7		1
4	1	15*				24			
	2	25*	1	1		11	1		
	3	25*		4*	1	7	2		
	4	22	2	9		4	2		
	次	19*	8*	2	1	4*	4		1
5	1	14			2	26	1		
	2	30*	1	1		10		1	
	3	33	2	4		4			
	4	21*	4	8		6*	4		
	5	19*	2	12		6	3		1
	次	14*	10	5		4*	10		
6	1					1			
	2					1			
	3	1							
	4	1							
	5						1		
	6			1					
	次	1							

*それぞれの政党系の無所属を含めた数字。

表 4-5-5 人口集中度別各党集票率の変化（1986→90年）

	大都市型	都市型	地方都市型	非都市型
自民党	23.2→24.7(+1.5)	38.2→40.2(+2.0)	50.1→48.1(-2.0)	54.4→56.1(+1.7)
民社党	5.0→ 3.5(-1.5)	4.7→ 4.1(-0.6)	4.8→ 3.6(-1.2)	2.5→ 1.1(-1.4)
公明党	10.9→ 9.6(-1.3)	7.0→ 5.2(-1.8)	2.5→ 3.0(+0.5)	2.8→ 0 (-2.8)
社会党	10.5→17.0(+6.5)	12.8→19.7(+6.9)	14.3→18.4(+4.1)	13.0→19.3(+6.3)
共産党	8.9→ 8.0(-0.9)	6.2→ 5.5(-0.7)	3.7→ 3.9(+0.2)	4.3→ 2.2(-2.1)

（注）無所属候補のうち自民・保守系は自民党に，また各党の推薦候補（選挙協力を除く）はそれぞれの党に含めてある．括弧内は前回との差である．

表 4-5-6 人口集中度別の党派別当選者数

	大都市型		都市型		地方都市型		非都市型	
	1986年	1990年	1986年	1990年	1986年	1990年	1986年	1990年
自民党	56+4	60*	93*+2	87*	121*	113*	36*	30*
民社党	8	6	8	2	9	5	1	1
公明党	31	27	15*	12*	11	7		
社民連	2	2			1	1	1	1
社会党	23	39*	25	42*	32*	47	6	11
共産党	21*	9	5	5	1	2		
その他		2**						1***
合計	145	145	148	148	175	175	44	44

（注）自民党の欄のプラス数字は86年の新自由クラブの議席である．＊無所属を含む．＊＊進歩1＋革新系無所属1．＊＊＊革新系無所属1．

　次に，今回の結果をさらに詳しく都市度別に各党の集票率とその変化を見たものが，表4-5-5である[35]．各党の集票率の変化から三つのパターンが現れてくる．①社会党の集票率はどのカテゴリーでもおおむね6パーセント・ポイント以上上昇している．社会党のうねりは全国的な現象である．②民社党と公明党と共産党はおおむね集票率をどのカテゴリーでも下げている．これもおおむね全国的な傾向である．おそらくは，前回にこれらの政党に投ぜられた票の一部が社会党に流れたものと考えてもいいであろう．③自民党はおおむねどのカテゴリーでも集票率を上げており，その規模はどのカテゴリーでもあまり変わらない（地方都市型は例外）．今回の総選挙では社会党の突出した勝利が強調されるが，実は集票率のレベルでは自民党も健闘しているのである．今回の比較的高い投票率の結果，弱い自民党支持者が投票所に行き，自民党に投票したものと考えられる．

都市度別の各党の獲得議席を調べたものが表4-5-6である．社会党はどのカテゴリーでも大幅に議席を伸ばしている．民社党や公明党は反対にどこでも議席を失っている．そして，自民党であるが，都市型，地方都市型，非都市型のカテゴリーで自民党は議席を失っているが，大都市では，新自由クラブ分をいれても，前回と同じ議席を獲得したことが注目される．先に述べたように，自民党の集票率はおおむねどのカテゴリーでも今回上昇しているが，それが他政党との比較で，大都市の議席が現状維持という形で現れたものである．保守回帰のひとつの印と見ることができよう．

第5章　政権交代の総選挙
――1993年7月総選挙（第40回）――

第1節　はじめに

　自民党は1990年2月の総選挙で安定多数を確保することができた．この年の8月にイラクがクウェートを侵略した．これに対して海部内閣は平和協力法案を作成し，自衛隊を派遣して，医療や輸送などの非軍事的業務に従事させることを企図したが，野党の強い反対で法案は成立しなかった．また，国内の問題としては，リクルート事件を受けて，選挙制度の改革が問題となった．

　90年4月に第8次選挙制度審議会が小選挙区比例代表並立制と政治資金制度の改革を答申した．答申の法案化にあたっては自民党内での意見調整に手間取り，ようやく91年7月に政治改革関連3法案が閣議決定された．3法案とは，①小選挙区を300議席，比例区を171議席とする小選挙区比例代表並立制を導入する公職選挙法の改正，②企業や労働組合からの政治献金を原則として政党に限定することを中心とした政治資金規正法の改正，そして，③国が政党に対して助成を行う公的助成法案である．

　しかし，この法案に対しては野党はもとより，与党内部からも反対があり，法案を審議していた衆議院政治改革特別委員会理事会で廃案とすることが決定したが，海部首相は，法案成立のために「重大な決意」をもっていると発言して，衆議院の解散を示唆した．しかし，この発言でそれまで海部首相を支えていた竹下派が，海部の指導力不足を理由に離反し，海部首相は退陣を余儀なくされた．

　かわって91年11月に首相に就任した宮沢喜一は，92年6月に公明党と民社党の協力を得て「国際連合平和維持活動等に対する協力法案（PKO協力法案）」と国際緊急援助隊派遣法改正案を成立させた．こうした中で，8月に，

商法の特別背任で起訴された東京佐川急便の渡辺広康元社長から自民党の実力者である金丸信副総裁が5億円を受け取っていたことが判明した．金丸はその責任を取り，10月に衆議院議員を辞職した．また，渡辺元社長の公判を通じて，87年の自民党総裁選挙で竹下登候補を「ほめ殺し」していた右翼に対して金丸が広域暴力団稲川会の石井進前会長に選挙妨害中止を依頼していたことも明るみに出た．金丸副総裁の辞任を受けて，それまで自民党最大の派閥であった竹下派が分裂し，小沢一郎や羽田孜を中心としたグループが派閥を離脱して，政治改革を正面に掲げる「改革フォーラム21」（羽田・小沢派）をつくった．

　これより先，92年5月には，前熊本県知事の細川護熙が「日本新党」を結成した．同党は12月，同党の政策大綱とその具体策である政策要綱を発表した．大綱には，現行憲法について，自衛隊の海外派遣など，かつて想定されていなかった事態が起き，実態に合わなくなってきたとして，改正の必要性を訴えている．さらに，コメの市場開放問題では「あらゆる経済取引の国内市場開放に向けて経済構造の抜本的改革に取り組む」として積極的に推進する方針を明記している．要綱には，地方自治体の権限を強める「地方主権確立基本法」の制定や，政治資金規正法の罰則強化，情報公開法の制定なども盛り込んだ．

　そして，その年の10月，自民党の武村正義と田中秀征は細川新党との合流をにらんで，新党の準備を始めていた．93年1月には武村グループと細川との連携を狙って「制度改革研究会」が発足した[1]．

　こうした中で，92年12月10日に衆議院議員の定数是正のための公職選挙法の改正案が成立した．いわゆる9増10減の是正で，その結果，定数が増えた選挙区は，千葉4区＝5人，神奈川4区＝5人，埼玉5区＝4人，埼玉1区＝4人，神奈川3区＝5人，埼玉2区＝5人，広島1区＝4人，福岡1区＝6人，大阪5区＝5人である．反対に，定数が減った選挙区は，東京8区＝2人，宮崎2区＝2人，宮城2区＝3人，三重2区＝3人，大分2区＝2人，奄美群島区を鹿児島1区に編入，長野3区＝3人，熊本2区＝4人，和歌山2区＝2人，岩手2区＝3人となった．これによって，1票の格差は3.38倍から2.77倍へと縮小された（90年国勢調査ベース）．その結果，選挙区の構成は，2人区が8，3人区が39，4人区が34，5人区が46，6人区が2，合計129選挙区，

定数511人となった.

　さらに,海部内閣からの懸案であるいわゆる政治改革に関しては,93年3月に自民党が,衆議院定数500の単純小選挙区制の導入を柱とする政治改革関連4法案を衆議院に提出した．これに対して，社会党と公明党は，4月に衆議院に小選挙区比例代表併用制を導入する案を基本とする関連6法案を衆議院に提出し，本格的な論議が国会で行われるにいたった．宮沢首相は当初，いわゆる政治改革をこの国会でやる意欲を示していたが，自民党案の小選挙区制と野党案の比例代表制とではあまりにも隔たりは大きく，国会での審議は難航した．その結果，6月には宮沢首相はこの国会での政治改革関連法案の成立を断念した．

　6月18日夜，野党は通常国会において宮沢内閣が政治改革を実現できなかったことの責任を問うた宮沢内閣不信任案を提出した．この不信任案には，自民党からは羽田・小沢派のほか一部の議員が賛成票を投じたほか，欠席した議員もいたために，衆議院で賛成255，反対220で可決された．宮沢内閣はその夜，ただちに衆議院を解散した．

　6月21日，武村正義を中心とする若手代議士10人が自民党を離党し，武村を代表に「新党さきがけ」を結成した．続いて23日には羽田・小沢派の国会議員44人が自民党を脱党して「新生党」を結成した．羽田孜が新党の代表に就任した．この時点で衆議院における自民党の勢力は228となり，総議席512（ただし欠員15）の過半数を完全に下回ることになった．

第2節　争点と有権者の意識

　93年総選挙は7月4日に公示された．党派別立候補者数は表5-2-1に示した．既成政党は多かれ少なかれすべて候補者を減らしている．中でも自民党は，新生党と新党さきがけの部分が抜けた結果，53人減の285人にとどまった．285人は衆議院議員定数の56％にしか過ぎない．

　各党が選挙区の都市度に応じてどのような立候補戦術をとったのかを調べたものが，表5-2-2である[2]．それぞれのカテゴリーの議員定数の割合から見て，既存の政党では，自民党が地方都市から非都市地域への立候補が多いのが目に

表5-2-1 党派別立候補者数

自 民 党	285 (−53)
さきがけ	16
新 生 党	69
日本新党	57
民 社 党	28 (−16)
公 明 党	54 (−4)
社 民 連	4 (−2)
社 会 党	142 (−7)
共 産 党	129 (−2)
諸 派	62 (−2)
無 所 属	109 (−47)
合 計	955 (+2)

(注) 括弧内の数字は前回との比較である.

表5-2-2 人口集中度別の党派別立候補状況

	大都市	都市	地方都市	非都市
自 民 党	64 (22%)	81 (28)	111 (39)	29 (10)
さ き が け	7 (44)	2 (13)	6 (38)	1 (6)
新 生 党	21 (30)	19 (28)	24 (35)	5 (7)
日 本 新 党	27 (47)	21 (37)	7 (12)	2 (4)
民 社 党	10 (36)	8 (29)	9 (32)	1 (4)
公 明 党	32 (59)	13 (24)	9 (17)	
社 民 連	2 (50)		1 (25)	1 (25)
社 会 党	38 (27)	43 (30)	48 (34)	13 (9)
共 産 党	35 (27)	37 (29)	43 (33)	14 (11)
諸 派	45	8	9	
無 所 属	37	30	35	7
議 員 定 数	152 (30)	149 (29)	171 (33)	39 (8)

付く.反対に公明党は大都市に立候補が集中している.今回の選挙で新たに登場した日本新党は明らかに大都市や都市部をターゲットとしているが,新党さきがけや新生党は特に大都市を意識した立候補戦術をとらなかった.

選挙戦において各党は前国会からの懸案である「政治改革」を訴えたが,それだけに争点としては鮮明さを欠いたことはいなめない[3].むしろ,自民党が過半数を割ったなかで争われた総選挙だっただけに,自民党がどの程度過半数を割るのかにもっとも大きな関心が注がれた.それにより総選挙後の政権の形,「自民継続か非自民連立か」[4]が左右されると考えられたからである.

野党党首は，政治腐敗を断つためにも，政権交代を国民に強く訴えた．これに対して宮沢首相は，安全保障や原子力発電など基本政策が異なる野党の連立は「野合」であると批判する一方で，「山花貞夫［社会党］委員長は連立政権ができたら，現政権の政策を継承するというが，それなら社会党の存在理由はどうなるのか」と応戦した[5]．

このような政党側の訴えかけに対する有権者の反応を，争点，望ましい政権の形態，政党支持率の3点について以下に示すことにする．

(1) 争　　点

読売新聞社の11万人調査では，「あなたは，この選挙で投票する候補者を決めるとき，とくにどのような政治問題を重視しますか．あれば次の中から，いくつでもあげて下さい」とたずねている[6]．結果は表5-2-3に掲げた．

前回の90年総選挙では，3分の2の有権者が消費税問題を重視すると答えているのに対して，今回の場合医療・福祉・年金，物価・景気，政治倫理・政治改革，消費税など税制改革がほぼ同じ程度に選択されているのが特徴である．ここから，政治改革問題は国民の候補者選択において前回の消費税問題ほどインパクトを与えてはいないと言える．しかし，前回と比較してみると，今回は物価・景気問題と政治倫理・政治改革問題を挙げる有権者が大きく増加していることがわかる．

もっとも，読売新聞社とは異なり，「今回の選挙で最も重視する政策課題は

表 5-2-3　有権者が重視する争点

	1993 年	1990 年
政治倫理・政治改革	42.6%	31.4
消費税など税制改革	36.9	63.6
物価・景気	44.8	30.2
外交・防衛	14.1	10.8
PKO など国際貢献	14.6	−
土地・住宅	16.7	24.9
農政	10.9	13.2
医療・福祉・年金	49.5	44.5
教育	17.5	18.5
なし，答えない	6.7	6.8

(ひとつだけ選んでください)」という日本経済新聞社の調査結果を見ると，政治改革・政治倫理問題が32.0%，景気対策が16.3%，福祉の充実が13.9%，税制改革が6.6%，行政改革6.2%となっている[7]．今回の総選挙でもっとも国民の関心を集めた政策課題は政治改革問題であったが，それは前回の消費税問題ほどのインパクトを持たなかった．

(2) 望ましい政権の形態

表5-2-4は読売新聞社の質問「あなたは，この選挙の結果，衆議院での各党の議席がどのような状況になることを望んでいますか」に対する回答である．この問いに対しては前回も今回も4割前後の有権者が与野党伯仲を望んでいるが，前回と比較すると，自民党の安定多数を望む有権者が8パーセント・ポイントも減る一方で，与野党逆転を望む有権者が逆に6ポイントも増加していることが注目される．その結果，今回はわずかではあるが，自民党の安定多数を望む国民よりも逆転を望む国民のほうが多くなっている．

日本経済新聞社は「総選挙の後の政権はどのような政権がいいと思いますか」と有権者に具体的な政権のあり方を聞いている．表5-2-5によれば，自民党の単独政権を望む有権者はわずかであるが，3人に1人は自民党が加わった連立政権を望んでいる．この種の質問に対して最も多くの国民は自民党を中心とした連立政権を挙げるのが通常であるが，その3分の2にものぼる国民が新

表5-2-4　有権者が望む衆議院の政党状況

	1993年	1990年	増減
自民党の安定多数	22.8%	31.0	-8.2
与野党伯仲	39.2	41.5	-2.3
与野党逆転	24.5	18.3	+6.2
答えない	13.5	9.1	+4.4

表5-2-5　有権者が望む次期政権の形態

自民党の単独政権	6.1%
自民党を中心にした連立政権	33.4
新生党を中心にした連立政権	19.7
日本新党などを中心にした連立政権	14.3
社会党を中心にした連立政権	9.2
言えない・わからない	17.3

生党を中心にした連立政権をいいと思っていることが注目される[8]．

(3) 政党支持率

表5-2-6に記した朝日新聞社のデータによると[9]，今回の政党支持のもっとも大きな特徴は，自民党から分裂してできた新生党や保守系の新党である日本新党が，社会党と肩を並べるほどの支持率を獲得していることである．新党ブームが有権者のなかで発生していることがこれから推察される．

自民党は，党が三つに分裂したことを反映して，前回に比べて14％も支持率を落としている．しかし，自民党に旧自民党である新生党と新党さきがけを加えると，33％，さらに，新興保守政党である日本新党を加えて，総保守とよぶことにすると，それは40％になる．これは前回の自民党に対する支持率とほぼ同じである．

社会党は消費税問題が同党に有利に働いた前回と比べ，大幅に支持を減らしている．その割合は前回に比べて56％も減少している．その結果，社会党に対する支持率は，それまでの最低であった86年の総選挙時の支持率をさらに下回った．社会党の長期低落傾向が続いており，前回の高支持率は一時的な現象だったようである．

最後に，「好きな政党なし」が今回は増加している点が注目される．新しい政党が乱立して国民が困惑している様子である．

表 5-2-6 政党支持率（1986-93年）

	1986年(%)	1990年(%)	1993年(%)
自　民　党	37.1	39.2	25.3
社　会　党	10.3	18.9	8.3
公　明　党	4.5	3.9	3.6
新　生　党	—	—	6.4
共　産　党	3.0	2.5	2.8
民　社　党	3.5	2.3	1.6
社　民　連	0.2	0.4	—
さ　き　が　け	—	—	1.4
日　本　新　党	—	—	6.5
その他の政党	1.8	1.0	1.1
好きな政党なし	18.1	18.7	23.9
答　え　な　い	21.5	13.5	19.1

第3節　総選挙の結果

投票日の7月18日（日曜日）は梅雨前線が日本の南岸に停滞して，全国的に雨模様だった[10]．今回総選挙の全国投票率は67.26％だった．これは戦後これまで実施された総選挙の中で最低であった．これまでの最低はロッキード事件で田中元首相に対して有罪の判決が出た直後の83年12月の総選挙で，その時の投票率は67.94％であったから，それとほぼ同じ水準である．今回は佐川急便事件など政治スキャンダルを受けて実施された選挙であることが，83年総選挙と共通している点である．ちなみに，今回を含めた最近5回の総選挙の平均投票率は70.90％になっている．

読売新聞社の事前調査によると，今回必ず投票すると答えた人は75.3％で，前回に比べて4.4％低下している（7月15日）．通常は好きな政党がある有権者は好きな政党がない有権者よりも投票する可能性が高い．この意味で，先に掲げた朝日新聞社の調査によれば，好きな政党がないと答えた有権者が今回はかなり増加している．これが，今回の低い投票率に関係している可能性が高い．

86年総選挙と比較してみると（90年総選挙は消費税問題という単一争点が顕著に選挙を支配した特殊な選挙であったことに注意），全体として見る限り，86年総選挙で自民党を支持した者の一部が今回好きな政党なしの増加にかなり寄与していることが推測される．90年総選挙との関係でいえば，前回社会党の得票の増加に貢献したグループの一部が今回は好きな政党なし，あるいは，答えない層に移り，それを経由して棄権にまわった可能性が高い．ちなみに，高畠通敏は，新党の立候補や推薦がなく，また既成政党間の立候補状況が前回と比べて変化のない選挙区を抽出し，前回と今回の投票率や自・社・共3党の集票率の変化を分析して，自民党と共産党の得票率にはほとんど変化がなかった一方で，社会党の得票率の下落と投票率の低下とがほとんど並行している事実を見出した．ここから高畠は，社会党を離れた有権者のほとんどが棄権に回ったと推測している[11]．

人口集中度により選挙区を分類し，それぞれの投票率の変化を見たものが，表5-3-1である．都市型選挙区で投票率がやや大きく低下している反面，大都市型選挙区はその他に比べて投票率の低下がもっとも少ない．今回は日本新党

第3節 総選挙の結果

表 5-3-1 人口集中度別投票率の変化

	1993年	1990年	変化(差)	変化(比率)
大都市型選挙区	61.49%	66.39	-4.90	92.6
都市型選挙区	69.17	75.91	-6.79	91.1
地方都市型選挙区	72.95	78.99	-6.03	92.4
非都市型選挙区	76.28	82.19	-5.90	92.8

(注) 選挙区の分類は注2を参照.

が主に首都圏を中心とした大都市で大量の票を獲得したことから,日本新党をはじめとする新党が,そうでなければさらに低下したであろう大都市型選挙区の投票率をあげるのに貢献したと解釈することができる.もっとも前回からの変化を比率でとってみると,大都市型の比率は地方都市型や非都市型とほとんど変わっていない.

今回の総選挙において各党が獲得した得票数,当選者数,および召集日議員数は表5-3-2と5-3-3に示した.参考のために80年同日選挙からのデータも掲げてある.選挙における各党得票率はすべての政党がすべての選挙区に候補者を立ててはいないために,各党の候補者戦略によってかなりの変動があるので,党勢がそのまま得票率に反映するわけではない.特にそれは中小政党にお

表 5-3-2 党派別得票数と得票率の変化

	1993年得票数(集票率)	得票率				
		1993年	1990年	1986年	1983年	1980年
自 民 党	22,999,646 (24)	37	46	51	48	51
新 生 党	6,341,365 (7)	10				
さきがけ	1,658,098 (2)	3				
日本新党	5,053,981 (5)	8				
民 社 党	2,205,683 (2)	4	5	6	7	7
公 明 党	5,114,351 (5)	8	8	9	10	9
社 民 連	461,169 (0)	1	1	1	1	1
社 会 党	9,687,589 (10)	15	24	17	19	19
共 産 党	4,834,588 (5)	8	8	9	9	10
諸 派	143,486 (0)	0	0	0	0	0
無 所 属	4,304,189 (5)	7	7	6	5	3
合 計	62,804,145 (66)	100	100	100	100	100

(注) 自民党には新自由クラブが含めてある.

表 5-3-3 党派別当選者数・召集日議員数

	93年当選者数	93年召集日議員数（議席率）	公示前勢力	90年	86年	83年	80年
自民党	223	231 (45)	227	286	310	267	299
新生党	55	57 (11)	36				
さきがけ	13	13 (3)	10				
日本新党	35	35 (7)					
民社党	15	19 (4)	13	14	26	39	33
公明党	51	52 (10)	46	46	57	59	34
社民連	4	4 (1)	4	5	4	3	3
社会党	70	74 (14)	137	140	86	113	107
共産党	15	15 (3)	16	16	27	27	29
諸派			2				
無所属	30	11 (2)	6	5	2	3	6
合計	511	511 (100)	497 (欠員15)	512	512	511	511

(注) ①80年から90年までは総選挙直後の特別国会の議席で，自民党には新自由クラブの議席も含めてある．そのうち無所属は83年と90年の各1名を除けばすべて自民党系である．なお，90年の社民連には，同党と統一会派を組んだ進歩党1名が含まれている．②93年の場合総選挙後，無所属の各党への入党のほか，政党間の移動もあり複雑である．表の数字は単に前者の結果だけを示している．因みに，政党間の移動では，社民連から1名がさきがけへ，また，自民党から加藤グループのうち3名が新生党に移っている．なお，11名の無所属のうち3名は院内会派「さきがけ日本新党」に加わったほかは，1名が社会党系で，その他7名が自民党系ないし保守系である．

いて著しい[12]．しかし，全国大に候補者を出している全国政党に関してはだいたいの傾向を見ることが可能である．得票率と獲得議席の表から見出せる今回の総選挙のもっとも大きな特徴は以下の通りである．

①自民党が衆議院の過半数の議席を獲得できなかった．得票率を見ても，（新自由クラブを含めた）自民党の得票率は過去4回の総選挙ではおおむね5割前後であったが，今回の選挙では自民党系無所属候補分を算入してもなお5割には満たない．しかし，それでもなお第2党である社会党の3倍余りの議席を持ち，他の諸政党から抜きん出た党勢を保持している．事実，自民党は衆議院で過半数議席を割ったとはいえ，それを下回ることわずかに5%にしか過ぎない．自民党にとっては，強さと脆弱さを背中あわせに持つ獲得議席配置となった．

②自民党単独では衆議院の過半数を喪失したが，自民党から分裂した新生党とさきがけを加えると，得票率で50%，議席数では301となる．それは自民党が大勝した86年の同日選挙をわずかに下回る結果である．自民党は分裂す

第3節　総選挙の結果

ることを通じて，旧自民党陣営としてはかえって，ふくれ上がったということができよう．

そして，さらに，保守系の日本新党を加えるならば，総保守陣営の今回の「成績」は，得票率においては57.4％という高さになる．過去の自民党の得票率を見ると，同党が57％台の得票率を得たのは58年と60年の選挙である．それは自民党が最も力があった時期のことである．総保守はそれに匹敵する支持率を今回獲得したのである．これに対応して総保守の獲得した議席は（保守系無所属を加えると）実に347となる．これは衆議院の総議席の3分の2を超える68％にあたるという記録的な数字である．

③前回では消費税など順風が吹き，24％の記録的な得票率で140議席を獲得した社会党であったが，今回は社会党には逆風が吹き荒れた．その結果，社会党は得票率では4割減の15％に，議席は5割弱減の74議席（議席率14％）へと転落してしまった．いずれも同党の結党以来最低の結果である．社会党が山花委員長を除き，東京都で全滅したことはそれを象徴的に示す事件であった．

社会党は最盛期には得票率が33％もあり，自民党とともに「1と2分の1政党制」の一翼を担っていたのであるが，自民党の過半数割れに呼応するかのように，社会党も多数存在する非自民諸政党のなかの一つの政党になってしまったかに見える．とりわけ総選挙後に新生党と公明党とが緊密な関係を持つようになったため，社会党はもはや非自民諸政党の中での第1党としての地位すら脅かされたといってよい．

自民党の衆議院での過半数割れ，総保守の大膨張，そして，社会党の大惨敗，ここに挙げた三つの特徴こそ，今回の総選挙を他の選挙から際立たせるもっとも大きな特徴である．そこで，次に，今回の選挙の結果についてさらに各党のレベルにおいて簡単に分析を行っておきたい．ちなみに，わが国の総選挙では候補者中心の選挙が行われているので，候補者Aがかわると，Aの得票率と，かれにかわり登場した同じ政党の候補者Bの得票率には大きな違いが生まれる傾向がある．そこで，その影響を取り除くために以下の分析では，断りがない限り，同一選挙区に前回と今回と同じ候補者が出場した場合を抽出して，各党の勢力の消長の分析を行う．

(1) 既成政党の選挙結果

　まず自民党である．前回も今回も自民党の公認を受けて出場した自民党候補者は229人である．表5-3-4は自民党候補者の前回と今回の当確指数の分布状況を示している．自民党候補者の当確指数のモードは前回も今回も0.8から1.0の間で変わらない．ここから自民党の党勢は前回とほぼ変わらないといってよいであろう．この結論は，先に引いた高畠の結論とも一致する．ちなみに，分析の対象となった229人の今回の「成績」は当選193人，次点（＝最下位当選者の次の得票者）29人，その他の落選7人で，その当確指数のメディアンは0.8949であり，前回はそれぞれ，199，30，0で，当確指数のメディアンは0.9088であった．

表5-3-4　自民党候補者の当確指数の分布

	0.2未満	0.4未満	0.6未満	0.8未満	1.0未満	1.2未満	1.4未満	1.6未満	1.6以上	メディアン
93年		1	8	59	97	39	17	6	2	0.8949
90年			3	33	133	45	12	1	2	0.9088

　しかし，図示すれば一目瞭然であるが，今回と前回を比較すると，前回の分布はモード付近に集中していたのに対して，今回の結果は前回より左右の裾野が広がった形となっている．言い換えれば当確指数の分散が大きくなったところに特徴がある．

　次に，ここで取り上げている229人の自民党候補者の今回と前回の当確指数の増減を調べてみた．その結果は，次の表5-3-5のようになっている．表からも明らかなように，自民党候補者の当確指数は前回と比べて－0.2から＋0.2の間におおむねバランスがとれた形で集中していることがわかる．増減の平均は－0.012であって，全体としてみれば，候補者の当確指数は今回と前回とで

表5-3-5　自民党と社会党の候補者の当確指数の変化

	－0.8～－0.6	－0.6～－0.4	－0.4～－0.2	－0.2～0	0～＋0.2	＋0.2～＋0.4	＋0.4～＋0.6	合計
自民党	1	6	34	74	86	20	8	229人
社会党	15	35	45	21	7			123人

変化がないと結論することができる.

　自民党は党の分裂に見舞われ,今回の総選挙は逆境のなかで実施されたが,自民党に残った候補者の当確指数ないし得票率はほとんど前回並みであったというのが,結論である.全国レベルで自民党は前回に比べ10%ほど得票率を減らしているが,それは主に自民党を離党した候補者に前回投票された票がそのまま離党者に今回も投票されたことによると解釈できるであろう.別の言い方をすれば,その分だけの議席を自民党はこの選挙で失ったということでもある.

　自民党候補者は,それでは,どのような選挙区で当確指数を低下させているのであろうか.

　表5-3-6は,選挙区を人口集中度に応じて分類した後,それぞれについて自民党候補者229人の当確指数の変化を,前回との差と比率について示したものである.自民党が今回唯一当確指数を下げた地域は大都市型選挙区であったことがここから明らかである.後述するように,このタイプの選挙区は日本新党をはじめとする「新党ブーム」が起こったところであり,これが自民党にとり逆風となったことをこの数字は示している.しかし,その他のタイプの選挙区は自民党の当確指数は比率でみると前回に比べてむしろ2%から6%も増加していることが注目される.すなわち,自民党は大都市地域以外では前回よりも善戦した.

　社会党は前回の総選挙で「山が動いた」と表現されたように,全議員の当確指数分布の山が高いほうに大きく振れた.すでに見た社会党の全体の得票率から今回も「山が動いた」ことは容易に想像されるであろう.ただし,前回とは

表5-3-6　自民党と社会党の候補者の人口集中度別当確指数の変化

	自民党		社会党	
	差	対前回比	差	対前回比
大　都　市　型	−0.1441	0.8639	−0.4367	0.6126
都　　市　　型	+0.0217	1.0323	−0.3295	0.6986
地　方　都　市　型	+0.0194	1.0210	−0.3059	0.6979
非　　都　　市　　型	+0.0523	1.0554	−0.2547	0.7172

(注) それぞれの型の選挙区における自民党と社会党の候補者の当確指数の平均を90年と93年について計算し,それらを比較したものである.

逆の方向にである．

そこで実際の様子を見るために，自民党分析と同じ方法で，前回と今回でともに社会党公認で立候補した123人の社会党候補者について，前回と今回の当確指数の分布をまず見てみよう（表5-3-7）．結果は予想の通りである．社会党の当確指数のモードは前回総選挙では1.0以上1.2未満台であったが，それが今回は，0.6以上0.8未満台に低下してしまった．山は当確指数で測って0.4ほど移動したのである．ちなみに社会党候補者123人の前回の当確指数のメディアンは1.0587であったが，それが今回は0.7207に低下している．候補者の得票率は平均的に言うと今回は前回の3分の2にまで低下した．123人が獲得した得票数も前回に比べて36%も減少してしまった（1354万票→861万票）．しかも，当確指数の山は前回は絶対当選確実のところにあったが，今回は今回の選挙の当落分岐点付近に移った．社会党の獲得議席が大幅に減少した所以である．

表5-3-7 社会党候補者の当確指数の分布

	0.2未満	0.4未満	0.6未満	0.8未満	1.0未満	1.2未満	1.4未満	1.6未満	1.6以上	メディアン
93年		5	27	52	35	3		1		0.7207
90年			2	10	34	52	18	6	1	1.0587

全体の当確指数の動きは以上だが，次に個々の候補者の当確指数の増減を示したものを，先の自民党と同じ表5-3-5にすでに掲げておいた．それを見ると，社会党候補者の当確指数の増減は-0.4から-0.2あたりに集まっている．平均をとると-0.342となる．上の自民党候補者の分布と比較してみれば，社会党の敗北が一目瞭然だろう．

社会党候補者のどの部分が大きく得票率を低下させたのか．表5-3-6を見ると，社会党の当確指数は非都市型から大都市型になるほど大きく減少している．社会党は大都市型選挙区で前回に比べて，40%近く当確指数を落としている．その他の地域での低下が28-30%であるので，それが特に際立っている．

自民党の場合と同じく，社会党に対しても大都市における新党ブームがマイナスに作用したと考えられる．ただし，ここで対象とした123人のうち日本新

党が候補者を立てた選挙区の54人について，その当確指数の増減と日本新党候補者が獲得した当確指数の単純相関関係を求めたところ，数値はマイナスであったが，絶対値は0.1175にとどまった．社会党の「衰退」は全国的な傾向であり，新党はその傾向を加速させた補助要因であると結論するのが妥当のように思われる．

公明党と民社党の場合は，前者は今回候補者の若返りを図ったため[13]，後者は今回は大幅に候補者を絞ったこともあり，それぞれの政党が前回と今回のいずれも候補者を立てた選挙区について分析し，前回と今回と同一人物が出場した選挙区の分析は参考という形で提供することにする（表5-3-8）．

公明党は今回全国的には0.1%ほど得票率を増加させたが，候補者数はむしろ58人から54人に減少させている．従って，公明党の党勢は前回に比較すれば今回はやや盛り上がったと想像される．そこで，先の条件を満たす53選挙区で当確指数の分布の変化を見ることにした．

これを見てまず明らかなことは，公明党は当選可能性が高いところしか候補者を立てないという候補者戦略である．こうした戦略の中で公明党候補者の当確指数は前回に比べて上昇していることが表から明らかに見出される．実際，90年のメディアンは0.7853であったが，それが今回は0.8211へと増加している（同一選挙区同一候補者の場合でも，0.7853（90年）→0.8263（93年）となっている）．この意味で，公明党は今回は候補者を絞ることを通じて，効率のよい選挙を戦ったということができるであろう．

民社党の場合，前回と今回とで候補者が同一選挙区から出たケースは28例あった．それぞれの候補者の当確指数の分布は，公明党のそれとともに表5-3-8に記してある．それによると，民社党候補者の当確指数のモードは変わら

表5-3-8 公明党と民社党の候補者の当確指数の分布

		0.2未満	0.4未満	0.6未満	0.8未満	1.0未満	1.2未満	1.4未満	メディアン
公明党	93年				20	26	6	1	0.8211
	90年				33	18	2		0.7853
民社党	93年	2	3	2	8	9	3	1	0.7884
	90年			7	9	11	1		0.7785

ない一方で，分散が大きくなった．候補者のメディアンを見てみると，前回は0.7785，今回は0.7884で，ほとんど変わっていない．28選挙区の中でも前回と同一人物が立候補した23選挙区について前回と今回の当確指数のメディアンを調べてみると，結果は，0.7973（前回）→0.8139（今回）と，2.1%ほど増加している．また，28選挙区における当確指数の前回と今回の変化のメディアンは-0.0030であった．ここから，今回は民社党の力はおおむね前回並みと見ることができるだろう．

ちなみに，公明党も今回大幅な世代交代を図ったが，すでに述べたように，同じ選挙区から同一人物が出場した場合と，異なった人物が出場した場合では大きな違いが見られなかった．それは公明党が創価学会という強い組織を持った固定客を支持者に持っているために，得票率は人物のいかんをあまり問われないことに由来するのである．

既成政党の最後は共産党である．共産党は全選挙区に毎回1名の候補者を立てているので全候補者について当確指数を計算して，その分布を見たものが表5-3-9である．0.8以上の当選確実圏の数は変わらないし，メディアンも低位ながら上昇しているが，当落にかかわる0.8未満が大きく減少した．

さて，以上の結果，既成政党の前回に比べた今回の「成績」を見ると，公明党がやや持ち直し，自民党（残留組）と民社党は現状を維持し，共産党は少し低落し，最後に，前回一人勝ちした社会党がその反動で大幅に勢力を減らしたというのが結論である．

表5-3-9 共産党候補者の当確指数の分布

	0.2未満	0.4未満	0.6未満	0.8未満	1.0未満	1.2未満	1.4未満	メディアン
93年	43	42	18	15	9	1	1	0.2584
90年	52	29	16	23	9	1	1	0.2425

(2) 新政党の選挙結果

自民党から脱党した羽田・小沢派が結成した政党が新生党である．新生党が飛び出してきた自民党に残留したグループは前回並みの成績だったが，新生党の場合はどうだったのであろうか．そこで，前回は自民党公認で立候補したが，

第3節 総選挙の結果

今回は新生党公認で前回と同じ選挙区で立候補した候補者39人について結果を見てみよう．

まず，前回と今回の当確指数の分布について表を掲げる．

表 5-3-10　新生党候補者の当確指数の分布

	0.2未満	0.4未満	0.6未満	0.8未満	1.0未満	1.2未満	1.4未満	1.6未満	メディアン
93年			1	3	6	18	7	4	1.1052
90年		1		8	20	7	3		0.8813

新生党の候補者が90年に自民党候補者として選挙に臨んだ時のモードは0.8から1.0であった．それが今回，新生党の候補者として有権者にあい見えた時，そのモードはいわば1ランク上がって，1.0から1.2に移った．自民党残留組とは異なり，自民党を離党した新生党には「新党ブーム」の風が吹いたのである．

そこで新生党候補者の前回のメディアンを計算すると0.8813であり，それが今回は25％も増加して1.1052にもなっている．その結果，新生党候補者の選挙結果は，前回は当選が34人，次点が4人，落選が1人であったのが，今回はそれぞれ37，1，1となった．

次に個々の候補者の当確指数の変化の分布を見ると表5-3-11のようになる．新生党の場合，前回に比べて当確指数が0.2から0.4ほど増加したグループがもっとも多く，平均すれば，0.213の増加（前回の1.248倍）という目覚しい「成果」であった．しかし反面で，39人中の約4分の1の9人は前回を下回っていることが目につく．

次に，選挙区の投票率と当確指数の関係を見ると，新生党候補者の当確指数の変化は，90年総選挙の選挙区投票率と明確な相関は見出せないので，新生党に対する追い風は全国的に吹いたものと解釈するのが適当である．

表 5-3-11　新生党候補者の当確指数の変化

	−0.4〜−0.2	−0.2〜0	0〜+0.2	+0.2〜+0.4	+0.4〜+0.6	+0.6〜+0.8	+0.8〜+1.0	+1.0以上	合計
事例数	1	8	8	17	3	0	1	1	39人

表 5-3-12　日本新党候補者の当確指数の分布

	0.2未満	0.4未満	0.6未満	0.8未満	1.0未満	1.2未満	1.4未満	1.6未満	1.6以上	メディアン
事例数		9	9	8	15	11	3		2	0.8152

　自民党から離党した新党さきがけグループについても，前回自民党公認で出場し，今回は同じ選挙区から新党さきがけの公認を得て出馬した8人についてこれまでと同様の分析を行った．しかし，新党さきがけの場合数が少ないため，分布表を掲げるだけの意味はないので，平均を示すと，さきがけの候補者の当確指数の変化の平均は＋0.349で，前回の当確指数の1.398倍となっている．これは新生党の1.248倍を上回る増加であり，新生党よりも頼もしい追い風がさきがけに対して今回吹いたことを示すものである．

　この8人について選挙区の投票率との関係を調べてみると，90年総選挙で投票率が低いところほど当確指数は増加している傾向が認められる．ここから，事例は少ないが，さきがけに対する追い風は主に大都市型選挙区で吹いたと見てほぼ誤らないだろう．しかし，今回上昇気流に乗ったさきがけであっても，選挙区の情勢によって得票率を落とした候補者もいることも指摘しておきたい．

　われわれはようやく今回の総選挙のいわば台風の目である日本新党を分析するところまで到着した．これまで分析してきた二つの新政党はいずれも元はといえば自民党から派生したものであり，真の意味での新政党とは言い難い．しかし，そのような新政党であってもブームが沸き上がったことがこれまでに確認された．

　これに対して日本新党は文字どおり，新政党である．それだけに以上の2党よりも強力な追い風が吹いたものと考えられるが，しかし，まさに日本新党が新政党であるという理由で，前回との比較ができない．ここでは今回の選挙における日本新党の候補者の当確指数の分布を見ることから日本新党ブームの特徴を明らかにしたい．それを示したのが表5-3-12である．

　この分布表でまず目につくのは，確かに当確指数が1.6以上の候補者が2人にもなったにもかかわらず（そのうち1人は細川護熙代表の場合で，当確指数は2.0になったが，この数字は2人の候補者を確実に当選させることができる

ことを示している），これとは対照的に，当選の可能性が低い0.6未満のケースが18例もある点であろう．しかし，こうした候補者戦略のいわば失敗は新政党に必ず起こる現象で，民社党や公明党が初登場したときにも同様の失敗が発生した．ちなみに日本新党が最もふるわなかった当確指数が0.4未満の九つの選挙区を示すと，北から岩手1，新潟3，大阪6，兵庫4，奈良全県，和歌山1，鹿児島1と3，そして，沖縄全県となっている．

これに対して，日本新党が相対的にもっとも高い得票率を獲得した選挙区はどこであろうか．日本新党の当確指数が1以上の16選挙区は大きく三つの地域に分けることができる．

首都圏：埼玉1，2，4，千葉1，東京1，3，4，10，11，神奈川2
京阪圏：京都1，大阪3
九　州：福岡1，長崎1，熊本1，2

細川代表は熊本県知事を務めたことがあり，九州は代表のいわばお膝元である．しかし，地域は限られている．これに対して，首都圏と京阪圏は大都市圏であるが，ここに挙げた選挙区の数からも明らかなように，日本新党は両者の中でも特に首都圏において広範なブームを巻き起こしている．事実，埼玉，千葉，東京，神奈川の1都3県において日本新党は20人の候補者（全候補者の3分の1強）を立てたが，その実に90％に当たる18人を当選させている．日本新党はこれ以外の地域には39人を立てて17人当選させているに過ぎないから（当選率44％），首都圏が同党の地盤であることが分かるであろう．別の言

表5-3-13　東京都の各党の議席数の変化

議席が減った政党		議席が増えた政党	
自　民　党	−5	日　本　新　党	+7
新　自　ク	−1	新　生　党	+5
公　明　党	−3	新党さきがけ	+1
社　会　党	−4	保守系無所属	+1
共　産　党	−3	民　社　党	+1
合　　計	−16	合　　計	+15
		定　数　減	−1

い方をすれば，日本新党は全当選者の5割強を首都圏から出している．その意味で，まさに首都圏の有権者にアピールした政党である．

　首都圏でブームを巻き起こした日本新党は有権者のいかなる部分から支持を集めたのであろうか．朝日新聞社の世論調査によると，日本新党は，年齢では35歳未満の若い人たち，女性よりも男性に，また，事務・管理職の間で他の部分よりも高い支持を得ている[14]．これらの特徴から日本新党の支持者の中核イメージを描けば，若い男性のホワイトカラーが浮かんでくる．また，NHKの総選挙直前の調査によると，今回，日本新党を支持すると回答した人たちの普段の支持政党は，自民党が36％，日本新党が21％，社会党が17％，支持なしが17％，その他9％，合計100％となっている[15]．日本新党は保守寄りの人々から支持を集め，社会党支持者をもその中に巻き込んでいることがここから推測できる．

　最後に，日本新党の進出により自民党や社会党など既成政党がいかなる影響を受けたのか，それを明らかにするために，日本新党がもっともインパクトを与えた地域の一つである東京都について86年総選挙と93年総選挙の議席の変化を見ることにしよう．それを示したのが表5-3-13である．90年選挙を使わないのは，この選挙では消費税問題などがもとで社会党の得票が特異に動いたため，比較には必ずしも適さないからである．

　これらの選挙を通じて，自民党や新自由クラブの保守政党が6議席，社会党と共産党の革新政党が7議席と，ほぼ同数失っているほか，公明党が議席を三つ喪失している．しかし，増えた政党を見ると，民社党のわずか1議席を除けば，すべて日本新党を含めて保守系の政党ないし候補者である．

　かつて大都市は革新政党のもっとも強い地盤であった．現在でも大都市は，いわば「新しもの好き」の性格を保持してはいる．しかし，少なくとも今回の総選挙に関していえば新しいものとは革新ではなく，保守勢力から流出した部分であったことは確かなようである．

第4節　ま　と　め

　総選挙の結果のところで記した今回の総選挙の特徴は次の3点であった．①

自民党が衆議院で過半数議席を喪失した．②日本新党を含めた総保守が衆議院の7割弱を占めた．③社会党が結党以来最低の議席に転落した．

　総選挙の結果，55年秋以来政権を保持し続けてきた自民党が初めて政権の座を離れ，細川護熙を首班とする政権が成立した．自民党が政権から転落したことは38年ぶりのことであると同時に，保守勢力以外の政党が政権に参加したのは終戦直後の芦田内閣以来の出来事である．その意味でこの選挙はまさに歴史的に見て画期的な選挙となった．

　この選挙により，自民党を優越政党とする1党優位政党制はひとまず終焉したということができるかもしれない．しかし，確かに過半数を割ったとはいえ，自民党がその他の政党に対して相対的に圧倒的な大きさを持つ事態には変化がなかった．今回の総選挙において，一時的ではあるが，わが国は，政党制としては，「1強5弱」体制から「1強8弱」体制へと，小政党の多極化が進んだ．図0-1に示したように有効政党数も跳ね上がっている．しかし，たとえ自民党が唯一の「強」政党ではあれ，衆議院で過半数を失った政党は脆弱な政党であることをまぬかれない．

　ところで，自民党が衆議院で過半数を失った理由は，自民党の党勢が明確に衰えたということに由来するものではないということに注目することも無駄ではない．現実には，今回の総選挙において自民党残留組はおおむね総選挙前の勢力を維持している．そして，自民党を含めた保守勢力全体はむしろ明らかに大きく膨張している．自民党が過半数を喪失したのは，むしろ，内紛により党が分裂したことが原因である．すなわち，この選挙より以前，自民党からは羽田・小沢派が新生党を形成し，また，武村を中心としたグループが新党さきがけを作り，自民党を脱党した．この段階において自民党はすでに過半数を割っていた．総選挙は自民党内部で起こった代議士の内紛の結果を追認する役割を演じたに過ぎない．

　自民党のこの過半数割れをもたらした羽田・小沢派の脱党は，表向きには，直前の通常国会において宮沢首相に代表される自民党執行部が政治改革に対して消極的な姿勢をとりつづけたことを理由に，「政治改革」を看板に掲げて実行された．しかし，羽田・小沢派の自民党脱党の意図はすでに，小沢がこの派閥を作ることになった竹下派の分裂直後から明確に打ち出されている．羽田・

小沢派が自民党を脱党するに至った動機は，むしろ，5億円が東京佐川急便から竹下派の金丸信会長に贈られたという事件の発覚を契機とする金丸の会長・議員辞職をともなった竹下派内部の指導権争いのなかにあると見たほうが自然である．

さて，80年代以降の選挙政治の流れを振り返ってみると，それまで低下するばかりであった自民党の党勢が復調してきた．いわゆる保守復調現象である．80年代を通じて，自民党は国民から高い支持を獲得し続けてきた．しかし，高い支持は必ずしも強い支持ではない．選挙政治の観点から見れば，79年以降の総選挙は政治腐敗がしばしば大きな争点として登場するところに特徴がある．79年総選挙では鉄建公団などの不正が大きく取り上げられ，83年総選挙はロッキード事件の被告である田中角栄元首相に対して有罪判決が出された直後であった．90年は消費税問題とならび，リクルート事件が大きな争点となった．今回の総選挙も東京佐川急便事件を背景に選挙が実施されている．

これらはある意味では，80年代を通じて国民の間に基本政策におけるコンセンサスが形成され，増税などを除けば政策が重大な争点とならなくなったことを示していると考えられる．しかし，それだけに，政治スキャンダルは，野党とそれを支持する諸集団にとり，自民党批判の足場を提供したと言ってもよいであろう[16]．自民党は通常時の世論調査では高い支持率を得ながらも，上に掲げた総選挙では困難な戦いを強いられてきた．

こうした中で，70年代後半には新自由クラブが登場し，主として大都市の保守票を掘り起こした．新自由クラブが開拓した大都市保守層はやがて本体の自民党が吸収する形で80年代の自民党の1党優位政党制の基盤となったのである．今回は，日本新党がまさに新自由クラブに対応している．それと同時に，自民党からは新生党や新党さきがけが剝がれ落ちて，ブームの一角を担った．これまでの保守勢力の膨張が今回総選挙のもう一つの特徴である．

91年の湾岸戦争以来，日本が国際社会に対して，いかなる形でどの程度，関わっていくのかが大きく問われるようになってきている．その中で，保守指導者の中には，たとえば軍事的な意味をも含めた一層の国際貢献を志向するグループも生まれている．しかし，従来の日本外交の基本である軽武装で経済を優先する吉田ドクトリンをできる限り保持したいと考えるグループも存在して

いる．後者の立場は，前者に比べれば，革新勢力の立場に親近性があることは否定できない．このように，保守層のなかでも日本政治の新しい段階を背景に色合いの異なるグループが生まれ，それらが，従来の革新陣営をも巻き込んで政党政治の再編を目指すようになったのが今回の総選挙であった．

　従って，今回の社会党の大敗北も保守勢力のこの大きな再編の流れと無縁ではない．従来社会党が得てきた票には2種類存在している．一つはもちろん革新を支持する社会党固有の支持層からの票である．もう一つは，一時的あるいは恒久的な反自民党の票である．前回の総選挙ではこの反自民票が大量に社会党に投ぜられ，社会党の一人勝ちを生んだ．今回はそれらの票のかなりの部分は棄権に回ったようであるが，一部では日本新党などブームを起こした保守の三つの新党に回った．しかも，今回社会党が獲得した得票が前々回よりも減ったことは，そうした反自民の社会党票だけでなく，社会党本体の支持の衰退を示唆している．

　朝日新聞社の調査は，社会党が公認候補を立てた122選挙区について社会党の成績を検討している．①日本新党かさきがけと，新生党の両方の公認候補と競合している38選挙区では，社会党は前回に比べ23議席減らし，それにかわる大部分を新党が獲得した．②新生党と競合しているのは29区で，社会党は18議席を減らした．③日本新党かさきがけとの競合の28区では社会党は16議席を減らした．そして，④三つの新党が公認候補を出していない27選挙区では8議席の減で，その多くは自民党に回った．四つのグループにおける社会党の議席喪失率は，①で51％，②で56％，③で52％，④で30％だった[17]．

　かつての総選挙とは異なり，自民党から分かれ出て，改革派の名のもとで自民党批判をおこなう政党が現れ，また，大都市の保守中間層にアピールする日本新党が生まれたために，自民党批判票は社会党まで行かずに，これらの政党によって捕捉されたと見ることができよう．保守復調の80年代に大量に生まれた柔らかで弱い保守支持者層にとり，自民党を批判するためにわざわざ社会党や既成政党まで行く必要がなくなったわけである．

　このような票を資源に次回以後の総選挙では，政界の新たな再編成が行われたのである．

第6章 連立政権期の総選挙

第1節 1996年10月総選挙（第41回）——自民党対新進党

　1993年7月総選挙の結果，過半数を失った自民党は下野し，かわって，8月9日に，非自民・非共産の8党派の連立内閣である細川護熙内閣が成立した．ここに8党派とは，新生党，さきがけ，日本新党，民社党，公明党，社民連，社会党，そして，参議院の民主改革連合である．

　細川内閣はいわゆる政治改革を政権のテーマに掲げ，9月に召集された臨時国会に政治改革関連法案を提出した．これに対して，野党である自民党も対案を出して対抗したために審議は難航したが，翌94年1月に細川首相と河野洋平自民党総裁の間で妥協が図られ，ようやく3月4日に政治改革関連法案は成立した．これによって，選挙制度の変更のほかに，企業や労働組合から政治団体や政治家個人への寄付の制限などを定めた政治資金規正法の改正が図られたほか，政党に対して政党交付金による助成を行うことを定めた政党助成法が成立した．政党交付金の総額は直近の国勢調査による国民の総人口に250円をかけた額とされた．ここに成立した衆議院選挙制度の変更の要点は以下の通りである[1]．

〈選挙制度の基本〉

　小選挙区選挙と比例代表選挙をそれぞれ独立した選挙として実施し，組み合わせた小選挙区比例代表並立制を採用する[2]．

〈議員の定数〉

　衆議院議員の定数を500人とし（現行511人），そのうち，300人を小選挙区選出議員，200人を比例代表選出議員とする．

〈選挙区など〉

a）小選挙区選出議員は，各選挙区において選挙するものとし，各選挙区で選挙すべき議員の数は1人とする．小選挙区の区画については衆議院議員選挙区画審議会において調査審議され，内閣総理大臣に対して勧告が行われるものとされた[3]．

　b）比例代表選出議員は，表6-1-1に示したように，全都道府県の区域を11に分けた選挙区において選挙するものとする．また，その議員数も表に掲げた通りである．

表6-1-1　衆議院比例代表区とその議員数

選挙区	都道府県	議員数
北海道	北海道	9
東　北	青森，岩手，宮城，秋田，山形，福島	16
北関東	茨城，栃木，群馬，埼玉	21
南関東	千葉，神奈川，山梨	23
東京都	東京	19
北陸信越	新潟，富山，石川，福井，長野	13
東　海	岐阜，静岡，愛知，三重	23
近　畿	滋賀，京都，大阪，兵庫，奈良，和歌山	33
中　国	鳥取，島根，岡山，広島，山口	13
四　国	徳島，香川，愛媛，高知	7
九　州	福岡，佐賀，長崎，熊本，大分，宮崎，鹿児島，沖縄	23

〈選挙運動期間〉

　衆議院議員の選挙期日の公示又は告示の日は，選挙期日の少なくとも12日（現行14日）前とする．

〈投票〉

　投票は，記号式投票の方法により，それぞれ，小選挙区選出議員の選挙については候補者1人に対して，比例代表選出議員については1の名簿届出政党等に対して，投票用紙の記号を記載する欄に○の記号を記載して行うものとする[4]．

〈立候補〉

　あ）小選挙区選出議員選挙における候補者の届出

　政党本位の選挙を目指し，小選挙区選出議員選挙の候補者の届出も政党が行うことを原則とする．すなわち，以下のいずれかの要件を満たす政党その他の

政治団体が候補者を届け出ることとなった．

（i）当該政党その他の政治団体に所属する衆議院議員または参議院議員を5人以上有する政党など，または，（ii）直近に行われた衆議院の総選挙における小選挙区選出議員の選挙もしくは比例代表選出議員の選挙，または，参議院議員の通常選挙における比例代表選出議員の選挙もしくは選挙区選出議員の選挙における当該政党などの得票総数が当該選挙の有効投票の100分の2以上である．

しかし，本人届出または推薦届出による立候補も可能で，無所属あるいは上記2条件を満たさない政治団体の候補者も立候補することが可能とされた．

い）比例代表選出議員の選挙における名簿の届出．

（a）【名簿の届出】　前項の（i）または（ii）に該当する政党その他の政治団体，または，名簿の届出をすることにより候補者となる名簿登載者の数が当該選挙区の定数の10分の2以上となる政党その他の政治団体は，候補者の順位を付した名簿を届け出ることにより，比例代表選挙の候補者とすることができる．

（b）【重複立候補】　前項の（i）または（ii）に該当する政党などは，当該選挙と同時に行われる当該選挙区の区域内の小選挙区における当該政党その他の政治団体の届出にかかる候補者を名簿登載者とすることができる．この場合には，これらの者の全部または一部について，当選人となるべき順位を同一のものとすることができる．

（c）【供託】　小選挙区選出議員選挙に候補者の届出をしようとするものは，候補者1人につき300万円（現行衆議院議員選挙と同額），比例代表選出議員選挙については名簿登載者1人について600万円（現行参議院比例代表選挙と同額）とされた．ただし，重複立候補者にかかる供託額は300万円とする．

〈当選人〉

あ）小選挙区選出議員選挙における当選人

有効投票の最多数を得たものをもって当選人とする．ただし，有効投票の6分の1以上の得票がなければならない．

い）比例代表選出議員選挙における当選人

（a）【名簿届出政党等の当選人の数の決定】　各名簿提出政党等の得票数に基

づきドント式により，各名簿提出政党等の当選人の数を定める．

(b)【当選人となるべき順位の決定】 2人以上の名簿登載者について当選人となるべき順位が同一のものとされているときは，それらの者の間における当選人となるべき順位は，当該選挙と同時に行われた小選挙区選出議員選挙における得票数の当該選挙区における有効投票の最多数を得た者に係る得票数に対する割合（いわゆる惜敗率）の最も大きいものから順次に定めるものとする．

　細川内閣は政治改革関連法案が成立すると，寄り合い所帯の性格を露わにしはじめる．連立政権では新生党の小沢一郎と公明党の市川雄一が仕切るようになっていた．細川は，この「一一ライン」に軸足を移してゆく．94年2月3日未明に細川首相は，消費税を廃止し，「国民福祉税」を創設し，税率を7%にすると，記者会見で発表した．社会党がこれに強く反発したために，国民福祉税構想は白紙に戻った．さらに，さきがけ代表で，官房長官の武村正義と細川首相の関係も悪化していた．こうした中で，細川をめぐり東京佐川急便からの1億円献金問題が発覚し，ついに細川首相は4月に辞意を表明する．

　連立政権グループは細川の後任に新生党の羽田孜を擁立した．しかし，衆議院が羽田を首相に指名した直後に，新生党と改革と民社党と自由党と改革の会の5党派が新統一会派「改新」を結成したことに社会党が強く反発して，連立政権から離脱することを決定した．かくして，羽田内閣は少数連立政権となり，自民党から不信任案が提出されたことを受けて，6月25日に総辞職をした．

　6月30日に，自民党と社会党と新党さきがけが連立した内閣が成立した．首班には社会党委員長の村山富市が就任した．自民党はわずか10か月たらずで，政権に復帰したのである．1993年以前には日本政治の対立のいわば原点であった自民党と社会党が連立を組んだ背景には新生党の小沢の政治指導に対する共通した反発があった．村山首相は，7月20日の衆議院本会議で，日米安保体制について，「冷戦の終結後も国際社会が依然不安定要因を内包している中で，我が国が引き続き安全を確保していくためには日米安保条約が必要であります．また，日米安保体制は，国際社会における広範な日米協力関係の政治的基盤となっておりますし，さらに，アジア・太平洋地域における安定要因としての米国の存在を確保し，この地域の平和と繁栄を促進するために不可欠

となっています」と答弁した．自衛隊についても「私としては，専守防衛に徹し，自衛のための必要最小限度の実力組織である自衛隊は，憲法の認めるものであると認識するものであります」とし，最後に「国歌・国旗については，長年の慣行により，日の丸が国旗，君が代が国歌であるとの認識が国民の間にも定着しており，私自身もそのことを尊重してまいりたいと思っています」と述べた．自民党との連立政権を組んだことが契機で，社会党は従来の基本政策を180度転換したのである[5]．

94年12月10日に，自民党に対抗して前連立政権グループが新進党を結成した．新進党には，新生党，日本新党，民社党が参加した．そのほかに，この年の4月に自民党を離党した自由党[6]と新党みらい[7]が，そして，6月に離党した海部俊樹らのグループも参加した[8]．公明党は，参議院議員を「公明」というグループに残し，衆議院の部分がいったん「公明新党」を結成した上で，新進党に参加した．党首には海部俊樹が，幹事長には小沢が就任した．

自民党と連立内閣を組んだ社会党の内部でも内紛は絶えなかった．95年1月16日に，山花貞夫は，新しい国会会派「民主連合・民主新党クラブ」の旗揚げを表明し，翌日，同志23人と社会党を離党する手はずとなっていたが，翌日阪神大震災が発生したために離党を断念した．しかし，山花は5月に社会党を離党し，後に社会党を離脱した9人で「民主の会」を作った．

95年7月に参議院選挙が実施された．その結果を，当日の新聞の見出しは次のように報じていた[9]．「投票率，国政選挙最低の44％台」「新進倍増，自社は不振」「社会党は過去最低に，比例区は新進トップ」．参院選の不振を受けて，自民党では河野総裁にかわり，9月に橋本龍太郎が総裁に選出された．一方，参院選挙では議席を倍増させた新進党でも海部党首の指導力に対する不満が高まり，12月に小沢一郎が党首に選出された．

参院選挙で惨敗した社会党は96年1月19日に党名を「社会民主党」に変更し，あらたに基本理念と政策の基本課題を制定した．そして，9月には土井たか子が党首に復帰した．しかし，社会党の右傾化を嫌う矢田部理ら5人の議員は96年1月に「新社会党・平和連合」を結成し，3月には党名を「新社会党」と改めた．

さて，社会党と同じく参議院選挙で不振に終わった新党さきがけも路線問題

を背景にゆれ続けた．その中から，代表幹事の鳩山由紀夫を軸にした新たな「リベラル」新党構想が民主党という形で96年9月に実を結んだ．ちょうど衆議院解散の翌日のことだった．前衆議院議員52人，参議院議員5人，合計57人の勢力だった．民主党に参加したのは，鳩山や菅直人ら新党さきがけの一部，横路孝弘や赤松広隆らの社会党の一部，海江田万里や山花貞夫らの「市民リーグ」などである[10]．

以上のように93年の政変後，政治家と政党の離合集散が繰り返されたが[11]，96年1月5日に村山首相が辞意を表明した．それを受けて，1月11日に自民党総裁の橋本龍太郎が衆議院で首相に指名された．自民党，社会党，そして，新党さきがけの3党連立内閣である．橋本は4月に沖縄の米軍基地利用問題で，アメリカとの交渉を通じて，米軍普天間飛行場の返還を発表した．そして，9月27日に衆議院を解散した．新しい選挙制度に基づく最初の選挙が実施されることとなったのである．

各党の立候補者数は表6-1-2の通りである．比例代表で808人，小選挙区で1,261人となった．小選挙区の倍率は4.2倍であった（前回は1.9倍）．単純に比較はできないが，制度が変わったため，候補者の「品定め」が定着していないために，政党は多数の候補者を立てたものと思われる．しかし，それぞれの選挙区で定数の過半数以上の候補者を立てたのは自民党と新進党だけであっ

表6-1-2a 党派別立候補者数・得票数・当選者数（比例代表）

	立候補者数 （重複立候補者数）	得票数（得票率）	集票率	当選者数
自 民 党	327 (260)	18,205,955 (33)	19	70
さ き が け	11 (9)	582,093 (1)	1	
新 進 党	133 (7)	15,580,053 (28)	16	60
民 主 党	159 (141)	8,949,190 (16)	9	35
民 改 連*	1 (1)	18,844 (0)		
社 民 党	48 (43)	3,547,240 (6)	4	11
共 産 党	53 (31)	7,268,743 (13)	7	24
諸 派	76 (74)	1,417,077 (3)**	1	
合 計	808 (566)	55,569,195 (100)	57	200

＊民主改革連合は9月18日に土肥隆一，吉岡賢治，楢崎弥之助の3人で結成された．＊＊諸派のうち，新社会党が963,471，自由連合が453,606である．

表 6-1-2b 党派別立候補者数・得票数・当選者数（小選挙区）

	立候補者数	得票数(得票率)		集票率	当選者数
自 民 党	288	21,836,096	(39)	22	169
さ き が け	13	727,644	(1)	1	2
新 進 党	235	15,812,326	(28)	16	96
民 主 党	143	6,001,666	(11)	6	17
民 改 連	2	149,357	(0)	0	1
社 民 党	43	1,240,649	(2)	1	4
共 産 党	299	7,096,766	(13)	7	2
諸 派	153	1,155,107	(2)	1	
無 所 属	85	2,508,810	(4)	3	9
合 計	1,261	56,528,422	(100)	58	300

表 6-1-2c 党派別当選者数・召集日議員数

	比例代表	小選挙区	計	召集日議員数(%)	選挙前議席数
自 民 党	70	169	239	239 (48)	211
さ き が け		2	2	2 (0)	9
新 進 党	60	96	156	153 (31)	160
民 主 党	35	17	52	52 (10)	52
民 改 連		1	1		2
社 民 党	11	4	15	15 (3)	30
共 産 党	24	2	26	26 (5)	15
諸 派					5
21 世 紀*	–	–		5 (1)	
無 所 属	–	9	9	8**(2)	9
合 計	200	300	500	500(100)	493（欠員18）

*21世紀は10月26日に新井将敬，石破茂，土屋品子，船田元，望月義夫の無所属当選者で結成された自民党系の会派．**召集日議員数の無所属は，岩永峯一（無所属当選のち自民へ），遠藤武彦（無所属当選のち自民へ），中村喜四郎（無所属当選，元自民），平野博文（無所属当選，のち民主へ），高市早苗（新進で当選），笹川堯（新進で当選），米田健三（新進比例で当選），土肥隆一（民主改革連合）の8人である．

た．すなわち，この二つの政党が政権掌握を目指したのである．

投票は10月20日（日曜日）に行われた．当日，日本は中国の長春あたりに中心を持つ大きな高気圧に覆われて比較的よい天候であった[12]．投票率は，小選挙区選挙で59.65%，比例代表選挙で59.62%と戦後最低を記録した．前回の93年総選挙も戦後最低の記録であったが，今回はそれをさらに7.6ポイントも下回った．選挙制度の変更，名前も政策も覚えられない新党の結成などが影響していることは間違いないが，その程度については不明である．

選挙の結果は表6-1-2cに示したように，自民党が239議席をとり，第1党とはなったが，議席占有率は48%と過半数にわずかに及ばなかった．しかし，解散前の議席を28も増加させたので，勝利とされた．これに対して，新進党は153議席で，解散前の議席を7議席も下回ったので敗北とされた．民主党は解散前の議席を維持することに成功した．社民党は30議席から15議席へと半減，また，新党さきがけも9議席から2議席へと壊滅的な打撃を受けた．共産党は比例区を中心に議席を確保し，合計で26議席と躍進した．

次に比例代表選挙と小選挙区選挙に分けて，選挙結果を詳しく検討する．まず，比例代表議員選出選挙から見てみよう．比例区はほぼ正確に政党の力を示すものと一般的にはいうことができるであろう．もっとも，新制度の場合，全国を11のブロックに分割しているために，そのうちの一部のブロックに参加しないような政党がある場合は読み取りに注意しなければならない．実際，今回は社民党，新党さきがけ，民改連などがそのようなケースに当てはまっている．しかし，社民党が出なかったのは北海道ブロックだけで，その他はマイナーな政党とみなしてよいから，全国的な数字で全体を占っても大きな間違いはないであろう．そう見ると，この選挙では，自民党の力を100とすると，それよりもやや弱い力（86）を持った新進党がそれに対抗している．そして，民主党と共産党が，自民党の力の半分程度（49と40）で，あとはマイナーな社民党などの政党がある，という構図になる．「はじめに」で記したように，各政党の大小関係を考慮したうえで，ある政党制の中でどれくらいの政党があるかを示す数字として有効政党数という概念がある．今回の比例区の有効政党数は，投票数で見た場合4.28，議席数では3.84となる．

さて，比例代表選挙は全国を11のブロックに分けて実施されたが，ここでは，ブロック単位ではなく，県を単位として，比例代表選挙を見ることにしたい．

表6-1-3は，比例代表選挙で20%以上の得票をした政党について，どこの県で高い得票率を得ているかを見たものである．自民党は岡山県で，新進党は岩手県と長野県で，そして，民主党は北海道でもっとも高い得票率を得ている．岡山県は自民党総裁の橋本龍太郎の出身地，岩手県と長野県は新進党の2人の代表的な人物である小沢一郎と羽田孜の出身地，そして，北海道は民主党代表

第1節　1996年10月総選挙（第41回）

の鳩山由紀夫の出馬母体となっている．ちなみに新進党で3番目に高い得票率を得ている熊本県は細川護熙の地盤である．投票は政党が打ち出す政策などではなく，地元意識と密接な形で行われていることを示すもっとも端的な事例である．

表 6-1-3　主要政党の比例代表選挙における得票率

	50％以上	40％以上	30％以上	20％以上
自民党	岡山	富山，宮崎，島根，山形，鹿児島，愛媛，福井，香川，佐賀，茨城，石川，栃木，高知，群馬	広島，青森，新潟，秋田，山口，岐阜，徳島，鳥取，山梨，福島，長崎，大分，和歌山，奈良，熊本，静岡，三重，千葉，滋賀，福岡，宮城	京都，埼玉，北海道，沖縄，愛知，兵庫，東京，大阪，神奈川，岩手，長野，
新進党	岩手	長野	熊本，愛知，三重，和歌山，青森，長崎，大阪，石川，宮城，福島	兵庫，岐阜，静岡，福岡，埼玉，秋田，佐賀，宮崎，奈良，鳥取，神奈川，山口，千葉，栃木，福井，愛媛，新潟，茨城，山梨，徳島，香川，東京，山形，広島，京都，群馬，大分，岡山，沖縄，富山，北海道，滋賀
民主党			北海道	東京，神奈川
共産党				京都，高知

次に自民党についてみると，自民党はすべての都道府県で20％以上の得票を得ているが，東京や大阪や愛知などの大都市の都府県の得票率は相対的に低くなっている．もっともこれらの都府県でも20％台であることは注意しなければならない．これに対して，新進党の場合，愛知や大阪など，新進党の構成要素である民社党や公明党の強い地域のほか，東京，兵庫なども20％台となっているので，自民党よりは大都市で得票している．そして，民主党は北海道を除いて，東京と神奈川から高い支持率を得ているので，大都市の有権者をひきつけたと見てよいであろう．

そこで，社民党が候補者を立てていない北海道ブロックを除いた10のブ

ロックを構成する都府県について，自民党，新進党，民主党，共産党，社民党，新社会党，そして，都府県の DID 人口比率との相関関係を見たものが，表6-1-4 である[13]．自民党の得票率は，共産党と新進党の得票率と強い負の相関関係にあることがわかる．自民党がこれらの2党と対決している様がよく出ている．自民党は，さらに，DID 人口比率とは強い負の相関にある．すなわち，農村型の府県では高い得票率を得ていることを数字は示している．

これに対して，新進党は自民党との間で強い負の相関があるほかは，その他の政党の得票率とも DID 人口比率とも強い相関は見出せない．民主党は社民党との間で強い負の相関関係が，また，DID 人口比率とは強い正の相関がある．社会党が分裂して，その一部が民主党に流れたことと関係すると思われる．また，民主党は大都市型の都府県で得票率が高いことを示している．大都市の浮動票を集めたのである．共産党も DID 人口比率と強い正の相関があるので，大都市で得票を伸ばしたことがわかる．と同時に，それが主に自民党と対抗する形であったことは，自民党得票率との負の相関からうかがうことができよう．

表6-1-4　各党得票率と DID 人口比率の相関（比例代表）

単相関	自民党	新進党	民主党	共産党	社民党	新社会党	DID 比率
自民党	1						
新進党	−0.4932	1					
民主党	−0.1812	−0.2217	1				
共産党	−0.5714	−0.1709	0.2803	1			
社民党	−0.0661	−0.0743	−0.5132	−0.2034	1		
新社会党	0.1527	−0.2988	−0.1878	−0.0203	0.2840	1	
DID 比率	−0.5791	−0.0251	0.4969	0.6090	−0.0695	−0.0349	1

次に小選挙区議員選出選挙についてみることにしよう．各党の立候補の状況を見ると，小選挙区の過半数の候補者を出したのは，自民党と新進党と共産党の3党だけであった．共産党は中選挙区制度時代から当選するか否かとは別に原則としてすべての選挙区に候補者を立てているが，小選挙区制度になっても「伝統」を受け継いだものである．しかも小選挙区候補299人のうち60人が女性である．その「おかげ」もあり，今回の選挙では女性の立候補者数は戦後最多数となった．今回の選挙では，共産党の「伝統」はさておけば，結局，自民党と新進党が小選挙区で政権を争った政党ということができる．

小選挙区については予想通り，第1党の自民党が過半数を超える圧倒的な勝利をおさめた．小選挙区制度は大政党に有利に働く．実際，自民党の場合，全国集計の得票率は38.6%であるが，獲得議席率は56.3%となっている（1.5倍）．小選挙区制度における大政党に有利な作用の恩恵を受けた政党には，自民党のほか，新進党がある．新進党の場合も，28%の得票率で32%の議席を得ている（1.1倍）．これに反して，民主党以下の政党は逆に割を食って，議席率は得票率よりも下回っている．以上の結果を有効政党数でいうと，議席でみて，2.36政党制となる[14]．比例代表区では3.84政党制なので，予想通り，小選挙区では実質的な政党の数は減り，2党制に近くなっている．比例区と小選挙区を合わせて当選者数で見ると，有効政党数は2.94となる．

　ところで，小選挙区制度はこのように大政党に有利であるだけでなく，死票が非常に高いことでも「有名」である．死票とは落選者に投ぜられた票をいうが，今回の小選挙区選挙では，小選挙区に投ぜられた票の54.7%の30,902,999票が死票である．中選挙区制で実施された前回は，死票は15,530,118票で，24.7%であったから，小選挙区制度は公平な民意が反映しにくい，逆に，中選挙区制度は，反映しやすい制度であることをよく示すものと言えるであろう．さて，死票を政党別に見ると，死票の割合がもっとも低いのは，第1党の自民党で，わずか31.15%であったのに対して，新進党は51.47%，民主党は77.94%，共産党は98.70%，社民党は69.73%，新党さきがけは69.15%となっている．小選挙区制度の特色を反映して，小政党には冷たい結果である[15]．

　次に，各党の候補者の当確指数の分布を見てみよう．表6-1-5に主な政党の候補者の当確指数の分布を示した．新進党は自民党に対して互角に近い形で戦った様子がわかる．新進党は0.6から0.8に候補者が比較的に集中している．自民党もこのカテゴリーがモードとなっているが，これよりも当確指数が大きい部分にも人が分布している．これに対して，民主党のモードは0.2から0.4の間になっており，ここに候補者の4割がおさまっている．民主党候補者の得票率は自民党や新進党と比べて見劣りがする．モードから言えば共産党と同じである．候補者を集めるのに苦労した様子がうかがえる．ちなみに，候補者を新旧別に分類すると，民主党は新人が88人，前議員が45人，元議員が10人となっている．自民党はそれぞれ，109人，161人，18人，新進党は107人，115

表 6-1-5　党派別候補者の当確指数の分布（小選挙区）

	0.2 未満	0.4 未満	0.6 未満	0.8 未満	1.0 未満	1.2 未満	1.4 未満	1.6 未満	1.6 以上	メディアン
自民党		11	55	85	65	42	20	8	2	0.7784
新進党		8	60	104	51	10	2			0.7005
民主党	14	57	40	21	9	1	1			0.4011
共産党	109	152	35	3						0.2328

人，13人となっている．民主党は新人の割合が最も高い．

　候補者のうち当選した者の得票率はどのような分布を見せているのであろうか．それを表6-1-6で示した．小選挙区での得票率が50％を超える候補者は95人（32％）しかおらず，大部分は30％ないし40％台で当選している．これを自民党と新進党の候補者についてみると，新進党のほうが低い得票率で当選している候補者が多いことがわかる．得票率50％以上で当選した候補者はわずかに1割にしか過ぎない．

表 6-1-6　当選者の得票率分布（小選挙区）

得票率	全体	自民党(%)	新進党(%)
20％台	10	5 (3)	3 (3)
30％台	97	39 (23)	47 (49)
40％台	98	53 (31)	34 (35)
50％台	60	42 (25)	10 (10)
60％台	25	20 (12)	2 (2)
70％台	8	8 (5)	
80％台	2	2 (1)	
合計	300	169 (100)	96 (100)

　小選挙区のDID人口比率[16]と主要な政党の集票率を見たものが表6-1-7である．ここでは300の小選挙区をDID人口比率に従って3等分して，都市型，中間型，農村型に分けた．比例代表選挙でみたのと同じ傾向が小選挙区選挙においても見出される．自民党はDID人口比率が低い農村型から高い都市型に移るにつれて集票率を下げている．しかし，都市型でも新進党よりはやや多い集票率を得ている．これに対して，新進党は都市と農村の間で集票率に差は見出せない．満遍なく集票している．その他の政党では，民主党と共産党が都市

第1節 1996年10月総選挙（第41回）

表 6-1-7 DID 人口比率と各党の集票率（小選挙区）

DID 比率	自民党	新進党	民主党	共産党	社民党
農村型（100区）	29.7	16.3	2.3	5.7	2.0
中間型（100区）	23.2	17.0	6.2	6.5	1.3
都市型（100区）	15.9	15.4	9.0	9.2	0.7

表 6-1-8 DID 人口比率と各党の議席数（小選挙区）

DID 比率	自民党	社民党	新進党	民主党	さきがけ	民改連	共産党	無所属
農村型	74	2	15	2	2			4
中間型	58	1	34	5				2
都市型	37	1	47	10		1	2	3

型に行くほど集票率を上げているのに対して，社民党は反対に農村に行くほど集票率を上げている[17]．

　選挙区のタイプ別にみた各党の議席数を示したものが表6-1-8である．農村型では自民党が4分の3の議席を占めている．中間型でも6割近くの議席を獲得した．これに対して新進党は，議席的には都市に行くにつれて増加する．都市部では自民党よりも多くの議席を獲得した．ほぼ半数の議席である．

　次に，このような力を持った候補者の戦いによって，個々の選挙区の対抗の形はどんなものとなったのであろうか．それを有効政党数の算出方法と同じ計算をして，各選挙区の有効候補者数（effective number of candidates）の分布を調べてみた．分布の状況は図6-1-1に示した．それをみると，今回の小選挙区では典型的には2人の候補者が互角に対決するタイプである2から2.5の部分は91とほかと比べると多いことが目立つが，それでも全体の3割に止まっている．それよりも多数の候補者が戦うパターンがかなり見られる．小選挙区制度による最初の選挙なので，それが予定しているとされる2党の対決にはまだ至っていない状況である．ちなみに，分布の平均は2.95，標準偏差は0.75であった．

　この状況を見方を変えて，1位の候補者と2位の候補者の得票率の開きを計算したものが，図6-1-2である．95選挙区で1位と2位の差が5パーセント・ポイント未満となっている．とりあえずは接戦だったということができようか．

第6章 連立政権期の総選挙

図 6-1-1　有効候補者数

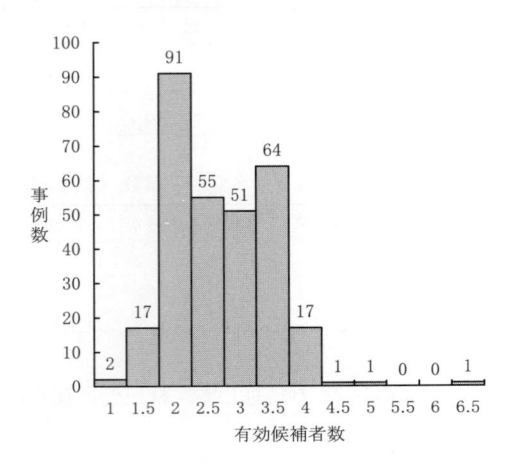

（ヒストグラム：有効候補者数別の事例数）
- 1: 2
- 1.5: 17
- 2: 91
- 2.5: 55
- 3: 51
- 3.5: 64
- 4: 17
- 4.5: 1
- 5: 1
- 5.5: 0
- 6: 0
- 6.5: 1

図 6-1-2　1位と2位の候補者の得票率の差

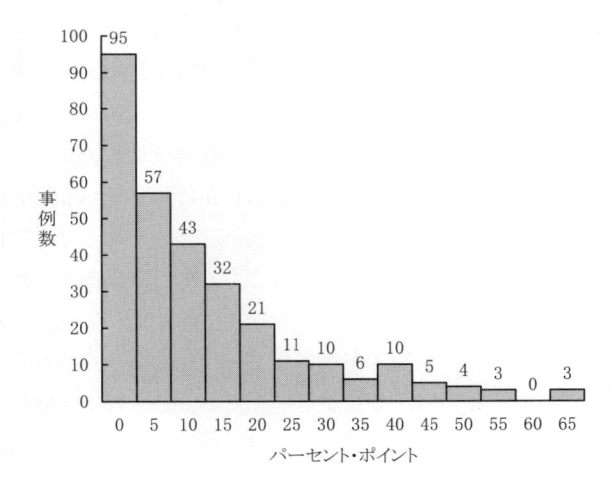

（ヒストグラム：パーセント・ポイント別の事例数）
- 0: 95
- 5: 57
- 10: 43
- 15: 32
- 20: 21
- 25: 11
- 30: 10
- 35: 6
- 40: 10
- 45: 5
- 50: 4
- 55: 3
- 60: 0
- 65: 3

　小選挙区選挙の分析の最後に，小選挙区の投票率とその選挙区の DID 人口比率と選挙に立候補した候補者の数との相関を見た．その結果を示したものが表 6-1-9 である．表には各変数間の偏相関係数を示してある．これによると，投票率には候補者の数はあまり関係ないようである．DID 人口比率が投票率

表6-1-9 DID人口比率と候補者数と投票率の相関（小選挙区）

偏相関	DID比率	候補者数	投票率
DID比率	1		
候補者数	0.3761	1	
投票率	-0.5773	-0.0877	1

にマイナスに働くことはよく知られた事実である．また，今回は，大都市ほど多くの候補者が出たことを表は明らかにしている．

さて，新しい制度は小選挙区比例代表並立制と言われてはいるが，実は，小選挙区選挙と比例代表選挙はまったく独立したものではない．両者の重複立候補が認められており，前者の選挙で落選しても，後者に当選することも可能となっている．こういう風に論理を展開すると，小選挙区で落選して，比例代表選挙で当選した議員は小選挙区選出議員よりも劣った二流の議員であるという規定がなされよう[18]．これは小選挙区と比例代表がまったく別な選挙となっていないために出てくる論理である．

今回の選挙で重複立候補者は566人であった[19]．新進党は比例代表候補のうち，わずかに7人しか重複立候補を認めなかったが，自民党，民主党，社民党などは小選挙区候補者は原則として比例代表名簿にも，通常は同順位で登載した（表6-1-2aを参照）．これらの，小選挙区選挙で落選して比例代表選挙でいわば復活当選した候補者は84人だった．これは比例代表の42%にも当たる．

当選の形態で衆議院議員を分けて，それを党派別に示したものが表6-1-10である[20]．小選挙区選挙で過半数を制した自民党は小選挙区当選者が圧倒的に多く，また，新進党は党の方針で重複立候補を原則として認めなかったために，重複で当選したものはわずかに1%しかいないが，その他の政党では相対的に最大多数が重複立候補によって比例代表議員として当選している．

表6-1-10 主要政党の当選者の当選選挙の内訳

	自民党	新進党	民主党	共産党	社民党
小選挙区で当選	71%	62	33	8	27
重複で当選	13	1	48	61	60
比例代表で当選	16	37	19	31	13

第2節　2000年6月総選挙（第42回）
——自民党の過半数獲得と民主党の進出

　前回の1996年総選挙後，11月7日に第2次橋本龍太郎内閣が成立した．自民党と連立を組んだ社民党と新党さきがけは，議席数を大幅に減らしたこともあり，内閣に大臣を出さない閣外協力に転換した[21]．橋本内閣は，3年ぶりに形の上では自民党の単独内閣となった．さらに，総選挙後，元自民党代議士の自民党への五月雨的な復帰が見られたが，97年9月に元新進党代議士の復帰で，自民党は4年ぶりに衆議院で過半数を回復することができた[22]．

　橋本内閣は，97年4月から特別減税を廃止し，消費税を3％から5％に引き上げたが，これを契機に景気は落ち込み始めた．また，12月には，2003年度までに財政赤字の対国民総生産比を3％以下にすることを定めた財政構造改革の推進に関する特別措置法が成立した．景気の下降局面での緊縮財政は景気の一層の悪化をもたらした．また，橋本内閣のもとで，97年12月の行政改革会議の最終報告にのっとり，98年6月12日に中央省庁の半減や内閣機能の強化などを目的とした中央省庁等改革基本法が公布された．

　さて，前回総選挙で議席数を減らした新進党では，96年12月に，小沢党首の長年の盟友である羽田孜ら10人が離党して，新たに「太陽党」を結成した．さらに，97年6月には新進党の有力者である細川護熙が離党した．こうした中で，12月に新進党の党首選挙が行われた．結果は小沢一郎が再選されたが，27日に再選された小沢が新進党解散を宣言した．その結果，新進党は，小沢一郎らの「自由党」（衆院42人，参院12人），鹿野道彦らの「国民の声」（衆院15人，参院3人），旧民社党労組出身議員らによる「新党友愛」（衆院14人，参院9人），旧公明党参議院議員で構成される「黎明クラブ」（参院18人），旧公明党衆議院議員からなる「新党平和」（衆院37人），小沢辰男らの「改革クラブ」（衆院9人），以上の6党に分裂した．これより前，26日には細川ら5人が新党「フロムファイブ」を結成した．

　明けて98年1月には，旧公明党系の新党平和と改革クラブが統一会派「平和・改革」を結成（代表神崎武法）した．同じ1月に，国民の声，太陽党，フロムファイブの3党が糾合して「民政党」が結成された（代表羽田孜）．そし

て，4月には，民主党，民政党，新党友愛，民主改革連合の4党が合同して，新たな民主党が結成された．代表には菅直人が，幹事長には羽田孜が就任した．衆議院と参議院から合計131人が参加し，自民党に次ぐ第2党がここに生まれたのである．

7月12日に参議院通常選挙が実施された．結果は，自民党は改選議席61を大幅に下回る45議席に止まった．反対に民主党は改選議席を9議席上回る27議席を獲得した．新聞の見出しには「自民惨敗，首相退陣へ」「民主が躍進，共産は倍増」と書かれた[23]．そして，見出しどおり，橋本首相は退陣し，7月30日に自民党の小渕恵三内閣が成立した．小渕は，「経済再生」を看板に掲げ，景気回復に大きく舵を切る政策を断行した．

さて，98年の10月には新党さきがけが解党した．かわって議員2名で「さきがけ」が結成された．11月には新党平和と公明が合同して，公明党が再結成された．代表には神崎武法，幹事長には冬柴鉄三が就任した．

99年1月には自民党と自由党の連立内閣が成立した．自由党からは野田毅が自治相に就任した．連立に当たり，両党の間で政策合意がなされた．その要点は，政府委員制度の廃止と副大臣・政務官の導入，衆議院の比例代表定数を50人削減すること，閣僚数を18に削減することなどである．さらに，10月には，自民党と自由党と公明党の政策合意に基づき，小渕第2次改造内閣が成立した．自由党と公明党から1名ずつ入閣した．3党連立により，小渕内閣は衆参両院で過半数を制することとなった．3党の政策合意により，次回の総選挙時には，衆議院の比例代表の定数を180にすることが合意された．そして，それに基づき，2000年2月に衆議院の比例区の定数を20削減する法案が成立した．

ところが，2000年4月1日に与党3党による政権運営に関する協議が決裂して，自由党が連立を離脱する事態となった．その夜，小渕首相は脳梗塞で入院した．3日，連立問題で自由党が継続派と離脱派に分裂し，継続派は「保守党」を結成した（扇千景党首）．5日，自民党の森喜朗内閣が成立した．自民党と公明党と保守党の連立内閣で，公明党と保守党から1名ずつ入閣した．

森首相は，党幹部による後継者協議が「不透明な密室劇」であるというイメージが流され，また，5月15日には，「日本の国は，まさに天皇を中心にし

ている神の国である」と発言するなど[24],不人気な首相で,5月に実施された読売新聞社による内閣支持率調査では,「支持する」が28%,「支持しない」が55%という有様であった[25].このような状況で6月2日に衆議院が解散された.前回の解散から3年8か月が経過していた.

表6-2-1a 党派別立候補者数・得票数・当選者数（比例代表）

	立候補者数 (重複立候補者数)	得票数(得票率)		集票率	当選者数
自 民 党	326 (260)	16,943,525	(28)	17	56
自 由 党	72 (58)	6,589,490	(11)	7	18
保 守 党	3 (0)	247,334	(0)	2	
無所属の会	2 (0)	151,345	(0)	0	
自 由 連 合	33 (30)	660,724	(1)	1	
公 明 党	63 (7)	7,762,032	(13)	8	24
民 主 党	259 (239)	15,067,990	(25)	15	47
社 民 党	76 (71)	5,603,680	(9)	6	15
共 産 党	66 (34)	6,719,016	(11)	7	20
諸 派*	4 (0)	99,565	(0)	0	
合 計	904 (699)	59,844,601	(100)	60	180

＊諸派は社会党である.

表6-2-1b 党派別立候補者数・得票数・当選者数（小選挙区）

	立候補者数	得票数(得票率)		集票率	当選者数
自 民 党	271	24,945,807	(41)	25	177
自 由 党	61	2,053,736	(3)	2	4
保 守 党	16	1,230,464	(2)	1	7
無所属の会	9	652,138	(1)	1	5
自 由 連 合	123	1,071,012	(2)	1	1
公 明 党	18	1,231,753	(2)	1	7
民 主 党	242	16,811,732	(28)	17	80
社 民 党	71	2,315,235	(4)	2	4
共 産 党	300	7,352,844	(12)	7	
諸 派	9	250,681	(0)	0	
無 所 属	79	2,967,069	(5)	3	15
合 計	1,199	60,882,471	(100)	61	300

今回の総選挙の党派別立候補者数は表6-2-1に示した.新制度で最初の選挙であった前回は新進党が原則として重複立候補をしなかったが,今回は,保守

第2節 2000年6月総選挙（第42回）

党と無所属の会を除き，すべての政党が重複立候補を認めた形となっている．比例代表と小選挙区で過半数の候補者を立てたのは自民党と民主党の2党にとどまった．ちなみに，無所属の会（代表は椎名素夫）に対しては，主要政党の公認漏れ候補が多く，政党交付金をもらうための「選挙互助会」という批判もあった[26]．また，自由連合は特定医療法人「徳洲会」の経営者である徳田虎雄代表を中心としたグループである[27]．

選挙は6月25日（日曜日）に実施された．天気は，梅雨前線が本州の南岸にあり，その活動が活発化し，北海道と沖縄を除いて雨の1日となった．鹿児島県枕崎や指宿などで記録的な豪雨があった[28]．投票率は，比例区で62.45%，小選挙区で62.49%となった．戦後最低の前回に比べ2.8%ばかり上がったが，記録的には戦後2番目に低い投票率である．今回は雨の影響もあったことが推測されるとはいえ，新制度になって，投票率の水準が一段下がった感じである．

表 6-2-1c　党派別当選者数・召集日議員数

	比例代表	小選挙区	計	召集日議員数(%)	選挙前議席数
自　民　党	56	177	233	233　(49)	271
自　由　党	18	4	22	22　(5)	18
保　守　党		7	7	7　(1)	18
無所属の会		5	5		4
自　由　連　合		1	1		1
公　明　党	24	7	31	31　(6)	42
民　主　党	47	80	127	129　(27)	95
社　民　党	15	4	19	19　(4)	14
共　産　党	20		20	20　(4)	26
諸　派					改革ク5＋さきがけ1
無　所　属	－	15	15	19　(4)	4
合　　計	180	300	480	480 (100)	499（欠員1）

(注) 無所属のうち，山本幸三，森田健作，宇田川芳雄，北村誠吾，上川陽子，平井卓也，近藤基彦，金子恭之の8人は自民党系の会派「21世紀クラブ」を7月4日に結成した．翌日には谷本龍哉も加わった．

比例代表と小選挙区を合わせた各党の獲得議席数は表6-2-1cに示した．自民党は，選挙前の議席数271（議席占有率54%）から233議席と大幅に議席を減らした．議席占有率は49%で，前回と同様に，過半数にわずかに届かなかった．前回の総選挙と比べると，小選挙区では議席を増やしたが，比例区で

議席を減らしたために,差し引き6議席の減となった.もっとも,小選挙区で無所属で当選した候補者のうち13人は自民党系なので[29],それを入れると,自民党の議席は246(議席占有率51%)となる.自民党はこの選挙で実質で過半数の議席を獲得した.さらに,自民党と連立政権を組んだ公明党と保守党であるが,いずれも大きく議席数を減らした.しかし,3党の合計議席数は選挙前の331議席(占有率66%)から271議席(56%)となり,依然安定多数は確保した.

これに対して,民主党は選挙前の議席は95議席であったのが,129議席と大幅に増加した.しかし,議席率は27%で,とても政権を狙うまでの議席とは言うことはできない.社民党は,前回の15議席を19議席へと増加させ,存亡の危機は乗り越えた感じではある.反対に,共産党は26議席から20議席へと議席を減らした.共産党は前回は小選挙区からも2名当選者が出たが,今回は比例代表だけとなった.

以上の結果,有効政党数は,当選者でみて3.17となった.前回の2.94に比べて,やや政党数が増加した勘定になる.わずかながら,多党化が進んだのである.

比例代表選挙では投票総数は前回に比べて428万票増加した.しかし,自民党は前回よりも126万票も減らした.集票率では1.78パーセント・ポイント減少である.したがって,比例区での自民党の当選者数は前回より14議席も少ない56人にとどまった.おそらく森首相の不人気も影響したものと思われる.自民党が前回と今回ともに30%以上の得票率を得た県は,青森,秋田,山形,福島,茨城,栃木,群馬,新潟,富山,石川,福井,岐阜,滋賀,鳥取,島根,岡山,広島,山口,徳島,香川,愛媛,高知,佐賀,長崎,熊本,大分,宮崎,鹿児島の28県である.これに対して,民主党は1507万票を集めたが,これは前回の新進党の1558万票にわずかに届かなかった.当選者数も47人にとどまった.

その他の政党では,社民党が前回より58%増の560万票で,15議席を得た(前回は11議席).反対に,共産党は票を減らして,24議席から20議席へとなった.

票が各党に散らばったために,有効政党数も増加した.得票率で見た場

合，5.15（前回比+0.87），また，議席数で見た場合，4.72（前回比+0.88）となった．比例代表選挙では今回は多党化が進んだのである．

今回は民主党が衣替えして登場したので，改めて，都道府県のDID人口比率と各党の得票率の関係を調べたものが表6-2-2である．DID人口比率との相関係数を見ると，自民党が強い負の相関，反対に，共産党が強い正の相関を示し，民主党も公明党と並び正の相関がある．その他の政党はDID人口比率とはあまり関係がない．自民党が農村型の政党であることは言うまでもないが，共産党，民主党，公明党が都市型の政党であることを数字は示している．前回の新進党はDID人口比率と相関がなかったのに対して，今回の選挙の第2党である民主党が都市型であることは，自民党と民主党の対立が農村対都市という明確な構図となっていることを示すものである．

次に政党と政党の関係を見ると，自民党は，社民党を除いて，その他の政党と負の相関にある．連立を組んだ公明党との間でも負の相関である．これに対して，民主党は共産党と正の相関があり，ともに都市部で強いことを示している．反対に，社民党と自由党との間には負の相関が見られる．

表6-2-2　各党得票率とDID人口比率の相関（比例代表）

単相関	自民党	民主党	公明党	自由党	共産党	社民党	DID比率
自民党	1						
民主党	-0.3916	1					
公明党	-0.2991	0.0260	1				
自由党	-0.2466	-0.3232	-0.3811	1			
共産党	-0.6254	0.3107	0.3093	-0.2080	1		
社民党	0.0757	-0.4746	-0.0953	-0.0854	-0.2345	1	
DID比率	-0.6389	0.3374	0.2262	-0.0655	0.6000	-0.0815	1

自民党は比例代表選挙では得票数を減らしたが，小選挙区選挙では311万票も増加させた．その結果，議席数も8議席増の177議席となった．同様に，民主党は，比例代表選挙では前回の新進党の票に及ばなかったが，小選挙区選挙では，新進党を100万票超える成績だった．民主党のほうが新進党よりも候補者が多いなど単純に比較はできないが，これらの数字は小選挙区では2党制への引力を示すものなのかもしれない．いずれにしても，今回の場合，第1党と第2党で全議席の86%を占め（比例区では57%），その他の政党の議席数は一

桁にとどまった．その結果，小選挙区選挙における有効政党数は，当選者数についてみると，2.37となった．前回が2.36であるから，前回とほとんど変わっていない．また，落選候補者に投ぜられた票，すなわち死票は，有効投票総数の51.8%にも上っている．

小選挙区選挙において当選した候補者の得票率を調べたものが表6-2-3である．前回は，40%台とならび，30%台で当選した候補者も多数いたが，今回は，40%台から60%台が増加している．後述するが，1位（当選者）と2位との間で得票率に開きができてきたからである．自民党と民主党についてみると，前回の新進党と今回の民主党の分布はほとんど変わっていない．低い得票率で

表6-2-3 当選者の得票率分布（小選挙区）

得票率	全体	自民党(%)	民主党(%)
20%台	8	2 (1)	2 (3)
30%台	62	24 (14)	26 (33)
40%台	109	53 (30)	40 (50)
50%台	73	55 (31)	11 (14)
60%台	36	31 (18)	1 (1)
70%台	9	9 (5)	
80%台	3	3 (2)	
合計	300	177(100)	80(100)

図6-2-1 1位と2位の候補者の得票率の差

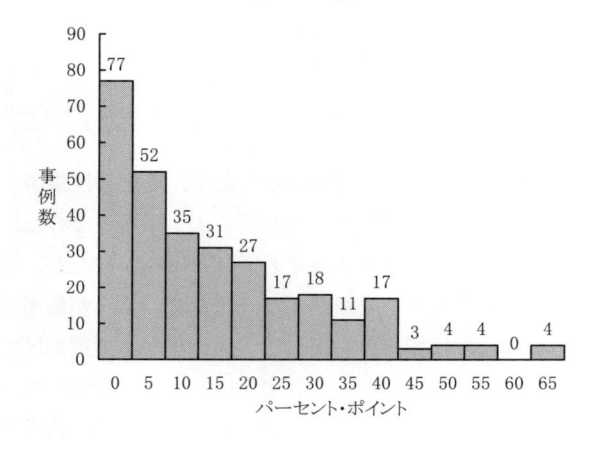

当選している．これに対して，自民党当選者はかなり得票率を上げている．

300の小選挙区における1位と2位の差は前回と比べてどうなったであろうか．今回の小選挙区で1位と2位の差の分布を調べたものが，図6-2-1である．これを前回の図6-1-2と比較してみると，0パーセント・ポイントから20ポイントまでのすべてのカテゴリーで事例数が減っていることがわかる．すなわち，今回の小選挙区では，前回に比べて，1位と2位の得票率の差がかなり開いたのである．

ただし，1位と2位の開きには選挙区の都市化の程度も関係している．300の小選挙区をDID人口比率によって，100ずつの選挙区に分け，それぞれ都市型，中間型，農村型というタイプに分けてみる．すると，1位と2位の差の平均は，都市型では10.34ポイント，中間型では14.87ポイント，そして，農村型では26.67ポイントと，都市型から農村型にゆくにつれて，得票率の開きが急激に拡大している様子がわかる．農村では当選者が突出する傾向にあるのに対して，都市では多数の候補が接戦を演じていることを示す数字である．

小選挙区選挙の各党候補者の強さを調べたものが党派別当確指数の分布である．表6-2-4はそれを示している．自民党候補者は平均的に前回よりも当確指数を上げている．民主党候補の分布と比べても，自民党の分布は民主党のそれよりも右側に多くなっている．小選挙区選挙では自民党候補が健闘した様子である．その他，社民党と自由党が似たようなカーブを描いているのが，面白い．

これを別の観点から見たものが表6-2-5である．表は小選挙区における各党候補者の順位を示したものである．自民党は大部分の候補者が1位と2位にい

表6-2-4 党派別候補者の当確指数の分布（小選挙区）

	0.2未満	0.4未満	0.6未満	0.8未満	1.0未満	1.2未満	1.4未満	1.6未満	1.6以上	メディアン
自民党		3	24	71	75	55	31	9	3	0.8975
民主党	3	25	65	82	55	11	1			0.6718
公明党		1	8	5	3	1				0.6395
保守党		2	4	4	1	2	3			0.6667
自由党	20	26	7	6	1	1				0.2421
社民党	23	29	12	4	2		1			0.2938
共産党	130	140	25	5						0.2145

表 6-2-5　小選挙区における各党候補者の順位

順位	自民党	保守党	自由党	無所属の会	自由連合	公明党	改革クラブ	民主党	社民党	共産党	諸派	無所属
1	177	7	4	5	1	7		80	4			15
2	89	7	11	1	2	8	1	133	14	18		16
3	4	1	11	2	11	3	2	24	30	198	1	9
4	1	1	29	1	52		1	3	17	69		19
5			5		42			2	5	12	4	11
6			1		14					1		7
7					1					1		2

表 6-2-6　党派別同一候補者の得票率の変化

	自民党 (214)	民主党 (116)	自由党 (22)	保守党 (15)	公明党 (14)	社民党 (18)	共産党 (93)
平　均	＋3.32%	＋6.98%	－12.77%	－2.96%	＋3.14%	＋4.20%	－0.74%
標準偏差	8.57	9.50	8.88	15.49	6.80	6.93	4.74

るのに対して，民主党の場合は3位以下が29人もいる．その他の政党のメディアンを見ると，保守党は2位，自由党は4位，公明党は2位，社民党は3位，共産党も3位となっている．小選挙区は小政党にとって，概して勝てない選挙制度のようである．

そこでさらに詳しく，前回と今回と，ともに小選挙区選挙に出馬した候補者について分析をしてみよう．それを示したのが，表 6-2-6 である．今回の選挙でもっとも得票率を増やしたのは民主党で，約7パーセント・ポイントも得票率を増加させている．民主党は議席数では80にとどまったが，候補者レベルではもっとも支持を増加させた．続いて，社民党，自民党，公明党も前回よりも得票率を増加させている．これに対して，自由党候補者の得票率の低下が著しい．自由党ほどではないにしても，かつては自由党にいた保守党も得票率を減らしている．連立政権を構成した自由党と公明党との間で明暗が分かれた結果となった．これらの政党のうちで自民党と民主党について得票率の変化を図示したものが，図 6-2-2 と図 6-2-3 である．自民党候補に比べ，民主党候補のほうが得票率を大きく増加させた様子がよくわかるであろう．

次に，今回の選挙の各選挙区における有効候補者数を調べたものが図 6-2-4 である．今回の平均は 2.77（前回は 2.95），標準偏差は 0.68（前回は 0.75）

第 2 節　2000 年 6 月総選挙（第 42 回）

図 6-2-2　自民党候補者の得票率の変化

事例数 / パーセント・ポイント

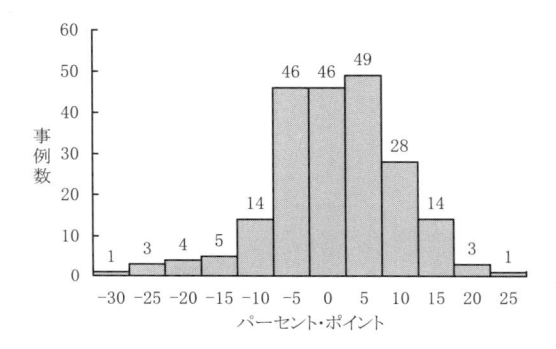

-30: 1, -25: 3, -20: 4, -15: 5, -10: 14, -5: 46, 0: 46, 5: 49, 10: 28, 15: 14, 20: 3, 25: 1

図 6-2-3　民主党候補者の得票率の変化

事例数 / パーセント・ポイント

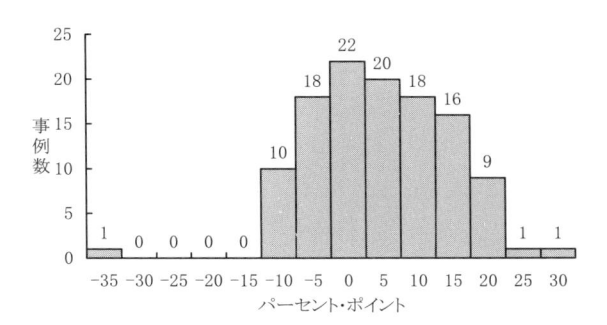

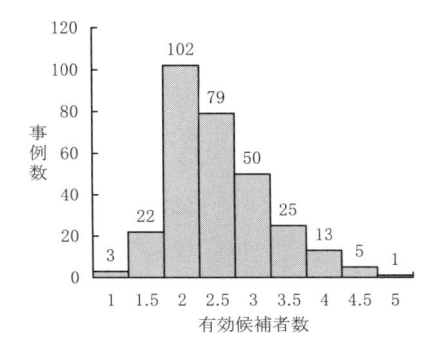

-35: 1, -30: 0, -25: 0, -20: 0, -15: 10, -10: 18, -5: 22, 0: 20, 5: 18, 10: 16, 15: 9, 20: 1, 25: 0, 30: 1

図 6-2-4　有効候補者数

事例数 / 有効候補者数

1: 3, 1.5: 22, 2: 102, 2.5: 79, 3: 50, 3.5: 25, 4: 13, 4.5: 5, 5: 1

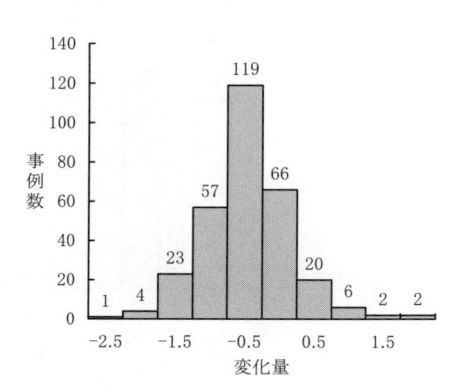

図 6-2-5　有効候補者数の変化

であった．前回の図 6-1-1 と比べると明らかであるが，有効候補者数が 2 以上 2.5 未満に集中し始めている．小選挙区における 2 党化への力が働いたと見るべきであろう．そこで，各選挙区で有効候補者数の変化を調べたものが，図 6-2-5 である．平均は − 0.19，標準偏差 0.62 となっており，0.5 から 0 ほど減った選挙区が最も多い．

　それでは都市度と有効候補者（政党）数の関係はどうなっているのであろうか．有効候補者数を調べると，農村型の平均が 2.34，中間型の平均が 2.74，そして，都市型の平均が 3.21 と，都市型になるにつれてはっきりと多党化していることがわかる．大都市ほど，いろいろな政党が出場して，票を得やすいのである．

　次に，小選挙区の DID 人口比率に応じて各党の得票率がどのように変わるか，ほとんどの選挙区に候補者を立てた自民党と民主党と共産党について調べた（表 6-2-7）．自民党は，前回（表 6-1-7）と比較して，どのタイプの選挙区でも集票率を上げているが，農村型に近づくほど集票率が高いのは変わらない．

表 6-2-7　DID 人口比率と各党の集票率（小選挙区）

DID 比率	自 民 党	民 主 党	共 産 党
農 村 型	33.85	12.49	5.59
中 間 型	25.75	18.46	6.56
都 市 型	17.11	18.48	9.31

これに対して共産党は明らかに都市型の集票構造を持っている．一方，今回初めて登場した民主党は，都市型ほど高い集票率を上げているが，中間型と都市型に集票率の違いはない．民主党は，むしろ，農村には弱い政党であると規定したほうがよいのかもしれない．

表 6-2-8 は，小選挙区の DID 人口比率に応じた三つのタイプの選挙区における各党の獲得議席を示したものである．自民党は農村型でその総議席の 4 分の 3 という圧倒的な力を示している．民主党の議席獲得は自民党とまさに正反対になっている．都市型では半分の議席を獲得しているが，農村型では 1 割にも満たない．

表 6-2-8 DID 人口比率と各党の議席数（小選挙区）

DID 比率	自民党	保守党	自由党	無所属の会	自由連合	公明党	民主党	社民党	無所属
農村型(100区)	76	2	2	2			8	2	7
中間型(100区)	66	3	1	2	1		23		4
都市型(100区)	35	2	1	1		7	49	2	4
計	177	7	4	5	1	7	80	4	15

最後に前回との比較をしてみたい．今回と前回のいずれも小選挙区から立候補した候補者の順位を調べてみた．それが表 6-2-9 である．二つの選挙にともに立候補した候補者の総数は 562 人であった．そのうち，前回当選した候補者は 250 人であったが，今回も当選した候補者は 189 人であった．当選率は 76% でかなり高い．同様に，前回 2 位であった候補者の今回の当選率は 32% と，前回当選者の半分未満であるが，10 人に 3 人は当選している勘定である．しかし，3 位以下の候補者のそれはわずかに 7% にしかすぎない．

表 6-2-9 1996 年と 2000 年にともに小選挙区から立候補した候補者の成績

1996年	2000年			合計
	1位	2位	3位以下	
1位	189 (76)	50 (20)	11 (4)	250 (100)
2位	43 (32)	70 (51)	23 (17)	136 (100)
3位以下	13 (7)	30 (17)	133 (76)	176 (100)
合計	245 (44)	150 (27)	167 (30)	562 (100)

表 6-2-10　1996 年と 2000 年に当選した候補者の党派別分類

	自民党	保守党	自由党	無所属の会	改革クラブ	自由連合	公明党	民主党	社民党	無所属
2000年当選者数	130	7	3	4	0	0	7	32	2	4
出場総数	159	14	7	4	4	1	12	41	2	6

上記の中で 96 年当選者の党派別の状況を示したのが表 6-2-10 である．自民党候補者の当選率は 82%，民主党の候補者のそれは 78% となっている．いずれも平均よりは上となっている．

そこで，前回，小選挙区では敗北して，比例代表選挙では「復活」当選した候補者の今回の小選挙区での成績はどうであったか．前回，比例選挙に「復活」した候補者は 84 人いたが，そのうち，今回も小選挙区に立候補した候補者は 60 人いた．その 60 人の結果を党派別に示したのが表 6-2-11 である．60 人のうち，今回当選した候補者は 23 人で，当選率は 38% である．96 年出場 2 位のグループよりも当選確率は少しだけ高くなっている．一目見れば明らかだが，復活組で当選したのは自民党と民主党からだけで，この二つの政党に限ってみれば，当選率はそれぞれ 52% と 58% と，96 年 1 位グループと 2 位グループの中間になっている．重複立候補制が小選挙区選挙の活性化につながっていることを示す数字である[30]．

表 6-2-11　「復活」当選組の小選挙区における成績

	1 位	2 位	3 位	4 位	計
自民党	12	10	1		23
保守党		1			1
自由党		1			1
民主党	11	6	2		19
社民党		2	2		4
共産党		2	8	1	11
無所属			1		1
合計	23 (38%)	22 (37)	14 (23)	1 (2)	60 (100)

最後に選挙の投票時間帯と支持政党・投票政党の関係を示すデータを取り上

第2節 2000年6月総選挙（第42回）

げたい[31]．投票時間帯によって，投票者の年齢や政党支持が変わり，したがって，投票パターンも変わることを図 6-2-6 は明らかにしている．

政党支持では，自民党支持者は早朝に多く投票し，お昼ごろまで同党の支持者は少なくなり，さらに，夕方から投票締め切りまで投票する人が少なくなる．これと対照的な動きをするのが支持政党なし層（無党派層）で，夕方の投票者は支持政党なし層が相対多数を占めている．民主党支持者は1日の変化に乏しい．年齢的にみると，早朝は老人が，次第に中年が増え，締め切り間際には若者が増えるというパターンが見出される．その結果，自民党候補と民主党候補の得票率は対照的な動きを見せて，朝方は自民党の得票率が高く，昼間はそれが縮まって，投票締め切り間際には民主党候補と自民党候補の得票率がほぼ同じになることが，グラフから明らかである．投票時間の延長は自民党に不利に作用しているようである．

ちなみに，今回の総選挙で投票した人の投票時間は表 6-2-12 に示した[32]．午後6時以後の投票者は全体の7％程度であった．

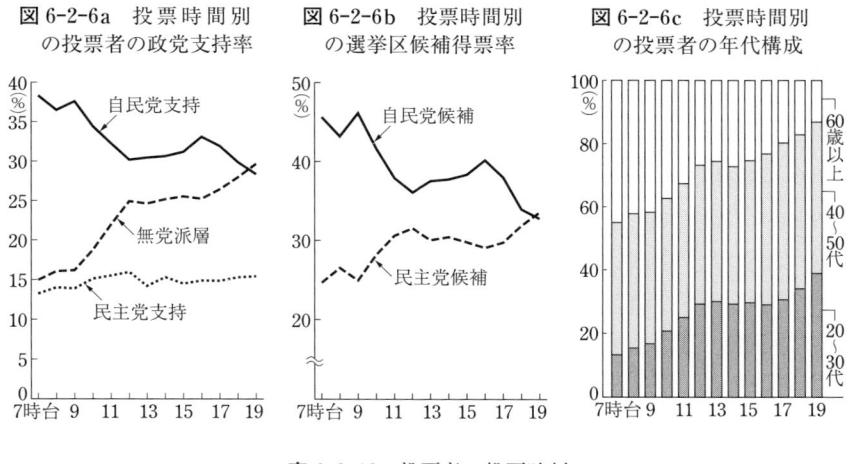

図 6-2-6a 投票時間別の投票者の政党支持率

図 6-2-6b 投票時間別の選挙区候補得票率

図 6-2-6c 投票時間別の投票者の年代構成

表 6-2-12 投票者の投票時刻

時間帯	7時台	8時台	9時台	10時台	11時台	12時台	13時台	14時台	15時台	16時台	17時台	18時台	19時台
割合(%)	9	11	12	15	9	5	7	7	6	6	6	4	3

第3節　2003年11月総選挙（第43回）——民主党の躍進

　2000年6月総選挙で自民党と公明党と保守党は安定多数を確保したために，第2次森喜朗内閣が発足した．しかし，森内閣に対する国民の支持率は低迷した[33]．このような状況で，2001年2月に，ハワイのオワフ島沖で愛媛県立宇和島水産高校の実習船がアメリカの原子力潜水艦と衝突し，沈没した時に，森首相はその報告をゴルフ場で受け，その後もプレーしたことが政治問題化したこともあり，3月には辞意を表明した．それを受けて，4月に自民党の総裁選挙が実施された．総裁選挙には小泉純一郎，橋本龍太郎，麻生太郎，そして，亀井静香の4名が立候補したが，そのなかで，派閥順送り人事の廃止や首相公選制，1内閣1閣僚という首相主導型のリーダーシップを強調し，経済政策においては，「構造改革なくして景気回復はない」という主張を掲げた小泉が[34]，党員の圧倒的な支持を受けて当選した．そして，4月26日に自民党と公明党と保守党の3党連立内閣が成立した．

　小泉内閣は当初異例の高い支持率を誇った[35]．内閣成立直後の7月に実施された第19回参議院選挙で自民党は，この「小泉旋風」に乗って圧勝した[36]．小泉政権はその後，首相公選制を断念し，内閣を2回改造し，郵便貯金問題や道路公団などの問題について民営化に向けた小泉色を出すように努力してきた．そして，2003年9月，小泉が自民党総裁に再選された直後の10月10日に衆議院を解散した．前回総選挙から3年3か月が経過していた．

　2000年総選挙後，代表の武村正義が落選したさきがけは，2000年7月に，武村にかわり，参議院議員の中村敦夫が代表に就任した．2001年3月には中村は院内会派「さきがけ環境会議」を結成し，さらに，2002年1月に「みどりの会議」へと名称を変更した．1993年にできた新党さきがけはこうして名実ともに消滅した．

　2002年12月には「保守新党」が結成された．保守新党には保守党から扇千景や二階俊博や海部俊樹ら9人が，そして，民主党から熊谷弘ら5人が加わった．代表には熊谷が就任し，12月26日に自民党と公明党と新たな連立合意文書に署名をして，保守党に代わり，小泉内閣の一翼を担うこととなった．これに対して，保守党の野田毅ら3人は新党には加わらず，自民党に入党した[37]．

第 3 節　2003 年 11 月総選挙（第 43 回）

　最後に，総選挙をひかえた 2003 年 9 月 24 日に民主党（菅直人代表）と自由党（小沢一郎党首）が合併することが合意された．その結果，自由党は解党し，新しい民主党ができあがることとなった．民主党と自由党とでは政策的には開きがあるが，自民党に代わる政党を作るという観点から合併したとされる．こうして，衆議院では 137 議席（議席占有率 29%），参議院では 67 議席（27%）の野党が成立した[38]．

　さて，この間，衆議院議員の定数不均衡を是正するための法案が 2002 年 7 月に成立した．その結果，①小選挙区の区割りを変更して，埼玉，千葉，神奈川，滋賀，そして，沖縄の 5 県で定数を一つ増加させ，反対に，北海道，山形，静岡，島根，そして，大分の 5 道県で定数が一つ削減された．②比例ブロックの議員定数のうち，南関東ブロックが一つ増えて 22 となり，反対に，近畿ブロックが一つ減って 29 となった[39]．

　総選挙は 10 月 28 日に公示された．各党の立候補者数は表 6-3-1 に示したとおりである．小選挙区では前回と比べて候補者を増やしたのは自民党だけで（6 人増），その他の政党は，共産党を除き，候補者を絞った．自由連合が 122 人減，民主党は 36 人減[40]，社民党は 9 人減，公明党は 8 人減，保守新党は 5 人減，そして，無所属の会が 1 人減となっている．その結果，小選挙区での立候補者総数は 173 人減って，1,026 となった．1 選挙区あたり平均 3.4 人となった．この数字は 1996 年では 4.2 人，そして，2000 年が 4.0 人であるから，今回はさらに少なくなった．候補者を新旧別で示せば，今回初めて立候補した新顔は 435 人（42%）[41]，2 回目の候補者は 246 人（24%），3 回目の候補者は 345 人（34%）となっている．新顔が半数近くいることが注目される．おそらく新選挙制度がまだ定着していない結果であろう．

　比例代表選挙では，自民党は 314 人のうち 255 人が小選挙区と重複する候補者であった．そして，コスタリカ方式[42]などによる比例単独候補を名簿の上位にすえた．これに対して，民主党は 274 人中 264 人が重複立候補で，比例単独候補はむしろ名簿の下位に登載された．公明党は小選挙区候補者と比例区候補者を完全に分離した．

　今回の選挙運動では「マニフェスト」が話題になった[43]．2003 年 1 月末に

三重県で開催された「分権時代の自治体改革」というシンポジウムで,国際基督教大学教授の西尾勝が「立候補者が周到に準備された政策綱領(マニフェスト)を掲げて有権者の選択的支持を競い合う選挙に変えねばならない」と述べたのを受けて,三重県知事の北川正恭が,「政策綱領」を「期限,数値,財源付きの公約」ととらえ,統一地方選挙の知事選挙で候補者が「マニフェスト」を作成して選挙を戦うことを提唱したことに始まる[44]。7月には財界や労働界や一部の学界などの集まりである「新しい日本をつくる国民会議(21世紀臨調)」が「政権公約(マニフェスト)に関する緊急提言」を行ったことなどもあり,マニフェストが国政レベルにも浸透するようになる。民主党はこの流れの中でいち早くマニフェストの作成にとりかかり,他の政党もそれに引きずられる形でマニフェストを作成して,今回の選挙に臨んだ[45]。

表6-3-1a 党派別立候補者数・得票数・当選者数(比例代表)

	立候補者数 (重複立候補者数)	得票数(得票率)	集票率	当選者数
自 民 党	314 (255)	20,660,185 (35)	20	69
公 明 党	45 (0)	8,733,444 (15)	9	25
民 主 党	274 (264)	22,095,636 (37)	22	72
社 民 党	65 (62)	3,027,390 (5)	3	5
共 産 党	47 (31)	4,586,172 (8)	4	9
合 計	745 (612)	59,102,827(100)	58	180

表6-3-1b 党派別立候補者数・得票数・当選者数(小選挙区)

	立候補者数	得票数(得票率)	集票率	当選者数
自 民 党	277	26,089,327 (44)	26	168
保 守 新 党	11	791,588 (1)	1	4
公 明 党	10	886,507 (1)	1	9
民 主 党	267	21,814,154 (37)	21	105
社 民 党	62	1,708,672 (3)	2	1
共 産 党	300	4,837,953 (8)	5	
無所属の会	8	497,108 (1)	0	1
自 由 連 合	1	97,423 (0)	0	1
諸 派	4	51,524 (0)	0	
無 所 属	86	2,728,118 (5)	3	11
合 計	1,026	59,502,374(100)	58	300

第3節 2003年11月総選挙（第43回）

表6-3-1c　党派別当選者数・召集日議員数

	比例代表	小選挙区	計	召集日議員数* （議席率）	選挙前議席数
自 民 党	69	168	237	245　(51)	247
保 守 新 党	－	4	4		9
公 明 党	25	9	34	34　(7)	31
民 主 党	72	105	177	180　(38)	137
社 民 党	5	1	6	6　(1)	18
共 産 党	9	－	9	9　(2)	20
無所属の会	－	1	1		5
自 由 連 合	－	1	1		1
諸 派	－	－	－	5＝グループ改革	2
無 所 属	－	11	11	1	5
計	180	300	480	480 (100)	475（欠員5）

＊保守新党は11月17日に解党して，自民党に合流した．自民党には自民党と保守新党の当選者のほか，江藤拓，古川禎久，加藤紘一，城内実の4名の無所属当選者が参加した．「民主党・無所属クラブ」には民主党当選者のほか，「無所属の会」の渡部恒三と無所属の田中真紀子と吉良州司が参加した．自民党系の無所属当選者のうち川上義博，坂本哲志，武田良太，西村康稔，御法川信英の5名は「グループ改革」という会派を作った．無所属は「自由連合」の徳田虎雄である．

投票は11月9日（日曜日）に実施された．当日の天候は，停滞前線が房総半島から南九州あたりにあり，各地で雨が降った[46]．しかし，雨量は多くないので，天候が投票率に大きく影響することはなかったと推測される．

投票率は小選挙区で59.86％，比例区で59.81％であった．戦後，下から2番目の「成績」である．新しい制度になってから投票率は戦後最低の60％前後で推移している．原因としては，おそらく，93年以後支持政党なし層が特に増大したこと，および，96年以後の小選挙区制度の導入が作用していると思われる[47]．

小選挙区のDID人口比率と投票率の関係を記したものが表6-3-2である[48]．予想通り，都市型選挙区のほうが投票率が低いが，前回と比較すると，今回の低下の程度は都市型のほうが少なくなっている．後述するように，都市型選挙

表6-3-2　DID人口比率と投票率

DID比率	2003年投票率(％)	2000年投票率(％)	差(％)
農村型（100区）	64.40	67.48	－3.08
中間型（100区）	59.71	62.68	－2.97
都市型（100区）	56.41	58.36	－1.95

区では候補者の間の競争が激しかったことがこの数字に反映していると思われる．

今回の選挙で自民党は，前回に引き続いて，過半数の議席を確保することができた．公認候補の当選者総数は237であるが，選挙後の特別国会において，表6-3-1cで記したように，無所属候補が4名加わることによって，過半数の241議席となった．さらに，自民党系の無所属当選者5名が「グループ改革」という会派をつくったので，これらを入れれば246議席となる[49]．この議席は，実質で前回と同数である．

他方，総選挙前に自由党を吸収した民主党も選挙で177議席，特別国会召集日では180議席を獲得した．選挙直前の民主党の議席数は137議席だったから，43議席（31%）の増加という目覚しい躍進を遂げた．その結果，衆議院の議席占有率も37.5%と，政権交代がいえるような状況となった．

民主党が伸びたのに対して，共産党と社民党は大きく後退した．共産党は前回の20議席から9議席へと半減，社民党は19議席から6議席へと3分の1に減ってしまった．これに対して公明党は31議席から34議席へとわずかに勢力を拡大した．

以上の政党の消長をみると，今回は自民党と民主党という2大政党を中心とする政党制が姿を見せたということができるであろう．有効政党数を計算してみると，当選者で見れば，今回は2.55となる．1996年が2.94，2000年が3.17であるから，前回は多党化が進んだのに対して，今回は，反対に2党制化がかなり進んだ．

比例代表選挙の有効投票総数は前回に比べて74万票減少した（表6-3-1aを参照）．その中で，自民党は372万票も増加させている（集票率では3.35%増）．その結果，得票率も28.31%から34.96%へと大きく増えている．当選者も56人から69人へと増え，前々回並みとなった．増加の理由としては小泉首相の人気を挙げなければならないであろう．前回は不人気な森喜朗首相の下で，自民党は得票数を減らしている．

自民党の得票率が高い上位4分の1の県は，富山（A），福井（B），鹿児島（A），石川（B），栃木（B），群馬（A），島根（A），山形（B），香川（A），

第3節　2003年11月総選挙（第43回）

茨城（A），秋田（A），佐賀（A）であり，その得票率は49%から41%であった．反対に，下位4分の1の都道府県は，大阪（C），長野（A），福岡（C），兵庫（C），北海道（C），京都（C），愛知（C），埼玉（C），高知（B），東京（C），岩手（A），三重（B）であり，その得票率は28%から34%であった．都道府県の後の記号は，AがDID人口比の割合が少ない3分の1（18県），Cが高い3分の1（18都道府県），Bがその中間の県を表している．比例代表選挙で自民党が農村型の県で強く，都市型の都道府県で弱いことがここにも示されている．自民党の得票率が低い都道府県のうち，長野県と岩手県は農村型であるが，これにはそれらの県出身の有力な民主党議員がいるところによるものと思われる．

これに対して民主党は今回2210万票を獲得して比例区では第1党となった．獲得議席も65（旧自由党の議席を含む）から72へと少しばかり増やした．民主党の得票率が高い上位4分の1の県は，岩手（A），愛知（C），埼玉（C），北海道（C），千葉（C），長野（A），滋賀（B），東京（C），三重（B），神奈川（C），福島（A），新潟（B）の都道府県で，その得票率は46から39%であった．反対に，下位の4分の1の県は，鹿児島（A），大分（B），宮崎（B），富山（A），鳥取（A），高知（B），沖縄（C），香川（A），島根（A），和歌山（A），愛媛（C），群馬（A）で，その得票率は25から32%であった．民主党の得票傾向は自民党とは対照的に都市型の都道府県で強く，反対に，農村型の県では弱いという構図になっている．

民主党は今回の総選挙の直前に自由党を吸収した．そこで，前回の民主党と自由党に投ぜられた票と今回の民主党の票を比較すると，わずか44万票しか増えていない（2%増）．比例代表に関しては，民主党と自由党の合併はそれほど大きなインパクトを有権者に与えなかったように思われる．

それをさらに詳しく見るために，自由党の小沢一郎党首の出身県である岩手県について前回と今回の各党の得票数を見ると，表6-3-3のようになる．有効投票総数は今回と前回とで変化がない．そのなかで，自民党は7万票増やしている．前回の民主党と自由党の票を合計すると35万票であるから，民主党は2万票ほど票を減らしていることになる．その他の政党の様子を見ると，無所属の会が2万票，社民党が3万票，そして，共産党が6千票ほど減らしている．

ここから推測すると，岩手県では前回自由党に投ぜられた票のかなりの部分が自民党に流出し，それを社民党などの票で補ったが，総体としては得票数は減少したと見ることができるであろう．この岩手県での推測は他の都道府県についてもいえるであろう．民主党と自由党の合併の結果，もともとは保守色の強い自由党の票の少なからざる部分が自民党に流れたと思われる．

表6-3-3 岩手県の比例区の投票数の変化

	有効投票数	自民党	民主党	公明党	自由党	共産党	社民党	無所属の会	自由連合
2000	726,054	167,792	56,301	51,783	297,365	51,235	77,443	23,051	1,084
2003	724,140	242,318	334,019	54,716	−	44,959	48,128	−	−

次に，共産党と社民党である．前回と比べて，共産党は213万票の減少，社民党は258万票の減少であった．率にすると，共産党は32%，社民党は46%減である．共産党は前回も得票数と得票率を減らしているので，退潮傾向を示していると考えられる．社民党の半減に近い現象は，やはり，同党所属の辻元清美代議士による秘書給与の流用とそれを指南したのが土井たか子党首の秘書であったという事件が響いていると思われる[50]．

最後に公明党である．公明党は前回に比べて97万票ほど増やしている．公明党票が増えた理由のひとつとしては連立を組んでいる自民党との選挙協力を指摘することができる．今回の総選挙では，小選挙区では創価学会・公明党に支援してもらう代わりに，比例代表選挙では公明党に投票するよう促す自民党の候補者が「続発」したといわれる[51]．その結果，自民党支持者の一部が公明党に投票したようである[52]．

自民党と民主党の躍進，共産党と社民党の退潮，公明党の現状維持の結果，比例代表選挙における有効政党数は，得票率で3.42（前回比−1.73），議席数で3.03（同−1.69）となった．前回とは反対に，今回は少数政党化が進んだのである．

さて，今回は民主党が自由党と合併したので，改めて各党の得票率と都道府県のDID人口比率との相関を計算してみたのが，表6-3-4である．前回とあまり変わっていない．DID人口比率との相関を見れば，自民党が負の相関（大都市で少ない得票率），反対に，共産党と民主党が正の相関である．各党間

の相関を見ると，自民は共産と民主との間で強い負の相関，民主は自民と社民との間で強い負の相関を示している．

表6-3-5はDID人口比率の大小で都道府県を小さい農村型18県と大きい都市型18都道府県と中間の17府県に分けて，それぞれの地域における各党の集票率と得票率を見たものである．集票率と得票率のいずれについても，農村型の県では自民党が民主党より多いのに対して，都市型の都道府県では，反対に，民主党が自民党よりも多くなっている．前回と同じく，自民党と民主党の戦いが農村対都市という構図でなされていることを示している．

表6-3-4 各党得票率とDID人口比率の相関（比例代表）

単相関	自民党	民主党	公明党	共産党	社民党	DID比率
自民党	1					
民主党	−0.5414	1				
公明党	−0.3120	−0.3374	1			
共産党	−0.6349	0.1419	0.2092	1		
社民党	0.1077	−0.5192	−0.1637	−0.2100	1	
DID比率	−0.5880	0.3828	0.1219	0.4179	−0.1375	1

表6-3-5a DID人口比率と各党の集票率（比例代表）

DID比率	自民党	民主党	公明党	共産党	社民党
農村型	23.46	20.82	8.07	4.09	3.42
中間型	23.36	20.88	8.78	3.79	3.67
都市型	18.44	22.04	8.61	4.79	2.64

表6-3-5b DID人口比率と各党の得票率（比例代表）

DID比率	自民党	民主党	公明党	共産党	社民党
農村型	39.20	34.78	13.48	6.83	5.71
中間型	38.62	34.52	14.51	6.27	6.07
都市型	32.63	38.99	15.24	8.47	4.67

さて，今回の比例代表選挙では小選挙区と重複立候補して小選挙区選挙で敗れた候補者が多数選出された．各党の比例代表選挙の当選者数と，小選挙区で敗れて比例区で当選した「復活当選者」の数を示したのが表6-3-6である．民主党と社民党は比例区で当選した候補者の全員が小選挙区で負けて，「復活」した候補者である．これに対して，自民党は53%，共産党は67%であった．

民主党や社民党の比例当選者が全員「復活当選者」であることは，既に述べたように，両党の場合，小選挙区立候補者全員を比例区と重複立候補させ，しかも，比例区だけの立候補者は名簿の一番下に置いたからである．これに対して，自民党の場合には，名簿の上位には比例単独出場組をおいているために，小選挙区敗北組までなかなか当選の順番が回ってこないからである．ちなみに，自民党の場合，前回の「復活当選者」の数はわずかに7人であったから，各ブロックの名簿上位におかれた単独候補の数が今回は絞られたということである．さらに，公明党は小選挙区出場候補と比例代表区出場候補をまったく別にしたので，「復活当選者」の数は0となっている．

表6-3-6 各党の比例代表獲得議席数と復活当選者の数

	比例獲得議席数	復活当選者の数
自民党	69	37 (53%)
民主党	72	72 (100)
公明党	25	0 (0)
共産党	9	6 (67)
社民党	5	5 (100)

以上を見方を変えて，小選挙区で落選したが，比例代表選挙で当選した候補者の割合を調べると，全体では，前回は11.3%であったものが，今回は19.6%と7割も増加している．政党別に見ると，高いほうから，民主党が27.3%，共産党が19.4%，自民党が14.5%，社民党が8.1%となっている[53]．民主党の場合，小選挙区で落選した候補者の4分の1が比例代表選挙で当選しているわけである[54]．

小選挙区選挙に目を転じると，小選挙区選挙では投票総数は前回よりも138万票ほど減った．自民党は前回よりも6名候補者を増やした．得票も114万票ほど増加した（候補者1人あたりの得票数：92,051→94,185）．集票率でいうと，前回の24.84%から25.52%へと増やしている．民主党は候補者を36名減らしたにもかかわらず295万票も増加させた（62,262→81,701）．集票率は，18.78%から21.34%へと増加している[55]．これに対して，社民党は候補者9名減で，61万票減（32,609→27,559），共産党は，候補者数は変わらないもの

の，251万票減だった（24,509→16,127）．公明党は候補者8名減で，35万票減だった（68,431→88,651）．ここから，小選挙区選挙では前回社民党や共産党に投ぜられた票が民主党に流れたと推測される．

　以上の結果，小選挙区では，自民系が前回の190議席から今回の177議席へと13議席を減らし，反対に，民主系は85議席から108議席へと大きく23議席も増加させた[56]．こうして今回は小選挙区選挙では自民党と民主党中心の2党化が大きく進んだ．第1党と第2党の議席数の合計は全議席の91%を占めており，有効政党数も前回の2.37から2.23となっている[57]．

　小選挙区選挙の場合，各党が前回と今回とすべての選挙区に候補者を立てているわけでもないし，また，今回は，小選挙区の区割りの変更がなされたので，前回と今回の比較は単純にはできない．そこで，区割りの変更がない232選挙区で，選挙区を変更しなかった同じ候補者の得票率を比較してみた．それを示したのが表6-3-7である．

表6-3-7　各党の得票率の変化

	得票率の変化(平均)	標準偏差	事例数
自民党	2.78%	9.54	160
公明党	5.36	5.15	7
民主党	7.41	7.23	121
社民党	-5.35	10.01	21
共産党	-4.39	3.90	74

(注)　区割り変更がなく，小選挙区の移動がない候補者に関する計算．

　結果は，すでに記したところと同じである．社民党と共産党が大きく得票率を下げ，反対に，民主党は大きく得票率を上げ，公明党と自民党がそれに続いている．自民党と公明党が得票率を上昇させている理由のひとつとしては，両党の選挙協力をあげることができよう[58]．民主党は前回社民党や共産党に投ぜられた票を吸収した結果が7.4%の増加になったと思われる．

　民主党と自由党は選挙の直前に合併したが，その小選挙区選挙における効果はどのくらいあったのであろうか．前回民主党と自由党がともに候補者を立てた選挙区は49ある．そのうち選挙区の区割りの変更がなかった選挙区は38である．そのうち，今回民主党は二つの選挙区で候補者を立てていないので，残りの36選挙区について，前回の民主党と自由党の候補者が集めた票の合計と

今回の民主党の得票数を比べてみた．

図6-3-1は集票率の増減を見たものである．民主党と自由党の合併の結果，集票率はやや低下して，-3%から0%のカテゴリーが最も多く，全体の平均は0.6%減であった．その結果である得票率の変化を示したものが図6-3-2である．得票率は12%から-11%までの間で散らばっており，平均では0.6%の増加である．得票率が下がった選挙区の数は過半数の20であった．ここから民主党と自由党の合併の波及効果はほとんどなかったと結論付けることができ

図6-3-1 民主党と自由党の合併効果（小選挙区の集票率）

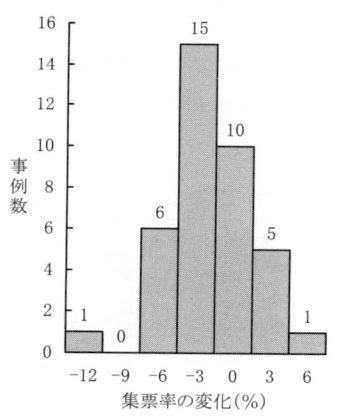

図6-3-2 民主党と自由党の合併効果（小選挙区の得票率）

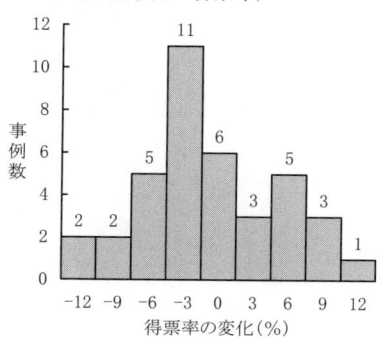

第3節 2003年11月総選挙（第43回）

るであろう．

合併の結果，小選挙区での順位がどのように変わったかを表6-3-8で示した[59]．2000年と今回とを比較すると，78％にあたる28選挙区で順位の変更はなかった．順位が上がった事例は6，下がった事例は2であるが，当選者数で見ると，前回は14名，今回は15名であった．わずかに1名増加したにとどまった．民主党と自由党の合併は，両党がともに候補者を立てた選挙区においては，その目指した議席数の増加にまったくといってよいほど貢献しなかったのである．

表6-3-8　民主党と自由党の合併効果（小選挙区の順位）

順位変化	事例数
1位 → 1位	12
2位 → 2位	15
3位 → 3位	1
2位 → 1位	3
3位 → 2位	2
4位 → 2位	1
1位 → 2位	2
合計	36

こうしてみると，民主党の今回の小選挙区での得票率の増加には前回自由党候補に投ぜられた票のほかに，社民党や共産党に投票した有権者が民主党に投票したことが相当程度貢献したことが推測されよう．

次に各党候補者の当確指数の分布を見ることにしよう．それを示したのが表6-3-9である．自民党も民主党も0.8以上1.0未満がもっとも多い．ただ，自

表6-3-9　党派別候補者の当確指数の分布（小選挙区）

	0.2未満	0.4未満	0.6未満	0.8未満	1.0未満	1.2未満	1.4未満	1.6未満	1.6以上	メディアン
自民党		2	7	54	106	63	33	11	1	0.9369
民主党	1	7	29	85	105	35	4		1	0.8311
公明党				2	8					0.8815
保守新党		2	4	1	2	1		1		0.5734
社民党	32	17	4	6	2	1				0.1916
共産党	235	61	3	1						0.1489

民党はそれよりも大きいほうに，反対に，民主党はそれよりも小さいほうに分布が偏っている．ちなみに，メディアンをとってみると，自民党は 0.9369 で，民主党は 0.8311 である．いずれも前回よりも増えている．反対に，社民党と共産党の落ち込みが著しい．

さて，小選挙区選挙と選挙区の都市度との関係はどうであろうか．それを調べたものが，表 6-3-10 である．集票率と得票率については，多くの選挙区に候補者を立てている自民党と民主党と共産党の3党について調べた[60]．集票率を見ると，自民党は農村型選挙区に強く，反対に，共産党は都市型選挙区に強くなっている．民主党は都市型と農村型ではあまり大きな違いがない．得票率になると，自民党は都市型から農村型になるにつれて次第に得票率を上げている．共産党は都市型選挙区が特に強く出ている．民主党は中間型と都市型では強いが農村型ではあまり強くない．特に注目されるのは，都市型の選挙区で自民党と民主党の得票率の差がわずかに1.2％にしか過ぎない点である．自民党は農村型の政党ではあるといっても，都市部においても強い政党なのである．

各党の獲得議席を示したのが表 6-3-10c である．自民党と民主党とできれい

表 6-3-10a DID 人口比率と各党の集票率（小選挙区）

DID 比率	自民党	民主党	共産党
農村型	34.17	22.13	4.14
中間型	27.43	24.82	4.21
都市型	22.71	23.42	5.76

表 6-3-10b DID 人口比率と各党の得票率（小選挙区）

DID 比率	自民党	民主党	共産党
農村型	55.14	34.97	6.70
中間型	47.22	42.56	7.33
都市型	41.61	42.85	10.59

表 6-3-10c DID 人口比率と各党の議席数（小選挙区）

DID 比率	自民党	民主党	公明党	保守新党	社民党	自由連合	無所属の会	無所属
農村型（100区）	79	10		1			1	9
中間型（100区）	58	35		3	1	1		2
都市型（100区）	31	60	9					

な対照を示している．自民党は農村型で8割の議席を得たのに対して，民主党は都市型で6割の議席を得ている．前回と比べると，自民党は農村型でやや議席を増やし（76→79），中間型（66→58）と都市型（35→31）でやや減らした．これに対して民主党は，農村型では議席は現状維持で，中間型（24→35）と都市型（50→60）でかなりの議席を増やした．

都市型の選挙区についてみると，民主党は60議席で，自民党の31議席の2倍を獲得している．しかし，上に述べたように，このタイプの選挙区の両党の得票率の差はわずかに1％にしか過ぎない．自民党の得票率がわずかでも上昇したならば，都市型選挙区でも民主党優位はなくなっていたかもしれない[61]．

以上，政党の消長について検討してきた．次に小選挙区の性格の変化について分析をしたい．第1に，当選者の獲得した得票率である．表6-3-11は当選者が獲得した得票率を10％刻みにして，それぞれのカテゴリーに属する当選者の数を示したものである．今回当選者がもっとも多いカテゴリーは40％台であるが，新しい制度になった96年総選挙から次第に当選者の得票率が上がっていることがわかる．メディアンは今回初めて50％台に移った．これは各選挙区で当選者の力が増大していることを示すものである．自民党と民主党の当選者についても前回よりも得票率が上がっている．

表6-3-11　当選者の得票率分布（1996-2003年）

得票率	2003年人数	2000年人数	1996年人数	2003自民党（％）	2003民主党（％）
20％台		8	10		
30％台	19	62	97	8 (5)	8 (8)
40％台	127	109	98	52 (31)	57 (54)
50％台	102	73	60	63 (38)	35 (33)
60％台	38	36	25	33 (20)	4 (4)
70％台	12	9	8	11 (7)	0
80％台	2	3	2	1 (1)	1 (1)
合　計	300	300	300	168(100)	105(100)

さらに，今回は小選挙区の区割りの変更がなされたので，区割り変更があった選挙区となかった選挙区で当選者の得票率の分布を調べてみた．その結果は，図6-3-3に示した．当選者の平均を取ると，区割り変更がなかった選挙区では52.4％，区割り変更があった選挙区では50.4％となっている．図からも明ら

かなように，区割り変更がなかった選挙区のほうが，あった選挙区よりも当選者の得票率が概して高い．区割り変更によって，候補者たちの地盤の一部が壊されるために，候補者間の競争が激しくなるから，区割り変更があった選挙区では当選者の得票率が下がると推測される．

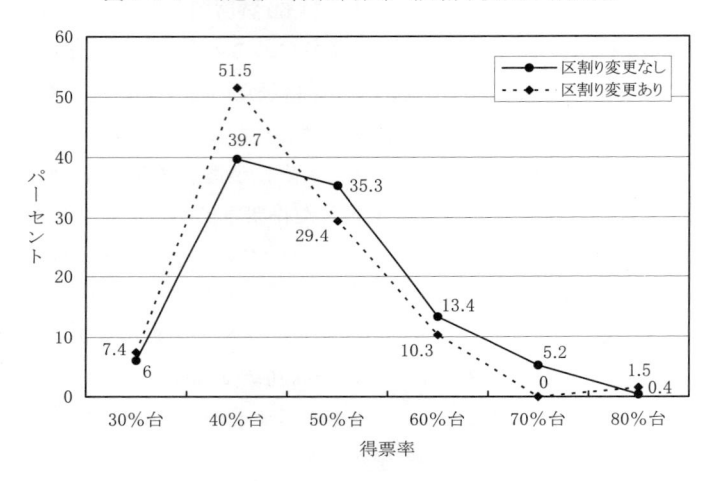

図 6-3-3　当選者の得票率分布（区割り変更の有無別）

次に，当選者の得票率を選挙区の DID 人口比率別に見たものが表 6-3-12 である．農村型と都市型とでは明らかに異なっている．農村型の選挙区では 50％台がもっとも多いのに対して，都市型の選挙区では 40％台がもっとも多くなっている．また，農村型では 50％以上の得票率の当選者は 77 人もいるのに対して，都市型ではわずか 28 人しかいない．このことは，農村型の選挙区では比較的強い当選者が出るのに対して，都市型では競争が激しいために当選者の得票率は低くなっている様子を表している．

ちなみに，自民党と民主党の当選者について得票率を示したものが表 6-3-11 の右欄である．予想のとおり，農村型で多数の当選者を出している自民党当選者の得票率は高く，反対に，都市型選挙区で当選者を多く出している民主党は当選者の得票率が低くなっている．ここでも民主党が接戦の中を勝ち抜いてきた様子が出ている．

第3節　2003年11月総選挙（第43回）

表6-3-12　DID人口比率と当選者の得票率

得票率	農村型	中間型	都市型
30％台	2	3	14
40％台	21	48	58
50％台	40	38	24
60％台	27	8	3
70％台	9	2	1
80％台	1	1	
合　計	100	100	100

　それでは当選者と次点者の差はどのようになっているのであろうか．両者の得票率の差を示したのが図6-3-4である．前回と比べると，差が5％未満のカテゴリーでは減ったが，全体としては差が縮まった選挙区が増えている．今回は接戦の選挙区が多かったことを示している．

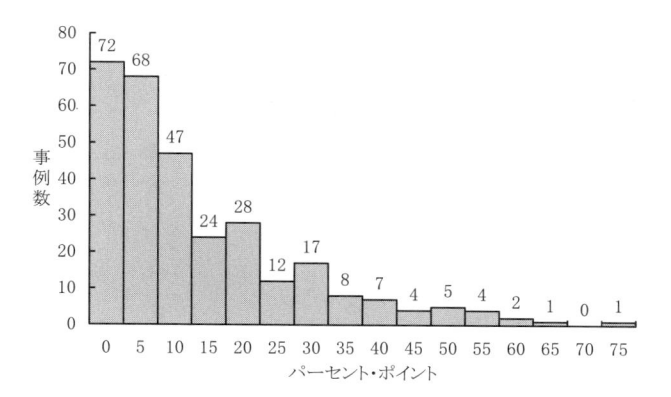

図6-3-4　1位と2位の候補者の得票率の差

（棒グラフ：縦軸　事例数，横軸　パーセント・ポイント）
0: 72, 5: 68, 10: 47, 15: 24, 20: 28, 25: 12, 30: 17, 35: 8, 40: 7, 45: 4, 50: 5, 55: 4, 60: 2, 65: 1, 70: 0, 75: 1

　これを選挙区のDID人口比率別に分析すると図6-3-5のようになる．既に当選者の得票率から示唆されたように，農村型の選挙区では1位と2位の差が開いている選挙区が多い．これに対して，中間型や都市型の選挙区では接戦の選挙区が多い．両者の差が10％未満のケースは中間型で51，都市型で61選挙区に上っている．ちなみに1位と2位の差の平均を取ってみると，農村型では23.9％，中間型では13.2％，都市型では10.2％となっている．

図 6-3-5a　1位と2位の得票率の差（農村型選挙区）

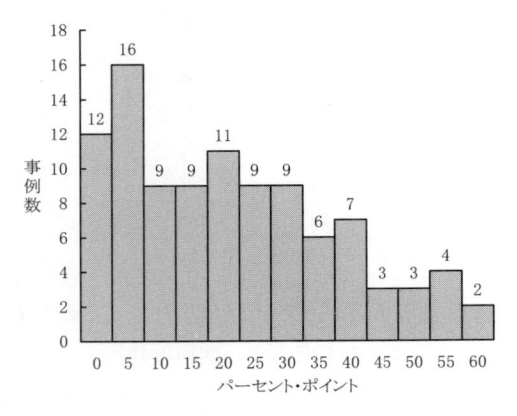

図 6-3-5b　1位と2位の得票率の差（中間型選挙区）

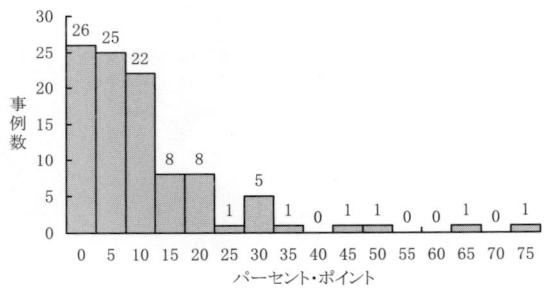

図 6-3-5c　1位と2位の得票率の差（都市型選挙区）

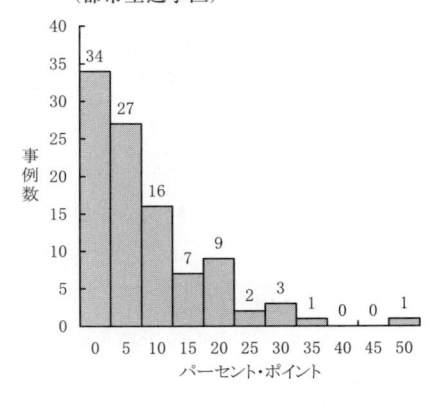

第 3 節　2003 年 11 月総選挙（第 43 回）

これをさらに選挙区で 1 位となった候補者が自民党か民主党かで違いがある
かを調べてみた．それを示したのが図 6-3-6 である．自民党の場合，民主党と
比べて，1 位と 2 位の開きが大きい選挙区が多い．つまり，ゆうゆうと当選し
ている候補者が多いということである．反対に，両者の開きが 10% 未満の選
挙区は自民党は 61 で，民主党は 62 とほとんど同じである．しかし，それらは，

図 6-3-6a　自民党候補者が 1 位の選挙区の 2 位
　　　　との得票率の差

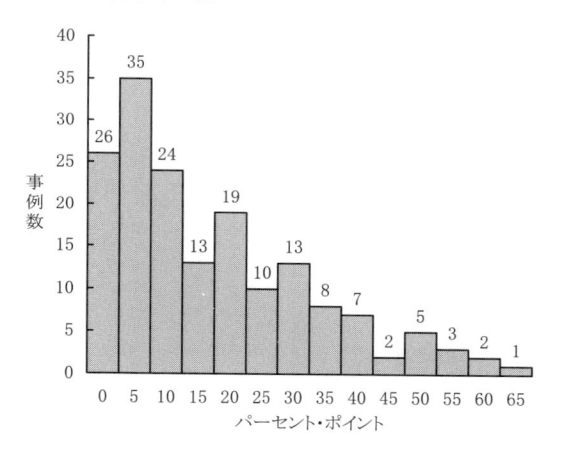

図 6-3-6b　民主党候補者が 1 位の選挙区の 2 位と
　　　　の得票率の差

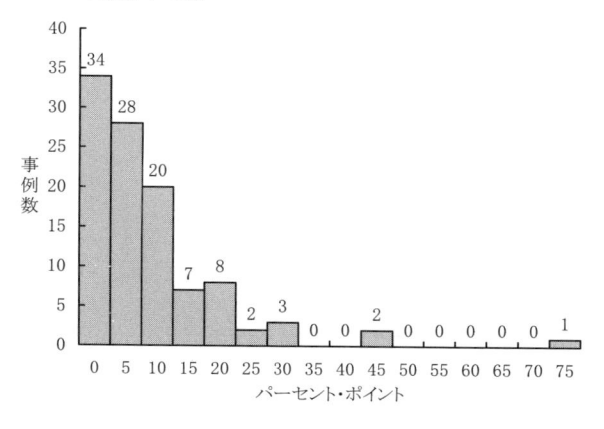

自民党の場合は全事例168のうちの36%，民主党は全事例105のうちの59%となっている．割合的には民主党のほうが接戦で勝ち抜いている選挙区が多いということである．

今回初めて行われた小選挙区の区割りの変更は候補者の競争条件に影響を及ぼしているであろうか．既に当選者の得票率の解説のところで，区割り変更があったところでは当選者の得票率は比較的低くなっていることを示したが，1位と2位の差は区割り変更があったほうが接近している．それを示したのが，図6-3-7である．1位と2位の差が10%未満の選挙区の割合は，区割りの変更があった選挙区では56%であるのに対して，区割り変更がなかった選挙区で

図6-3-7a 1位と2位の得票率の差（区割り変更がなかった選挙区）

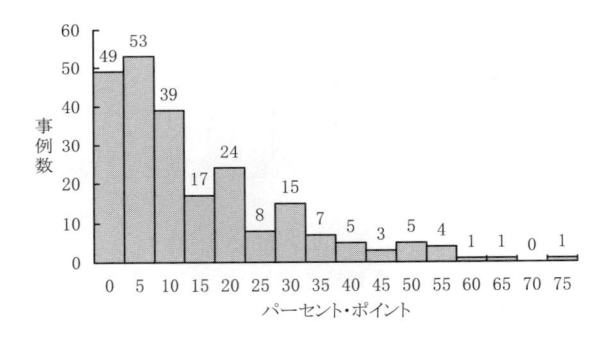

図6-3-7b 1位と2位の得票率の差（区割り変更があった選挙区）

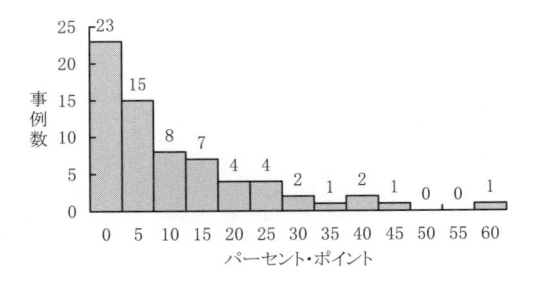

第3節 2003年11月総選挙（第43回）

表 6-3-13 小選挙区の候補者数とその変化（1996-2003年）

候補者数	2003年	2000年	1996年
2人	5	4	4
3人	192	104	84
4人	78	111	113
5人	23	56	61
6人	1	21	26
7人	1	4	8
8人			4

は44％と，低くなっている．ちなみに，差の平均をとってみると，変更があった選挙区は12.9％で，なかった選挙区では16.6％であった．区割りの変更が，選挙区を活性化させる所以である．

次に，有効候補者数を見てみよう．今回の小選挙区の立候補者数は1,026人で，これは1選挙区あたり平均して3.42人となる．ちなみに前々回は4.20人，前回は4.00人であった．小選挙区での競争は少数の候補者によって戦われるようになっている．これまで実施された総選挙について各小選挙区の立候補者の数ごとに選挙区の数を数えたものが表6-3-13である．前々回は4人立候補の選挙区がもっとも多かったのが，前回では3人立候補の選挙区が増え，そして，今回は3人立候補の選挙区が全体の3分の2を占めるにいたった．このうち，共産党はすべての選挙区で候補者を立てており，その力もあまり強くないので，今回は，実質的には2人の候補者による選挙が初めて実現したということができるであろう．そこで，候補者が3人の192選挙区での政党対決パターンを調べてみると，自民党と民主党と共産党が出場した選挙区が158選挙区でもっとも多かった[62]．

立候補者数の減少，および，1選挙区3人立候補状況が急激に増加したことも

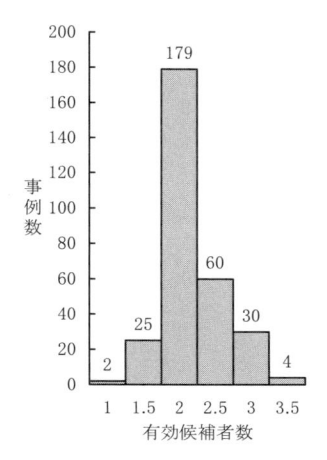

図 6-3-8 有効候補者数

（棒グラフ：有効候補者数 1 = 2、1.5 = 25、2 = 179、2.5 = 60、3 = 30、3.5 = 4、縦軸：事例数）

あり，各選挙区の有効候補者数も大幅に小さくなっている．それを示したのが図 6-3-8 である．前回は 4 以上の選挙区も 19 選挙区あったが，今回はすべて 4 未満となった．しかも，図 6-2-4 と比較してみれば明らかだが，有効候補者数が 2 から 2.5 のカテゴリーが全選挙区の 6 割を占めるようになっている．したがって，平均も前回が 2.77 であったものが，今回は 2.41 と，さらに小さくなった．小選挙区では一貫して「2 大候補者化」が進んでいるのである．

選挙区の DID 人口比率別に有効候補者数を求めたものが表 6-3-14 である．都市型選挙区のほうが有効候補者数は多いものの，前回と比べて，いずれのカテゴリーにおいても有効候補者数は減少している．前回の都市型選挙区の有効候補者数は 3 を超えていたが，今回は 2 台になった．

表 6-3-14 DID 人口比率と有効候補者数

DID 比率	有効候補者数の平均
農村型（100 区）	2.22
中間型（100 区）	2.38
都市型（100 区）	2.62

次に，今回初めて小選挙区に出場した新顔の「成績」を調べてみることにしたい[63]．今回の新顔は 435 人であった．そのうち当選した候補者は 48 人であった．わずかに 11％である．前回の選挙では 636 人が新顔で，そのうち当選した候補者は 56 人で，9％であった．新顔が当選することは，父親の地盤を受け継いで立候補するような場合を除いて，大変困難な状況である．

ちなみに，前回も今回も小選挙区で立候補した候補者の「成績」を見ると，表 6-3-15 のようになっている．表を見ると，前回当選した 300 人の候補者の

表 6-3-15 2000 年と 2003 年にともに立候補した候補者の順位

2000 年	2003 年			合　計
	1　位	2　位	3 位以下	
1　　位	198 (80)	43 (17)	5 (2)	246 (100)
2　　位	36 (23)	99 (62)	25 (16)	160 (100)
3 位 以 下	5 (4)	20 (14)	115 (82)	140 (100)
合　　計	239 (44)	162 (30)	145 (27)	546 (100)

うち82%に当たる246人が，また，前回2位であった300人の候補者の53%の160人が今回も出場していることがわかる．当選率は，前回1位の候補者の場合は80%となっている．前回よりもわずかにあがっている．前回2位が今回も2位の割合と，前回3位以下で今回も3位以下の割合が，前回に比べて高くなっている．これに対応して，前回2位が今回1位になる割合と前回3位以下が今回1位になる割合がいずれも下がっている．すなわち，前回と比べて候補者の順位が固定化してきており，2位以下の候補者が当選することが難しくなってきているのである．

ちなみに，初出場組の当選確率は11%であったから，前回2位以下の候補者の半分程度，3位以下の候補者の当選確率の3倍程度となっていることが表からわかる．

最後に，今回の総選挙では国勢調査に基づき定数の是正が図られた．しかし，それによって有権者の1票の重みが平等になったわけではない．今回の総選挙で重みがもっとも軽い選挙区は千葉4区で，その当日有権者数は459,501であった．反対に，もっとも重い選挙区は徳島1区で，その当日有権者数は213,689であった．格差は1対2.15と，2倍以上になっている．

そこで，格差が各党の小選挙区の獲得議席にどのように影響しているかを調べてみた．方法はもっとも軽い千葉4区の当日有権者数でその他の選挙区の当日有権者数を割り，それぞれの選挙区から選出された候補者はその商の重み分の議席をもっていると計算した．各党の割合を計算し，それを300議席に按分した．その結果が表6-3-16である．これによると，定数の不均衡のために，自民党は5議席得をし，民主党は6議席損をしたことになる．

表6-3-16 実際の議席配分と1票の重みを平等にした場合の議席配分

	自民党	保守党	公明党	民主党	無所属の会	社民党	自由連合	無所属	合計
平等の場合	162.8	4.6	9.5	110.9	0.7	0.7	0.8	9.9	300
実際	168	4	9	105	1	1	1	11	300

第7章　中選挙区制下の総選挙

　これまでの章では，当確指数や選挙区の都市度などの分析をも含めて，主として前の回との比較を中心に戦後の総選挙を各回ごとに検討してきた．しかし，そうした総選挙の連続のなかですでに戦後も半世紀が過ぎ去ってしまった．そうなると，投票率を始め，立候補や得票率や立候補者の当落や定数の不均衡など，総選挙を構成するいろいろな要素についてもおおよそのパターンが生まれてくる．そのパターンを分析することによって戦後日本の総選挙自体の特徴を浮き彫りにすることができる．そこで，この章では，戦後の総選挙の中でも1947年から93年の18回にわたって採用された中選挙区制度に着目して，その選挙の特徴について検討する．現在の選挙形態であるいわゆる小選挙区比例代表並立制の分析は，もうしばらくこの選挙の経験が積まれた段階で追加することにしたい．

第1節　投票率の推移

　まず，投票率から始めよう．その様子を示したのが表7-1-1である[1]．投票率計算の基礎となる選挙当日有権者数は，1946年に女性にも参政権が認められたために，2.5倍になった．それ以後は次第に増加して，2003年には終戦直後の3倍近くにも増大している．

　投票率を見ると，戦中最後の総選挙の投票率は83.16％だった．戦後は，5回の総選挙の移動平均で見ると，50年代は75％あたりまで上昇するが，以後は，緩やかに低下し，60年代の後半からはおおむね71％あたりで推移している．中選挙区制度の46年から93年の平均投票率は72.24％である．ところが，96年選挙から小選挙区比例代表並立制が導入されてから，大きく低下して60％程度まで低下している．投票率の低下と制度変更との対応が鮮やかで

あるが，投票率の低下は制度変更そのものに由来するほかに，93年以後の政党再編成の結果も影響していると考えられる．

表 7-1-1 当日有権者数・投票者数・無効投票数（1942-2003年）

選挙	当日有権者数	投票者数	投票率	無効投票数	無効投票率
1942	14,594,287	12,137,086	83.16	119,956	0.99
1946	36,878,420	26,582,175	72.08	482,000	1.81
1947	40,907,493	27,797,748	67.95	435,180	1.57
1949	42,105,300	31,175,895	74.04	582,438	1.87
1952	46,772,584	35,749,723	76.43	412,349	1.15
1953	47,090,167	34,948,008	74.22	342,675	0.98
1955	49,235,375	37,338,021	75.84	319,499	0.86
1958	52,013,529	40,045,111	76.99	290,824	0.73
1960	54,312,993	39,923,469	73.51	410,993	1.03
1963	58,281,678	41,462,551	71.14	442,405	1.07
1967	62,992,796	46,606,040	73.99	602,882	1.29
1969	69,260,424	47,449,709	68.51	452,507	0.95
1972	73,769,636	52,935,313	71.76	503,980	0.95
1976	77,926,588	57,236,622	73.45	619,227	1.08
1979	80,169,924	54,522,013	68.01	508,394	0.93
1980	80,925,034	60,342,329	74.57	1,309,602	2.17
1983	84,252,608	57,240,829	67.94	459,196	0.80
1986	86,426,845	61,707,654	71.40	1,255,181	2.03
1990	90,322,908	66,215,906	73.31	508,864	0.77
1993	94,477,816	63,547,819	67.26	740,678	1.17
1996	97,680,719	58,262,930	59.65	1,731,422	2.97
		58,239,414	59.62	2,664,254	4.58
2000	100,433,798	62,764,239	62.49	1,877,318	2.99
	100,492,328	62,757,828	62.45	2,904,983	4.63
2003	102,232,944	61,196,418	59.86	1,687,433	2.76
	102,306,684	61,193,216	59.81	2,080,459	3.40

（注）1996年以後は上欄が小選挙区，下欄が比例代表選挙の結果である．

次に，無効投票率についてみてみたい．無効投票率は投票総数に占める無効票の割合である．終戦直後の47年と49年は新有権者，新選挙制度ということもあり，1.7%前後が無効票となっているが，それ以後はおおむね1%前後で推移している．ただ，80年と86年はそれが2%に跳ね上がっているが，それはいずれも衆議院と参議院の選挙が同時に施行されたことによる．しかし，新制度が導入された96年以後の選挙では2.8から4.6%にまで跳ね上がってい

る．20人から30人に1人の割合で投票が無効となっているのが現在の投票制度である．

第2節　立候補状況と得票率の分布

　選挙区を定数別に分けた場合，どれくらいの候補者が立候補しているのであろうか．3人区，4人区，そして，5人区について出場した候補者の順位をとり，それぞれの順位の平均得票率を計算したものが図7-2-1である．なお，2人区と6人区についても他の定数の選挙区と同じ傾向が見られるが，事例数が少ないので図示してはいない．

　三つの図から二つのことが明らかである．第1は，各定数の選挙区で実質的に争っている候補者の数は定数＋1人であるという点である．すなわち，3人区では上位4番目の候補者と5番目の候補者の得票率に開きがある．同様に，4人区では5位と6位の間に，5人区では6位と7位の間に明らかに大きな開きが認められる．これが「M＋1ルール」と言われるものである．すなわち，定数Mの中選挙区においては競争はM＋1人の主要候補者の間の争いになるという法則である[2]．ちなみに，当確指数が0.4以上の候補者を「有力候

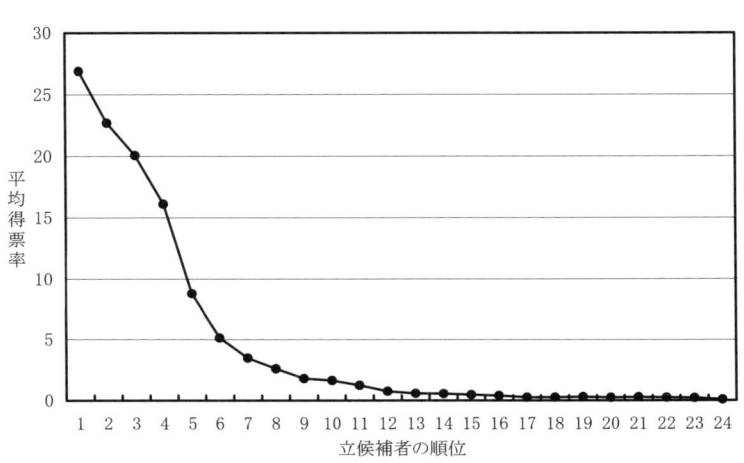

図7-2-1a　順位別候補者の平均得票率（3人区）

図 7-2-1b 順位別候補者の平均得票率（4人区）

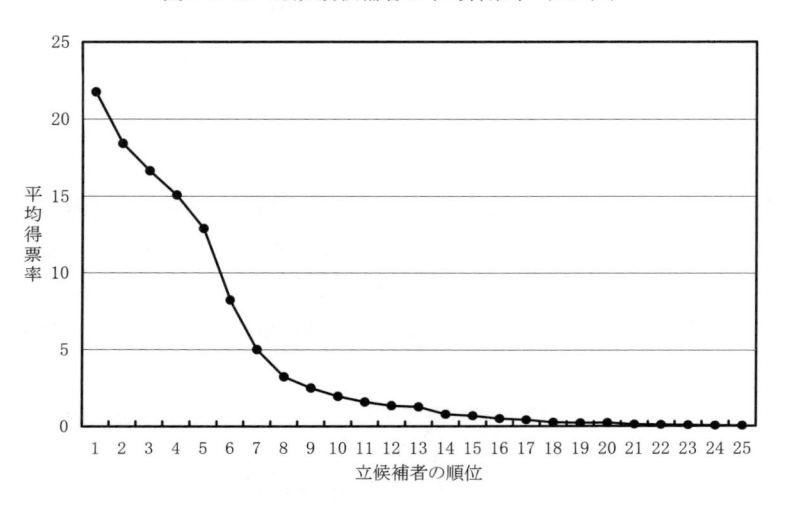

図 7-2-1c 順位別候補者の平均得票率（5人区）

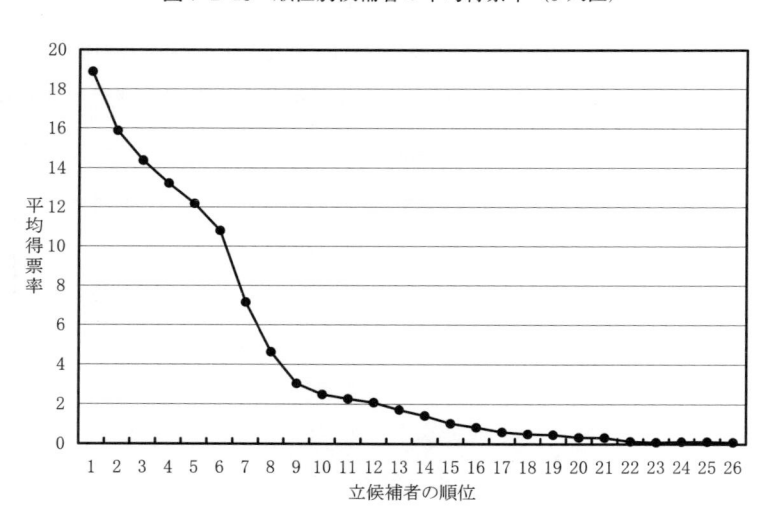

補者」とすると，それぞれの定数区での有力候補者の対決パターンは表 7-2-1 に示したとおりである．いずれのタイプの選挙区でも定数より 1 人か 2 人多い候補者の争いが典型となっている．

第2節 立候補状況と得票率の分布

表 7-2-1 定数別の有力候補者の出場状況

定 数	3 人	4 人	5 人	6 人	7 人	8 人	9 人	合 計
3	138	1,252	900	126				2,416
4		84	1,245	1,110	371	16		2,826
5			85	1,404	1,407	592	45	3,533

　第2は，いずれの選挙区においても，第1位の候補者の得票率が他の候補者よりも飛びぬけている点である．つまり，1位と2位の得票率の差は，2位と3位，あるいは，それ以外の候補の得票率の差よりも飛びぬけて大きくなっているのである．その理由については不明であるが，一つの選挙区には人気のある，あるいは，強い候補者など，目だった候補者が現れやすいことをこの数字は示している．

　そこで，自民党と社会党による55年体制が確立した58年総選挙以後について選挙区定数ごとに1位当選者の1位当選の回数を調べたものが表7-2-2である．中選挙区制度では58年から13回選挙が行われているので，その半分以上，すなわち7回以上の1位当選者についてみると，3人区は延べ560議席のうち17％が7回以上1位の当選者で占められている．4人区では15％，そして，5人区では12％となっている．3人区は明らかに1位候補者が定着しやすくなっているのである．

表 7-2-2 定数別1位当選者の1位当選回数

	1回	2回	3回	4回	5回	6回	7回	8回	9回	10回	11回	12回	計
3人区	126	42	32	16	11	7	6	3	3				246
4人区	148	46	31	8	8	5	5		2	1		1	255
5人区	143	53	20	21	11	3	3	3	1		1		259

　ちなみに，それぞれの定数で7回以上1位となった候補者を挙げると，3人区では，7回が大平正芳（連続5回1位），海部俊樹（連続7回1位），森喜朗（連続7回1位），羽田孜（連続4回1位），田沢吉郎，佐々木良作，8回が灘尾弘吉，長谷川四郎，小坂善太郎，9回が小沢辰男，荒船清十郎，斎藤邦吉となっている．4人区では，7回が鈴木善幸（連続7回1位），橋本登美三郎，村山富市（連続4回1位），河本敏夫，亀岡正夫，9回が渡辺栄一，安倍晋太郎，

10回が福田赳夫（連続6回1位），12回が田村元となっている．そして，5人区では，7回が宮沢喜一（連続5回1位），渡辺美智雄，石原慎太郎，8回が三木武夫（連続13回1位），金丸信，原健三郎，9回が竹下登（連続8回1位），そして，11回が田中角栄（連続11回1位）となっている．第1に気づくのは2名を除いて全員が自民党候補者であることである．強い候補者は自民党から出ていたことを示している．次に，このカテゴリーには総理大臣経験者が圧倒的に多いことがわかる．地元でも常に第1位で当選してきた候補者が総理・総裁となっているのである[3]．

　それでは，それぞれの定数の選挙区において候補者はどのくらいの得票を得ているのであろうか．それを示した図7-2-2は，47年総選挙から93年総選挙までの立候補者の得票率を2%刻みにして調べたものである．これを見ると，第1に，どの定数区でもピークは二つあり，一つは0から2%のところにあり，グラフはそれから下がってゆき，6から12%のあたりで底となり，再び上昇カーブを描いて，第2のピークを形成している．簡単に言えば，得票率が0%から底の部分の候補者は「泡沫」候補と言うことができるだろう．そうすると，3人区では37.6%，4人区では31.8%，5人区では33.7%の候補者が泡沫

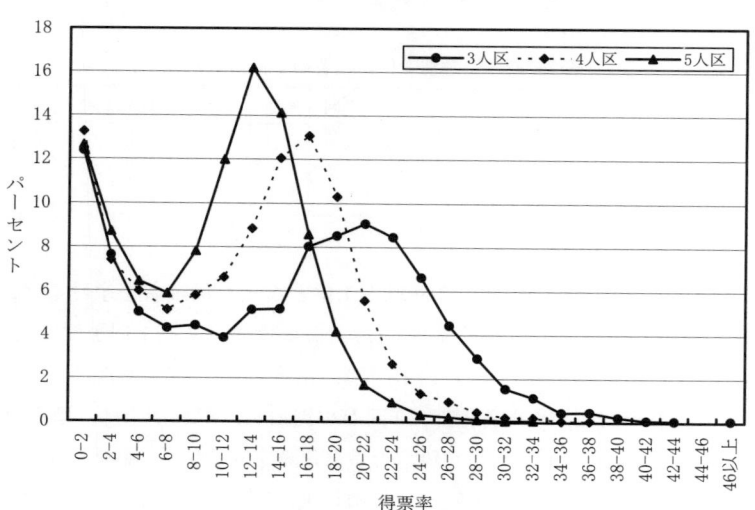

図7-2-2　定数別候補者の得票率の分布

候補ということになる．おおよそ3分の1である．第2の特徴は，第2のピークが，5人区，4人区，3人区の順に現れ，しかも，前者ほどピークがとがっているということである．当確指数でいうと，5人区では0.78，4人区では0.84，3人区では0.85あたりにあたる．定数が増えるほどに平均的には激戦となっている様子である．

　三つの選挙区の結果を当確指数で示したものが図7-2-3である．0から0.05までのカテゴリーが最も高く，次第に低下して，0.4から0.45のカテゴリーで極値を示してから，上昇に転じ，0.8から0.85あたりで高い極値になり，再び下がっている．後述するように，0.8あたりは各区の当選者の平均当確指数に近いところである．多くの候補者がそのあたりの指数に集中して，当選を争っている様がよく出ている．

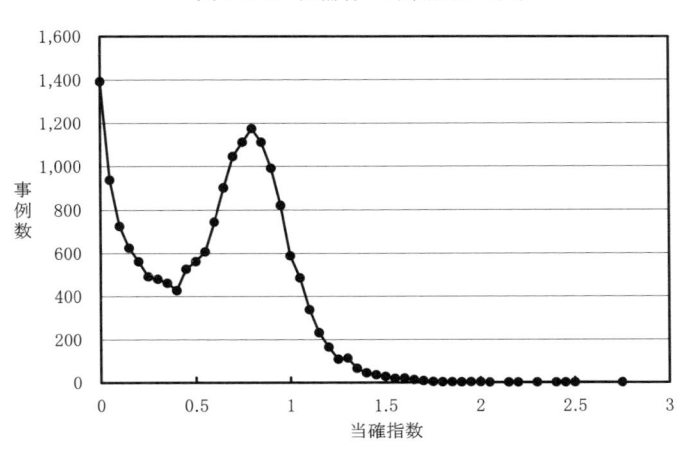

図7-2-3　候補者の当確指数の分布

次に47年総選挙以後93年総選挙までの選挙について定数別に当選者の得票率の分布を見たものが図7-2-4である．モードをとれば，3人区では22-24%（当確指数では0.92あたり），4人区では16-18%（当確指数では0.85あたり），5人区では14-16%あたり（当確指数では0.90あたり）となっている．

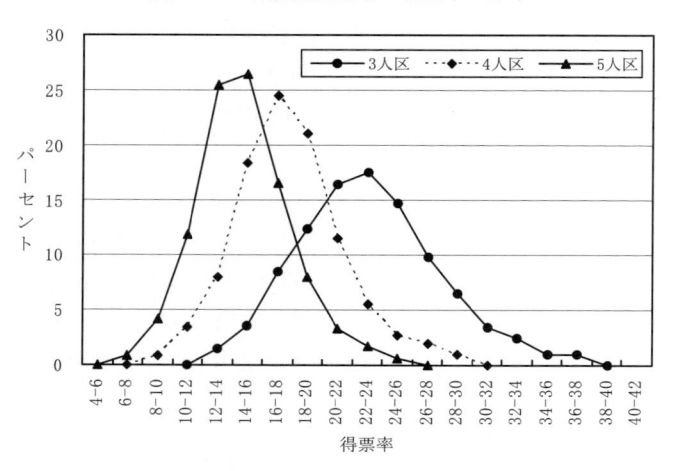

図 7-2-4　定数別当選者の得票率の分布

3人区から5人区で当選に必要な得票率が異なることからいえることは，すべての選挙区に候補者を立てることができない弱小政党で議席を獲得したいならば，他の条件がおなじならば，定数が多い選挙区から候補者を出したほうがよいということである．民社党と公明党がこのような戦術をとっていたことは第2章第5節で指摘したところである．

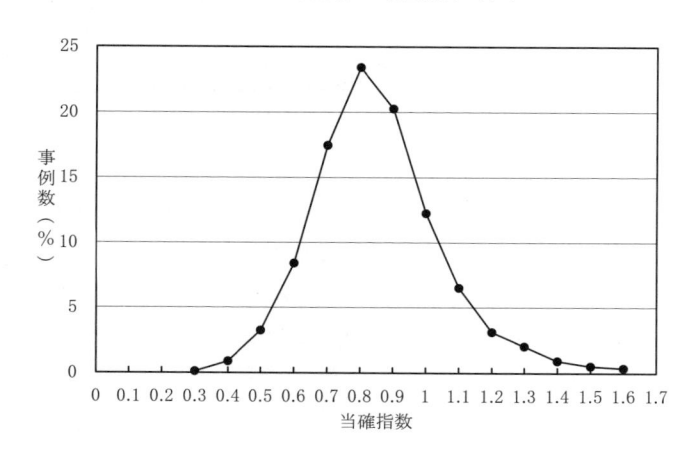

図 7-2-5　当選者の当確指数の分布

第2節　立候補状況と得票率の分布　　257

　当選者の得票率を当確指数に変換してその分布をみたものが図7-2-5である．当選者の当確指数は0.8以上0.9未満のあたりがもっとも多くなっている．メディアンは0.8849であった．1未満で当選した候補者は全当選者の74%であった．実際には候補者の得票に差があるために，当確指数が1よりも小さいところで多くの候補者が当選しているのである．

　当選者の当確指数の経年的変化を見たものが図7-2-6である．図は上から順に，当該選挙の当選者の最高の当確指数，当選者の平均当確指数，当選者の最低の当確指数を示している．平均を見ると，40年代では0.75あたりであったが，次第に上昇しているのが分かる．そして，85年前後がピークを形成している．この推移はおおむね立候補者総数と対称的な動きを示している．最低当選者は当確指数が0.5強あたりで比較的安定的に推移しているのに対して，最高は変動が大きい．ちなみにもっとも高い数値は83年新潟3区の田中角栄の2.799である．

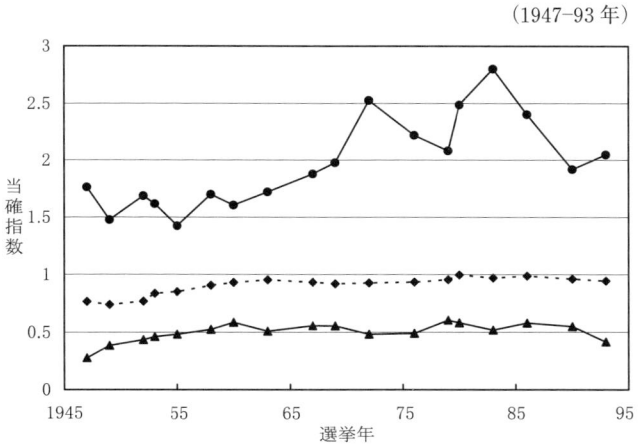

図7-2-6　最高・平均・最低当選者の当確指数の経年変化
(1947-93年)

　それでは，当選者と惜しくも当選できなかった次点者の関係はどうなっているのであろうか．自社体制が確立した58年総選挙以後について，次点者の得票が最低の得票で当選した候補者の得票のどれくらいであるかを示したのが図7-2-7である[4]．これを見ると，中選挙区制の下で競争がきわめて激しかった

様子がわかる．次点者が最下位当選者の9割以上の得票を得ているケースは3人区で43%，4人区で52%，そして，5人区では59%となっている．ほぼ半分のケースである．しかも，3人区から5人区になるほど，最後の95-100%のカテゴリーの割合が高くなっている．つまり，5人区ほど激しい競争が候補者間で繰り広げられていたのである．

図7-2-7 定数別次点票の最下位当選者票に対する割合の分布

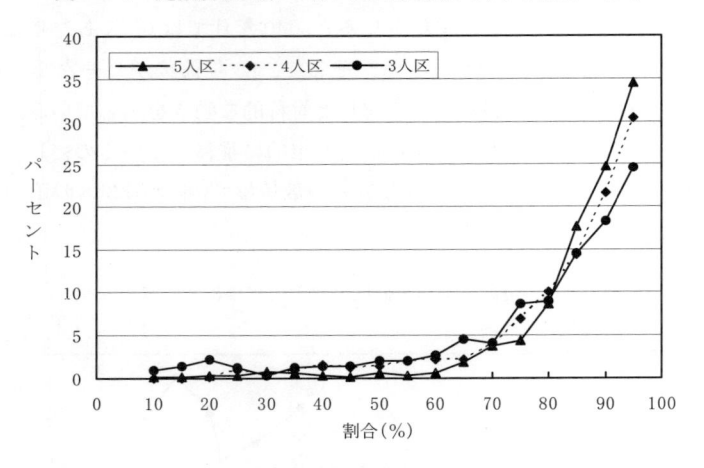

図7-2-8 死票率の経年変化（1946-93年）

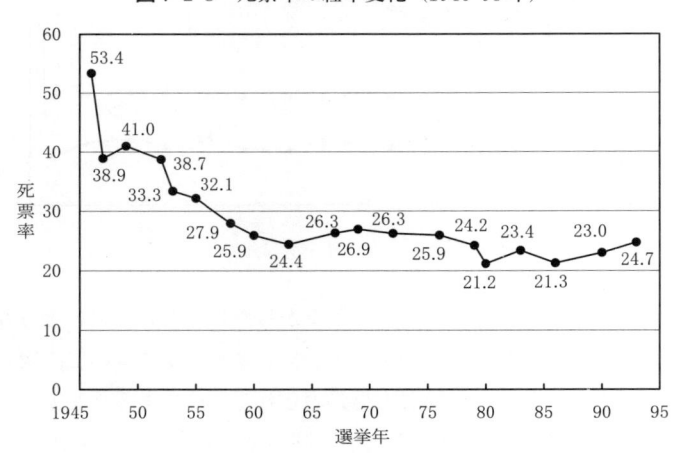

次に，落選者（次点者＋その他の落選者）に投ぜられた投票の投票総数に対する割合（死票率）を示したのが図7-2-8である．終戦直後の46年の総選挙は立候補者が多かったこともあり，死票が半分を超えているが，それも漸減し，60年代から70年代には25％前後，そして，80年代以後は23％前後が死票となっている．逆に言えば，中選挙区制度においては，有権者の4分の3の意思が当選者として反映しているということになる[5]．

さて，こうした激しい選挙の結果，候補者の間で当落が決まるのであるが，58年以後93年までの13回の総選挙について，主な政党の公認候補者の当選順位を選挙区定数別に表7-2-3に示した．第1に，1位当選者を見ると，自民党候補が圧倒的である．3人区の場合は事例の総数が560であるから69％，4人区の場合は510であるから67％，そして，5人区の場合は531であるから62％が自民党候補によって占められている．したがって，中選挙区制時代に仮に小選挙区制度が施行されていたならば，自民党が圧勝したことは間違いないであろう．鳩山内閣や田中内閣が意図した小選挙区制度の導入は2大政党制を目的としたものではなく，自民党の1党制を目指したものであったことは言うまでもない．

次に，政党候補の強さであるが，自民党候補の場合，3人区にせよ，4人区にせよ，あるいは，5人区にせよ，最上位当選者がもっとも多く，最下位当選者に行くにつれて数が減っていることが注目される．これは中選挙区制度の時代，自民党が強力な候補者をリクルートしてきていたことを示している．これに対して，社会党の場合を見ると，3人区では明らかだが，4人区や5人区においてもおおむね当選順位が下がるにつれて候補者の数が増加する傾向が見られる．すなわち，低位当選者が多いということである．このことは社会党全体の得票率が低下した場合，多数の候補者が落選する構造が社会党の得票構造の中にあることを示している．社会党に見出される構造は，共産党や民社党にも認めることができる．中選挙区制度時代の総選挙は議席数で与党自民党の圧倒的な優位が保たれたが，それはまた，個々の選挙区レベルでは自民党候補者の強さと野党候補者の弱さによって担保されていたのである．

表 7-2-3a 党派別当選順位（3人区）

順位	自民党	新自ク	民社党	公明党	社民連	社会党	共産党
1	384	11	14	22		94	6
2	338	5	21	30	1	127	17
3	267	4	23	30	2	185	17
4	200	8	44	30		131	92
5	51	6	29	9		69	244
6	12	2	18	2		12	119
7-11	3	2	10	2			58

表 7-2-3b 党派別当選順位（4人区）

順位	自民党	新自ク	民社党	公明党	社民連	社会党	共産党
1	340	6	21	25	3	83	7
2	298	6	20	32	1	119	13
3	256	2	18	33	3	157	20
4	237	2	34	30	1	154	30
5	183	7	54	27	1	134	55
6	68	6	48	11	1	62	176
7	24	4	27	6	2	16	119
8	3		10	1		4	53
9-11			2	1		2	25

表 7-2-3c 党派別当選順位（5人区）

順位	自民党	新自ク	民社党	公明党	社民連	社会党	共産党
1	328	5	10	35	6	91	18
2	312	3	19	51	2	102	17
3	285	1	32	46		130	21
4	228	1	38	68		148	27
5	219	1	59	50		145	40
6	194	6	54	50	2	131	60
7	82	11	47	10	4	82	159
8	41	10	27	6	1	23	105
9	9	1	10			2	67
10			3			2	18
11-13			1				8

第2節 立候補状況と得票率の分布

それではここに記した自民党の選挙区における優位体制はどのように変化しているのであろうか．表7-2-4はそれを示している．自社体制の58年から90年までのあいだに12回選挙が行われているので，4回ごとにまとめて，三つの期間に分けて分析した．

表7-2-4a 自民党候補者の順位（1958-67年）

定数	1	2	3	4	5	6	7	8	9
3	117	110	79	77	27	6	2		
4	115	97	88	83	69	25	10	1	
5	114	95	84	80	79	82	39	24	5

表7-2-4b 自民党候補者の順位（1969-79年）

定数	1	2	3	4	5	6	7	8	9
3	118	103	89	61	17	3			
4	106	85	81	64	54	22	7	1	
5	94	87	91	70	66	52	24	8	2

表7-2-4c 自民党候補者の順位（1980-90年）

定数	1	2	3	4	5	6	7	8
3	128	107	81	52	5	1		
4	104	100	71	73	48	16	3	1
5	105	109	92	65	54	49	13	6

第1期は58年総選挙から67年総選挙の自民党が強力な時代である．順位1位の議席についてみると，3人区では延べ163議席中117議席で72％，4人区では延べ156議席中115議席で74％，5人区では延べ154議席中114議席で74％というように，ほぼ4分の3の議席を獲得している．また，いずれの選挙区でも最高順位が最も多く，順位が下がるにつれて候補数も減っている．

第2期は69年総選挙から79年総選挙までである．自民党の党勢がもっとも低下した時期に対応している．それに応じて，順位1位の議席数も，3人区では延べ180議席中118議席で66％，4人区では延べ160議席中106議席で66％，そして，5人区では延べ183議席中94議席で51％と，占有率が大幅に減少している．しかも，上位当選者ほど数が多いというシステムは3人区と4人区で

は維持されたものの，5人区ではそれが崩壊している．

　最後に，第3期は80年総選挙から90年総選挙までの自民党復調時代に対応している．順位1位の議席数も，3人区では延べ178議席中128議席で72%，4人区では延べ160議席中104議席で65%，そして，5人区で延べ168議席中105議席で63%と，第1期に近づいているが，上位当選者のほうが多いシステムは3人区のみに見られ，4人区と5人区ではそれが明確ではなくなっている．

　自民党は結成されてから90年総選挙まで，それぞれの定数の選挙区で圧倒的多数を占め続けてきてはいるが，最上位候補者がもっとも多数を占めたシステムは崩壊しつつあったのである．

第3節　中選挙区制度と政党の選挙戦略

　さて，それぞれの選挙区に何人の候補者を立てるかは，政党にとって大きな悩みである．小選挙区制の場合には候補者を立てるか否かを決めればよいが，中選挙区制の場合には，仮に立てる場合，何人立てるかを判断しなければならないからである．もちろん中選挙区制度の場合でも1人しか候補者を立てることができない政党は，既に述べたようにどの定数の選挙区から候補者を立てるかだけを考えればよかった．しかし，中選挙区制度において政権を担おうと考える政党は，1選挙区あたり複数の候補者を立てねばならない．そうなると，過剰公認の結果，共倒れが起きたり，うまく票を配分すれば2議席獲得できたにもかかわらず，一方の候補者に票が集中してしまったために1議席しか獲得できなかったり，あるいは，1人の候補者が，2人を当選させられるような大量の票を獲得したりする．このような問題を中選挙区制度において大政党は考えなければならないのである．

　保守合同により自民党ができ，また，左右の統一社会党ができた1955年以後についてみると，自民党にとってはもちろん，社会党にとってもどのように候補者を立てるかという候補者戦略は大問題であり続けてきた．特に議席の過半数の獲得を目指す自民党の場合はこの問題は深刻であった．1958年から，自民党が候補者を絞ることをやめた72年総選挙の直前までの，自民党と社会

表 7-3-1a 定数別自民党の立候補者数 (1958-69 年)

選挙	3 人 区				4 人 区					5 人 区					
	1人	2人	3人	4人	1人	2人	3人	4人	5人	1人	2人	3人	4人	5人	6人
1958		14	18	8		3	22	12	2	1	4	15	14		4
1960		13	25	2		2	24	11	2	1	9	13	13		2
1963		22	18			8	21	10		3	11	18	6		
1967	5	22	16		1	9	26	3		9	10	18	3		
1969	7	20	16		1	12	24	2		10	15	13	2		

表 7-3-1b 定数別社会党の立候補者数 (1958-69 年)

選挙	3 人 区			4 人 区			5 人 区			
	1人	2人	3人	1人	2人	3人	1人	2人	3人	4人
1958	17	21	2	2	29	8	2	16	18	2
1960	29	11		18	21		9	22	7	
1963	28	12		11	28		5	26	7	
1967	31	12		9	30		3	29	8	
1969	40	3		16	23		9	27	4	

党の立候補者数を定数別に分類して表 7-3-1 に示した．

　まず，自民党であるが，自民党は 58 年と 60 年の総選挙には定数を超えて公認候補を出したケースが存在していることが目に付く．しかし，回を重ねるにしたがって，おおむね候補者を減らしていき，67 年と 69 年の総選挙には 1 人しか公認候補を出さないケースも出てくる．しかし，いずれにしても複数の公認候補者を立てていることが多いことには変わりはない．

　これに対して，社会党の場合も，58 年の 3 人区では定数いっぱいの公認候補を出している．また，4 人区でも 3 人公認，5 人区でも 4 人公認というケースも見られる．60 年総選挙では社会党から民社党が分離したために，多数の候補者を立てることを断念したが，以後，67 年総選挙までは候補者を増やしている．しかし，67 年総選挙での大敗北の結果，69 年総選挙で社会党は候補者をしぼる方向に転換した．とまれ，社会党の場合でも 4 人区と 5 人区では複数の候補者を立てているのである．

　ところで，中選挙区制の実際では，同じ定数のドント式比例代表制よりも大政党に不利になる．もし，各政党がその党の候補者の得票数を前もって予測できるならば，各党は合理的に公認候補者の数を決定できる．その場合のナッ

シュ均衡解は[6],各党の得票率をもとにして,議席をドント式比例代表制で配分した時の獲得議席と同じ候補数を各党が立候補させることである.しかし,現実の中選挙区制度では候補者の得票を予想することは不可能で,その結果,共倒れなどが起こるために,ドント式比例代表よりも大政党に不利な結果となる.ただ,ここで注意しなければならないのは,定数が3から5という小さい選挙区の場合のドント式比例配分は議席を純粋に比例配分した場合に比べて大政党に有利に配分されるという点である.従って,ドント式比例代表制と比べて不利とはいっても純粋比例配分と比べて大政党に不利になるというわけではない[7].

そこで,58年から93年までの総選挙における自民党の議席率と,自民党の得票率から計算されるドント式比例代表制による予想獲得議席率と純粋比例にしたがった場合の予想獲得議席率をグラフにしたものが図7-3-1である[8].実際の自民党の議席占有率は,予想のとおり,ドント式比例配分よりは少ないが,しかし,純粋比例議席よりは多い.やはり大政党である自民党にとって中選挙区制度は有利な制度であると結論することができよう.

実際に獲得した票によってドント式比例配分をした場合をモデルにした場合[9],ある政党が実際に獲得した議席数は,いくつかの政党の候補者戦略の失

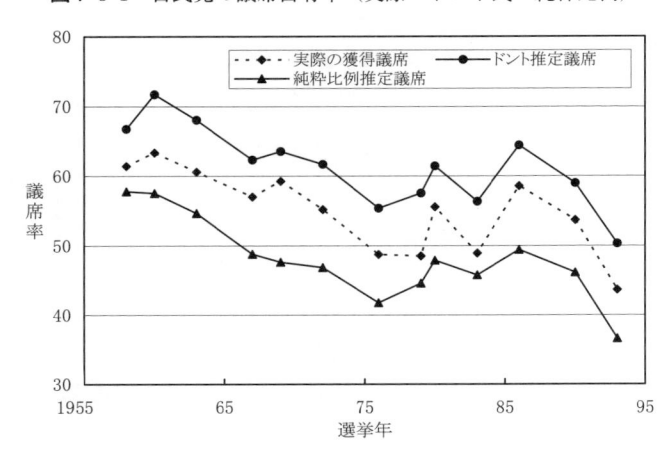

図7-3-1 自民党の議席占有率(実際・ドント式・純粋比例)

第3節　中選挙区制度と政党の選挙戦略

表 7-3-2　各党が犯す選挙戦上の失敗のタイプ

		（候補数） − （ドント推定議席数）		
		+	0	−
（実際の議席数） − （ドント推定議席数）	+	過剰当選	なし	なし
	0	過剰公認	最適	なし
	−	過剰公認の失敗	得票の不均等配分	過少公認

敗のためにドント式比例配分が予想していた議席よりも減少したと見ることができる．川人貞史に従ってその失敗を類型化すれば表 7-3-2 のようになる[10]．

これに従って，自民党について 58 年総選挙から 93 年総選挙までの様子を見たものが表 7-3-3 である．失敗をした選挙区の割合をこの 35 年間のレベルで見ると，わずかに低下しているが，それほど明確ではない．自民党は選挙ではいつも失敗を繰り返していたと見るべきであろう．

表 7-3-3　自民党の選挙戦略の結果

選挙	過剰当選	最適	過剰公認	過剰公認の失敗	得票の不均等配分	過少公認	選挙区数	失敗をした選挙区の比率
1958	6	23	58	18	13		118	26%
1960	4	35	36	18	25		118	36
1963	1	52	29	11	24	1	118	31
1967	6	58	28	7	22	2	123	25
1969	2	78	20	3	14	6	123	19
1972	2	57	31	8	20	6	124	27
1976	1	63	32	7	24	3	130	26
1979		59	26	10	27	8	130	35
1980		87	13		13	17	130	23
1983	1	56	36	12	23	2	130	28
1986	2	90	7	14	16	1	130	24
1990	1	67	34	4	21	3	130	22
1993	2	69	22	9	21	6	130	28

失敗を細かく見ていくと，候補者の数を減らしたために過剰公認や過剰公認の失敗も 69 年選挙まで低下している．それ以後は，過剰公認については 25% 前後で，過剰公認の失敗は大体 6-7% あたりを前後している．候補者を減らしても得票ができるだけ均等に候補者間に配分されればよいが，現実はそうはいかない．その結果，得票の不均等配分が起こる．この不均等配分はおおよそ

20%前後で推移している．以上の結果，最適な選挙区は 67 年総選挙あたりから 60%弱で推移するようになり，自民党が圧勝した 69 年，80 年，86 年総選挙ではそれが跳ね上がっている．

次に社会党について見たものが表 7-3-4 である．社会党の場合，失敗をした選挙区の割合はおおむね 5%弱に止まっている．その主なものは過剰公認の失敗による共倒れである．もう一つ社会党に特徴的なことは過剰当選がかなり多数に上っている点である．これは自民党の候補者の同士討ちの結果，社会党候補者が漁夫の利を得る場合である．その結果，社会党は常にドント式推定議席よりも多い議席を獲得したのである．

表 7-3-4 社会党の選挙戦略の結果

選挙	過剰当選	最適	過剰公認	過剰公認の失敗	得票の不均等配分	過少公認	選挙区数	失敗をした選挙区の比率
1958	26	25	56	10	1		118	9%
1960	25	55	33	3	2		118	4
1963	27	40	47	3	1		118	3
1967	21	39	49	4	10		123	11
1969	15	32	60	16			123	13
1972	16	69	30	4	5		124	7
1976	21	73	33	30			130	2
1979	27	58	37	5	3		130	6
1980	16	74	38	2			130	2
1983	13	85	31		1		130	1
1986	18	62	47	3			130	2
1990	6	107	12		1	4	130	4
1993	23	45	54	7			130	5

さて，石川真澄は，各政党と「棄権・無効」の経年的推移を集票率（絶対得票率）を用いて分析している．図 7-3-2 はそれをまとめて示したものである[11]．図を見ると，「総保守」の集票率は 52 年から単調に減少し，60 年代の末から以後は横ばいに転じることが見て取れる．この横ばいの期間においては，総保守の集票率と「棄権＋無効」とでは対照的な動きを示している．すなわち，60 年代の末以降は総選挙で棄権が増えると総保守票は減り，反対に棄権が減ると総保守票が増えるという関係が登場するのである．自民党に投票するかそれとも棄権するかというタイプの有権者が顕著に現れてくるのである．これが保守

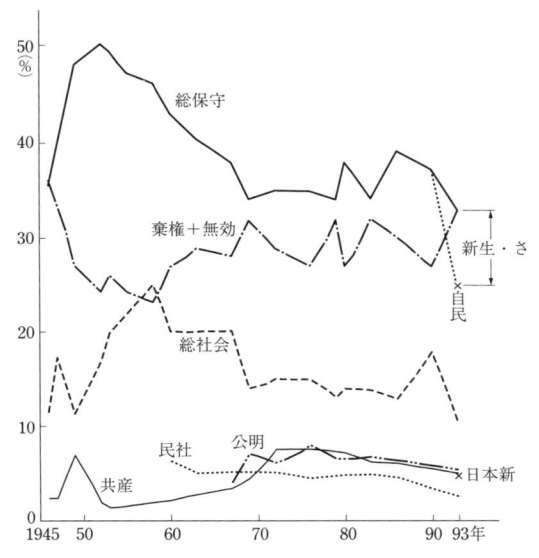

第3節　中選挙区制度と政党の選挙戦略　　267

図7-3-2　総選挙の党派別集票率の推移（1946-93年）

(注) 1) 総保守：90年まではすべての保守党と保守系無所属，93年は自民，新生，さきがけ3党と3党系の無所属及びその他の保守系無所属（日本新党系を除く）．2) 総社会：左右両派，労農，社民連，社会党系無所属を含む．3) 日本新党も同党系無所属を含む．4) その他の党も各党派系の無所属を加算してある．

復調を支えた票であることは第4章において記した．

それでは，52年からの総保守の低下はどうして生じたのであろうか．石川は，この「総保守の直線的下降は，こうした政治的でない，経済的・社会的構造変動のもたらした『引越し』によるものであったと説明できる」と述べている[12]．いわゆる引越し仮説である．その仮説によれば，この時期は人口移動が大規模に起きて，その結果，農村部に作られた保守政党政治家の後援会の会員を脱会させ，都会に転出させた．後援会を離れた人びとは，大都会で共産党や公明党のようなしっかりした組織活動をする党に吸い寄せられるか，「常時棄権層」になりやすかった．石川は，「そのようにして，保守票とカウントされた絶対数は高度成長に伴って減り続けた」と述べている．

しかし，石川自身が作成した「衆議院議員選挙・基本数字」によると，「総

保守」のピークである52年総選挙で「総保守」の人口は2300万人で，以後，69年総選挙までの推移をたどると，53年＝2300万人，55年＝2300万人，58年＝2400万人，60年＝2300万人，63年＝2400万人，67年＝2400万人，69年＝2400万人となっており，「保守票とカウントされる絶対数は高度成長によって減り続け」てはおらず，むしろ増加しているのであるから，引越し仮説はそもそもなりたたない．

また，70年代に「総保守」の得票が横ばいに転じたことに対して，石川は，一方では，「旧農村から通勤できるところに，商店や土木建築工事などの働く場所が何とかできた」から「人々は後援会に居続けることになった．つまり，職業を変えても政党支持は基本的に変わらなかったのである」としている[13]．「それが人口移動を止めた」[14]．すなわち石川は，ここでは70年代以後，旧農村からの人口移動がなくなったことを前提としている．しかし，他方で，石川は，75年以後は大都市圏への人口流入と流出は80万から90万人程度になり，バランスが取れるようになった事実を指摘している[15]．この事実に着目すれば，大都市に流入する層は，石川の言うことが正しければ，脱保守となろう．反対に，大都市から流出する層が農村に入ったとして簡単に保守層となるとは信じられないから，結局，石川の立場からすれば，75年以後も「総保守」は減ると見るのが適切ではないだろうか．

50年代と60年代の「総保守」の集票率の低下は，したがって，石川とは異なった説明が必要である．私は，それはこの間，単純に「総保守」が候補者を絞ったからであると考える．実際，52年総選挙に出場した保守系候補者の数は696人であったのが，69年総選挙では359人へとほぼ半減している[16]．そこで，石川のデータをそのまま用いて，52年総選挙から90年総選挙までの「総保守」の候補者の数と「総保守」の集票率の散布図を描くと図7-3-3のようになる．「総保守」の候補者数と集票率の間には明確な関係が見出される．特に，自民党をはじめとする「総保守」が候補者を最終的には半分に絞った52年から69年までに見られる一様な集票率の低下は実に明快である．実際，「総保守」の候補者数と集票率の相関をとると0.8780と非常に高くなっている．ここから，この間の「総保守」の集票率の減少は，「総保守」が候補者を絞ったからであると結論づけることができる．

第3節　中選挙区制度と政党の選挙戦略　　　269

図7-3-3　保守系候補者数と総保守の集票率の相関

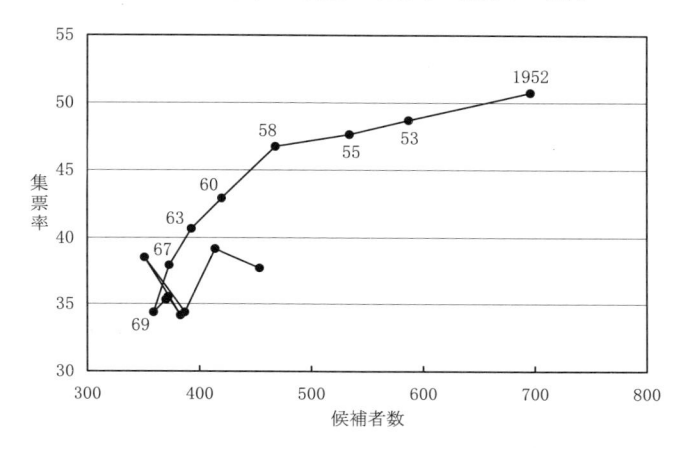

図7-3-4　当確指数別自民党候補者数の変化（1958-93年）

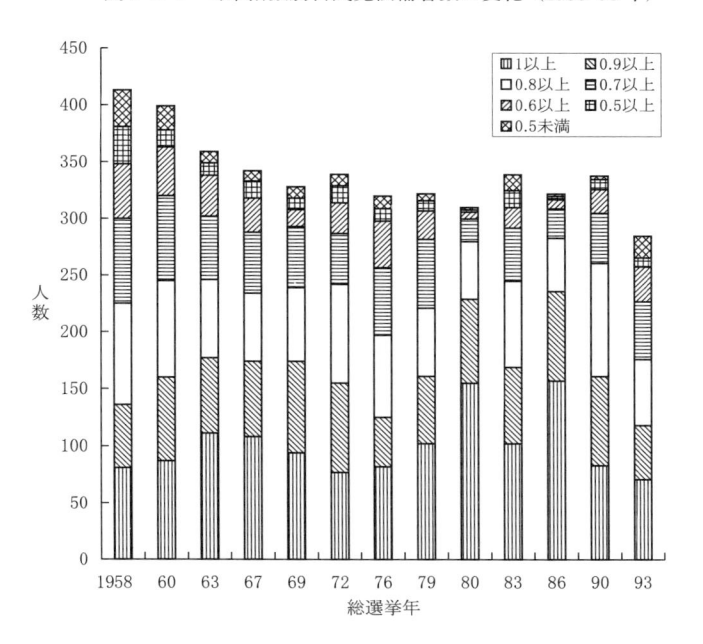

これをさらに詳しく調べるために，自民党の候補者について，58年総選挙以後について，当確指数ごとに候補者を並べたものが図7-3-4である．当確指数が0.8ないし，0.7あたりの候補者の数が，58年総選挙から72年総選挙までほとんど変わらない．0.8以上の候補者数は250人弱，0.7以上の候補者は300人弱で推移している．すなわち，自民党はこの間候補者を減らしているが，その減らした候補者の当確指数は0.7未満の弱い候補者であったということである．ちなみに，表7-3-5に示したように，この時期の最下位当選者の平均当確指数は0.8弱となっている．自民党は当選可能性が高い候補者を残したことがここから推測されるであろう．その結果，全体として，自民党や「総保守」の集票率は下がったのである．

表7-3-5　最下位当選者の平均当確指数の推移（1947-72年）

選　　挙	1947	1949	1952	1953	1955	1958	1960	1963	1967	1969	1972
当確指数	0.567	0.587	0.628	0.720	0.723	0.777	0.797	0.827	0.795	0.778	0.800

第4節　当選者，次点者，落選者

次に，当選者と次点者と落選者について出馬や再選の状況について見てみよう．表7-4-1は隣接する選挙のいずれにも出馬した候補者の成績を，各回について，前回の当選者，次点者，落選者に区分けして示したものである．

まず，候補者一般の出馬状況を見ると，戦後草創期の52年の選挙までは次の選挙に引き続き立候補する候補者は前回の選挙出場者のおおむね半数に満たない．しかし，53年の選挙以後おおむね70％程度の候補者が次回にも出馬している．最高は79年→80年であるが，これは選挙が1年弱で実施されたために79年出場者がおおむね80年にも出場したからである．

次に，ある選挙の当選者，次点者，落選者に応じて候補者が次の選挙にどの程度ふたたび出場しているかをグラフにしたのが図7-4-1である[17]．ただし，ここで次点者とは最下位当選者の次に多く得票した候補者を指すことにする．図を見ると，終戦直後を除いて，当選者はおおむね9割程度次の選挙に挑戦している．これに対して，次点者は60年代から70年代にかけては6割ぐらい，80

第4節 当選者，次点者，落選者

表 7-4-1 継続出場者の成績

選挙	総数(%/%)	当選者			次点者			落選者		
		当選	次点	落選	当選	次点	落選	当選	次点	落選
46→47	899 (32/57)	227	22	54	25	4	5	122	43	397
47→49	818 (51/60)	239	57	129	46	10	29	60	17	231
49→52	609 (45/49)	214	59	120	32	5	20	31	8	120
52→53	833 (67/81)	328	75	46	80	13	8	37	21	225
53→55	721 (70/71)	308	78	59	72	12	9	49	11	123
55→58	675 (66/71)	331	66	42	53	13	14	35	13	108
58→60	691 (73/74)	343	70	24	55	15	9	20	11	144
60→63	658 (70/72)	352	62	16	45	14	13	20	14	122
63→67	632 (69/69)	344	58	22	46	8	11	9	16	118
67→69	652 (71/69)	365	54	24	30	19	23	13	12	112
69→72	625 (66/70)	354	70	25	44	17	10	19	5	81
72→76	609 (68/68)	344	69	30	51	12	12	25	9	57
76→79	660 (73/74)	386	61	25	55	17	15	17	8	76
79→80	748 (84/90)	430	65	9	62	38	6	11	12	115
80→83	607 (73/72)	379	69	11	53	22	14	5	4	50
83→86	648 (76/77)	404	59	8	53	23	12	9	14	66
86→90	614 (73/64)	354	71	7	46	21	19	13	4	79
90→93	616 (65/65)	341	74	32	47	16	13	20	5	69

(注)「総数」列の括弧内の数字は，前回立候補者総数に占める割合/今回立候補者総数に占める割合を記してある．

図 7-4-1 当選者，次点者，落選者の再出場率

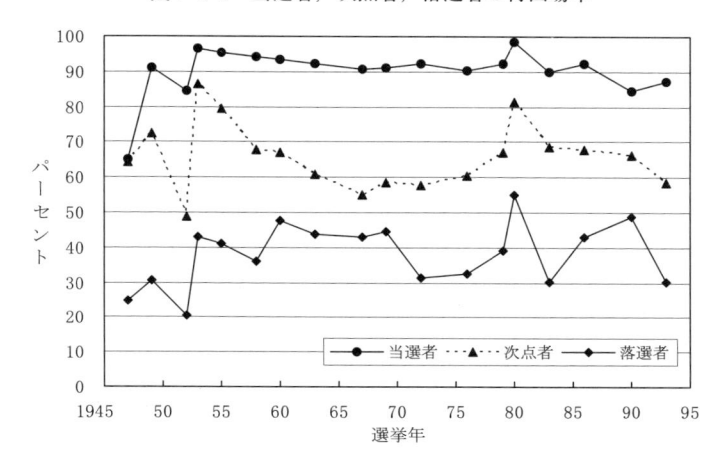

年代以後はおおよそ7割弱が立候補している.後で述べるが,次点者の当選率にだいたい対応していると見てよいだろう.そして,最後は落選者であるが,こちらはそれでも4割前後が再立候補しているのがわかる[18].

次に再出場者の成績を見てみよう.47年から93年までの,前回の当選者と次点者と落選者すべてについて成績を調べると,表7-4-2のようになる.それによると,前回当選者の77%が当選している.その経年的な変化をみたものが図7-4-2である.終戦直後は,45%近くが落選したこともあったが,当選者の次回当選率は58年から上がり始め,以後,だいたい8割強で推移している.

なかでも自民党議員について当選回数別に次回の再選率を調べてみると,表7-4-3のようになる.表は58年から93年までの13回の総選挙について延べ数を示している.平均的には自民党の代議士の再選率は85%と非常に高い.しかし,そのうちでも,当選1回と2回の議員は再選率がやや低く80%と82%となっており,それ以上となるとおおよそ86から87%程度の高さを維持

表7-4-2 再出場候補者の成績

	当 選	次 点	落 選	合 計
前 回 当 選 者	77	14	9	100%
前 回 次 点 者	63	20	17	100
前 回 落 選 者	17	7	76	100

図7-4-2 当選者の再出場の成績

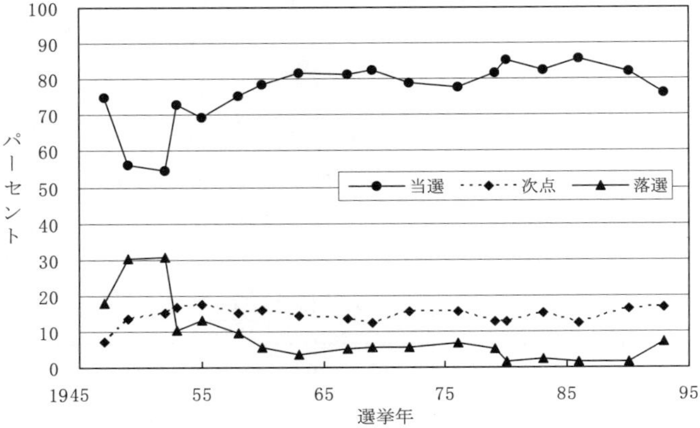

している．当選回数1から2回ではまだ地盤が固まっていないからである．

次に表7-4-2の前回次点者をみると，63％が当選している．前回当選者の当選率の8割である．「次点バネ」という言葉は，次点者は次回には当選する可能性が高いことを指しているが，中選挙区制度時代ではかなりの程度あたっているといわねばならないであろう．さらに，その経年的変化を見た図7-4-3と前議員（現職）の成績を示した図7-4-2を比べてみると，特に終戦直後の，46

表7-4-3　自民党議員の当選回数別再出場の成績

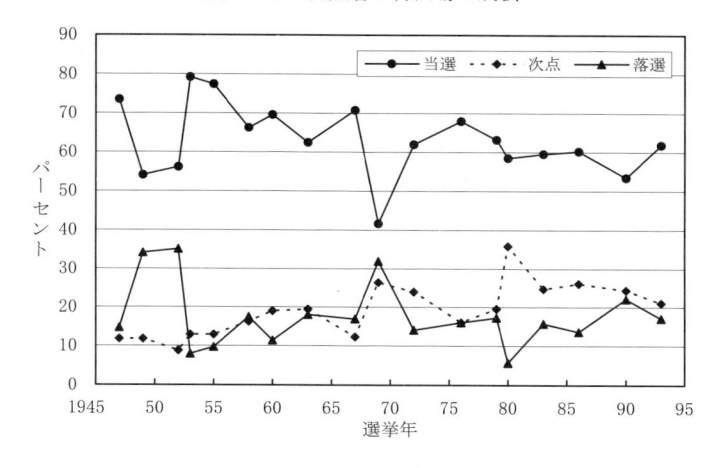

当選回数	当　　選	次　　点	落　　選	合　　計
1	381(80)	72(15)	22 (5)	475(100)
2	333(82)	53(13)	18 (4)	404(100)
3	353(87)	39(10)	14 (3)	406(100)
4	347(85)	49(12)	12 (3)	408(100)
5	334(86)	45(12)	10 (3)	389(100)
6	297(87)	38(11)	8 (2)	343(100)
7	230(87)	28(11)	7 (3)	265(100)
8	183(87)	20(10)	7 (3)	210(100)
9	129(86)	17(11)	4 (3)	150(100)
10	95(83)	16(14)	3 (3)	114(100)
11以上	170(90)	13 (7)	6 (3)	189(100)
合　　計	2,852(85)	390(12)	111 (3)	3,353(100)

図7-4-3　次点者の再出場の成績

年総選挙から55年総選挙の間は，前議員と次点との間ではほとんど当選率に差がない．52年，53年，55年総選挙ではむしろ次点者のほうが高くなっていることが注目される．前議員の優位が確立するのは，自民党が結成され，社会党の統一がなされた後の58年総選挙以後である．55年体制の成立は現職優位の体制の確立でもあったわけである．

最後に前回落選者であるが，その次回当選率はわずかに17%にしか過ぎない．当選者とも次点者とも大きな開きができているといわねばならないだろう．その経年的な変化については図7-4-4に示したとおりである．

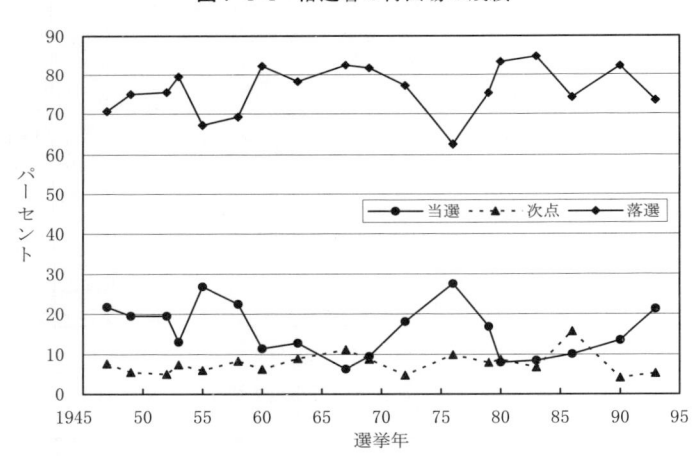

図7-4-4 落選者の再出場の成績

次に，当選者についてさらに詳しく見てみよう．各回の総選挙で選ばれた衆議院議員の当選回数別の分布状況を示したのが表7-4-4である．ここでは46年総選挙から6回ごとの結果を掲載した．表をみると，それぞれの選挙がそれぞれ個性的であることがわかる．戦後第1回目の選挙である46年総選挙では，すでに記したが，新人議員が80%も占めている[19]．そして，当選回数が多くなるにつれて代議士の数も減少してきている．それでは新人代議士がもっとも多数を占めているかといえば，58年の総選挙では新人は15%であるのに対して，当選4回の議員が20%もおり，さらに，当選5回と6回の議員も14から15%もいる．とはいえ，76年総選挙や93年総選挙になると，新人がもっとも

表 7-4-4　衆議院議員の当選回数別構成

当選回数	選挙			
	1946	1958	1976	1993
1	372 (80)	69 (15)	125 (24)	136 (27)
2	30 (6)	49 (10)	82 (16)	90 (18)
3	20 (4)	53 (11)	64 (13)	56 (11)
4	13 (3)	95 (20)	64 (13)	38 (7)
5	11 (2)	64 (14)	41 (8)	25 (5)
6	8 (2)	70 (15)	24 (5)	41 (8)
7	1 (0)	35 (7)	15 (3)	32 (6)
8	3 (1)	11 (2)	15 (3)	25 (5)
9	3 (1)	7 (1)	16 (3)	28 (5)
10		5 (1)	26 (5)	14 (3)
11	2 (0)	7 (1)	16 (3)	13 (3)
12			13 (3)	4 (1)
13			8 (2)	1 (0)
14				3 (1)
15		2 (0)	2 (0)	
16				1 (0)
17				2 (0)
18				1 (0)
19				1 (0)
22	1 (0)			
合　計	464 (100)	467 (100)	511 (100)	511 (100)

(注) 括弧内は%.

多数派を占め，当選回数が増えるにつれて人数も減少する傾向がみえてくる．

　そこで，自社体制が確立した1958年以後の総選挙について当選回数別に代議士の数の延べ数を調べたものが図7-4-5である．これによると，代議士の数は当選3回までは急激に低下するが，以後は当選6回までは安定し，それからなだらかに減少している．

　次に，自社体制の担い手である自民党と社会党について，58年総選挙以後を一まとめにした分布を見る．図7-4-6が自民党の場合である．自民党の場合，上にあげた代議士一般の図とは異なり，当選1回から6回までの議員の数があまり変わらないことがわかる．当選5回から6回というのは自民党において初めて大臣に就任する時期に当たっているので，あるいは，せめて大臣にはなってから政界を引退するというパターンが出来上がっていることを示しているか

図 7-4-5　衆議院議員の当選回数別延べ人数（1958-93 年）

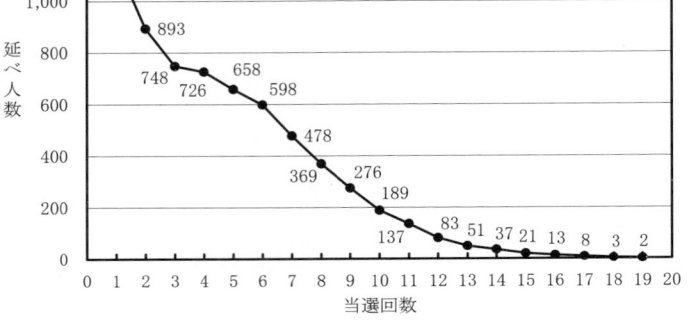

当選回数別延べ人数：1回 1,153、2回 893、3回 748、4回 726、5回 658、6回 598、7回 478、8回 369、9回 276、10回 189、11回 137、12回 83、13回 51、14回 37、15回 21、16回 13、17回 8、18回 3、19回 2

図 7-4-6　自民党議員の当選回数別延べ人数（1958-93 年）

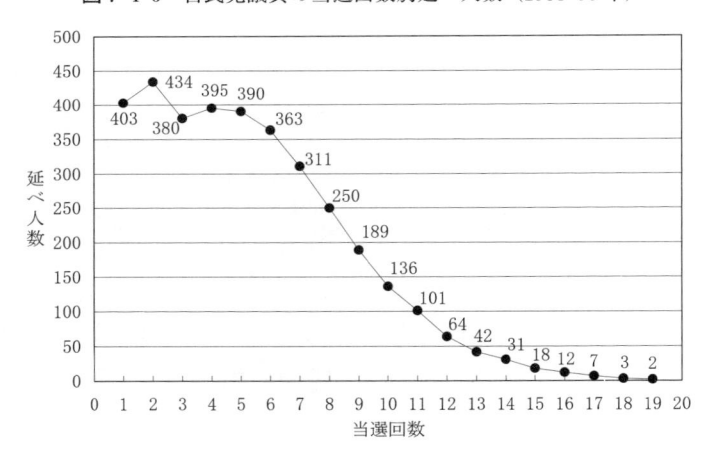

当選回数別延べ人数：1回 403、2回 434、3回 380、4回 395、5回 390、6回 363、7回 311、8回 250、9回 189、10回 136、11回 101、12回 64、13回 42、14回 31、15回 18、16回 12、17回 7、18回 3、19回 2

のようである．

　これに対して，社会党代議士の場合は，代議士一般の傾向によく似た分布を示している．図 7-4-7 で示したように，社会党代議士の人数は当選 3 回までは急激に減少するが，それから 6 回までは安定し，それ以後なだらかに減少するパターンである．一般的には，当選回数の若い代議士は地盤がまだ固まってい

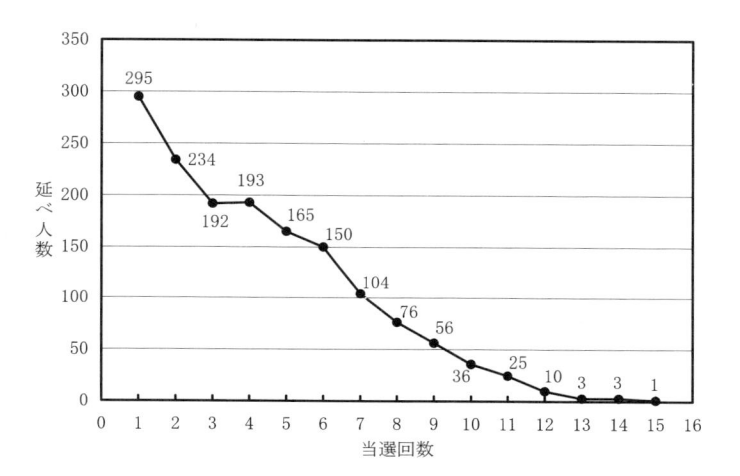

第4節　当選者，次点者，落選者　　　277

図 7-4-7　社会党議員の当選回数別延べ人数（1958-93年）

```
当選回数: 1    2    3    4    5    6    7    8    9   10   11   12  13  14  15
延べ人数: 295  234  192  193  165  150  104  76   56   36   25   10  3   3   1
```

ないために落選しやすく，7回以後は，年齢等の理由で引退するためにこのようなパターンが生まれると考えられる．いうまでもないが，自民党代議士の場合，当選1回の延べ人数と比べて，当選9回あたりで延べ人数が半減するのに対して，社会党の場合はそれが当選6回となっている．社会党のほうが減少率が大きいのである．

　そこで，58年総選挙以後について，当選回数別に代議士の当確指数を計算したものが図7-4-8である．当選1回が0.8976であり，以後当選回数が増えるにつれて当確指数も単調に増加している．当選15回で1.1083である．このことは，代議士は当選回数が増えるにつれて地盤が次第に安定し，広がりを見せてゆくことを示している．

　当選回数別の当確指数を自民党と社会党の代議士について調べたものが図7-4-9である．自民党代議士の場合，当選回数を重ねるにつれて当確指数が増加している．7回以後は平均的には当選確実の1を超えるようになる．つまり，自民党の代議士は選挙を重ねるごとに成長する，強くなる．これに対して，社会党代議士の場合は当選1回では自民党代議士と同じ当確指数を獲得しているが，それ以後は，自民党代議士の当確指数と差をつけられてゆく．すなわち，社会党代議士の場合当選回数と当確指数の間には明確な関係はなく，どの当選

図 7-4-8　衆議院議員の当選回数別当確指数

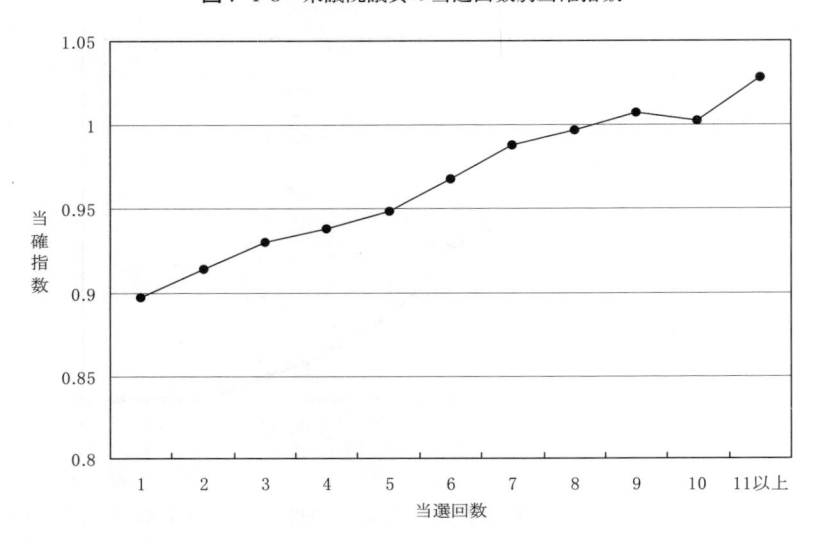

図 7-4-9　自民党と社会党の衆議院議員の当選回数別当確指数

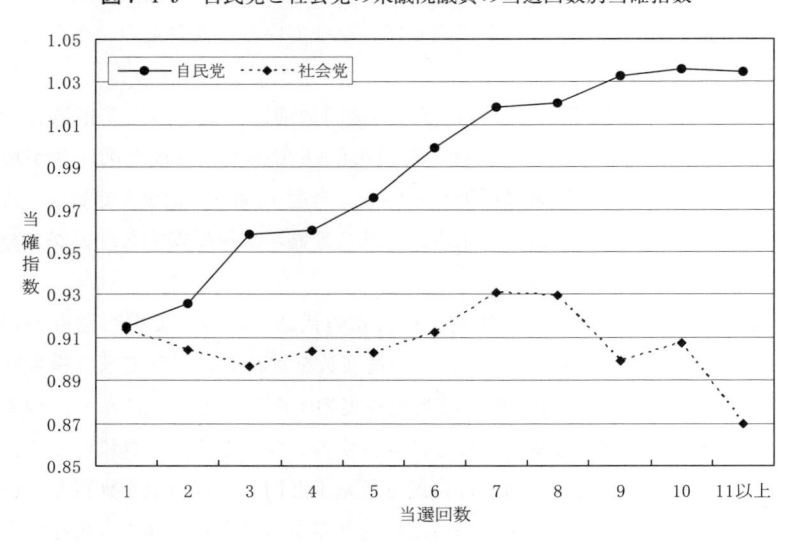

回数でもおおむね 0.9 あたりで推移している．このことは，社会党代議士は自らの地盤を育成することではなく，むしろ，それぞれの選挙で吹いてくる風によって得票率が決まっている様子を暗示している．社会党代議士は成長しないのである．

第 5 節　新人，前議員，元議員

　候補者は新人，前議員，元議員の 3 種類に分類されるが，それぞれについて，出馬と当選の状況を分析することにしたい[20]．

　まず，自治省の『衆議院議員総選挙結果調』には 49 年総選挙からの候補者の新前元候補者の数が記されている．表 7-5-1 にそれを示した[21]．大きな傾向としては，次のように総括することができるだろう．

　49 年以前については改めて述べることとして，総選挙に立候補する人数は 86 年総選挙まではおおむね減少しているが，90 年代に入って増加に転じている．新前元別を見ると，新人は，49 年がピークで次第に減少し，公明党が新規に参入した 67 年前後は一時増加したが，ふたたび減少して，90 年代に入り

表 7-5-1　新人・前議員・元議員別候補者数

選挙	新人	前議員	元議員	合計
1949	865	424	75	1,364
1952	539	400	303	1,242
1953	332	450	245	1,027
1955	360	446	211	1,017
1958	353	449	149	951
1960	376	439	125	940
1963	390	427	100	917
1967	404	429	84	917
1969	433	442	70	945
1972	379	457	59	895
1976	399	439	61	899
1979	351	471	69	891
1980	262	504	69	835
1983	322	461	65	848
1986	306	471	61	838
1990	473	432	48	953
1993	453	449	53	955

急増している．それに対して，前議員は次第に増加する傾向があり，議員という職業の確立と規定することができるであろう．しかし，90年代には前議員は減少している．最後に，元議員であるが，52年総選挙で303人を記録してからは急速に減少していることが表からわかる．多くの場合2度落選するとさらに立候補することは少なくなったのである．

次に新人と元議員について詳しく見てみよう．表7-5-2にそれを示した．表はまず当該選挙の直前の選挙に立候補した候補者について「初出場」，「前回当選」，「前回落選元当選者」，そして，「前回落選未当選者」の四つのカテゴリーを，そして，前回には出場しなかったが前々回以前に出場した候補者について，「前々回以前当選」，「前々回以前元当選者」，「前々回以前未当選」というカテゴリーを設けている．

まず，「新人」とは当選していない候補者のことを言う．従って，その人が

表7-5-2 候補者の前歴

選挙	初出場	前回当選	前回落選元当選者	前回落選未当選者	前々回以前当選	前々回以前元当選者	前々回以前未当選	合計	新顔当選者(人)	新顔当選率(%)
1946	2,355	46	57	169	19	18	106	2,770	303	13
1947	641	303	15	581	2	6	19	1,567*	86	13
1949	432	425	46	347	15	7	92	1,364	99	23
1952	341	393	89	127	200	20	72	1,242	82	24
1953	130	449	211	173	15	16	33	1,027	18	14
1955	188	445	171	105	15	23	70	1,017	23	12
1958	186	439	128	108	7	17	66	951	43	23
1960	204	437	111	143	3	6	36	940	47	23
1963	215	430	85	143		11	33	917	42	20
1967	247	424	71	137		12	26	917	84	34
1969	269	443	64	145		4	20	945	73	27
1972	247	449	58	118	1	1	21	895	69	28
1976	266	443	52	114	1	2	21	899	84	32
1979	211	472	61	127	2	3	15	891	50	24
1980	80	504	69	175		2	5	835	7	9
1983	223	459	60	88	2	3	13	848	72	32
1986	173	471	57	120		4	13	838	44	25
1990	317	432	46	136		1	21	953	97	31
1993	331	447	51	118	1	1	6	955	100	30

*1947年総選挙の立候補者は自治省選挙部のデータでは1,590人となっているが，そのうち23人が選挙前に追放されている．

仮に10回前の選挙からずっと出馬していても当選していない限りは「新人」とされる．しかし，そのような候補者と，初めて総選挙に出馬して前途有為な候補者とは別に扱ったほうがよい．というのは，前者のような場合には基本的には得票数が少ないいわゆる泡沫候補が多いからである．

そこで「新人」を，初めて選挙に出馬した「新顔」と，複数回出馬したが当選していない「浪人」とに分類することにし[22]，戦後の総選挙における「新顔」と「浪人」の出馬状況も表に示した．これを見ると，新顔は，やはり46年の総選挙で2,355人もの非常に多数が出馬したことが注目されよう．この傾向はおおむね講和直後の52年の総選挙まで引き継がれる．この時期は終戦直後で，新しい人が政治の場に登場することを願ったり，あるいは，新しい政党が積極的に新顔候補を発掘したことがわかる．53年と80年の総選挙で新顔の割合が低いのは，前回の総選挙の直後の総選挙であったために，新顔が出にくかったからである．その他は200人台の前半あたりで推移しているが，90年代の2回の選挙では300人を超えている．新しい政党などもできて，政党が候補者を積極的に擁立したことを示す数字である．

その新顔のうち当選した候補者の数と割合も示したが，19回の総選挙を通じてみた場合，新顔の平均当選率は20%である．最近の2回は新顔で当選する人が増えている傾向が読み取れる．

「浪人」組では，46年総選挙で「新顔」とともに，戦前や戦中の選挙で当選できなかった候補者が多数立候補していることがわかる．戦後はかれらにとっても大きなチャンスであった．そして，続く47年と49年の総選挙には前回の選挙で当選できなかった候補者が引き続き立候補しているが，52年以後は次第に減少傾向にある．

次に元議員候補者について検討してみよう．まずは元議員の出馬状況である．表7-5-3を見ると，追放が解除された52年が309人と最高値を記録して，以後も60年ごろまでは高い数値を示している[23]．そこで，元議員の経歴をさらに詳しく見ると，まず「前々回以前元当選者」は，新人と同じく，46年総選挙に多数が立候補している．そして，このカテゴリーは52年総選挙になって再び急増している．この選挙は追放解除者が多数立候補している選挙であるが，「前々回以前当選」が一挙に200人もの多数立候補しているのはその証拠であ

る．戦前，戦中では国会議員であったが，追放された人物がまさにこのカテゴリーであるからである．それが滞貨となって積み残されたために，「前回落選元当選者」が53年から60年にかけて多数立候補した所以である．

追放解除者が大量に立候補した52年総選挙に立候補した，それまでの当選者200名の内訳を見ると，当選1回が78名（うち24名は戦後選挙が最終選挙），当選2回が22名（うち2名は戦後選挙が最終選挙），当選3回が22名，当選4回が川上丈太郎や久原房之助ら27名，当選5回が平野力三，河野一郎，船田中ら15名，当選6回が川島正次郎ら18名，当選7回が大麻唯男や内田信也ら11名，当選8回が三木武吉，安藤正純，清瀬一郎ら5名，そして，当選9回の前田米蔵と11回の鳩山一郎となっている．その後の日本政治に対して大きな影響力を与えた人物群が多数立候補したのである．

次に元議員の選挙の成績を見たものが，表7-5-3である．70年代に入って，元議員が少なくなるのに応じてか，元議員の当選率も上がるが，90年代に入り，やや低下している．46年から93年の平均では当選率は51%であり，これ

表7-5-3 元議員の再出場の成績

選挙年	当選 (%)	次点 (%)	落選 (%)	計 (%)
1946	53 (58)	7 (8)	32 (35)	92 (100)
1947	8 (35)	3 (13)	12 (52)	23 (100)
1949	30 (44)	7 (10)	31 (46)	68 (100)
1952	140 (45)	29 (9)	140 (45)	309 (100)
1953	91 (38)	27 (11)	124 (51)	242 (100)
1955	102 (49)	22 (11)	85 (41)	209 (100)
1958	67 (44)	24 (16)	61 (40)	152 (100)
1960	63 (53)	16 (13)	41 (34)	120 (100)
1963	47 (49)	20 (21)	29 (30)	96 (100)
1967	37 (45)	14 (17)	32 (39)	83 (100)
1969	27 (40)	16 (24)	25 (37)	68 (100)
1972	37 (62)	9 (15)	14 (23)	60 (100)
1976	42 (76)	6 (11)	7 (13)	55 (100)
1979	49 (74)	9 (14)	8 (12)	66 (100)
1980	46 (65)	9 (13)	16 (23)	71 (100)
1983	46 (71)	7 (11)	12 (18)	65 (100)
1986	43 (70)	11 (18)	7 (11)	61 (100)
1990	25 (53)	12 (26)	10 (21)	47 (100)
1993	34 (64)	8 (15)	11 (21)	53 (100)
合計	987 (51)	256 (13)	697 (36)	1,940 (100)

は新顔の当選率の2.5倍にあたるが，前議員の当選率には及ばない．その前議員の成績については表7-4-2に示した．前議員の当選率は平均で77%であり，元議員の1.5倍である．しかし，63年以後についてみれば，ほとんどが8割以上の当選率を誇っている．まさに現職優位の選挙が60年代半ばから続いてきたのである．

第6節　候補者と地盤

候補者にはタイプとして選挙区全体から満遍なく票を集めるタイプと，特定の地域を中心にして票を集めるタイプの二つがある．後者の地域は狭い意味での候補者の「地盤」である．候補者のこのような性格を示す指標に水崎節文のRS指数がある[24]．その計算方法は以下の通りであるが，その基本的な発想は，特定の候補者の市町村ごとの得票率と候補者の平均得票率の差の加重平均を計算するところにある．RS指数は，その候補者が全市町村でまったく同じ得票率であれば0となり，市町村間での得票率のばらつきが大きければ限りなく1に近づく．

$$RS = \frac{\sum_{j=1}^{m} q_j |P_{ij} - \overline{P}_i|}{2\overline{P}_i}$$

ここで，mは当該選挙区内の市町村数，q_jは市町村jにおける有効投票数の選挙区内構成比，P_{ij}は市町村jにおける候補者数iの得票率，$\overline{P}_i$は候補者iの選挙区得票率を表している．

水崎によると，RS指数が高く算出される候補者には次のようなタイプがある[25]．
1) 農村型選挙区の保守系候補者：特に複数の自民党候補者が地域に割拠した形で強固な地盤を形成している場合．
2) 複数擁立選挙区の社会党候補者：社会党が地域別の組織票に依拠して複数の当選を期している選挙区の同党候補者．
3) 無所属の泡沫候補者：当選の可能性が皆無に近く，得票率は3%未満程度できわめて限られた地域でしか得票できない候補者．

反対に,RS 指数が低くなるのは次のようなタイプの候補者である.
4) 知名度・当選実績の高い候補者:当選を重ね,閣僚経験などの実績を積み重ねてゆくと,集票力が地元外に広がる.
5) 大都市選挙区の候補者:東京・大阪・名古屋などの大都市選挙区では,選挙区内の地域間で候補者支持に大きな差異は見られないので,低くなる.
6) 単数擁立の都市型政党候補者:単数の候補者擁立を当選の可能性の高い選挙区のみにしぼっている公明党や民社党などの政党の候補者は,他党に比して RS 指数が低くなっている.また,大都市選挙区の共産党候補者にも同様な傾向が見られる.

議員全体の RS 指数の経年的な変化を見ると(表7-6-1),次第に低下している.傾向としては76年総選挙まではなだらかに低下し,それ以後はほぼ横ばいに転じる感じである.水崎が地域性が高い候補としている RS 指数が0.4以上の候補についてみても同じ傾向が見られる.こちらは67年総選挙あたりまで急速に低下して,あとはなだらかに低下している.上に記した1) から3) のタイプの候補者に比べて,4) から6) のタイプの候補者が次第に増えてきて,だいたい70年代後半あたりでいわば「均衡」状態に到達したという感じである.

この経年的変化を政党別に見たものが表7-6-2である[26].やはり,複数の候

表7-6-1 全候補者の RS 指数の推移(1958-93年)

選挙	候補数	RS≧0.40	平均	最大	最小	標準偏差
1958	951	178 (18.7%)	0.2682	0.7895	0.0059	0.1381
1960	940	139 (14.8%)	0.2521	0.7464	0.0073	0.1339
1963	917	109 (11.9%)	0.2389	0.7600	0.0158	0.1275
1967	917	79 (8.6%)	0.2147	0.6692	0.0046	0.1249
1969	945	79 (8.4%)	0.2002	0.6957	0.0019	0.1229
1972	895	69 (7.7%)	0.1945	0.6440	0.0013	0.1231
1976	899	59 (6.6%)	0.1706	0.7244	0.0006	0.1170
1979	891	49 (5.5%)	0.1746	0.6599	0.0007	0.1164
1980	835	39 (4.7%)	0.1633	0.6455	0.0011	0.1125
1983	848	49 (5.8%)	0.1679	0.6174	0.0026	0.1148
1986	838	59 (7.0%)	0.1677	0.6321	0.0011	0.1161
1990	953	40 (4.2%)	0.1588	0.6326	0.0007	0.1156
1993	955	33 (3.5%)	0.1461	0.5933	0.0017	0.1041

補者を多く立てている自民党が常にもっとも高い数値を示している．しかし，経年的にはその数値はなだらかに低下している．しだいに地域性が高い候補者が少なくなっているのである．これに対して社会党の場合は69年総選挙まではRSはあまり変化していなかったが，72年から76年にかけて急激に減少してから，その後は0.14あたりで変わらずに推移している．社会党の場合，69年総選挙で大敗北を喫した結果，72年総選挙から候補者を大幅に絞ったことがこの数字に反映していると見ることができる．

表7-6-2 政党別RS指数の平均値の推移（1958-93年）

選挙	自民党	社会党	公明党	民社党	共産党	新自ク	進歩	社民連
1958	0.3047	0.2063			0.1843			
1960	0.2920	0.1928		0.2170	0.2012			
1963	0.2767	0.1930		0.1875	0.1955			
1967	0.2523	0.1881	0.0696	0.1514	0.1671			
1969	0.2399	0.1871	0.0751	0.1596	0.1557			
1972	0.2300	0.1673	0.0802	0.1461	0.1486			
1976	0.2182	0.1484	0.0799	0.1362	0.1299	0.1494		
1979	0.2185	0.1489	0.0738	0.1392	0.1364	0.1817		0.1220
1980	0.2101	0.1407	0.0741	0.1340	0.1336	0.1252		0.1697
1983	0.2078	0.1339	0.0645	0.1269	0.1330	0.1300		0.1421
1986	0.2003	0.1410	0.0689	0.1346	0.1271	0.1272		0.1273
1990	0.1934	0.1172	0.0652	0.1339	0.1210		0.0907	0.0922
1993	0.1974	0.1290	0.0632	0.1412	0.1120			0.0846

第7節 定数不均衡と政党勢力

戦後の日本では人口の増加と，高度経済成長に見るように巨大な人口の移動とが見られた．基本的には大都市では人口が急増したのに対して，農村部では人口が停滞，ないし，減少した．そこで，いったん定められた特定の選挙区の議員定数も，他の選挙区との関係で過少となったり，あるいは，過大となったりするケースが続出した．自社体制が出来上がった58年総選挙以後について，その様子を示したのが表7-7-1である．表は，衆議院議員1人当りの有権者の数，次に，それが最大の選挙区と最小の選挙区のケース，最後に，その最大有権者数が最小有権者数の何倍にあたるかを示したものである．

すでに1958年の総選挙で選挙区間の1票の重みには最大で1対2.77もの開

表 7-7-1 議員1人当りの有権者数

	平　　均	最　　大	最　　小	最大/最小
1958	111,378	216,054	78,011	2.77
1960	116,302	229,906	76,162	3.02
1963	124,800	268,319	75,596	3.55
1967	129,615	263,134	75,190	3.50
1969	142,511	337,234	77,965	4.33
1972	150,244	394,950	79,172	4.99
1976	152,498	281,082	80,404	3.50
1979	156,888	314,004	81,096	3.87
1980	158,366	321,351	81,375	3.95
1983	164,878	360,890	81,860	4.41
1986	168,802	304,673	104,171	2.92
1990	176,412	336,859	105,939	3.18
1993	184,888	317,369	112,521	2.82

きができていたが，格差は選挙を追うごとに拡大し，63年総選挙では1対3.55となった．しかし，64年7月に公職選挙法が改正され，1票の重みが軽い選挙区を中心に定数が19人増員され，総定数が486人となった．

その効果はあまりなかったようである．67年総選挙では，格差はただちに1対3.50となり，72年総選挙では1対4.99にまで拡大した．そこで，75年7月に公選法が改正され，議員定数が20人増やされ，511人となった．

さて，翌年の76年4月14日には最高裁判所が衆議院定数について重要な判決を下した．この判決は72年総選挙において，千葉1区と兵庫5区との投票の価値の格差が1対4.99であることを理由に千葉1区の選挙を違憲無効であるとして争った事件の上告審判決である．これに対して，最高裁判所は，①本件における1対4.99の格差は，議員定数配分の決定における諸般の要素を考慮してもなお一般的に合理性を有するものとは到底考えられない程度に達している．また，憲法は一定の合理的期間内における法改正による是正を要求していると考えられるが，本件は64年の法改正以後，8年にわたって是正がなされなかった結果であり，国会に許容される合理的期間内の是正がなされなかったものと認めざるを得ない．②全選挙区の議員定数配分規定は不可分の一体をなすものであるから，千葉1区の定数配分のみならず，公選法別表第一の定める全選挙区の定数配分規定は全体としては違憲となり，従って本件総選挙は全

第7節 定数不均衡と政党勢力

体として違憲となるものと解すべきである．③しかし，本件総選挙における全選挙区の選挙が無効となるとすれば，その総選挙の結果成立した衆議院の存在が認められないことになり，国政の大混乱が生ずるばかりでなく，その違憲とされた公選法別表第一の改正をも含む国会の立法活動そのものも不可能となるなど，憲法の予期しない事態が生じる．このような事態は避ける必要がある．そのため，行政事件訴訟法第31条の定めるいわゆる「事情判決」の制度の基本原則に従って，公選法別表第一は違憲ではあるが，本件総選挙は有効であると判断すべきである，と述べた[27]．

最高裁は，さらに，83年11月7日には，80年総選挙について，1対3.95の格差は「違憲ともいうべき状態」ではあるが，是正のために国会に許容されている合理的期間内であるから，違憲とはいえないと判示した．85年7月17日には，83年総選挙について，格差1対4.41は違憲状態であり，是正のために国会に与えられた期間も過ぎているので違憲であるとした．

これを受けて，国会では86年5月に，8選挙区について定数を各1人増員させる一方で，7選挙区で定数を各1人減員する，いわゆる8増7減方式により，格差を1対3以内におさめる公職選挙法の改正が図られた．これに基づいて実施された86年総選挙について，最高裁判所は，1対2.92の格差は国会の立法裁量の範囲内であり，違憲ではないという判決を下している[28]．

以上の流れから，最高裁判所は格差が1対3を超えた場合には違憲であると考えていると一般には受け止められており，それに従って，92年12月には公職選挙法が改正されて，衆議院定数を9選挙区について各1人増員するとともに，10選挙区について各1人減員する，いわゆる9増10減方式の公職選挙法の改正が行われた．

このように選挙区定数の不均衡は次第に是正される傾向があるとはいえ，それでも3倍もの開きが許容されていたのが中選挙区制の状態であった．それでは，この定数の不均衡はいったいどの政党に有利に作用したのであろうか．それを自社体制が確立した58年総選挙から93年総選挙の間で示したのが以下の表7-7-2から表7-7-6である．

表には各党の実際の議席率と，仮に各選挙区の議員定数の重みを平等とした場合の議席率と，二つの議席率の差を示している．各選挙区の重みを平等とし

た場合の議席率の計算は次のように行った．それぞれの選挙ごとに，選挙区ごとの代議士1人当りの当日有権者数を求める．それらのうちもっとも人数が多い選挙区の1人当り当日有権者数で，すべての選挙区の代議士1人当りの有権者数を除すると，それぞれの選挙区の1票の重みが出る．次に，それぞれの選挙区で各党が獲得した議席に計算された重みを掛ける．最後に，政党の重み付けられた議席数を政党ごとに合計し，それを全政党の重み付けられた議席数の合計で除する．これが「修正された議席率」である．

表7-7-2から7-7-6を見ると，定数不均衡でもっとも得をした政党は自民党であったことは明らかである．この期間を通じて，自民党は常に実際の議席率のほうが修正された議席率よりも大きく，しかも，二つの議席率の差は，少ない場合でも1.63%，大きい場合では4.29%も実際の議席率のほうが高くなっている．

しかも，修正された議席率で見ると，76年，79年，そして，83年の総選挙では自民党は過半数を大きく割り込んでいる．実際には，76年は，自民党公認当選者のほか保守系無所属議員を合わせて過半数となった．しかし，修正された議席率では保守系無所属議員を加えても，議席率は47.94%にしかならず，自民党の少数単独政権か，新自由クラブとの連立か，あるいは，野党の少数連立政権もありえたところである．79年も同様に，自民党は，公認候補当選者のほか，保守系無所属議員を加えて過半数を得ているが，しかし，修正された議席率では両者を合わせても議席率は47.15%にしかならず，しかも，新自由クラブの議席率は1.18%という状況であったので，実際とは異なった政局が展開した可能性が高い．そして，83年総選挙でも事情は同じである．この時，自民党は，公認当選者のほか，新自由クラブと保守系無所属当選者を合わせて過半数を維持しているが，修正された議席率では，自民党プラス保守系無所属議員では議席率は46.62%，それに新自由クラブを加えても48.93%にしかならない．自民党の中曽根政権が続いたかどうかはわからなかったのである．

以上から明らかなように，定数不均衡は自民党にとって有利に作用して，それはまた，政局のあり方をも変更させた可能性が高い．

これに対して定数不均衡で損をした政党の第1は公明党である（表7-7-5を参照）．67年総選挙から93年総選挙において公明党はおおむね議席率で2%ほ

ど損をしている．それに続いて，共産党と民社党も，議席率の差は大きくはないが，損をしている（表7-7-4，7-7-6）公明党も共産党も民社党も，基本的には，大都市に基盤を置いている政党なので，このような結果が出たことはあきらかである．

最後に，社会党である（表7-7-3）．社会党は67年総選挙までは定数不均衡でやや損をしていたが，社会党が大敗北を喫した69年総選挙以後，86年総選挙あたりまで，わずかではあるが，定数不均衡で，自民党ほどではないが，得をするようになっている．社会党の集票構造が農村型に変わってきたことを反映する数字である．しかし，90年と93年の選挙では再び定数不均衡でわずかだが，損をするようになっている．90年代になり，社会党の選挙基盤がふたたび変容していることをこの数字は示していると考えるべきであろう．このように社会党の場合には定数不均衡は損得両方に作用しているが，その絶対値は自民党ほど大きくはない．

以上をまとめると，定数の不均衡でもっとも得をしたのは自民党であり，反対に，損をしたのは公明党であるということができよう．そして，70年代後半から80年代前半の三つの総選挙において，この不均衡がなければ，現実とは異なった政局展開もありえたほどの影響力をもったと結論することができるであろう．

表7-7-2 定数不均衡と自民党

選挙	実際の議席率	修正された議席率	差
1958	61.46	59.83	1.63
1960	63.38	61.58	1.80
1963	60.60	57.88	2.72
1967	57.00	53.55	3.45
1969	59.26	55.65	3.61
1972	55.19	51.14	4.05
1976	48.73	45.81	2.92
1979	48.52	45.06	3.46
1980	55.58	52.59	2.99
1983	48.92	44.63	4.29
1986	58.59	55.01	3.58
1990	53.71	51.54	2.17
1993	43.64	40.07	3.57

表 7-7-3 定数不均衡と社会党

選挙	実際の議席率	修正された議席率	差
1958	35.55	37.28	−1.73
1960	31.05	31.97	−0.92
1963	30.84	32.54	−1.70
1967	28.81	29.11	−0.30
1969	18.52	18.26	0.26
1972	24.03	23.82	0.21
1976	24.07	23.65	0.42
1979	20.94	20.51	0.43
1980	20.94	20.44	0.50
1983	21.92	21.94	−0.02
1986	16.60	16.37	0.23
1990	26.56	26.91	−0.35
1993	13.70	13.83	−0.13

表 7-7-4 定数不均衡と民社党

選挙	実際の議席率	修正された議席率	差
1960	3.64	4.30	−0.66
1963	4.93	5.87	−0.94
1967	6.17	7.37	−1.20
1969	6.38	7.80	−1.42
1972	3.87	4.05	−0.18
1976	5.68	6.16	−0.48
1979	6.85	7.33	−0.48
1980	6.26	6.65	−0.39
1983	7.44	7.98	−0.54
1986	5.08	5.53	−0.45
1990	2.73	2.71	0.02
1993	2.94	3.04	−0.10

第7節　定数不均衡と政党勢力

表 7-7-5　定数不均衡と公明党

選挙	実際の議席率	修正された議席率	差
1967	5.14	7.11	−1.97
1969	9.67	11.86	−2.19
1972	5.91	7.88	−1.97
1976	10.76	12.55	−1.79
1979	11.15	13.51	−2.36
1980	6.46	7.92	−1.46
1983	11.35	13.83	−2.48
1986	10.94	12.70	−1.76
1990	8.79	10.59	−1.80
1993	9.98	11.77	−1.79

表 7-7-6　定数不均衡と共産党

選挙	実際の議席率	修正された議席率	差
1958	0.21	0.39	−0.18
1960	0.64	1.00	−0.36
1963	1.07	1.57	−0.50
1967	1.03	1.12	−0.09
1969	2.88	3.54	−0.66
1972	7.74	10.59	−2.85
1976	3.33	3.95	−0.62
1979	7.63	8.90	−1.27
1980	5.68	6.61	−0.93
1983	5.09	5.51	−0.42
1986	5.08	6.12	−1.04
1990	3.13	3.46	−0.33
1993	2.94	3.45	−0.51

注

はじめに

1) サルトーリは,「議院内閣制は議会と政府の間の権力の分離を認めていない．議院内閣制はすべて立法権・執行権の共有にもとづいている」と述べている（サルトーリ『比較政治学』, 114 頁）．ちなみに，大統領制をとるアメリカでは，連邦議会の議員と大統領は国民による選挙によって選出され，司法権が属する最高裁判所の判事は，大統領が指名し，連邦議会上院の助言と同意を得て，これを任命すると定められている（憲法 2 条 2 節）．なお，本書では参考文献の発行所や発行年，サブタイトル等については巻末の参考文献リストに掲載した．
2) それまでの衆議院議員の選挙制度は 1925 年に改正された衆議院議員選挙法にもとづくいわゆる中選挙区制度であった．すなわち，一つの選挙区から衆議院議員を 3 人から 5 人選ぶ方式で，合計 466 人を選出する制度であった．詳しく言うと，3 人区が 53 選挙区，4 人区が 38 選挙区，そして，5 人区が 31 選挙区，合計 122 選挙区であった（二井『選挙制度の沿革』, 117-140 頁を参照）．
3) 有効政党数とは，P_i を i 番目の政党の議席率あるいは投票率とすると，$\sum P_i^2$ の逆数である（Laasko and Taagepera, "'Effective' Number of Parties," pp. 3-27）．なお，Lijphart, *Electoral Systems and Party Systems*, pp. 67-72 も参照．27 の民主制度を採用している国の有効政党数のリストは ibid., pp. 160-162 を参照．また参考までに，いわゆる 1 と 2 分の 1 政党制の有効政党数，すなわち二つの政党があり，その比率が 2：1 の場合は 1.8 となる．仮に三つの政党があり，その議席占有率が 2：1：1 の場合には有効政党数は 2.7，4：3：1 の場合には有効政党数は 2.5 となる．このように有効政党数は必ずしも直感とは一致するものではないことに注意が必要である．
4) 衆議院における議席占有率に基づく有効政党数である．分析の単位は召集日の会派の規模に基づいている．無所属は 1 人 1 党として計算した．
5) 図 0-2 と表 0-1 の議席占有率は，各党当選者の全当選者数に対する割合である．また，図には議席占有率が 5% 以上となったことがある政党をかかげた．
6) 前注を参照．
7) サルトーリ『現代政党学・Ⅱ』, 323-337 頁．
8) もっとも 2000 年総選挙以後，自民党は基本的には衆議院の過半数を確保しており，しかも，細川・羽田内閣を除き，自民党がずっと政権を確保しているので，弱い 1 党優位の自民党時代とでもいうべきなのかもしれない．

第1章

1) 富森『戦後保守党史』, 2頁.
2) 升味『日本政治史4』, 68頁.
3) 政党の綱領等については, 村川編著『日本政党史辞典・上』, および, 辻編『資料戦後二十年史1』, を参照した.
4) 戦後政党の誕生についての簡潔な記述としては, 信夫『戦後日本政治史1945～1952・Ⅰ』, 179頁および195-205頁を参照.
5) 石川『戦後政治構造史』, 3-4頁.
6) 杣「選挙制度の改革」, 103頁. なお, 本項を含め, 終戦直後の選挙法の改正についての記述はこの論文に多くを負っている.
7) 自治省選挙部編『選挙法百年史』, 16-18頁.
8) その結果, 全国は次のような選挙区に分割された. 括弧内の数字は定数である. 北海道1区 (14), 2区 (9), 青森全県 (7), 岩手全県 (8), 宮城全県 (9), 秋田全県 (8), 山形全県 (9), 福島全県 (13), 茨城全県 (13), 栃木全県 (10), 群馬全県 (10), 埼玉全県 (13), 千葉全県 (13), 東京1区 (10), 2区 (11), 神奈川全県 (12), 新潟1区 (7), 2区 (8), 富山全県 (6), 石川全県 (6), 福井全県 (4), 山梨全県 (5), 長野全県 (14), 岐阜全県 (10), 静岡全県 (14), 愛知1区 (11), 2区 (7), 三重全県 (9), 滋賀全県 (6), 京都全県 (10), 大阪1区 (7), 2区 (11), 兵庫1区 (11), 2区 (7), 奈良全県 (5), 和歌山全県 (6), 鳥取全県 (4), 島根全県 (6), 岡山全県 (10), 広島全県 (12), 山口全県 (9), 徳島全県 (5), 香川全県 (6), 愛媛全県 (9), 高知全県 (5), 福岡1区 (9), 2区 (9), 佐賀全県 (5), 長崎全県 (8), 熊本全県 (10), 大分全県 (7), 宮崎全県 (6), 鹿児島全県 (11).
9) 杣「選挙制度の改革」, 109頁と115頁.
10) 公職追放の簡潔な記述については, 百瀬『事典昭和戦後期の日本』, 112-118頁を参照.
11) 石川『戦後政治構造史』, 1-2頁. なお, 自由党と進歩党の議員数は当初と比べて異同がある.
12) 公明選挙連盟編『衆議院議員選挙の実績』による. 会期終了日会派所属議員数は衆議院・参議院編『議会制度百年史・院内会派編　衆議院の部』, 528-529頁による. なお, 当選者の総定数は466であるが, 東京2区と福井全県区についてはそれぞれ最後の1名について再選挙が行われた. ちなみに, 再選挙の結果, 東京2区では自由党候補が, また, 福井全県区では社会党候補が当選した (公明選挙連盟編『衆議院議員選挙の実績』, 501頁を参照).
13) 金原「戦後体制の出発期」, 8頁. ちなみに, 本書では, 総選挙に初めて出場した候補者を「新顔」と呼び, 未だ当選したことのない候補者である「新人」とは区別している.

14) 午前9時と午後3時の天気は,札幌で晴,快晴,新潟,東京で曇,曇,大阪と福岡で雨,曇であった(講談社編『昭和2万日の全記録7』,236頁).
15) 公明選挙連盟編『衆議院議員選挙の実績』,117-119頁.
16) 選挙後の議員の移動については,衆議院については,衆議院・参議院編『議会制度百年史・院内会派編 衆議院の部』,また,参議院については,衆議院・参議院編『議会制度百年史・院内会派編 貴族院・参議院の部』に拠っている.
17) 候補者の得票力を測る指標として得票率があるが,中選挙区制度の場合,同じ得票率であっても選挙区定数によって当選の可能性は異なる.たとえば,得票率が21%の場合,5人区や4人区では必ず当選できるが,3人区では必ずしも当選できるわけではない.そこで,3人区,4人区,5人区のいずれについても必ず当選できる得票率を計算して,候補者の得票率をそれで除したものが当確指数である.候補者が当選するための十分条件は,[有効投票総数÷(議席定数+1)]+1で割った数字となる([ ]は整数部分).これがドループ基数(Droop Quota)である.しかし,候補者の得票数がちょうど2等分とか,3等分されるようなことはきわめてまれであるから,ここではハーゲンビショップ基数,すなわち,[有効投票総数÷(議席定数+1)]を用い([ ]は整数部分),候補者の得票数をハーゲンビショップ基数で割った数を当確指数とする.ただし,本書の当確指数は,便宜上,整数部分ではなく,単純に商を使って計算した.当確指数については,田中「政権交代選挙」,14-15頁を参照.なお,水崎節文はこれを「当選可能性指数」と呼んでいる(水崎「中選挙区制における集票構造とその変動」).中選挙区制における3人区,4人区,5人区のデータを統一的に理解しようとする試みとして「MK指数」が松原・蒲島「田中圧勝 自民党大敗の構図」によって提案されている.ちなみに,ドループ基数やハーゲンビショップ基数については,西平『各国の選挙』,86-93頁を参照.
18) 『朝日新聞』1946年4月14日.
19) 石川『戦後政治構造史』,7頁.
20) 同上,23-24頁.
21) 自治省選挙部編『選挙法百年史』,18頁.その結果,全国は以下のような選挙区に分割された.括弧内の数字は定数である.北海道1区(5),2区(4),3区(3),4区(5),5区(5),青森1区(4),2区(3),岩手1区(4),2区(4),宮城1区(5),2区(4),秋田1区(4),山形1区(4),2区(4),福島1区(4),2区(5),3区(3),茨城1区(4),2区(3),3区(5),栃木1区(5),2区(5),群馬1区(3),2区(3),3区(4),埼玉1区(4),2区(3),3区(3),4区(3),千葉1区(4),2区(4),3区(5),東京1区(4),2区(3),3区(3),4区(3),5区(3),6区(5),7区(5),神奈川1区(4),2区(3),3区(5),新潟1区(3),2区(3),3区(5),4区(3),富山1区(3),2区(3),石川1区(3),2区(3),福井全県区(4),山梨全県区(5),長野1区(3),2区(3),3区(4),4区(3),岐阜1区(5),2区(4),

静岡1区 (5), 2区 (5), 3区 (4), 愛知1区 (5), 2区 (4), 3区 (3), 4区 (4), 5区 (3), 三重1区 (5), 2区 (4), 滋賀全県区 (5), 京都1区 (5), 2区 (5), 大阪1区 (4), 2区 (4), 3区 (4), 4区 (4), 5区 (3), 兵庫1区 (3), 2区 (5), 3区 (3), 4区 (4), 5区 (3), 奈良全県区 (5), 和歌山1区 (3), 2区 (3), 鳥取全県区 (4), 島根全県区 (5), 岡山1区 (5), 2区 (5), 広島1区 (3), 2区 (4), 3区 (5), 山口1区 (4), 2区 (5), 徳島全県区 (5), 香川1区 (3), 2区 (3), 愛媛1区 (3), 2区 (3), 3区 (3), 高知全県区 (5), 福岡1区 (5), 2区 (5), 3区 (5), 4区 (4), 佐賀全県区 (5), 長崎1区 (5), 2区 (4), 熊本1区 (5), 2区 (5), 大分1区 (4), 2区 (3), 宮崎1区 (3), 2区 (3), 鹿児島1区 (4), 2区 (3), 3区 (3).

22) 杣「選挙制度の改革」, 135頁, および, 二井『選挙制度の沿革』, 181-188頁.

23) ただ注目されるのは, 前回初立候補して当選した候補のうち今回立候補したのは199人 (66%) に止まった点である. ちなみに, この人数は, 49年総選挙で77人 (90%), 52年総選挙で83人 (84%), 53年総選挙で76人 (93%), 55年総選挙で16人 (89%) となっている. 当選したものの, 国会にはなじめない候補者が多かったと推測される.

24) 『朝日新聞』1947年4月26日. 午前9時と午後3時の天気は, 札幌で雨, 曇, 新潟で快晴, 快晴, 東京で曇, 曇, 大阪と福岡で晴, 晴であった (講談社編『昭和2万日の全記録8』, 66頁).

25) 内務省地方局『昭和二十二年四月執行衆議院議員・参議院議員・都道府県知事・市町村長・地方議会議員総選挙結果調』. 解散当日議員数と召集日議員数は衆議院・参議院編『議会制度百年史・院内会派編 衆議院の部』による. なお52年総選挙以後の総選挙の党派別立候補者数, 得票数, 当選者数, 女性候補者数と当選者数はすべて自治省選挙部『平成12年6月25日執行衆議院議員総選挙・最高裁判所裁判官国民審査結果調』, また, 総選挙直後の特別国会召集日の会派別人数は衆議院・参議院編『議会制度百年史・院内会派編 衆議院の部』に拠っている. ちなみに, 集票率とは各党や各候補が獲得した得票率を当日有権者数で除したものである. 一般には絶対得票率といわれている.

26) 選挙区の区分は篠原『日本の政治風土』, 200-203頁のうち, 1955年のデータに拠っている. 都市部とは第1次産業人口が30%以下の選挙区で, 23選挙区, 農村部はそれが30%以上の選挙区で, 94選挙区である.

27) 内務省地方局編『昭和二十二年四月執行衆議院議員・参議院議員・都道府県知事・市区町村長・地方議会議員総選挙結果調』, 158-159頁.

28) 平野グループの会派移動については, 衆議院・参議院編『議会制度百年史・院内会派編 衆議院の部』による.

29) 『朝日新聞』1949年1月24日. 午前9時と午後3時の天気は, 札幌は雪, 雪, 新潟は曇, 曇, 東京は快晴, 快晴, 大阪は快晴, 晴, 福岡は曇, 晴であった (講談社編

『昭和2万日の全記録8』，250頁）．
30) 宮崎「保守政党支配の確立期」，26頁．
31) 中編『国会議員の構成と変化』，468頁．
32) 富森『戦後保守党史』，49頁．
33) なお，1950年4月に衆議院議員選挙法や参議院議員選挙法などを一つにまとめた公職選挙法が施行された．同時に，いくつかの改正がなされたが，供託金の額が従来の5倍から6倍に引き上げられている（自治省選挙部編『選挙法百年史』，31頁．新しく成立した公職選挙法については杣『日本選挙啓発史』，274-276頁を参照）．
34) 朝日新聞世論調査室編『日本人の政治意識』，36-37頁．
35) 『朝日新聞』1952年10月2日夕刊．午前9時と午後3時の天気は，札幌は晴，快晴，新潟は曇，晴，東京は曇，曇，大阪は晴，曇，福岡は快晴，快晴であった（講談社編『昭和2万日の全記録9』，288頁）．
36) 石川『データ戦後政治史』，30頁．
37) 富森『戦後保守党史』，52頁．
38) 畠山「保守政党対立期」，38頁．
39) 『朝日新聞』1953年4月19日夕刊．午前9時と午後3時の天気は，札幌は曇，曇，新潟は快晴，曇，東京と大阪は曇，晴，福岡は曇，快晴であった（講談社編『昭和2万日の全記録10』，62頁）．
40) 石川『データ戦後政治史』，32-33頁．
41) その他，労農党，諸派が各1，無所属が3となっている．
42) 富森『戦後保守党史』，53頁．
43) 分自党議員の会派移動については衆議院・参議院編『議会制度百年史・院内会派編衆議院の部』によっている．
44) 升味『戦後政治・下』，431頁．
45) 富森『戦後保守党史』，61頁．
46) 1953年法律267号．自治省選挙部編『選挙法百年史』，875-876頁．
47) 『朝日新聞』1955年2月27日夕刊．午前9時と午後3時の天気は，札幌は快晴，快晴，新潟は曇，晴，東京は曇，曇，大阪は雨，雨，福岡は曇，雨だった（講談社編『昭和2万日の全記録10』，242頁）．
48) 朝日新聞社世論調査室編『日本人の政治意識』，40頁．
49) 選挙区の区分は篠原『日本の政治風土』，200-203頁の1955年のデータに拠っている．大都市型とは第1次産業人口が20％以下の選挙区で，18選挙区，中間型は40％以下で20％よりは多い選挙区で，20選挙区，そして，農村型は40％以上の選挙区で，79選挙区である．なお，奄美群島区は入っていない．ちなみに，広島2区（定数4）では，谷川昇（自由）が第4位に選出されたが，谷川は開票当日に死去したために，第5位の前田栄之助（右社）が当選した．しかし，本表では谷川を当選者とし

ている.

50) 石川『データ戦後政治史』, 115-120頁. ただし, 石川によれば, 46年の総議席は, 総保守と革新と無所属を合計すると466になるにもかかわらず, 464と記している. この場合464が正しいが, 正確な事後変化は不明である.
51) 協同民主党の原尻束である（衆議院・参議院編『議会制度百年史・院内会派編　衆議院の部』, 538頁).
52) 鳩山の初当選は1915年, 三木は17年, 松村は28年, そして, 岸は42年である.
53) 日本自由党, 民主自由党, 自由党, そして, 自民党の役員については, 村川編著『日本政党史辞典・下』, 190頁を参照.

第2章

1) 国民所得研究会編『図説国民所得と日本経済』, 262頁.
2) 同上, 169頁.
3) 大橋『日本の階級社会』, 84-85頁.
4) 篠原『日本の政治風土』, 201-203頁.
5) 総理府統計局編『日本の人口』, 16-17頁.
6) 衆議院事務局編『第30回衆議院議員総選挙一覧』より計算.
7) 衆議院事務局編『第31回衆議院議員総選挙一覧』より計算.
8) 中村『戦後日本経済』, 11-15頁.
9) NHK放送世論調査所編『図説戦後世論史』, 71頁.
10) 経済企画庁編『昭和45年版国民生活白書』, 6-17頁.
11) NHK放送世論調査所編『図説戦後世論史』, 129頁.
12) 小林編『日本人の憲法意識』, 資料編8頁.
13) NHK放送世論調査所編『図説戦後世論史』, 135頁参照.
14) 石田「保守党のビジョン」, 88-97頁.
15) 辻編『資料戦後二十年史1』, 125-126頁.
16) 日本社会党結党20周年記念事業実行委員会編『日本社会党20年の記録』, 164-172頁. なお, 統一にもかかわらず社会党内では左右の対立は続いた. 合同に際して問題になった左右社会党の対立点については, 日本社会党50年史編纂委員会編『日本社会党史』, 284-297, 310-328頁を参照.
17) 岡「政党と政党政治」, 103頁.
18) 『朝日新聞』1955年12月29日朝刊, 1頁.
19) 岡「政党と政党政治」, 106頁.
20) 鳩山『鳩山一郎回顧録』, 188頁.
21) 鳩山内閣による小選挙区制導入に関しては, 岡「政党と政党政治」, 104-107頁, および, 大河内「第3次鳩山内閣」, 342-347頁に拠っている.

22) 保守系無所属候補もいるが，それについては省いた．
23) 半井編著『1956〜65年天気図10年集成』，77頁．
24) 選挙区の区分は篠原『日本の政治風土』，200-203頁による．本書第1章注49を参照．なお，表に掲げた当選者のほかに，諸派と奄美群島区（無所属）からそれぞれ1人が当選している．いずれも召集日には会派自民党に所属した．
25) 同上，114頁．なお，選挙区の区分については第1章注49を参照．この表のAとDは，それぞれ大都市型と農村型に対応している．Bは第1次産業人口が20％以上で30％以下，Cは30％以上で40％以下の選挙区を指している．
26) 朝日新聞社世論調査室編『日本人の政治意識』，110-111頁．
27) 升味『現代日本の政治体制』，224頁．
28) Thayer, *How the Conservatives Rule Japan*, p.88．なお，60年代の政治家の個人後援会の実態についてもセイヤーの著書は詳しい（ibid., chap. 5参照）．
29) 升味『現代日本の政治体制』，231頁．
30) 『読売新聞』1960年11月20日夕刊，1頁．
31) 得票率は，篠原『日本の政治風土』，114頁．
32) 西平『日本の選挙』，89-90頁．
33) 同上，90頁．
34) 京極『政治意識の分析』，209-211頁．
35) 6月衆議院で強行可決，参議院で継続審議，62年5月廃案．
36) 『読売新聞』1963年11月21日夕刊，1頁．
37) 杉山「投票率の予測について」，76-82頁．
38) 西平『第30回衆議院議員総選挙の統計的分析』，43頁の計算による．
39) 西平『日本の選挙』，102頁．
40) 同上，97頁．
41) 公明選挙連盟『第30回総選挙の実態』，49-50頁．
42) 単純平均ではなく，選挙区の有権者によって加重平均したほうが比較としては適当と思われるが，計算の都合上そのようにはしなかった．それでもおおよその傾向はわかるであろう．
43) 選挙区のタイプ分けについては篠原『日本の政治風土』，201-203頁によっている．
44) 自治省選挙部編『選挙法百年史』，65頁．ただし，このほかに定数1の奄美群島区があるので，総定数は486となった．
45) 日本社会党50年史編纂委員会編『日本社会党史』，542，および，577頁．
46) 諸派が前回に比べ48人も減っている．
47) これらの無所属を自民党に入れると，自民党は285（59％）となる．
48) 気象庁ホームページ「電子閲覧室・きのうまでのデータ」．
49) 58年総選挙＝19.9％，60年総選挙＝21.6％，63年総選挙＝25.1％．

50) 分区選挙区の場合は両者を合わせて比較した．ただし，旧愛知1区の場合，新6区には候補者が立ったが新1区には立たなかったので，計算から除外した．
51) 集票率は 20.43→20.36% とわずかながら下がった．
52) Dタイプの選挙区に民社党は1か所しか立てていないので，Cと一諸に計算してある．
53) 自民党については，自民党候補者数＋自民党系無所属候補者数が変わらないという条件をつけた．その理由については前に述べたとおりである．
54) 食われた割合からいえば，社会党のほうが自民党よりも大きいことになる．
55) 篠原『日本の政治風土』，114頁．
56) 京極『政治意識の分析』，211頁．
57) 西平『日本の選挙』，115頁の表は，このような考えに基づいて議席の移動を出したもののようであるが，計算手続きが明らかでないので，ここには引用しなかった．
58) 計算例として東京2区の場合をとりあげると，東京2区では63年総選挙の当選者は社自自であり，67年の当選者は，得票数が多い方から自公社自である．そこでまず，67年の当選者のうち63年までの定員と等しい当選者数分をとりあげ，そこで議席の移動をみる．これは議席増がないと仮定した場合の67年総選挙の議席の移動といってよいだろう．東京2区の場合，自→公と移動したことになる．ところが実際の結果をみると自民党の議席は変わらず，社会党と公明党の議席が増えていることになるから，自民党は失った議席を議席増によってとり戻したと考え，社会党が増えた分と合わせて2議席が今回の議席増加によって恩恵を得た分と考えられる．公明党の議席は自民党の議席を食ったものとして処理する．選挙区が分割されたところでは，両者の票を合算して議席を各党にドント配分して計算した．但し，新愛知1区では公明党がでていないので新6区の票を基礎にして計算した．
59) ただ，この表と計算は，選挙区定員の増加によって各党が行ったであろう選挙戦術の変化を考慮に入れていないという欠点がある．しかし，議席数の増加によって，どこが利益を得たかについて他によい算出方法がなかったので，ここに一例としてあげたのである．
60) 注48を参照．
61) 今回の選挙における選挙区の都市度別の分類は，篠原「保守安定構造の虚構性」，7頁に掲載されている．その選挙区分類は，選挙区の第1次産業人口比が10%以下のⅠ地域 (Metro)，10から20%のⅡ地域 (Urban)，20から40%のⅢ地域 (Semi-rural)，そして，40%以上のⅣ地域 (Rural) である．ここでは，それを便宜，大都市，都市，準農村，農村と呼んでいる．篠原の分類では大都市型の選挙区は28，都市型の選挙区は18，準農村型は60，そして，農村型は17となって，数にばらつきがある．なお，それぞれのタイプの選挙区の投票率はそれぞれのタイプの全体の投票者の総数を当日有権者数の全体総数で割って計算してある．

62) 自民党の得票の計算は結構厄介である．選挙後の特別国会における議員で比べると，44万票の増加，さらに保守系無所属を入れた後の計算では10万票の減となる（石川『データ戦後政治史』，124-125頁）．
63) 1967年から69年の集票率の変化については以下の通りである．自民党も社会党もどのカテゴリーでも集票率が低下している．自民党は準農村で，社会党は大都市で顕著である．

	大都市	都市	準農村	農村
自民党	-3.0	-1.1	-4.4	-2.1
社会党	-6.3	-5.1	-5.9	-4.1
共産党	2.0	0.9	0.5	1.0

64) 西平『日本の選挙』，128-129頁．
65) 表2-6-4および注62を参照．
66) 石川『データ戦後政治史』，151頁．ただし，西平は「社会党の得票率は，［昭和］44年［1969年］の投票率とあまり関係がないし，42年［1967年］と44年［1969年］の得票率の変化と，投票率の変化のあいだにもはっきりした関係はつかめない」と述べている（西平『日本の選挙』，135頁）．
67) 石川『データ戦後政治史』，155-157頁．ちなみに，柚正夫はこの選挙における社会党の凋落に関して八つの指摘をしているが，その大部分は今回だけの特徴ではなく，唯一今回の総選挙に関係しているものは，「『反戦』労働者や過激派学生集団のいわゆる新左翼は，社会党支持層の一部を分解し，党から離していく機能を果たしたということである」との指摘である．石川と同様の見解と言ってよいであろう（柚「野党多党化期」，112-116頁）．
68) この選挙でなぜ社会党が大敗北を喫したかを説明することは難しいが，総選挙における特に大都市を中心とした社会党の長期低落傾向について，正村公宏は「高度経済成長とそれによってもたらされた社会的・経済的構造変化に社会党がまったく適応できなかったためである．イデオロギーの面でも政治的目標の面でも組織活動の面でも，社会党は，1960年代を通じて急速に陳腐化していった」と記している（正村『戦後史・下』，325頁）．
69) 石川『データ戦後政治史』，122-125頁．自民党と社会党の事後変化を入れて合計した数字である．ちなみに表0-1は事後変化を算入していない数字である．
70) 自治省選挙部『平成12年6月25日執行衆議院議員総選挙・最高裁判所裁判官国民審査結果調』，25頁．
71) 53年と80年は前回総選挙からわずかしか経過していなかったために，前議員の構成比が高くなっている．
72) 新人，前議員，元議員の当選率については，同上，26頁の表を参照．
73) 世論調査による政党支持についてみると，朝日新聞社や読売新聞社のデータでは，

自民党支持は64年にピークを形成し，以後70年代前半までは伸びたり，縮んだりしている．社会党は65年がピークとなっており，以後はなだらかに低下している．したがって，この時期は自社両党がもっとも強力な時代であった（松本『政治意識図説』，30-31頁）．

74) 同様な傾向は世論調査にも見ることができる．朝日新聞社の調査は1953年から現行と同じ質問方法をとるようになったので，それ以前とは比較できないが，53年から55年までの間に，革新政党の支持率は5％ほど上がっているし（朝日新聞社世論調査室編『日本人の政治意識』），また，「日本人の国民性」調査も53年から始まったが，それによっても社会党に対する支持率は，53年23％から58年31％へと上昇し，あとは下降に転じている（統計数理研究所国民性調査委員会『第2日本人の国民性』，445頁）．

75) 清水『戦後革新勢力』．

76) とくに破線で示したものは，その内，継続して当選者の政党別構成が変わらない選挙区の割合を示している．

77) 篠原『日本の政治風土』，116頁．なお，括弧内は，残りの票がすべて保守系候補に投ぜられたとしたときの自民党系の得票率を筆者が計算したものである．数値処理上，特に民社党や公明党の得票率の変化はトリッキーにあらわれる．

78) ここでは紙数の都合上，図をあげることができないが，統計数理研究所国民性調査委員会『第2日本人の国民性』，140頁，あるいはNHK放送世論調査所編『図説戦後世論史』，153頁などの図を参照していただきたい．

79) 朝日新聞社の調査をとりあげたのは，デモグラフィックなカテゴリーについての政党支持が掲げられているからである．なお，朝日新聞社の調査は63年から職業カテゴリーを変更した．その結果，給料生活者は事務職と管理職に，産業労働者は，主として工場労働者など組織労働者と商店員，サービス業従事者などのグループに分け，自営・商工業者から自由業を分離した（朝日新聞社世論調査室編『日本人の政治意識』，190頁）．

80) 地域については58年の調査では集計していないので不明である．

81) ちなみに，ここで問題にしている時期に先行する時期に自民党に対する支持率が低下したことに，農林漁業者の減少が大きく影響していることは疑いえない．

82) 朝日新聞社世論調査室編『日本人の政治意識』，8-9頁．

83) 同時に，この時期には自民党は公認候補者の数を絞る戦術をとっていた．そのために自民党支持の有権者にとっては「魅力ある候補者」が少なくなることを意味し，それが棄権や自民党の集票率の低下に貢献した（詳しくは本書の第7章第3節および図7-3-3を参照）．

84) 松本『政治意識図説』，29-45頁．

第3章

1) 半井編著『1971〜75年天気図集成』, 50頁.
2) ちなみに, 今回復調した社会党について, 前回と今回と同じ数の社会党候補者が出た94選挙区で集票率の変化を見ると, 平均は1.8パーセント・ポイント増, 標準偏差は2.65ポイントであった. また, 公明党についても同様に, 前回と同じ数の候補者を立てた51選挙区についてみると, 平均は0.62ポイントの減少, 標準偏差は1.02ポイントであった.
3) 表3-1-3および3-1-5の選挙区の第1次産業人口比別分類は篠原「保守安定構造の虚構性」の分類によっている. 第2章注61を参照.
4) 日本共産党中央委員会『日本共産党の六十五年・上』, 290頁.
5) 大野編『1976〜80年天気図集成』, 25頁.
6) 無所属のうち, 保守系無所属は宇都宮徳馬, 田中角栄, 橋本登美三郎, 鳩山邦夫の4人である. もう1人は元民社党の麻生良方である.
7) 都市度別の選挙区の分類は『朝日新聞』1976年12月7日朝刊, 12-13頁に記載された分類によっている. 朝日新聞社が発行している『民力47年度』によって, その選挙区の第1次産業人口比率の平均と所得格差の平均を指標にしたとされる. 具体的には,「大都市型」は25選挙区,「都市型」は34区,「準都市型」は46区,「非都市型」は25区となっている.
8) 『朝日新聞』1976年12月7日朝刊, 12頁. 79年総選挙でも, 社会党の集票率は, 大都市型, 都市型, 地方都市型, 非都市型の順に, 10.3%, 14.0%, 14.6%, 15.5%となっている(『朝日新聞』1979年10月9日, 8頁).
9) 時事通信社編『戦後日本の政党と内閣』, および, 時事通信社編『日本の政党と内閣1981-91』. なお, 時事通信社の世論調査の場合, 以上の政党のほか, 選択肢として「その他の政党」「保守か革新かといえば革新党」「保守か革新かといえば保守党」「わからない」がある. ちなみに, 時事通信社の調査は1960年7月から開始されているが, 自民党支持率の最高は64年で39.7%, 社会党は61年で22.5%である. 自民党の復調は読売新聞社の毎月調査でも明らかである. 松本『政治意識図説』, 182-185頁掲載の読売新聞毎月調査データを参照.
10) 『朝日新聞』1978年3月27日朝刊, 2頁.
11) 大野編『1976〜80年天気図集成』, 99頁.
12) 平均は4.55パーセント・ポイント減, 標準偏差は5.25ポイントであった. なお, 本書に掲載するヒストグラムの柱の下に記された数字は, その柱がその数字以上で, 隣りの柱の数字未満であることを示している.
13) 今回の選挙に及ぼした台風の影響の詳細については, 田中「雨の選挙学」, 10月号, 50-58頁, 11月号, 40-52頁, 12月号, 88-99頁を参照.
14) 奄美群島区は除いた.

15) ここでは，『朝日新聞』の「人口集中度」を指標にした4分類のうち，「高集中地域」と「集中地域」を都市型とよび，「平準地域」と「分散地域」とを農村型とよぶ．それぞれの地域に含まれる選挙区数は，「高集中地域」が33選挙区，「集中地域」が22選挙区，「平準地域」が62選挙区，「分散地域」が13選挙区となっている（『朝日新聞』1980年6月25日朝刊，6頁）．
16) 杉山「投票率の予測について」，76–82頁．
17) 選挙区の分類は『朝日新聞』の分類に従って，高集中地域には1，集中地域には2，平準地域には3，分散地域には4をあてた．農村的になるほど数値が高くなるので，農村度と呼ぶことにする．候補者数の増減は，当該選挙の当日有権者数の1％以上の票を得た候補者の増減を用いた．いわゆる泡沫候補を数に入れても意味がないと考えたからに他ならない．
18) 例外的な神奈川4区と5区とを除いて計算した．
19) 例外的な神奈川4区と5区とを除いて計算した．
20) 新自由クラブは新しい政党であり，その候補者には自民党時代から地盤を培ってきた候補者のほかに，前回のブームで得票をあげた候補者がいたり，また，同党候補者の集票率は同じ選挙区から出る自民党候補者の動きに極端に左右されやすいことなどの因子が作用するために，雨と集票率の関係が明確に現れないと考えられる．
21) その他の新聞の予測も『朝日新聞』のそれと変わらない．『朝日新聞』以外の予測については，『東京新聞』1979年10月9日朝刊を参照．
22) 自民党の議席予測は，『朝日新聞』以外の新聞では，『読売新聞』が274，『毎日新聞』が269，『東京新聞』が268，『日本経済新聞』が266，『サンケイ新聞』が266，共同通信が263，となっている．
23) 自民党以外は，「有力」とされた候補者が少ないので「その他」として一括してある．計算は，『朝日新聞』1979年10月4日朝刊，1頁に掲載された選挙区別の各党候補者の「有力」，「当落線上」，「あと一歩」の表と，12頁以降に掲載された各選挙区の終盤の情勢とを対照し，各選挙区の「有力」候補者を同定し，選挙結果からその当落を判定した．
24) 『朝日新聞』1979年10月23日朝刊，4頁．
25) 同上．
26) 青木「議会への道」，84頁．
27) 同上．
28) 同上，86頁．表の「参院議員」には貴族院議員が含められている．「市長」は6大都市の市長，他の市長や町村長は「市町村議」に含まれている．なお，1979年総選挙の当選議員数は公式のデータとは異なっている．2世議員については，市川『「世襲」代議士の研究』，および，松崎『日本型デモクラシーの逆説』を参照．
29) 中道「職業的背景と代表性」，100頁の表6-2から編集した．

注（第4章）　　305

30) 橋本「団体所属」，249頁．橋本は，「ここにあげた組合は，出身組合というよりも，どの組合にコミットして選挙に出てきたかという議員の，いわば申告によっている」と断っている．

第4章

1) 村上『新中間大衆の時代』，237-254頁．
2) 猪口「政党支持率の変遷（分析）」，70頁．
3) Tanaka, "The Transformation of Domestic Politics and Its Implications for Foreign Policy in Contemporary Japan," pp. 81-109.
4) 公平「脱イデオロギー指向と政党選択」，25-37頁に引用されたNHK世論調査．なお，81年以後は各年の平均値を示した．
5) この数字は時事通信社や読売新聞社による調査の数値である．朝日新聞社は「支持なし」については異なった質問をしているので，この間も5%前後となっている．松本『政治意識図説』，34-35頁．
6) 猪口「政党支持率の変遷（分析）」，70-71頁．
7) NHK世論調査部編『現代日本人の意識構造・第2版』，179頁．
8) 日本社会党50年史編纂委員会編『日本社会党史』，853-854頁．
9) 大野編『1976～80年天気図集成』，117頁．
10) 選挙区の分類は『朝日新聞』1980年6月25日によっている．具体的には，「高集中地域」は33選挙区，合計133人．「集中地域」は21選挙区，81人．「平準地域」は52選挙区，205人．最後に，「分散地域」は24選挙区，89人である．
11) 相関係数は0.291である．
12) 『朝日新聞』1980年6月25日朝刊，6頁．
13) 衆議院・参議院編『議会制度百年史・院内会派編　衆議院の部』，875, 877頁．
14) 平均は-4.89パーセント・ポイント，標準偏差4.43ポイントである．
15) 選挙区の区分は朝日新聞社の人口集中度の高低による区分によっている（『朝日新聞』1983年12月20日朝刊，7頁）．すなわち，「高集中地域」は32選挙区，128人，「集中地域」は29選挙区，116人，「平準地域」は47選挙区，186人，「低集中地域」は22選挙区，81人である．
16) 石川真澄は，63年，79年，83年の総選挙の低投票率に関して，同じ年の数か月前に統一地方選挙が行われ，自治体議員を中心とする選挙運動の担い手たちは「総選挙でも，自分たちの選挙が終わってしまった年には微妙に活動を鈍らせるのではないかと思われるのである」，従って，自民党の動員が減るので，投票率も下がる，と記している（石川『戦後政治史』，211頁）．そうであるならば，動員型の選挙が典型的に行われている農村型の選挙区でもっとも投票率が下がると予想されるが，79年総選挙はもとより，83年総選挙においても農村型の投票率の低下は相対的にもっとも少

なくなっている．仮に石川説の通りであったとしても，別の低下要因も考慮する必要があろう．
17) 『東京新聞』1983 年 12 月 20 日朝刊．
18) 平均は -4.05 パーセント・ポイント，標準偏差は 6.40 ポイントだった．
19) 石川については注 16 を参照．
20) 松本『政治意識図説』の巻末の「資料・データ編」に掲載された朝日新聞社，読売新聞社，毎日新聞社の内閣支持調査データを参照．
21) 日本社会党 50 年史編纂委員会編『日本社会党史』，936-938 頁．
22) 同上，965-982 頁．
23) 自治省選挙部編『選挙法百年史』，91-92 頁．詳しい内容は，1577-1579 頁を参照．
24) 定数是正と同日選挙をめぐる与野党の折衝については，加藤編『自民 304 議席の秘密』，5-12 頁を参照．
25) 森田『10 年天気図』，263 頁．
26) 80 年，83 年，86 年を比較するので，選挙区の区分は，真中の 83 年の『朝日新聞』のデータを使う（注 15 参照）．ちなみに朝日新聞社の 86 年の選挙区地域別分類は以下のとおりである（『朝日新聞』1986 年 7 月 8 日，8 頁）．「大都市型地域」は 33 選挙区，139 人，「都市型地域」は 32 選挙区，130 人，「地方都市型地域」は 43 選挙区，167 人，「非都市型地域」は 22 選挙区，76 人．
27) これは新聞社などの事前の予測を超えた議席数である．選挙予測が当たらなくなったために今回は，『朝日新聞』と『読売新聞』は具体的な議席数を予測することをやめた．そのかわり，『朝日新聞』は，自民党は衆議院の「安定多数である 271 議席を固める勢いにある」と述べている．また，『読売新聞』は，自民党は「過半数を超える勢いを示している」と述べるにとどめてある．これに対して，『毎日新聞』は 284 議席を，また，『東京新聞』は 275 議席を予想している．最後に，『日本経済新聞』は，『朝日新聞』と同様，「安定多数の 271 に迫る勢いを見せ」ていると予想している（いずれも，各紙の 1986 年 7 月 3 日朝刊，1 頁）．
28) 内田『現代日本の保守政治』，143-144 頁．
29) 読売新聞社の内閣支持データ（松本『政治意識図説』，171 頁）．
30) 読売新聞社の 6 月 17-18 日実施のデータ（同上，170 頁）．
31) 参議院選挙については，東大法・第 5 期蒲島郁夫ゼミ編『参議院の研究 1』を参照．
32) 『朝日新聞』1990 年 2 月 15 日朝刊，1 頁．
33) 森田『10 年天気図』，117 頁．
34) 選挙区の区分は『朝日新聞』1990 年 2 月 20 日朝刊，6 頁によっている．すなわち，「大都市型」は 35 選挙区，145 人，「都市型」は 37 選挙区，148 人，「地方都市型」は 43 選挙区，175 人，「非都市型」は 15 選挙区，44 人である．
35) 選挙区の区分については，前注を参照．

第 5 章

1) 武村『小さくともキラリと光る国日本』，90-93 頁.
2) 選挙区の都市度に応じた分類は『朝日新聞』1990 年 2 月 20 日，6 頁による（第 4 章注 34 参照）．なお，93 年に奄美群島区は鹿児島 1 区に編入されたが，新鹿児島 1 区の都市度は旧鹿児島 1 区のそれとみなして計算してある．
3) 各党が掲げた公約については，小林『現代日本の政治過程』，60-68 頁を参照．
4) 『朝日新聞』1993 年 7 月 5 日朝刊，1 頁.
5) 同上，3 頁.
6) 『読売新聞』1993 年 7 月 15 日朝刊，2 頁.
7) 『日本経済新聞』1993 年 7 月 14 日朝刊，3 頁.
8) ちなみに，選挙結果が判明した直後に朝日新聞社が行った電話調査では，国民の過半数が，自民党が中心となった連立政権がよいと判断している．質問は「この選挙の結果を受けてつくられる新しい政権は，どんな形がよいと思いますか．次の三つから一つだけ選んで下さい」であり，回答は次のようであった．「自民党の単独政権」=5％，「自民党が中心になり，ほかの政党も加わる連立政権」=56％，「自民党以外の政党でつくる連立政権」=33％，「その他・答えない」=6％（『朝日新聞』1993 年 7 月 21 日朝刊，1 頁）．
9) 『朝日新聞』1990 年 2 月 17 日朝刊，2 頁，および，1993 年 7 月 15 日朝刊，1 頁.
10) 森田『10 年天気図』，275 頁.
11) 高畠「"新党現象"で何が起きたのか」，54 頁.
12) たとえば，民社党の得票率は前回の 5％から今回は 4％に低落しているが，その理由は，後述するように，民社党が候補者を 44 人から 28 人にと大きく絞ったことによるところが大きい．
13) 公明党候補者の平均年齢は，90 年が 51.3 歳で，93 年には 46.3 歳となった．
14) 『朝日新聞』1993 年 7 月 15 日朝刊，2 頁.
15) 門田・橋本・河野「非自民政権誕生の構造」，5 頁.
16) 55 年体制以後の与野党関係においては，保守対革新と，政治的なるもの対非政治的なるものという二つの対立が絡みあっていた（田中『自民党体制の政治指導』，118-126 頁）．
17) 『朝日新聞』1993 年 7 月 19 日朝刊，2 頁.

第 6 章

1) いわゆる政治改革関連法案によって改正されたり，新たに成立した法律の詳しい内容については，自治省選挙部監修『確定版新公職選挙法関係法令集』を参照．簡潔な解説については，安田「公職選挙法の一部改正等について」，35-42 頁，および，平井「政治資金規正法の一部を改正する法律及び政党助成法について」，43-49 頁を参照．

2) 後に述べるように，候補者は小選挙区と比例区にともに立候補でき，しかも，小選挙区で敗れた候補者も，惜敗率に応じて比例区で当選することができるので，新たに採用された制度は厳密には比例代表制と小選挙区制が独立の「並立制」とは言いがたい．たとえば「小選挙区比例代表連関制」と称すべきである．
3) 衆議院議員選挙区画審議会は1994年4月に発足した．同審議会は8月に区画案について答申をした．それに基づく公選法の改正が11月になされた．その結果，小選挙区は以下のように配置されている．北海道13区，青森4，岩手4，宮城6，秋田3，山形4，福島5，茨城7，栃木5，群馬5，埼玉14，千葉12，東京25，神奈川17，新潟6，富山3，石川3，福井3，山梨3，長野5，岐阜5，静岡9，愛知15，三重5，滋賀3，京都6，大阪19，兵庫12，奈良4，和歌山3，鳥取2，島根3，岡山5，広島7，山口4，徳島3，香川3，愛媛4，高知3，福岡11，佐賀3，長崎4，熊本5，大分4，宮崎3，鹿児島5，沖縄3．
4) ただし，この項は，1995年12月の公職選挙法の改正（1995年法律135号）により，従来どおりの自書式に改められた．
5) 引用は，国会図書館のインターネット国会会議録検索システムによる．
6) 1994年6月20日に結成．党首は柿沢弘治．メンバーは，柿沢をはじめ8人．
7) 1994年4月18日に結成された．代表は鹿野道彦．メンバーは鹿野はじめ5人．
8) 自民党・社会党・さきがけが推す村山富市に対抗して，反自民グループから首相候補に推された海部は6月末に自民党を離党した．7月に自民党を離党した野田毅らとともに，7月15日に「高志会」（代表野田毅）を結成した．そして，7月27日には，自民党を離党した議員が作る自由党，高志会，新党みらいと旧改革の会は，連合体「自由改革連合」を結成することを決めた．代表には海部が就任した．自由改革連合を構成する4党・グループの所属議員数は22名．ちなみに，改革の会は84年1月4日に，自民党を離党した西岡武夫ら4人が結成した．
9) 『朝日新聞』1995年7月24日朝刊，1頁．
10) 市民リーグは，1995年12月22日に結成された．代表には海江田万里が就任した．メンバーは山花貞夫ほか2人の元社会党グループと，海江田ほか1人の元日本新党グループの合計5人．
11) 93年以後の政治家・政党の離合集散の詳細については，東大法・蒲島郁夫ゼミ編『「新党」全記録』を参照．
12) 日本気象協会編『気象データひまわり　CD-ROM 98』．
13) DID人口比率，すなわち，ある県の人口全体に占める人口集中地区（Densely Inhabited District）人口の比率のデータは，総務省統計局編『統計で見る県のすがた』，3頁による．
14) 無所属当選者は1人1党として計算した．小選挙区では政党の立候補戦術はまちまちであるから得票率から有効政党数を計算することはあまり意味がない．

15) 読売新聞社編『大変革への序章』, 162-166頁.
16) 選挙区の DID 比率のデータは東京大学の蒲島郁夫教授が作成したものである.
17) もっとも, 注意しなければならないのは, 各党がすべての選挙区に候補者を立てているわけではないことである. 特に, 民主党と社民党については注意が必要である. 以上の点は, 立候補しなかった選挙区を含めてという意味に解すべきである.
18) 小選挙区で当選した議員, 比例代表選挙単独で当選した議員, 小選挙区で落選したが比例代表選挙で当選した議員を, それぞれ金, 銀, 銅にランクづけをする雰囲気があると言われる（読売新聞社編『大変革への序章』, 180-182頁）.
19) 公示の時点では567人だったが, 公示後に1名が死亡した.
20) 読売新聞社編『大変革への序章』, 180頁.
21) 1998年5月には, 社民党と新党さきがけは閣外協力も解消した.
22) 1996年の総選挙後に自民党に入党した代議士のリストは, 『朝日年鑑1998』, 朝日新聞社, 1998年, 171頁を参照.
23) 『日本経済新聞』1998年7月13日朝刊, 1頁.
24) 『日本経済新聞』2000年5月16日朝刊, 2頁.
25) 松本『政治意識図説』, 167頁.
26) 『朝日新聞』2000年6月23日夕刊, 1頁.
27) 同上, 1頁.
28) 日本気象協会編『気象データひまわり　CD-ROM 2002』.
29) 無所属15名中, 小泉龍司と増原義剛は2000年10月31日に, 上川陽子, 谷本龍哉, 平井卓也, 山本幸三, 北村誠吾は12月22日に, 森田健作は2001年9月26日に, 金子恭之と近藤基彦は11月28日に, 自民党に入党している. 宇田川芳雄は, 自民党系の会派「21世紀クラブ」に所属していた. 藤波孝生と中村喜四郎は自民党であったが, 裁判中で離党している. 残りの2人は柿沢弘治と山口壮であるが, 後者は2000年7月19日に会派「民主党・無所属クラブ」に参加した（『朝日新聞』2000年7月4日夕刊, 2頁, 7月20日朝刊, 4頁, 11月8日朝刊, 4頁, 12月23日朝刊, 4頁, 2001年9月27日朝刊, 4頁, 11月29日朝刊, 4頁）.
30) 今回の制度改革で重複立候補が小選挙区選挙の活性化に役立つことについて, 筆者は, 1997年5月28日開催の衆議院公職選挙法改正に関する調査特別委員会で参考人の立場から述べた（第140回国会衆議院公職選挙法の改正に関する調査特別委員会議録・第6号）.
31) 朝日新聞社とテレビ朝日が実施した, 約48万人を対象とする出口調査（『朝日新聞』2000年6月30日朝刊, 2頁）.
32) 明るい選挙推進協会編『第42回衆議院議員総選挙の実態・原資料』, 64-65頁. ちなみに明るい選挙推進協会（明推協）の調査では約79％の有権者が投票したことになっている（同上, 5頁）. 実際の投票率は62％であったから, 明推協調査の投票率

は，実際よりも3割も過大であり，注意が必要である．
33) 読売新聞社の世論調査データによると，森内閣支持率は，内閣発足の2000年4月だけは支持率が不支持率を上回ったものの，その後は常に不支持率が支持率を大きく上回り，森内閣最後の2001年2月調査では，支持率は8.6%，不支持率は82.4%という状況であった（読売新聞社世論調査部編『日本の世論』，493頁）．
34) 『朝日新聞』2001年4月13日朝刊，1頁．
35) 読売新聞社の世論調査データによると，2001年の4月から6月までは80%台の，それ以後，田中真紀子外相を解任した直前の2002年1月までは70%台の高い支持率を保った（読売新聞社世論調査部編『日本の世論』，493頁）．ちなみに，それまでの最高は細川護熙内閣で，93年10月の73.4%である（同上，491頁）．
36) 自民党の獲得議席数は以下のとおりである．前々回の1995年には選挙区で34議席，比例区で15議席，合計49議席を獲得した（追加公認を含む）．前回の1998年には，選挙区で31議席，比例区で14議席，合計45議席であった（追加公認を含む）．これに対して，2001年では自民党は，選挙区で44議席，比例区で20議席，合計64議席を獲得した．
37) 『朝日新聞』2002年12月26日朝刊，3頁．
38) 『日本経済新聞』2003年9月25日朝刊，2頁．
39) 2002年通常国会で成立した公職選挙法の改正については，大泉「公職選挙法の一部を改正する法律（小選挙区の区割りの改定等）等について」，1-19頁を参照．選挙区の改定の内容としては，本文に述べた定数増に伴う改定が5県17選挙区，定数減に伴う選挙区の改定が5道県19選挙区のほか，衆議院議員選挙区確定審議会が作成した区割り基準に基づく改定として7都県19選挙区ある．さらに，市町村合併に伴う改定が1県2選挙区と，分割市区内の支所等の管轄区域の変更や住居表示の実施に伴う調整が6府県11選挙区となっている（選挙区数は改正前の選挙区による．都道府県数は重複する場合がある）．選挙区の変更のない府県は，青森，岩手，宮城，福島，茨城，栃木，群馬，富山，石川，福井，山梨，長野，岐阜，京都，兵庫，奈良，和歌山，鳥取，岡山，広島，山口，香川，愛媛，福岡，長崎，宮崎，そして，鹿児島の27府県で，また，変更のない選挙区は，これらの府県を含めて，232選挙区である．なお，北海道13区は名称だけが7区に変更された．
40) 前回の民主党候補と自由党候補とを合計したものとの比較である．
41) 新選挙制度になったので，新制度になって初めて立候補した候補者を新顔とする．
42) 2人の候補者が小選挙区と比例代表を選挙ごとに交代して立候補する方式．連続再選が禁止されているコスタリカの国会議員選挙で候補者同士が交代して立候補することを約束しているのにちなんで命名された（内田編『現代日本政治小事典』，35-36頁）．
43) 読売新聞東京本社世論調査部編著『2大政党時代のあけぼの』，40-44頁．
44) 日本海新聞ホームページ（http://www.nnn.co.jp/senkyo/toituchiho/toituchiho

030205.html，2004年12月19日アクセス）．なお，北川がマニフェストの重要性を認識したのは2000年ごろであり，2002年暮にほかの知事との会合で，「来年の統一地方選挙で立候補する知事にマニフェストを入れてよ，という具合になった」という．みずほ情報総研ホームページ（http://www.mizuho-ir.co.jp/meme/200306/manifesto.html，2004年12月19日アクセス）．もっとも，イギリスの政党が出すマニフェストの中身のすべてが「期限，数値，財源付きの公約」というわけではない．マニフェストには多くの問題点がある．たとえば，多くの人が賛成する公約と多くの人が反対する公約が並存する場合，前者の賛成をもって，マニフェスト全体が賛成されたとして実行することのいかがわしさや，国民の多数の支持を得ないで政権を獲得した政党がマニフェストをそのまま実行することの危うさがある．そもそも，マニフェストの発想は議会にもっとも期待されている審議機能をまったく無視しているといわねばならない．これらを含め，公約やマニフェストがもつ問題点については田中「選挙と民主政治論」，23-26頁を参照．

45) 自民党は『小泉改革宣言・自民党政権公約2003』，民主党は『民主党政権政策／マニフェスト』，公明党は『マニフェスト100』，社民党は『3つの争点 8つの約束』を作成した．これに対して，共産党はマニフェストという形では公約を掲げなかった．なお，総選挙の運動期間中にマニフェストを配布することは公職選挙法が禁じている文書図画にあたるために，それを可能とする公職選挙法の改正が，総選挙の直前の10月10日の参議院本会議で可決成立した．改正の詳しい内容については，平川「公職選挙法の一部改正（選挙運動用パンフレット等の頒布）について」，1-9頁を参照．

46) ちなみに各地の正午の天気は札幌は晴（午前9時から午後9時までの雨量0.5mm），仙台は雨（微量），新潟は雨（2mm），東京は曇（2mm），大阪は雨（1mm），福岡は曇（微量）だった（気象庁ホームページ「電子閲覧室・きのうまでのデータ」による）．

47) 田中「政権交代可能な2党制にまだなっていない」，44-47頁．

48) 都市型と中間型と農村型の分類は『読売新聞』2003年11月10日朝刊，7頁による．

49) 総選挙後，保守新党は解党して，自民党に合流したので，衆議院の会派自民党は245議席となった．

50) 2002年3月20日発売の『週刊新潮』で，辻元代議士が別の参議院議員の秘書を自分の政策秘書としていることが指摘された．さらに，その秘書の給与の大部分は辻元代議士が受け取っていたことが判明した．それを指南したのが，土井たか子党首の五島昌子秘書であった．辻元代議士は責任を取って3月28日に代議士を辞職した．

51) 『日本経済新聞』2003年11月7日朝刊，2頁．

52) 日本経済新聞社と共同通信社との合同の出口調査によると，小選挙区で自民党に投票した人のうち比例区で公明党に投票した有権者は17.6％だった（『日本経済新聞』2003年11月10日，3頁）．もっとも，公明党は小選挙区では10人しか候補者を立てていないので，小選挙区で自民党に投票した有権者には公明党支持者も含まれている

と考えられる．参考までに記せば，小選挙区で民主党に投票した有権者の 5.3% が比例区で公明党に投票している．同じ出口調査では，投票した有権者のうちの自民党支持者（投票者全体の 40.4%）の 5.9% が比例区で公明党に投票したと答えている．票数に換算すると 146 万票となる．今回の公明党票の 17% に当たる．

53) 『日本経済新聞』2003 年 11 月 11 日朝刊，7 頁．
54) 比例代表選挙がこのように小選挙区で落選した候補者の救済の制度として利用されるようになると，比例代表選出議員は二流の国会議員というレッテルが貼られるようになり，やがては，比例代表制度不要論が出てくることとなろう．すくなくとも二つの制度を存続させるのであるならば，小選挙区と比例代表に出る候補者を区別すべきであろう．注 18 も参照．
55) 民主党の前回は，民主党と自由党を加えた数字である．
56) 自民系の 2000 年の 190 議席は，公認当選者 177 人に無所属で当選した自民系 13 人を合計した議席，2003 年の 177 議席は公認当選者 168 人に自民系無所属 4 人と「グループ改革」5 人を合計した議席であり，民主系の 2000 年の 85 議席は，民主と自由の議席 84 のほかに無所属 1 名を合計した議席，2004 年の 108 議席は，民主党公認当選者 105 人に 2 人の無所属と渡部恒三を加えた議席である．
57) 自民党の追加公認を含まない数字である．なお，有効政党数は小選挙区と比例区を合わせると（議席率で）2.55 となる．
58) 読売新聞社の出口調査によると，公明党候補がいない 277 の小選挙区で自民党候補に投票した公明党支持層の割合は 72% だった．前回と比べて 11 ポイント高くなっている．逆に，自民党候補がいない 10 選挙区で自民党支持者が公明党候補に投票した割合は 56% だった．前回と比べて 18 ポイント上昇している．ちなみに，全国レベルで自民党支持者は投票者全体の 41%，公明党支持層は 7% である（『読売新聞』2003 年 11 月 10 日朝刊，3 頁）．
59) 2000 年総選挙については民主党と自由党の候補者のうち上位の候補者の順位をとった．
60) それぞれのタイプの選挙区すべてにすべての政党が候補者を立ててはいないので，表に示した集票率と得票率は，それぞれのタイプの選挙区に立候補した特定政党公認候補者の集票率と得票率を平均した数字である．ちなみに，選挙区を農村型，中間型，都市型の三つに分けて，それぞれのカテゴリーの自民党と民主党と共産党の得票率（%）を示すと次のようになる．

	自民党（候補数）	民主党（候補数）	共産党（候補数）
農村型	51（95 人）	27（76 人）	7（100 人）
中間型	43（93 人）	40（92 人）	7（100 人）
都市型	37（89 人）	42（99 人）	10（100 人）

61) 2001年に実施された参議院選挙では，小泉首相の高い人気により，都市型選挙区で自民党は圧勝した．ちなみに，自民党と民主党の得票率は，東京都区部と政令指定都市で33.8%対16.4%，県庁所在地と人口10万以上の都市で36.1%対17.5%，人口10万未満の都市と町村では43.2%対15.5%であった（『読売新聞』2001年7月31日朝刊，20頁）．
62) 3人出場選挙区ではその他に（共産党を除いて），自民党と社会党の対決が18選挙区，公明党と民主党の対決が7選挙区，自民党と無所属，自民党と無所属の会，保守新党と民主党の対決がそれぞれ2選挙区，そして，自民党と自由連合，無所属と民主党，無所属と無所属の対決が，それぞれ1選挙区であった．与野党がきれいに対決している構図である．4人出場選挙区でもっとも多いパターンは自民党，民主党，無所属，共産党の対決パターンで32選挙区，次は，自民党，民主党，社民党，共産党の対決パターンで25選挙区である．5人出場選挙区でもっとも多いパターンは，自民党，民主党，社民党，無所属，共産党対決型で11選挙区，次は，自民党，民主党，無所属2名，共産党対決型で6選挙区である．
63) 新しい選挙制度で初めて出場した候補者である．旧選挙制度で出場していても，新選挙制度で初めての出場ならば新顔である．

第7章

1) 自治省選挙部『衆議院議員総選挙結果調』，および，『選挙時報』52巻12号（2003年）によった．
2) 川人・吉野・平野・加藤『現代の政党と選挙』，130-132頁．
3) その他の首相経験者についてみると，宇野宗佑は1位の選挙は4回で，連続記録はない．中曽根康弘は1位当選は5回，1位の連続記録は3回どまりで，当選順位では2位が10回と最も多い．佐藤栄作は1位の選挙は7回で，連続1位は4回であった．池田勇人は代議士であった7回の選挙のすべてが1位当選であった．ちなみに，三木武夫は46年選挙から76年選挙まで連続13回1位で当選している．
4) ちなみに，90%とは90%以上95%未満をいう．なお，石川真澄は，最下位当選者と次の得票数を得た候補者が得た票の差をその選挙区の有権者数で割った百分比を「当落指数」と名づけている（石川『データ戦後政治史』，191頁）．
5) これに対して，小選挙区制は死票が多い．ちなみに，1996年の小選挙区の死票率は54.7%，2000年は51.8%，2003年では48.5%だった．
6) ナッシュ均衡については，武藤『ゲーム理論入門』，37-43頁を参照．
7) 川人・吉野・平野・加藤『現代の政党と選挙』，133-136頁．
8) 以下の表と記述はもっぱら，川人『選挙制度と政党システム』，197-212頁によっている．なお，図7-3-1は川人から筆者に提供されたものである．
9) 実際にはこのように言えるのは結果論としてのみである．

10) ちなみに，過剰当選とは，他の政党が選挙戦上の失敗を犯したときには，過剰公認がそれに剰じてもう1議席余分に獲得する場合を指す（川人『選挙制度と政党システム』，202頁）．
11) 石川『戦後政治史』，207頁．
12) 同上，210頁．
13) 同上，210-211頁．
14) 同上，210頁．しかし，石川は，通勤可能圏に商店や土木建築工事が70年代にできたことについて明確な数字を示してはいない．
15) 石川『データ戦後政治史』，140頁．
16) 同上，118，および，125頁．
17) 当選者や次点者や落選者の中には次の選挙までに死去している場合などもあるが，そのようなケースは考慮していない．
18) 53年と80年で次点者と落選者の割合が跳ね上がっているのは，ともに前回選挙から1年も経ない選挙のために再立候補率が上がったのである．
19) 当選22回は尾崎行雄である．
20) 本書の分析の元になった選挙データは総選挙を単位としており，補欠選挙などは考慮していない．したがって，候補者の新旧別や当選回数は自治省のデータとは若干異なっている．
21) 自治省選挙部『平成12年6月25日執行衆議院議員総選挙・最高裁判所裁判官国民審査結果調』，7頁．
22) 表では，「初出場」が「新顔」，「前回落選未当選者」と「前々回以前未当選」が「浪人」にあたる．
23) ちなみに自治省のデータでは52年総選挙の元議員の出場数は303となる．表7-5-1と注20を参照．
24) RS指数については，水崎「衆議院総選挙における地域偏重的集票の計量分析試論」，同「得票の地域偏重からみた選挙区特性」，および，同「最近の国政選挙にあらわれた政党得票の地域性」を参照．なお，以下の表7-6-1と表7-6-2は直接水崎から筆者に提供されたものである．
25) 水崎『衆議院選挙における候補者得票の地域性に関する研究』，8頁．
26) 1993年にはこれらの政党のほかに，新党さきがけ，新生党，日本新党があり，それらのRS指数の平均値は，それぞれ，0.1582, 0.1344, 0.1140であった．
27) この最高裁判決文の要約は，佐藤『日本国憲法概説・全訂第4版』，371-372頁に全面的に依拠している．
28) 定数不均衡をめぐる裁判については，同上，369-379頁を参照．ちなみに，格差が1対2.82の93年総選挙について最高裁判所は95年6月8日に合憲という判断をしている（野中・中村・高橋・高見『憲法II・第3版』，18-20頁）．

参 考 文 献

1) 戦後の総選挙の基礎データは，内務省地方局，自治庁選挙部，自治省選挙局，自治省選挙部，総務省自治行政局選挙部が選挙のたびごとに発行している『衆議院議員総選挙結果調』である．
2) 総選挙の第1回（1890年）から第30回（1963年）までの結果をまとめたものとして，公明選挙連盟編『衆議院議員選挙の実績——第1回〜第30回』，公明選挙連盟，1968年，がある．
3) 総選挙データを電子ファイルの形にしたものとして，「レヴァイアサン・データバンク」のなかに川人貞史が作成した「衆議院総選挙候補者選挙区統計（1890-1990）」，スティーヴン・リードが作成した「衆議院議員総選挙全候補者得票結果：1947-1993」，そして，水崎節文が作成した「総選挙データ・ベース・1958-2003」がある（ともに「エル・デー・ビー」発行）．ちなみに，占領期の総選挙のデータについては資料によって若干の異同がある．本書は，公明選挙連盟編『衆議院議員選挙の実績』をもとに，その誤りを訂正したデータを使っている．
4) 総選挙後の衆議院議員の会派所属については以下の文献に記載されている．衆議院・参議院編『議会制度百年史・院内会派編　衆議院の部』，大蔵省印刷局，1990年，衆議院・参議院編『議会制度百年史・院内会派編　貴族院・参議院の部』，大蔵省印刷局，1990年．

*

青木康容「議会への道——新人議員と世襲議員」，中久郎編『国会議員の構成と変化』所収．
明るい選挙推進協会編『第42回衆議院議員総選挙の実態・原資料』，明るい選挙推進協会，2001年．
朝日新聞社世論調査室編『日本人の政治意識』，朝日新聞社，1976年．
石川真澄『戦後政治構造史』，日本評論社，1978年．
石川真澄『データ戦後政治史』，岩波書店，1984年．
石川真澄『戦後政治史』，岩波書店，1995年．
石田博英「保守党のビジョン」，『中央公論』1963年1月号．
市川太一『「世襲」代議士の研究』，日本経済新聞社，1990年．
猪口孝「政党支持率の変遷（分析）」，時事通信社編『戦後日本の政党と内閣』所収．
内田健三『現代日本の保守政治』，岩波書店，1989年．

内田満編『現代日本政治小事典』, ブレーン出版, 1999年.
NHK世論調査部編『現代日本人の意識構造・第2版』, 日本放送出版協会, 1985年.
NHK放送世論調査所編『図説戦後世論史』, 日本放送出版協会, 1975年.
大泉淳一「公職選挙法の一部を改正する法律(小選挙区の区割りの改定等)等について」,『選挙時報』51巻9号 (2002年).
大河内繁男「第3次鳩山内閣」, 林茂・辻清明編『日本内閣史録5』, 第一法規, 1981年.
大野光男編『1976〜80年天気図集成』, 日本気象協会, 1982年.
大橋隆憲『日本の階級社会』, 岩波書店, 1971年.
岡義達「政党と政党政治」, 岡義武編『現代日本の政治過程』, 岩波書店, 1958年.
加藤秀俊・加太こうじ・岩崎爾郎・後藤総一郎『明治・大正・昭和世相史』, 社会思想社, 1967年.
加藤博久編『自民304議席の秘密——86ダブル選挙分析』, 政治広報センター, 1987年.
門田允宏・橋本昌児・河野啓「非自民政権誕生の構造——93年7月衆院選挙世論調査から」,『放送研究と調査』1993年10月号.
上條末夫『戦後日本の総選挙』, 北樹出版, 1991年.
川人貞史『選挙制度と政党システム』, 木鐸社, 2004年.
川人貞史・吉野孝・平野浩・加藤淳子『現代の政党と選挙』, 有斐閣, 2001年.
京極純一『政治意識の分析』, 東京大学出版会, 1968年.
金原左門「戦後体制の出発期」, 杣正夫編『国政選挙と政党政治』所収.
講談社編『昭和2万日の全記録』, 講談社, 1989-91年.
公平慎策「脱イデオロギー指向と政党選択」,『This Is』1986年1月号.
公明選挙連盟『第30回総選挙の実態』, 公明選挙連盟, 1964年.
国民所得研究会編『図説国民所得と日本経済』, ぎょうせい, 1976年.
小林直樹編『日本人の憲法意識』, 東京大学出版会, 1968年.
小林良彰『現代日本の政治過程』, 東京大学出版会, 1997年.
佐藤功『日本国憲法概説・全訂第4版』, 学陽書房, 1991年.
佐藤誠三郎・松崎哲久『自民党政権』, 中央公論社, 1986年.
サルトーリ (岡沢憲芙・川野秀之訳)『現代政党学・II』, 早稲田大学出版部, 1980年 [Giovanni Sartori, *Parties and Party Systems* (Cambridge: Cambridge University Press, 1976)].
サルトーリ (岡沢憲芙監訳・工藤裕子訳)『比較政治学』, 早稲田大学出版部, 2000年 [Giovanni Sartori, *Comparative Constitutional Engeneering*, 2nd edition (Houndsmills: Macmillan, 1996)].
時事通信社編『戦後日本の政党と内閣』, 時事通信社, 1981年.
時事通信社編『日本の政党と内閣1981-91』, 時事通信社, 1992年.
自治省選挙部監修『確定版新公職選挙法関係法令集』, ぎょうせい, 1994年.

自治省選挙部編『選挙法百年史』，第一法規，2000年．
篠原一『日本の政治風土』，岩波書店，1968年．
篠原一「保守安定構造の虚構性」，『朝日ジャーナル』1970年1月11日号．
信夫清三郎『戦後日本政治史1945〜1952・Ⅰ』，勁草書房，1965年．
清水慎三『戦後革新勢力』，青木書店，1970年．
杉山明子「投票率の予測について」，『文研月報』1965年9月号．
総務省統計局編『統計で見る県のすがた』，日本統計協会，2001年．
総理府統計局編『日本の人口』，総理府統計局，1975年．
杣正夫『日本選挙啓発史』，明るく正しい選挙推進全国協議会，1972年．
杣正夫「選挙制度の改革」，東京大学社会科学研究所編『戦後改革3　政治過程』，東京大学出版会，1974年．
杣正夫「野党多党化期」，杣正夫編『国政選挙と政党政治』所収．
杣正夫編『国政選挙と政党政治』，政治広報センター，1977年．
高畠通敏「"新党現象"で何が起きたのか——日本新党のイメージ選挙と『社会党大連合』の解体」，『エコノミスト』1993年8月3日号．
武村正義『小さくともキラリと光る国日本』，光文社，1994年．
田中善一郎「保守支配安定期」，杣正夫編『国政選挙と政党政治』所収．
田中善一郎「雨の選挙学」，『通産ジャーナル』1980年10月号，11月号，12月号．
田中善一郎『自民党体制の政治指導』，第一法規，1981年．
田中善一郎「政権交代選挙——第40回総選挙と今後の日本政治」，『民主主義研究会紀要』22号（1993年11月）．
田中善一郎「選挙と民主政治論」，『選挙研究』14号（1999年）．
田中善一郎「政権交代可能な2党制にまだなっていない」，『エコノミスト』2003年12月23日号．
辻清明編『資料戦後二十年史1　政治』，日本評論社，1966年．
統計数理研究所国民性調査委員会『第2日本人の国民性』，至誠堂，1970年．
東大法・蒲島郁夫ゼミ編『「新党」全記録』，木鐸社，1998年．
東大法・第5期蒲島郁夫ゼミ『参議院の研究1　選挙編』，木鐸社，2004年．
富森叡児『戦後保守党史』，日本評論社，1977年．
中久郎編『国会議員の構成と変化』，政治広報センター，1980年．
中道実「職業的背景と代表性」，中久郎編『国会議員の構成と変化』所収．
中村隆英『戦後日本経済』，筑摩書房，1968年．
半井範明編著『1956〜65年天気図10年集成』，日本気象協会，1966年．
半井範明編著『1971〜75年天気図集成』，日本気象協会，1976年．
二井関成『選挙制度の沿革』，ぎょうせい，1978年．
西平重喜『第30回衆議院議員総選挙の統計的分析』，民主主義協会，1964年．

西平重喜『日本の選挙』,至誠堂,1974年.
西平重喜『各国の選挙』,木鐸社,2003年.
日本気象協会編『気象データひまわり　CD-ROM 98』,丸善,1997年.
日本気象協会編『気象データひまわり　CD-ROM 2002』,丸善,2001年.
日本共産党中央委員会『日本共産党の六十五年・上』,日本共産党中央委員会出版局,1988年.
日本社会党結党20周年記念事業実行委員会編『日本社会党20年の記録』,日本社会党機関紙出版局,1965年.
日本社会党50年史編纂委員会編『日本社会党史』,社会民主党全国連合,1996年.
野中俊彦・中村睦男・高橋和之・高見勝利『憲法II・第3版』,有斐閣,2001年.
橋本満「団体所属」,中久郎編『国会議員の構成と変化』所収.
畠山武「保守政党対立期」,杣正夫編『国政選挙と政党政治』所収.
鳩山一郎『鳩山一郎回顧録』,文藝春秋新社,1957年.
林知己夫・寿里茂・鈴木達三『日本のホワイトカラー』,ダイヤモンド社,1964年.
平井伸治「政治資金規正法の一部を改正する法律及び政党助成法について」,『ジュリスト』1045号(1994年6月1日).
平川薫「公職選挙法の一部改正(選挙運動用パンフレット等の頒布)について」,『選挙時報』52巻11号(2003年).
正村公宏『戦後史・下』,筑摩書房,1990年.
升味準之輔『現代日本の政治体制』,岩波書店,1969年.
升味準之輔『戦後政治・下』,東京大学出版会,1983年.
升味準之輔『日本政治史4　占領改革,自民党支配』,東京大学出版会,1988年.
松崎哲久『日本型デモクラシーの逆説——2世議員はなぜ生まれるのか』,冬樹社,1991年.
松原望・蒲島郁夫「田中圧勝　自民党大敗の構図」,『中央公論』1984年3月号.
松本正生『政治意識図説』,中央公論社,2001年.
水崎節文「衆議院総選挙における地域偏重的集票の計量分析試論」,『岐阜大学教養部研究報告』17号(1981年),27-42頁.
水崎節文「得票の地域偏重からみた選挙区特性」,『岐阜大学教養部研究報告』18号(1983年),13-38頁.
水崎節文「最近の国政選挙にあらわれた政党得票の地域性」,『岐阜大学教養部研究報告』19号(1984年),39-55頁.
水崎節文「衆議院選挙における候補者得票の地域性に関する研究(昭和61年度科学研究費補助金(一般研究C)研究成果報告書)』,1987年.
水崎節文「中選挙区制における集票構造とその変動」,『椙山女学園大学研究論集』27号(社会科学編),1996年.

宮崎吉政「保守政党支配の確立期」, 杣正夫編『国政選挙と政党政治』所収.
武藤滋夫『ゲーム理論入門』, 日本経済新聞社, 2001年.
村上泰亮『新中間大衆の時代』, 中央公論社, 1984年.
村川一郎編著『日本政党史辞典』, 国書刊行会, 1998年.
百瀬孝『事典昭和戦後期の日本』, 吉川弘文館, 1995年.
森田正光『10年天気図』, 小学館, 1996年.
安田充「公職選挙法の一部改正等について」,『ジュリスト』1045号（1994年6月1日）.
読売新聞社編『大変革への序章――検証・新制度下の96衆院選』, 読売新聞社, 1996年.
読売新聞社世論調査部編『日本の世論』, 弘文堂, 2002年.
読売新聞東京本社世論調査部編著『2大政党時代のあけぼの』, 木鐸社, 2004年.

*

Markku Laasko and Rein Taagepera, "'Effective' Number of Parties: A Measure with Application to West Europe," *Comparative Political Studies*, 12-1 (April 1979), pp. 3-27.

Arend Lijphart, *Electoral Systems and Party Systems : A Study of Twenty-Seven Democracies, 1945-1990* (Oxford: Oxford University Press, 1994).

Zenichiro Tanaka, "The Transformation of Domestic Politics and Its Implications for Foreign Policy in Contemporary Japan," in Robert A. Scalapino, Seizaburo Sato, Jusuf Warandi, and Sung-joo Han eds., *Asia and the Major Powers : Domestic Politics and Foreign Policy* (Berkeley: Institute of East Asian Studies, University of California, 1988), pp. 81-109.

Nathaniel B. Thayer, *How the Conservatives Rule Japan* (Princeton: Princeton University Press, 1969).

あとがき

「あとがき」には著書の故事来歴を語り，恩師や妻に感謝の言葉を述べるのが慣例である．ここでは，後者については省略することにして，この本の出自を簡単に明らかにしておきたい．

筆者が選挙研究を本格的に始めたのは，本書の第2章のもとになった政治広報センターの論文である．1976年7月18日の夜に編者の杣正夫先生から電話があり，1960年と63年と67年の3回の総選挙について書くように依頼された．8月24日に執筆者が神田の学士会館に集まった．編者の杣さんのほか，大前正臣，朝日新聞の石川真澄，毎日新聞の堀幸雄，神戸大学の犬童一男，東京大学の辻村明，新潟大学の渋谷武，中央大学の横山桂次，そして，一番若輩の私だった．原稿の執筆は翌77年の2月からはじめ，ようやく3月27日に終了した．220字詰め原稿用紙で，237枚だった．この日は日曜日で，東京大学法学部の私の研究室で午後10時過ぎに書き終えた．帰りは，電車の便が悪くて，武蔵村山の自宅に戻ったのは0時を過ぎていた．執筆中，定員増の選挙区における政党間の議席の移動などについて，政治過程論の助手であった新井啓介君といろいろと意見をたたかわせたことが思い出に残っている（田中善一郎「保守支配安定期」，杣正夫編『国政選挙と政党政治』，政治広報センター，1977年，所収）．

この年の夏，私はアメリカの University of Wisconsin-Madison の政治学部に留学した．そのころ，アメリカでは Sidney Verba, Norman Nie, and John Petrocik, *The Changing American Voter* (Cambridge, Mass.: Harvard University Press, 1976) が公刊され，それまでの Angus Campbell, Philip E. Converse, Warren Miller, and Donald Stokes, *The American Voter* (New York: Wiley, 1960) とは異なったアメリカの有権者像が提案され，それをめぐって論争が巻き起こっていた．アメリカからの帰国後，『月刊ペン』の80年5月号

に「米大統領選にみる国民意識の変貌」というタイトルで,その事情を紹介した.東京大学教養学部の公文俊平さんの紹介だった.一般の雑誌だったために論文のために用意した参考文献がすべて省かれてしまったのは残念だった.

同じ年の6月末の私の日記に「その後,35回選挙資料の整理.それにしても,なぜ自民勝利の予測がはづれたのだらう.自民は負けたとはいひにくい.少しばかり議席を減らしたけれども」という書き込みがある.そんなことを考えていたところ7月3日に通産省の担当者から選挙について『通産ジャーナル』に書いてくれという依頼があった.79年総選挙の時は台風が関東地方を襲ったことを思い出し,大手町の気象庁天気相談所に2度ほど足を運び,資料を書き写した.8月8日に大型計算機センターで最後の計算を終えた.8月23日(土曜日)に研究室に出て,「雨の選挙学」を完成させた.その結論に本人がわくわくして,学生時代からの友人で,朝日新聞社の小池民男君に内容を話し,要約を掲載してもらうことにした.こちらの原稿は,家族と信州・志賀高原の上林温泉に滞在中に執筆して新聞社に送った.その短文は9月22日夕刊に掲載された.本文のほうは『通産ジャーナル』の10月号,11月号,12月号の3回に分けて掲載された.3回も連続して紙面を提供してくださった担当者には今でも感謝している.本書の第3章第3節はそれをもとに書き下ろした.

1986年12月に「政治・選挙研究会」が発足した.最初の会合は千代田区平河町二丁目の麹町会館3階の地方財務協会特別会議室で開催された.自治省の岩崎忠夫さんが中心となって作られた研究会で,選挙制度改革のために広く選挙について勉強しようという趣旨で,明るい選挙推進協会が事務を担当した.座長には東京大学法学部の西尾勝さんがなり,猪口邦子(上智大学),岡沢憲芙(早稲田大学),蒲島郁夫(筑波大学),小早川光郎(東京大学),曽根泰教(慶応大学),高橋和之(東京大学)らがメンバーだった.この会は2001年まで続いたが,自治省から選挙に関する最新の話が聞けて大変勉強になった.

私は90年代の初めのころから戦後日本の総選挙を通時的に分析したいと考え始めて,総選挙のデータを電子ファイルの形にする作業を進めていた.そのなかで92年10月初めから93年7月末まで(日本ではいわゆる政治改革論議で騒がしい時期だった),Stanford University の Asia/Pacific Research Center に留学した.その時たまたま Law School に客員教授としてきていた川人貞史

君から『日本の政党政治 1890-1937 年』（東京大学出版会）をいただいた．この本は戦前の総選挙を分析したもので，それに刺激された．

　帰国後，93 年 8 月 10 日の民主主義研究会で直前の総選挙について報告した（田中善一郎「政権交代選挙」，『民主主義研究会紀要』22 号（1993 年 11 月））．これが本書の第 5 章のもとになったものである．この研究会の幹事をしていたのは内閣調査室の三井俊彦さんで，三井さんとは 1979 年以来の付き合いである．東京大学教養学部の佐藤誠三郎さんの紹介である．佐藤さんは，当時，国政選挙のたびにそれを分析するためにできる「現代政治研究会」の幹事みたいな仕事をしていて，私も誘われたのである．79 年当時，この会の座長は綿貫譲治さん（上智大学）で，飽戸弘さん（東京大学），阿部四郎さん（東北大学），公平慎策さん（NHK 放送世論調査所），佐藤誠三郎さん，三宅一郎さん（神戸大学），村松岐夫さん（京都大学）らがメンバーで，林知己夫さん（統計数理研究所）がアドバイザーということだった．この会は選挙に詳しい人を招いて話を聞いていたので，共同通信の内田健三さんや東京新聞の宇治敏彦さんらを知ることができたありがたい研究会であった．私はその研究会には 87 年まで参加していたが，しばらく音沙汰がなくなったところでの三井さんからの電話であった．

　その後，94 年 1 月に参議院政治改革に関する特別委員会に参考人として出席し，細川内閣が提出したいわゆる政治改革関連 4 法案のうち公職選挙法の改正に反対する自分の考えを述べた（第 128 回国会参議院政治改革に関する特別委員会会議録第 10 号）．その 10 日後これらの法案は与党社会党議員の一部が反対したために，参議院本会議で否決された．96 年 10 月には，私が勤務する東京工業大学で 4 月に発足した社会理工学研究科価値システム専攻主催の最初のフォーラムで「今回の総選挙について」というタイトルで，制度改正後初の総選挙の分析を行っている．

　こうしたなかで，2002 年 4 月，学習院大学の北村公彦さんを中心に第一法規から『現代日本政党史録』を出版する企画がおこり，その中で，私は終戦直後の「選挙過程と政党」を執筆することになった．終戦直後の日本の総選挙を是非書きたいという思いはこうして実現することになった．これが本書の第 1 章のもとになった（田中善一郎「選挙過程と政党」，北村公彦編者代表『現代

日本政党史録2　戦後体制の構想と政党政治の模索』，2003 年，所収).

　さて，この原稿を 2003 年の 6 月に完成させてからは，私は，ようやくかねてからの計画を実現することにした．ちょうど 3 月には東京工業大学の社会理工学研究科長の仕事が終了し，自由な時間がとれるようになったことも幸いした．以後，本書の第 2 章の追加分，第 3 章，第 4 章，第 6 章，第 7 章を，そして，第 2 章について，新たに書き下した部分とそれまでの原稿との調整を終えたのは 7 月末であった．7 月末から 8 月いっぱいは中国吉林省の長春で日本に留学する中国人若手研究者に専門日本語を教えたが，そこで第 1 章の修正を行った．さらに，11 月には総選挙が実施された．その簡単な分析は『エコノミスト』に掲載したが（「政権交代可能な 2 党制にまだなっていない」，『エコノミスト』2003 年 12 月 23 日号），より包括的な分析は 12 月 8 日に書き終えた．本書の第 6 章第 3 節である．

　できあがった原稿を東京大学出版会の竹中英俊さんに送ったのは年末になっていた．その後，2004 年になり奥田修一さんが担当することとなり，彼との間で原稿の内容でしばらくやり取りがあり，6 月に入って原稿の修正がなされた．全体に短くすることとスタイルの統一が図られた．そして，11 月から 12 月にかけてできあがったゲラに対する細かな校正がほどこされた．奥田さんの示唆も大分とり入れたので，読みやすくなったと思われる．

　以上が本書の上梓をめぐる裏話である．本書は私にとって単著では 3 番目の作品である．前 2 作が主にモデルの構築に重点を置いたものであったのに対して，本書からは「散発的ブリリアンス」を読み取っていただければ幸いである．この言葉は私の恩師岡義達先生の言葉であるが，それにつけても，この本のもととなった原稿執筆や，あるいは，日ごろの学問的なつきあいを通じて，たくさんの人々との出会いがあり，それが現在の自分に大きな資産となっていることも記しておきたい．

　　　2004 年 12 月

　　　　　　　　　　　　　　　　　　　　　　　　　　田中　善一郎

著者略歴
1946 年　東京都に生まれる．
1969 年　東京大学法学部卒業．
現　在　東京工業大学社会理工学研究科教授．

主要著書
『自民党体制の政治指導』（第一法規，1981 年）
『自民党のドラマツルギー』（東京大学出版会，1986 年）

　　　　日本の総選挙 1946-2003

　　　　　　2005 年 1 月 31 日　初　版

　　　　　　　　［検印廃止］

著　者　田中　善一郎
　　　　（たなか　ぜんいちろう）

発行所　財団法人　東京大学出版会

代表者　五味　文彦
　　　113-8654　東京都文京区本郷 7-3-1　東大構内
　　　電話 03-3811-8814　Fax 03-3812-6958
　　　振　替 00160-6-59964

印刷所　株式会社平文社
製本所　誠製本株式会社

Ⓒ2005 Zenichiro Tanaka
ISBN 4-13-030136-5　Printed in Japan

Ⓡ〈日本複写権センター委託出版物〉
本書の全部または一部を無断で複写複製（コピー）することは，著作権法上での例外を除き，禁じられています．本書からの複写を希望される場合は，日本複写権センター（03-3401-2382）にご連絡ください．

三宅一郎著	投票行動	四六判	2600円
三宅一郎著	日本の政治と選挙	四六判	2800円
小林良彰著	現代日本の選挙	四六判	2400円
小林良彰著	現代日本の政治過程	A5判	3200円
小林良彰著	選挙・投票行動	四六判	2500円
川人貞史著	日本の政党政治1890-1937年	A5判	5000円
樋渡展洋・三浦まり編	流動期の日本政治	A5判	4800円
谷口将紀著	現代日本の選挙政治	A5判	4000円

ここに表示された価格は本体価格です．御購入の際には消費税が加算されますので御了承下さい．